U0938573

国家社会科学基金项目

经济全球化与转轨国家政府职能转换研究

郭连成　周铁赢　著

2011 年・北京

图书在版编目(CIP)数据

经济全球化与转轨国家政府职能转换研究/郭连成,周铁赢著.—北京:商务印书馆,2011
ISBN 978-7-100-08418-5

I. ①经… II. ①郭…②周… III. ①政府职能—职能转变—研究—中国 IV. ①D630.1

中国版本图书馆 CIP 数据核字(2011)第 124443 号

经济全球化与转轨国家政府职能转换研究
郭连成　周铁赢　著

商 务 印 书 馆 出 版
(北京王府井大街36号　邮政编码 100710)
商 务 印 书 馆 发 行
北京瑞古冠中印刷厂印刷
ISBN 978-7-100-08418-5

2011 年 9 月第 1 版　　开本 787×960　1/16
2011 年 9 月北京第 1 次印刷　　印张 30
定价: 52.00 元

目　录

前　　言

经济全球化浪潮席卷整个世界，成为不可逆转的世界经济发展大趋势，因而也成为世界不同类型国家都必须严肃面对的客观现实，任何国家都难以置身其外，经济转轨国家尤其如此。始于20世纪90年代初的计划经济国家向市场经济的转轨，正是在经济全球化加速发展的新形势下启动并得以快速推进的，这两者之间具有内在联系和相关性。经济全球化构成转轨国家经济转轨和经济发展的外部条件和推动力；经济转轨既是经济全球化作为外部因素推动的结果，又是经济进一步全球化的表现，从而成为全球化的重要组成部分。因此，经济全球化与转轨国家经济转轨和经济发展之间存在着一种相互关联和相互影响的互动关系。而无论是经济全球化还是经济转轨，都必然对经济转轨国家构成严峻的挑战。虽然这种挑战是多方面的，但对政府的挑战最为直接。可以说，转轨国家顺应经济全球化时代潮流而转换政府职能是一种必然趋势；经济转轨也要求转轨国家政府职能发生根本性的转换，以适应新体制和向市场经济过渡的需要。

本书以经济全球化与转轨国家经济转轨的“互动论”为理论基础，深入分析研究经济全球化与转轨国家的经济转轨和政府职能转换之间的内在联系和互动关系。特别是围绕“经济全球化←→全球经济的市场化←→经济转轨和制度变迁←→转轨国家政府职能转换”的研究思路和分析框架展开深入探讨，将其作为贯穿全书的一条主线，以揭示其中各要素之间相互关联、相辅相成、相互推进的互动关系。具体说，在“经济全球化←→全球经济的市场化←→经济转轨和制度变迁←→转轨国家政府职能转换”这个依次递进和相互关联与互动的序列中，经济全球化是基础和前提，经济全球化的发展促进并推动了全球经济的市场化；全球经济的市场化浪潮推动转轨国家实行经济转轨和制度变迁；而经济转轨和制度变迁必然要求转轨国家转换政府职能，以适应经济全球化和经济转轨对政府职能转换的新要求和新挑战。

基于以上理论基础、基本观点和思路，本书对经济全球化与转轨国家政府职能转换及其相关问题展开了全方位和多层面的研究，主要包括：第一，经济全球化与转轨国家经济的双向互动问题；第二，经济全球化与经济转轨的关系以及经济全球化对国家经济职能的挑战；第三，转轨国家政府职能转换的诱因与助推因素；第四，转轨国家政府职能转换的一般性特征与基本原则；第五，经济全球化进程中转轨国家政府职能转换的路径选择；第六，转轨国家政府职能转换质量的实证分析；第七，若干研究结论。

本书认为，在经济全球化和经济转轨条件下，能够创造良好市场环境和制度环境、促成规范市场机制形成的依然主要是政府，而转轨国家政府只有转换职能才能胜任此重任，因而转轨国家政府职能的转换至关重要。但经济转轨时期的特殊性又决定了转轨国家政府职能转换的新特点和独特路径选择，主要包括：创造有效率的良好市场环境；为市场提供必要的规则和制度框架，维护市场竞争性和规则性；驾驭市场化进程，纠正市场失灵和弥补市场缺陷，着力培育市场，完善市场经济体制；提高政府的有效性，加强宏观调控，适度干预经济；有序推进制度创新，有效引导经济转轨；实施正确的产业政策，促进经济结构和产业结构调整；稳定经济，促进经济社会发展；解决计划经济时期遗留的大量问题，尤其是清除高度集中的计划经济体制留下的弊端；解决转轨国家普遍面临的转轨性衰退问题，并促进宏观经济的增长与稳定，等等。多重职能并存，既说明转轨国家政府职能转换的艰巨性和复杂性，也反映出转轨国家的政府职能与其他类型国家特别是发达国家的政府职能相比存在着较为明显的差异，即转轨国家政府职能的范围要更大，政府发挥作用的领域要更广。

本书是国家社会科学基金项目的最终成果，由郭连成研究员与周铁赢博士共同撰写，是两人合作研究成果的结晶。以下同志也为本书作出了一定贡献：钱谊提供了本书第 3 章第 4 节中的第一部分、第 5 章第 3 节中的第三部分的初稿；杜晓郁提供了本书第 5 章第 3 节中的第二部分的初稿；米军提供了本书第 6 章第 2 节的初稿，在此致谢。本书初稿形成后，由郭连成统稿、修改并最后定稿。

本书在撰写过程中参考了大量的国内外文献资料，在此，对这些文献资料的作者深表谢意。要特别感谢商务印书馆著作编辑室郑殿华主任的鼎力支持和黄一方编辑出色的编辑工作。

书中如有疏漏或不妥之处，敬请读者批评指正。

作者

2010年11月18日

第1章 经济全球化与转轨国家经济的双向互动

经济全球化是不可逆转的趋势和无法抗拒的时代潮流。在经济全球化浪潮席卷整个世界的情况下,任何国家都难以置身其外,不同类型的国家采取不同的应对措施,以积极融入经济全球化进程,既分享经济全球化所带来的经济利益,又要规避一定的风险。事实上,经济全球化在其发展过程中,对发达国家和发展中国家的正面和负面影响是各不相同的,而发达国家和发展中国家应对经济全球化的举措也各有特点。对这些问题,国内外已经发表了大量的研究成果。但迄今为止,人们在研究经济全球化对世界不同类型国家的不同影响时,却在一定程度上忽略了对经济转轨国家这类"特殊群体"参与经济全球化进程的特殊性的考察与研究。而毋庸讳言,研究这个问题,尤其是分析研究经济全球化与转轨国家经济发展的关系及其联动效应问题,对于像我国这样的经济转轨国家顺畅融入经济全球化进程会大有裨益。

正如波兰著名经济学家科勒德克指出的:"21 世纪的前夕,全球经济一个最重要的特点是广泛的后社会主义转轨过程。在欧洲和亚洲一共有三十多个国家——其人口多达 15 亿或占全人类的1/4,卷入了这场急剧而壮观的变革。它不仅事关这些国家的命运,而且也关系到整个世界的前途。向市场体制转轨的必然结果是社会主义国家的开放及其与全球经济的一体化。”①科勒德克这里实际上指出了转轨国家经济转轨的重要性及经济转轨与经济全球化的关系。因为他认为,在全球经济一体化时代,转轨过程也是经济全球化的一个十分重要的组成部分。②

经济全球化对转轨国家的经济发展和制度变迁产生重大影响。从经济全球化影响转轨国家经济增长与经济发展方面看,作为经济全球化两个重要表现形式的贸易自由化和投资自由化,其快速发展可以为经济转轨国家带来显著的增长效应,即促进这些国家的经济增长和福利的增加。而且,转轨国家融入经济全球化进程和向市场经济的转轨,使它们有可能通过技术引进和参与国际分工来提升本国的经济结构和经济发展水平,不断调整经济增长方式。转轨国家利用本国的比较优势和竞争优势,同时利用国内外两种资源合理安排国内生产,实现经济快速增长和增长方式的转变。

从经济全球化对制度变迁的影响看,实践表明,经济全球化在很大程度上决定着转轨国家经济转轨的基本制度选择。转轨国家从高度集中的计划经济体制向市场经济体制的转换过程

---

① 〔波兰〕科勒德克著:《从休克到治疗:后社会主义转轨的政治经济》(中译本),上海:上海远东出版社2000年版,第1页。

② 参见同上书,第326页。

中，经济全球化起到了重要的推动作用，这在俄罗斯和中国等转轨国家表现尤为明显。经济全球化的发展趋势从两个方面对转轨国家的制度选择产生影响：一是直接的收入效应与福利效应。贸易自由化推动下的转轨国家自由贸易的快速发展，不仅拉动了 GDP 的增长和出口部门收入的增加，而且也使国内消费者的福利得到增加。二是外部示范效应。这主要表现为经济的全球化趋势给参与国所带来的经济与福利增长对转轨国家的激励与示范作用。一方面，由于世界对外贸易的增速大大超过经济的增长速度，使一国外贸收益占 GDP 的比重越来越大，表明国际贸易对经济的拉动作用增强。即使是作为经济转轨国家的俄罗斯，其出口占 GDP 的比重目前高达 35%—40%。由于俄罗斯经济的开放性逐渐扩大，其出口的增速明显快于 GDP 的增长。在 1995—2004 年间，俄罗斯 GDP 增长了 40%，而出口则增长了 1.1 倍。另一方面，大凡积极参与国际分工和能够利用资源国际配置的国家，其经济发展都比较快。这两种示范效应说明，积极融入经济全球化进程和实行对外开放可以为转轨国家带来收益与福利的增加。而由于推动经济全球化发展的基础力量是市场制度，因而转轨国家只有实行经济转轨和制度变迁，建立起真正的市场经济制度，才能更好地融入经济全球化进程，并享受其所带来的一切收益。

1.1 转轨国家实行经济转轨和参与经济全球化的内因作用

我们认为，促使转轨国家实行经济转轨和参与经济全球化的内因作用主要有三个大的方面：

第一，以指令性为主要特征的高度集中的计划经济体制优势基本丧失，缺陷日益暴露，造成这种计划经济体制效率日益低下，越来越缺乏活力。不能否认，计划经济体制在转轨国家经济发展的初期阶段曾发挥过积极的作用。无论是中国还是苏联、东欧国家的实践都可以证明这一点。例如，从20世纪30年代后至70年代以前，苏联计划经济体制在社会主义经济建设中的积极作用还是比较明显的，它不仅基本适应了苏联当时的社会生产力发展水平，有利于集中财力和物力进行经济建设，有利于国民经济结构调整和生产力布局，甚至保证了苏联国民经济的增长速度在许多年份高于发达资本主义国家。正是基于此，赫鲁晓夫才在20世纪50年代中期敢于扬言，苏联可以在20年内在人均国民收入方面赶上和超过美国。然而，70年代以后，高度集中的计划经济体制的弊端日益显现，其中最突出的，一是由于国家实行指令性计划，对经济生活无所不包，无所不管，统得过死，压制了企业的生产经营积极性和主动性，严重束缚了经济的发展。二是高度集中的指令性计划忽视市场机制的作用，不能及时反映市场需求的变化，也难以充分反映社会化大生产的客观要求。三是高度集中的计划经济体制下单一的公有制结构与生产力发展水平不相适应，不仅阻碍了国民经济的发展，而且造成经济效益低下和大量的浪费。四是高度集中的计划经济体制的一个主要特征是实行封闭型经济，与世界经济缺乏必要联系，不接受外部市场经济的影响和渗透，也难以参与世界市场的竞争。

高度集中的计划经济体制的这些弊端，正是促成转轨国家实行经济转轨和体制转换的基本原因。同时，随着现代科学技术的日新月异和经济全球化的迅猛发展，经济转轨国家逐渐意识到打破僵化经济体制的桎梏并与世界经济接轨的必要性，从而加快了经济转轨以便尽快融入经济全球化的进程。

第二，历次经济改革不彻底，收效甚微，延长了经济转轨和追赶经济全球化潮流的时间表。应当指出，在摒弃高度集中的计划经济体制和实行市场化改革之前，各经济转轨国家都程度不同地进行过经济改革，有的甚至进行过多次。例如，苏联从赫鲁晓夫到戈尔巴乔夫时期曾进行过几次经济体制改革，但这些改革都不能说是成功的。赫鲁晓夫和勃列日涅夫的改革未能突破计划经济体制的基本框架，没有解决深层次的问题。勃列日涅夫甚至更愿意用“完善”之说来取代“改革”一词。这足以说明他并不想深刻触及原有的经济体制和经济模式，并对其进行根本性的改革，而只是要对其不断加以“完善”。这种思想一直主导着勃列日涅夫时期的改革实践。戈尔巴乔夫上台后，苏联在摆脱传统经济体制的束缚和建立新的经济管理模式方面进行了一定的探索，尤其是在分权管理和经济自由化道路上迈出了重要的步骤，例如扩大了国营企业的经营管理权限；出现了租赁企业、私营企业、外商投资企业、生产合作社等不同所有制和不同性质的企业；建立了市场基础结构的重要组成部分即商业银行和商品交易所。然而，由于政治体制改革和经济体制改革的顺序颠倒，宏观经济改革和企业改革措施不配套，“加速战略”的推行使本来比例严重失调的国民经济结构更加不合理，物资供应和经济联系遭到破坏等一系列原因，苏联的市场改革不仅进展缓慢，而且伴随着经济和整个社会生活矛盾的激化。总的来说，戈尔巴乔夫时期采取的旨在实行经济分权管理的局部经济改革措施，基本上没有超出传统的计划经济体制的范围，是不彻底的，也没有保证经济活动效率的提高。一些根本性的改革如建立新的税收体制、实行新的价格形成机制等都没能完全实现。

总之，苏联解体前，无论实行何种改革，国家主要用行政手段管理和干预经济的问题并没有得到根本解决。因此，“坚决进行经济改革成为历史的必然”。正是在这种情况下，苏联刚刚解体，独立后的俄罗斯为汲取苏联时期多次改革均遭失败的教训而决定采用新自由主义的改革与转轨战略。其中最突出的特点是盲目顺应西方国家和组织的要求，接受并实行“休克疗法”，实行私有化和经济自由化，全面放开价格，把企业推向市场。试图通过这些措施快速完成经济转轨。但由于神化市场作用，忽视和削弱国家宏观经济调控，导致发生严重经济危机并引发恶性通货膨胀。

包括中国在内的其他经济转轨国家尤其是中东欧国家，在改革的前期阶段与苏联时期的经济体制改革和经济转轨曾经有许多相似之处。其共同特点是试图通过对原有体制的不断完善

(包括在高度集中的计划经济体制框架内加入市场经济因素)来解放生产力、发展经济、提高效益、改善人民生活,从而达到改进和维系社会主义经济制度之目的。但这些国家后来的实践证明,这种经济体制改革和经济转轨路径是不正确的。苏联东欧剧变后,波兰、匈牙利、乌克兰等中东欧国家也纷纷实行以市场化和私有化为主要特征的经济转轨,向市场经济过渡,与世界经济接轨。尽管这些国家在此过程中付出了高昂的代价,出现了不同程度的经济危机,但却基本建立起仿效西方的市场经济体制,为融入经济全球化进程作了充分的准备。中国则走出一条不同于其他转轨国家的有自己特色的经济转轨之路,其主要特点,是在实行渐进式转轨的前提下,建立社会主义市场经济体制,并在此基础上培育市场主体;在充分发挥市场资源配置作用的同时,加强国家的宏观调控。

第三,转轨国家经济在全球化的世界经济中缺乏竞争力。众所周知,经济转轨国家曾经普遍存在的一个十分相似的问题或者说弱点,是落后的传统产业长时期占据主导地位,而高新技术产业发展缓慢,较之西方发达国家有明显的差距。经济转轨国家传统产业结构的突出特点,一是发达国家称之为"夕阳产业"的基础产业比重过大。二是工业中的劳动密集型和资源密集型工业规模过大。三是民用消费品工业比较薄弱,生产技术落后,这在俄罗斯等国家表现尤为突出。即使是生产同一种传统产品,也由于生产工艺落后和技术含量低而无法与发达国家的同类产品相抗衡。正是以上三个方面的原因,造成经济转轨国家的出口结构大多以能源、原材料、半成品和低附加值产品为主，知识和技术密集型产品所占的比重不大。因此，我们认为，经济转轨国家的产品在世界市场上缺乏竞争力，多半是由上述原因所致。

随着全球范围内科学技术的不断进步和高新技术产业的迅速发展，经济转轨国家愈加深切感到通过调整产业结构和改造传统产业进而提高产品国际竞争力、融入经济全球化进程的必要性，这种内因是促成经济转轨国家由劳动密集型和资源密集型产业向知识和技术密集型产业逐步转变、努力缩小与经济发达国家的差距、提高经济实力和竞争力的真正动因。

1.2 转轨国家实行经济转轨和参与经济全球化的外因推动

内因是变化的根据，外因是变化的条件。转轨国家实行经济转轨和参与经济全球化，除了内因的根本作用外，外因与内因的联动也是一个重要因素。正是这种联动作用加快了转轨国家经济转轨和融入经济全球化的进程。我们认为，外因推动作用主要表现在以下三个方面：

第一，经济全球化浪潮席卷全球，成为不可阻拦的时代潮流，因而也成为经济转轨国家必须严肃面对的客观现实，它们不能退避三舍，更不能置身其外。经济全球化一方面使经济要素和资本、生产、技术、信息、货物等生产要素在全球范围内跨国界广泛而自由流动，从而实现资源的有效配置；另一方面又使世界各国之间的联系和相互作用不断加强，形成各国经济“你中有我，我中有你”的相互依赖甚至制约关系。因此，经济全球化既为经济转轨国家提供了难得的机遇，又对它们提出了严峻的挑战。如果考察经济全球化作为外因推动力而对转轨国家经济转轨和融入世界经济进程的影响作用，可以归结为如下几点：一是由于经济全球化促进了世界多边贸易体制的形成，从而加快了国际贸易的增长速度，促进了全球贸易自由化的发展。为适应这种形势，转轨国家一方面要加速经济体制转换进程，另一方面又要不断调整经济结构和经济政策，以应对贸易自由化的挑战。二是金融市场日趋国际化，金融机构进入国际金融市场并形成世界性的金融机构网络，大量的金融业务跨国界进行，金融运行规则也更加国际化。这势头强劲的金融全球化正在把经济转轨国家裹挟到经济全球化的大潮中来，尽管有些国家尚不完全具备参与金融全球化的条件。三是投资自由化和生产国际化的迅猛发展，促使经济转轨国家积极参与其中，并成为受益者。而且，生产国际化不仅使经济转轨国家传统的国际分工逐渐演变成为世界性的分工，也使跨国公司渗透到这些国家的各个产业和部门，使生产要素得以合理组合与流动，资源得以重新配置。

第二，世界范围内科学技术的巨大进步尤其是信息技术的快速发展，把人类从工业经济时代带入信息经济时代。这一进程对长期以传统的基础工业为主、高新技术产业发展缓慢的转轨国家经济形成巨大冲击，既成为转轨国家实行经济转轨和调整产业结构的直接原因，也成为它们参与经济全球化的直接推动力。而且，全球信息产业的迅猛发展，不仅为经济转轨国家跻身信息技术和信息产品的国际贸易及国际信息服务贸易提供了可能，而且也为它们参与和深化国际分工创造了前提条件。

第三，作为“超国家机构”的三大专门性国际经济组织——国际货币基金组织、世界银行和世界贸易组织，对推动转轨国家的经济转轨进程，推进它们的金融全球化和贸易自由化，促进其资金、技术、人员等的更加自由流动，发挥着重要作用。正如科勒德克所言：“国际组织的贡献可以认为是重要的和积极的。尽管有这样那样的批评，但不得不承认，如果没有国际组织的积极参与，主要是布雷顿森林机构的积极参与，向市场经济转轨必然会更加困难。”①我们还应该再补充一句，若没有国际货币基金组织、世界银行和世界贸易组织的支持及参与，转轨国家融入经济全球化进程也会更加困难，这是不言而喻的。但另一方面，这些国际经济组织对转轨国家的经济主权也形成约束。例如，国际货币基金组织和世界银行对俄罗斯、乌克兰等转轨国家提供贷款和经济援助时，都提出了苛刻的政治经济条件和加速经济转轨、实行市场自由化的要求。虽然这些转轨国家有时并不情愿采纳向它们提出的干涉其经济主权的建议或要求，但迫于本国经济的恢复与发展和向市场经济转轨的资金需求压力，它们只得接受相关的条件。正如时任俄政府总理的卡西亚诺夫所指出的，“俄罗斯面临着其他任何一个想要加入 WTO 的国家都未曾遇到过的史无前例的困难和难以接受的条件”。而且，俄加入世贸组织还会付出一定的代价，例如，会使俄经济主权受到一定

① 〔波兰〕科勒德克著：《从休克到治疗：后社会主义转轨的政治经济》（中译本），上海：上海远东出版社 2000 年版，第 333 页。

的侵蚀。再如，在世贸组织规则的框架内，实行经济开放，外国商品和劳务大量进入俄市场，使俄很难保护处于危机状态的本国生产企业免受冲击。特别是进口关税大幅降低导致外国商品的大量涌入，对民族工业造成很大冲击和威胁。中国加入世贸组织后，中国政府需要依据 WTO 的货物贸易协定、服务贸易协定、技术贸易与知识产权保护协定、与贸易有关的投资措施协议等，调整、重新修订和增补有关对外经济贸易的法律法规，以适应 WTO 的要求，建立与国际惯例相衔接的法律体系。所有这些都说明，转轨国家的经济转轨和参与经济全球化均面临着一定的外部压力，不同程度地受外部因素的影响或制约。

1.3　经济全球化与转轨国家经济的互动效应分析

既然经济全球化构成转轨国家经济转轨和经济发展的外部条件，经济全球化与转轨国家经济转轨和经济发展之间就存在着一种相互关联和相互影响的联动关系或互动关系。正是这种联动或互动关系的存在，使转轨国家对经济全球化进程及其影响都极为敏感，并不断作出反应或回应。经济转轨国家的实践表明，这种联动或互动关系至少表现在以下三个方面：

第一，在经济全球化与转轨国家经济转轨的联动或互动关系的作用下，转轨国家为适应经济全球化客观发展进程的需要和基本要求而实行制度变迁即建立完善的市场经济体制，并选择不同于以往的发展路径和转变经济增长方式。以此为基础，转轨国家顺应经济全球化的潮流，采取积极的应对措施，迅速融入贸易自由化、金融全球化、投资自由化和生产国际化进程之中，从而极大地推动了转轨国家的经济自由化以及经济增长和经济发展。

第二，转轨国家的经济转轨对经济全球化产生重要影响和推动作用，进一步加快了经济全球化的步伐。例如，俄罗斯和中东欧国家的经济转轨对经济全球化的直接影响，是推动了世界“两个平行市场”的融合，使整个欧洲经济从计划经济与市场经济的割裂状态走向统一，从而推动了市场经济向世界更大范围的扩张。实际上，从世界经济的发展规律和发展趋势看，处于割裂状态的世界市场最终要联合成为一个统一的市场。在这个统一的世界市场中，不仅每个国家和地区或区域性经济组织要作为其中的一个成员来参与世界范围内的生产分工与合作，而且各国的经济交流与合作也要建立在这个统一世界市场的统一游戏规则的基础上。

第三，转轨国家的经济增长与发展对世界经济的积极贡献和对经济全球化的推动作用也与日俱增。以中国为例，正如英国财政大臣戈登·布朗 2005 年访华时所指出的，中国为世界经济的发展作出了巨大贡献，“中国在过去几年中对世界经济增长的贡献超过工业七国集团的总和”。美国投资银行摩根士丹利首席经济学家史蒂芬·罗奇通过深入分析得出的结论是，中国对世界经济增长的贡献率约为 17.5%。这是因为中国经济的开放度非常高，中国的经济增长对世界经济有某种乘数效应。他最近还撰文认为，“近年来在推高全球大宗商品需求方面，没有其他经济体的影响力能比得上中国”。虽然目前中国正坚定不移地向降低大宗商品需求的增长模式转变，但此举可能对中国经济的成长特质带来强烈的冲击，并对金融市场和较广泛的全球经济带来重大的影响。[①] 英国《经济学家》杂志也认为，中国经济的发展提高了世界经济增长的潜力，使劳动力、资本、商品与资产的相对价格发生变化。而且，中国的廉价产品为发达国家的低通货膨胀率作出了贡献，使这些国家的中央银行得以降低利率，以促进经济增长。这些都足以说明，中国的经济增长和发展对世界经济的影响有目共睹、不可低估。仅从“中国制造”遍及全球每一个角落、不断提供着供全球消费的产品而言，中国作为转轨经济大国，其对世界经济和经济全球化的发展都不可或缺。

当然也应看到，经济全球化与转轨国家经济的联动或互动效应也给转轨国家带来一定的负面影响，暴露出一些问题，对此将在下面述及。我们认为，深入分析由于经济全球化与转轨国家经济的联动或互动关系而产生的正负效应问题，对融入经济全球化进程的转轨国家有十分重要的现实意义。

1.3.1 经济全球化与转轨国家的贸易自由化

1. 经济全球化促使转轨国家积极融入贸易自由化进程

由于经济全球化与转轨国家经济的联动作用，使这些国家

---

① 参见〔美〕史蒂芬·罗奇：“中国开始转变经济增长方式”，《证券日报》2006 年 6 月 19 日。

卷入贸易自由化的浪潮之中。俄罗斯、乌克兰和匈牙利等一些中东欧国家纷纷全面实行对外经贸自由化政策。这些经济转轨国家的普遍做法,一是取消外贸经营权的国家垄断,允许境内的一切企业自由从事对外经贸活动。二是开放国内市场,放宽或基本取消进出口限制,实行进出口贸易的自由化。三是逐步取消对国际收支方面的一些限制,实行日常业务的货币可自由兑换制度。由于实行贸易自由化,俄罗斯经济对外贸的依赖程度已经比较高,实际上近几年经济的快速增长也主要是靠外贸拉动的。而且,目前俄罗斯已经基本上没有进口的数量限制,关税的平均水平尽管略高于发达国家,但大大低于发展中国家,为13%—14%。因此,俄实际上已成为经济开放的国家,这既是由于俄国民经济对对外贸易的依存度,也是由于其实行自由化的对外经济政策和制度所决定的。总的来看,在贸易自由化浪潮的推动下,转轨国家的对外贸易依存度有越来越高的趋势。俄罗斯 2003 年的外贸依存度为 48.65%,目前已达到 50%以上。

中国也积极融入全球贸易自由化进程并在其中大受其益。有资料显示,在改革开放的头 20 年,中国对外贸易以年均13.4%的速度增长。2000 年中国外贸进出口总值达 4743 亿美元,比 1998 年增长 31.5%,创改革开放 20 年来的最高水平。2002 年和 2003 年,中国外贸总额的增长速度分别高达 21.8%和31.7%,从而也使中国的外贸依存度从 2001 年的 44%跃升至 2003 年的 60.2%,高于美国(18.2%)、日本(18.8%)、英国(39.5%)等发达国家,也高于印度(约 20%)和墨西哥等发展中国家。2004 年中国的对外贸易依存度甚至高达 70%。有资料显示，1980—2008 年，世界平均外贸依存度由 34.87％提高到 53.3％。同期，中国外贸依存度也从 12.5％提高到 59.2％。[①] 外贸依存度反映了一个国家经济对外贸的依赖程度和参与国际分工的程度，折射出一国经济发展战略的许多构成要素，并对其国际经济关系产生重要的影响。中国外贸依存度的迅速提升，从积极的方面看，表明中国经济正积极融入经济全球化和贸易自由化进程，并在当代国际分工体系中扮演着越来越重要的角色。而且，随着中国加入 WTO 后贸易自由化进程的加快，中国的外贸依存度仍会在一个时期内处于居高不下甚至继续上升状态。外贸依存度的快速提升使中国经济的发展更加国际化并逐步与国际经济接轨。而从不利的因素看，首先，过高的外贸依存度会加大中国经济所面临的国际经济和政治风险，当世界经济发生剧烈波动和国际政治出现重大事件时，都会对中国经济造成不利影响。其次，过高的外贸依存度使中国的对外贸易磨擦趋于频繁化。这方面的例子不胜枚举，其中最典型的莫过于中美贸易磨擦。有资料显示，中国对美国的贸易依存度已由 1997 年的 5.4％上升到 2007 年的 9％以上。如此高的贸易依存度成为近年来中美贸易磨擦频率越来越高的根本原因之一。自 2003 年下半年以来，美国先后多次对中国的彩电、纺织品、家具等商品出口设限并展开一系列的反倾销调查，这与中国对美的外贸依存度过高不无关系。据有关资料，仅美国对华 7 种纺织

① 参见钟山："理性看待我国外贸依存度问题"，中国经济网 www.ce.cn，2010 年 2 月 5 日。

品设限就影响了中国20亿美元的出口和16万人的就业。再次，过高的外贸依存度使世界经济周期对中国经济的影响日益明显。最后，中国以自己有限的资源参与国际分工和世界竞争，有可能对长期发展的实力造成损害。

总之，由于转轨国家加快融入经济全球化和贸易自由化进程，特别是许多转轨国家已经加入或即将加入世界贸易组织，使这些国家的外贸依存度迅速提升，从而也使其经济更加国际化并逐步与国际经济接轨。因而经济全球化和贸易自由化对转轨国家经济的影响更加明显。但贸易自由化的快速发展及与之相关的外贸依存度的不断提升，不仅会造成转轨国家国民经济的过度对外依赖性，世界市场的任何波动都会对其经济和外贸产生不利影响，而且也使转轨国家的对外贸易摩擦趋于频繁化。经济转轨国家的实践也表明，贸易自由化条件下外贸依存度的迅速提升和贸易摩擦的加剧，会危及转轨国家的贸易安全。

2. 转轨国家经济发展对全球经济和贸易自由化进程的推动作用

经济全球化推动转轨国家的经济发展和制度变迁，并使其融入贸易自由化进程；而转轨国家的经济转轨则使经济全球化进程在地域空间和制度层面进一步扩展，成为经济全球化发展的一个结果。从这个意义上说，经济全球化与转轨国家的经济转轨构成了一种相辅相成和互为因果的关系。

我们认为，至少可以从以下三个方面来考察转轨国家经济转轨和经济发展对世界市场扩展和贸易自由化的推动作用：

首先，转轨国家经济和市场开放程度明显提高，迅速融入世界经济发展进程并成为其中的重要组成部分。而且,随着经济转轨进程的深化,转轨国家经济的对外开放程度也在不断加深,贸易自由化程度不断提高。与此相关,世界经济中的“转轨国家因素”越来越明显和重要。以中国和俄罗斯为例:作为转轨经济的大国,中国与世界经济呈共同成长和共同繁荣的紧密互动关系,正如在世界经济论坛2005年年会上与会者所普遍认为的,在不久的将来,中国将接替美国成为“世界经济增长的一个新极点”。有资料显示,2004年中国进出口总额达1.1万亿美元,跃居世界第三位。中国对全球贸易增长的贡献度也达到11.3%,居世界首位。而2008年中国进出口总额达到2.56万亿美元,仍列世界第三。中国经济的良好运行及进口的大幅度增长为世界上许多国家的企业创造了商机,也为世界增加了众多的就业机会,进而拉动了全球经济增长。另一个转轨经济大国俄罗斯,其市场开放程度和贸易自由化水平远远高于中国,即使是在转轨初期经济严重衰退的那些年,俄罗斯的对外贸易也是一枝独秀,除个别年份外,均保持10%以上的增长速度,对外贸易对经济的拉动作用明显。2004年以来,俄GDP增长的一半是靠出口拉动的,另一半是由内需的扩大决定的。俄罗斯和中东欧国家市场开放程度和贸易自由化程度的不断提高,对世界市场的扩展和贸易自由化的推进也同样产生了积极的影响。

其次,世界市场由于转轨国家的积极参与而向区域经济一体化进而向全球经济一体化方向扩展和延伸。2004年5月1日,欧盟成员国从15个增加到25个。在新增加的10个国家中,除塞浦路斯和马耳他两国外,其余8国均为经济转轨国家:

波兰、捷克、斯洛伐克、匈牙利、斯洛文尼亚、爱沙尼亚、拉脱维亚、立陶宛。2007 年 1 月 1 日，罗马尼亚和保加利亚也正式成为欧盟成员国，从而使欧盟成员国增加到 27 个。这些转轨国家由于“入盟”而加入了经济一体化进程，并在扩展和推动这一进程的同时，获得经济增长的强劲动力。有资料显示，同欧盟的一体化能够在长时间里带动这些转轨国家经济至少增长一个百分点。目前，欧盟对外贸易占到世界贸易总额的 20%，其国内生产总值占世界的 1/4。中国—东盟自由贸易区已于 2004 年 1 月 1 日正式启动，这个拥有 20 亿人口的更大自由贸易区已在 2010 年全面建成。由中国、俄罗斯、哈萨克斯坦、吉尔吉斯斯坦、塔吉克斯坦、乌兹别克斯坦等 6 个经济转轨国家构成的上海合作组织，也在经济一体化方面迈出了坚实的步伐。这些都说明，由于转轨国家积极参与区域经济一体化，推动了世界市场的扩展和经济与贸易自由化进程，而区域经济一体化作为全球经济一体化的基础，其发展必然会进一步推进全球经济一体化进程。

再次，转轨国家经济转轨和经济发展促进了国际贸易规模的不断扩大。据中国海关总署的资料，中国的对外贸易长期保持快速增长的势头，特别是自 2002 年以来，中国对外贸易一直保持在 20%以上的高速增长态势。2007 年，中国外贸进出口总值首次超过 2 万亿美元，比上年增长 23.5%。2010 年中国外贸进出口总值达 29727.6 亿美元，同比增长 34.7%。俄罗斯对外贸易也增长势头强劲，2004 年外贸总额为 2780.2 亿美元，比 2003 年增长 31.1%。据俄罗斯国家海关统计数字显示，2005

年外贸总额为 3398 亿美元，同比增长 32.1%。[①] 2008 年俄罗斯外贸总额为 7350 亿美元，比上一年增长 33.2%。[②] 东欧国家自经济转轨以来对外贸易的快速增长，也在一定程度上推动了全球贸易的大发展。20 世纪 90 年代东欧国家出口的年均增长率为 8%，进口年均增长率为 10%，均大大高于世界的平均水平。这一时期转轨国家商品贸易额的增长可见表 1—1：

表 1—1　1990—2001 年世界及转轨国家商品贸易额的增长

	出口年均增长率(%)			进口年均增长率(%)		
	1990—2000	2000	2001	1990—2000	2000	2001
全世界	6	13	-4	7	13	-4
经济转轨国家	7	26	5	5	14	11
东欧国家	8	14	11	10	12	9
俄罗斯	—	39	-2	—	13	19
中国	15	28	7	16	36	8

资料来源：WTO。

另有资料显示，2007 年波兰外贸进出口总额高达 3029.57 亿美元。[③] 保加利亚 2005 年进出口额为 287 亿美元。2005 年捷克外贸总额达 1547.4 亿美元，较上年增长 14.3%。其中，出

① 参见于广洲："中俄经贸合作具有四大优势 发展前景广阔"，2006 年 8 月 7 日，http://news.QQ.com。

② 参见"08 年俄罗斯外贸总额 7350 亿美元，增长逾三成"，新华网 2009 年 2 月 6 日。

③ 参见《2008 年波兰小统计年鉴》。

口额为782.1亿美元，增长16.4%；进口额为765.3亿美元，增长12.1%。2010年上半年乌克兰对外商品和服务贸易总额为560亿美元，比2009年同期增长28.2%。①

当然，从另一方面看，转轨国家对全球贸易自由化进程的影响和推动作用还是有限的。这不仅因为经济转轨国家总体经济实力较弱，还因为参与贸易自由化的一些基本条件，如商品的竞争力、合理的商品出口结构、与世界接轨的对外贸易政策等，大多数经济转轨国家并不完全具备。

第一，从商品出口结构和竞争力看，经济转轨国家普遍存在的问题是商品出口结构不合理，商品缺乏竞争力。这在俄罗斯表现尤为明显。俄出口到国外的产品主要以能源、原材料和半成品为支撑，成品特别是机器设备出口的比重较小，这是由于俄制成品在国际市场上缺乏竞争力所致。俄罗斯的进出口商品结构详见表1—2：

表1—2　俄罗斯进出口商品结构

	出口		进口	
	1998年	2002年	1998年	2002年
矿物原料占总额的百分比	42.8	54.4	5.4	2.5
机器设备占总额的百分比	11.4	9.5	35.6	34.1

资料来源：《俄罗斯中央银行公报》2005年第9期。转引自〔俄〕《经济学家》2005年第8期，第50页。

① 参见"俄罗斯中亚东欧经贸动态"，《俄罗斯中亚东欧市场》2010年第10期，第62页。

从表1—2可见，矿物原料出口的比重从1998年的42.8%增加到2002年的54.4%；机器设备出口的比重则从1998年的11.4%降至2002年的9.5%，而进口的比重较大，1998年为35.6%，2002年为34.1%。俄罗斯的这种出口结构与目前全球农业、矿业和能源产品在世界出口贸易中所占比重已从2/3跌至1/4以下的情况形成了巨大的反差。虽然为改变这种出口结构，俄罗斯曾出台鼓励机器制造业产品出口的优惠政策并采取了相关的措施，但由于俄机器制造业一直陷入严重困境，国内市场的萎缩导致生产大幅度下降，许多企业停产，军转民品生产进展缓慢，机器制造业的产品出口无大起色。近几年来，机器和设备出口占俄罗斯出口的比重仍不超过10%。石油和天然气以及原材料出口仍在俄出口贸易中占据主导地位。据俄著名经济学家阿甘别吉扬提供的数据，目前在俄罗斯的出口构成中80%为原材料，其中，石油和石油产品占38%，天然气占18%，有色和黑色金属占15%。① 另据有关资料，俄罗斯2004年的出口结构中，燃料动力资源占了56.8%，金属和金属制品占16.9%，化工产品占6.6%，而机器设备的比重仅为7.5%。低附加值的原料和半成品占到出口商品的80%以上。原料和半成品部门占商品生产部门的比重达到58%—60%。2008年俄罗斯对非独联体国家的出口商品结构中，燃料能源商品比重占72.4%（2007年为68%）；金属及金属制品比重占11.5%（2007年为

① 参见李建民："阿甘别吉扬谈俄罗斯社会经济发展和改革"，《俄罗斯中亚东欧市场》2005年第3期，第1页。

14%)。2008年俄罗斯自非独联体国家的进口商品结构中,机械和设备比重居第一位,占56%(2007年为54.3%);化工产品居第二位,占13.8%(2007年为14.4%)。① 因此,我们认为,俄罗斯的当务之急是建立有竞争力的创新型经济部门,生产高附加值产品。唯有这样,俄罗斯经济才能够稳定和更快地增长,并推动全球经济发展和推进贸易自由化进程。

第二,从对外贸易政策方面看,中东欧转轨国家的对外贸易政策往往缺乏稳定和连续性,与世界不接轨。我们认为,制定一种能够适应国际惯例和符合本国实际的对外贸易政策,是转轨国家参与经济全球化和发展对外经济关系的重要保证。但中东欧一些经济转轨国家不仅缺乏稳定的与世界接轨的对外贸易政策,而且在对外贸易政策的制定上也主张各异。例如,乌克兰制定对外贸易政策就受到两种截然不同的倾向和主张的影响。一种主张是顺应贸易自由化的潮流,实行外贸自由化;另一种意见则相反,主张实行贸易保护主义和国家调节。在这两种截然不同的倾向和主张的影响下,乌克兰的对外贸易政策常常具有摇摆不定和经常变化的特点。如1991年4月16日乌克兰议会通过的《对外经济活动法》,虽规定了实行各种对外经济活动形式的自由,但又规定在对外经济活动领域实行若干国家调节措施,在一定程度上控制对外经济活动。而1992年3月19日乌克兰发布的《关于促进对外经济活动的措施》的总统令,则规定取消

① 参见"2008年俄罗斯对外贸易情况",http://www.lmjx.net,2009年2月25日。

各种限制，实行外贸自由化。但自 1992 年 12 月，乌克兰又决定收缩外贸自由化政策，对石油产品、天然气、煤炭和电能等许多重要出口商品实行专营。1995 年 1 月 1 日又决定在对外贸易中取消对绝大部分商品的许可证和限额制度。这种摇摆不定和经常变化的对外贸易政策，大大阻碍了乌克兰的贸易自由化进程，从而也对经济转轨国家的整体贸易自由化进程产生了消极影响。

1.3.2 经济全球化与转轨国家的金融自由化

所谓转轨国家的金融自由化，是指 20 世纪 90 年代以来经济转轨国家以放松金融管制为主要特征的金融深化与金融体制转轨，其核心是发挥市场在配置金融资源中的基础性作用，减少政府干预。由于经济全球化条件下世界各国经济联系越来越紧密，经济相互依存度不断提高，特别是金融自由化与转轨国家经济的互动关系和传导机制的作用更加明显，容易给那些金融深化与金融体制转轨步伐较大的经济转轨国家造成金融风险甚至金融危机，给其经济发展带来更大的不确定性。许多经济转轨国家的实践都证明了这一点。俄罗斯、乌克兰和东欧一些国家迅速融入金融自由化进程，实行金融自由化政策，开放本国金融市场，允许外资进入，实行了外汇自由化。但金融自由化在加速国际资本流动和为转轨国家利用国外资金提供便利条件的同时，也往往隐藏着金融风险。由于俄罗斯等转轨国家疏于防范和放松金融管制，在金融自由化与其经济的互动和传导机制的作用下，多次发生金融危机且相互传导，波及世界许多国家，造成严重后果。应当说,金融全球化和金融自由化对经济转轨国家的正面和负面影响都是很大的。

1. 经济全球化推动了转轨国家的金融自由化进程和金融发展

自20世纪80年代起特别是90年代以来,随着经济全球化进程的加快,由发达国家推动的金融全球化通过国际经济传导机制几乎席卷了所有的经济转轨国家,促使这些国家加快金融全球化步伐,并迅速融入金融全球化潮流之中。其结果,不仅使转轨国家的金融业获得了长足发展,而且极大地促进了它们的经济增长和振兴。从这个意义上说,转轨国家经济的发展是离不开金融全球化的有力推动的。一方面,金融全球化加速了国际资本流动,不仅促使资本在全球范围内重新配置,而且使国际资本规模增长迅速,金融业务和金融机构跨国界发展,并呈现出混业经营的发展趋势。这些都为经济转轨国家利用国外资金提供了便利的条件,并从中受益。不仅如此,金融全球化推动了国际金融市场的发展和金融资本的形成,也使金融创新层出不穷,从而为转轨国家金融企业提供了广阔的活动空间和灵活的经营手段。转轨国家也在不断使用和推出各种新型的金融工具,合理搭配使用各种金融产品,这在一定程度上降低了金融运作的成本并提高了效率,可以获得更多国际资本,弥补经济建设资金的不足,实现经济跨越式发展。

另一方面,金融全球化要求经济转轨国家不断实行金融改革和金融创新,尤其是金融制度的创新,从而使本国金融制度与国际接轨。转轨国家只有顺应金融全球化的潮流,立足于本国的金融资源禀赋和金融发展现状，才能实现本国金融制度和金融政策的转变。经济转轨国家的实践也表明，为适应金融全球化的发展趋势并积极融入这一进程，这些国家纷纷实行金融改革，放弃以抑制和封闭为主要特征的传统的金融制度，放松或打破严格的金融管制，实行金融自由化政策，开放本国金融市场，建立更加开放和更具活力的金融体制。这具体表现为：放开金融机构的市场准入，包括打破对外资金融机构的准入限制，并在经营业务范围、机构设置的地区限制以及金融服务价格形成和货币兑换等方面取消政府管制，从而实现经营业务自由化、经营活动跨地区化、货币兑换自由化，形成国内外多种金融机构并存和相互竞争、利率和汇率自由化（采用本国货币与美元的统一汇率和自由浮动制度）、金融市场自由化、资本流动自由化的格局。与此同时，经济转轨国家也试图通过完善金融监管体系和提高金融监管的有效性来保证国家的金融安全。

基于以上所述，我们认为，可以从以下几个方面来具体考察经济全球化特别是作为其重要组成部分的金融全球化对转轨国家金融自由化进程和金融发展的促进与推动问题：

(1)推进金融中介机构改革与发展

自 20 世纪 80 年代以来，随着金融全球化的发展和金融自由化的深化，金融中介机构已成为国际金融市场上的主导力量。而金融中介机构的不断发展和功能的不断完善，及其新的业务领域的广泛拓展，又大大推进了金融全球化的发展进程。因而金融全球化与金融中介体系之间是相互促进、互动发展的。金融全球化进一步强化并推动了全球金融中介体系的继续创新和新型金融中介机构的产生，也推动了各国金融中介机构的重组。

在经济转轨国家，金融中介机构改革和金融制度变迁是全方位的。在金融全球化和金融自由化的推动下，中国已经初步建立起以银行、证券公司和保险公司为主体的较为完善的金融中介体系。这对满足经济和社会发展对金融服务的需求、提高资源配置效率、促进经济增长发挥了重要作用。而随着金融全球化进程的进一步推进和经济增长对金融发展质量的更高要求，处于快速发展之中的中国金融中介体系仍需在完善产权制度、优化金融中介体系结构、大力发展非银行金融机构、提高金融机构综合竞争力等方面加大改革力度并采取相应的措施。特别是还面临着政策性银行的改革问题。当前中国政策性银行改革的基本方向是向开发性银行转型。从国情和三家政策性银行的具体情况出发，有针对性地设计政策性银行转型方案，对不同性质的项目实行分账管理，完善公司治理结构，深化内部改革，建立现代银行制度。中国人民银行行长周小川在2006年召开的政策性银行改革与转型国际研讨会上指出，当前三家政策性银行（国家开发银行、中国进出口银行、农业发展银行）面临着新的挑战、新的任务和新的转型。政策性银行需要进一步考虑自己的发展方向，除了继续探索在国内发挥作用以外，还要加快融入国际经济。

在金融全球化和金融自由化进程中，经济转轨国家金融中介机构改革和金融制度变迁的一个重大举措，是打破国家对银行业的垄断，大大减少国家对金融活动的直接干预。如俄罗斯和几乎所有的中东欧转轨国家都建立了中央银行和商业银行并存的二级银行体制，并形成了多种所有制并存的银行多元化模式。不仅如此，政府还放宽外国金融机构进入本国市场的限制。波兰规定，外国金融机构可以以独资或合资的方式在波兰设立银行分行或代表机构，但条件是必须满足波兰对外资银行注册资本金的最低要求，也必须将规定数量的波兰货币兹罗提存入波兰国家银行。同时，多数中东欧转轨国家还允许本国的金融机构打入国际金融市场，参与金融全球化条件下的国际竞争。

自实行经济转轨以来，俄罗斯对国有银行业的垄断已基本被打破。除了极少数由国家出资并受国家控制的银行如储蓄银行、对外贸易银行和工业建设银行等商业银行，以及一部分由国家控股的隶属于一些工业部门的银行如石油化工银行、渔业银行、通讯银行、化学银行外，其余大部分商业银行均已改制成为完全按照市场化运作的不受政府控制的股份制银行和外资银行，尤其是外资银行在俄银行业中占有重要的地位，其资本占俄银行业资本的比重在1998年金融危机前就已经超过1/4。这种所有制结构表明，俄罗斯已基本建立了产权明晰、责权明确、所有制主体多元化并共同发展的银行体系，不仅有俄罗斯独资银行（包括国有独资商业银行和私人独资商业银行以及国有和私有相互参股的混合银行）、外国独资银行金融机构，而且由外资参股的合资银行也相继发展起来。在短短几年的时间里，俄罗斯银行业的股份制、商业化、企业化、自由化和市场化的经营机制得以建立和形成。从推进金融中介机构改革和实行金融自由化的绩效看，有资料显示，自1998年8月金融危机后的四年间，由于银行体制改革和银行重组的深入，俄罗斯银行系统发生了较为明显的变化，出现了一些积极的发展趋势。这主要反映在一系列指标的增长上，例如，2000 年 1 月 1 日至 2001 年 1 月 1 日，银行系统的总资产增加了 31.8%，资本增加了 41.7%，而且 90%的银行都出现了资本的增加。自 1999 年 1 月至 2002 年 12 月，俄银行系统的总资产从 503 亿美元增至 1260 亿美元。2002 年，俄罗斯银行的资本达到 179 亿美元，比 1999 年年初增加近 140 亿美元。① 此外，银行对实体经济部门的贷款不断增加。据有关资料，这种贷款从金融危机前的 1997 亿卢布猛增至 2003 年 3 月的 16697 亿卢布。银行贷款占 GDP 的比重由 1996—1997 年的 9%—10%增加到 2002 年的 15%，贷款占银行资产的比重也增加到 40%。但总的来说，俄罗斯银行资产和资本规模仍十分有限，资本充足化程度比较低，资本金严重不足。虽然俄罗斯银行资产占 GDP 的比重一再提高，从 1999 年底的 32.9%上升到 2007 年 10 月的 70.3%②，但这个比重与一些欧洲国家也包括经济转轨国家相比还有相当大的差距。

中东欧经济转轨国家的银行体系也在金融全球化推动的金融自由化浪潮中发生重大变革。20 世纪 80 年代末，中东欧国家打破计划经济下的单一银行体制，实现了中央银行与商业银行的职能分离，建立了“双轨”银行体制。自 90 年代初开始向市场经济转轨后，中东欧各国以“双轨”银行体制为基础，纷纷对国

① *Денбги и кребит*，2002，№1，c. 8.；*Вопросы экономики*，2003，№3，c. 103.

② 参见驻俄使馆经商参处：“俄罗斯银行监管现状、问题及改革任务”，http://ru.mofcom.gov.cn，2010 年 4 月 9 日。

有(商业)银行实行私有化,组建新型私人银行;实行金融自由化政策;放开利率,开放国内金融市场;央行放弃对银行业的直接控制而转向间接控制。这标志着中东欧经济转轨国家的银行体制进入了全面变革时期。在波兰、捷克、匈牙利等转轨较为成功的国家,私有化后的商业银行已经在金融体系中居于主导地位。而且,由于与国际接轨的程度越来越高,银行业向外资开放,不仅进入这些转轨国家金融市场的外资银行越来越多,而且外资在银行中的持股比例也较高。另有资料显示,中东欧经济转轨国家外资银行的资产也快速增长。20世纪90年代中期,波兰、捷克、匈牙利、克罗地亚、爱沙尼亚、拉脱维亚、立陶宛、斯洛伐克、斯洛文尼亚等中东欧9国外资银行的资产平均占所有银行总资产的11%,而到2000年,9国的外资银行资产占有率平均达到64%。① 另有资料显示,2008年,中东欧国家外资银行资产占商业银行资产的比重为:捷克88.5%、匈牙利84%、波兰76.5%、斯洛伐克99.2%。② 可见,外资银行已占据中东欧经济转轨国家金融市场的绝大部分份额。外资银行的大举进入导致这些国家的银行业基本上为外国银行所控制。

(2)推动金融市场发展

金融市场是整个金融体系的重要组成部分,在金融全球化的推动下,转轨国家的金融市场得到了长足发展。中国在由计

① 参见中华人民共和国商务部网站(2005年5月10日)。

② 参见 EBRD Transition Report 2007,2009;BSI,IMF,Raiffeisen Research,转引自奥地利中央合作银行集团(RZB GROUP)的 CEE Banking Sector Report,June 2009。

划经济向市场经济转换的进程中，其金融市场经历了一个从无到有、从小到大的发展过程，逐步形成了包括由同业拆借市场、票据市场、回购市场和短期债券市场组成的货币市场，由股票市场和债券市场组成的资本市场，以及由基金市场和企业可转债市场组成的金融衍生工具市场这样一个较为完整的金融市场体系。俄罗斯金融市场的发展更为迅速。自 1992 年开始全面推行市场化改革以来，货币市场、资本市场、金融衍生工具市场和外汇市场几乎同时应运而生，并随着经济转轨进程的不断深入而逐渐发展起来。特别是 20 世纪 90 年代中期以来加速发展的世界有价证券市场的全球化进程，对俄罗斯证券市场的发展产生了较大的影响。为融入这一进程，俄还制定了综合性的证券市场发展战略，包括恢复储蓄债券市场，进一步发展公司债券市场和股票市场，加大对衍生有价证券市场的监管等。特别是为大力促进股票市场的发展，俄相关部门出台了相应的措施，以进一步开放股票市场；降低股票中介费用；完善股票交易的税收；提高非居民资本占股票市场总量的比重；建立承销股票的经纪人制度，等等。从总体上看，俄罗斯金融市场与经济之间的关联度增强，出现了资本从金融市场向实体经济转移的良好趋向；公司债券市场开始快速发展，有价证券市场的技术基础得到加强；国家已经具备了一定的控制和监督金融市场的经验与能力。

但中俄等转轨国家金融市场的发展也存在若干问题：其一，由于金融制度创新准备不足，刚刚建立起来的资本市场往往存在先天性的缺陷，特别是风险型金融中介体系未能实现有效而规范化的运作。其二，资本市场规模总体上偏小，少数投资者在市场份额中占据垄断优势。例如在俄罗斯，外国投资者和本国的金融工业集团占主导地位。其三，俄罗斯等转轨国家的股票市场和国家有价证券市场对实体经济的贡献仍较为有限；而中国的证券市场也仅仅是为企业提供了一条融资渠道，流通股所占的比重不大，只是发挥了证券市场的融资功能。其四，转轨国家金融体系普遍是以大银行集中资产为主导，证券市场作为重要组成部分，而中小银行发展缓慢且资产比重较小，这严重影响到中小企业的融资和发展。其五，经济转轨国家金融市场开放后，金融监管体系尚不健全，防范金融风险的能力差。例如，由于俄罗斯东欧等转轨国家实行较高程度的金融对外开放，尤其是一开始就放开金融市场，加速经常项目和资本项目的自由化，使国内外的资金市场连为一体，致使金融市场的不确定性和金融风险增强，造成这些国家的金融不安全、金融动荡与利益的损失。尤其在金融市场和金融体制不完备的情况下，极易受到金融全球化的外部冲击。

(3)促进金融创新

金融全球化不仅加速了国际资本流动，使国际资本规模增长迅速，金融业务和金融机构跨国界发展，推动了国际金融市场的发展和金融资本的形成，而且也为经济转轨国家提供了更加便利的学习发达国家先进金融技术和金融制度的机会，为转轨国家金融企业提供了广阔的活动空间和灵活的经营手段。从互动效应看，由于金融全球化条件下的金融创新层出不穷，要求融入金融全球化进程中的经济转轨国家不断进行金融创新，尤其是金融制度的创新，从而实现本国金融制度的现代化并与国际接轨。另一方面,转轨国家也在不断使用和推出各种新型的金融工具,合理搭配使用各种金融产品,以降低金融运作的成本并提高金融效率。

转轨国家的金融创新,一是金融制度的创新。在这方面,转轨国家普遍放弃了计划经济时期的行政性金融管理体制,即放弃以抑制和封闭为主要特征的传统的金融制度,放松严格的金融管制,实行以经济和法律手段为主的间接的金融宏观调控制度,建立起符合金融全球化和金融自由化要求的金融制度。二是金融体系和金融机构的创新。转轨国家普遍建立了二级银行体制,打破了原来国家银行一统天下的局面,形成了以中央银行为领导、商业银行为主体、多种金融机构并存和分工协作的金融体制。三是金融市场的创新。在金融全球化和金融自由化进程中,转轨国家按照国际范例并结合各自的国情建立和发展各种金融市场,特别是货币市场、证券市场和外汇市场等。四是金融工具的创新,即衍生金融产品的开发。应当说,在金融创新的全部内容中,衍生金融产品的创新处于核心和先导地位。新的金融衍生工具的出现是经济全球化条件下金融市场结构和性能发生变化的产物。随着金融自由化的推进,转轨国家的金融创新尤其是金融工具的创新不仅得到了快速发展,而且也加大了金融风险的传导效应。特别是金融衍生工具的发展,打破了银行业与金融市场之间、衍生产品与原生产品之间,以及各国金融体系之间的传统界限,从而将转轨国家的金融业卷入发达国家所主导的国际金融体系之中。与此相关,转轨国家原有的金融稳定性也受到来自国内外金融衍生工具市场的挑战,从而增大了金融风险。虽然金融衍生工具的创新目的在于规避风险，但创新的金融衍生工具本身又包含着金融风险，这些风险体现为远期汇率风险、互换风险、期货风险、期权风险、远期利率协议的风险等。

从总体上说，转轨国家的金融创新利弊兼具。一方面，金融创新打破了传统的金融管制，减少了市场刚性，为经济和市场提供了多样化的金融工具和金融服务，提高了金融市场配置社会资源的效率。而且，金融创新在提高金融资产流动性和有效性，促进全球金融市场一体化和推动世界经济发展方面发挥了积极的作用。但另一方面，金融创新会影响货币政策的有效性，增强利率和汇率等金融变量的变动性，加大金融体系的不稳定性和金融管理的难度，从而增加金融风险。此外，金融创新由于提供了新的利润机会，容易助长金融市场上的投机，使更多的资金滞留在金融市场而不能进入实体经济部门。

事实上，转轨国家的金融改革和金融创新的确面临着一些困难，有些转轨国家未能在金融改革与实体经济的良性互动中推进金融创新。虽然俄罗斯在 20 世纪 90 年代就已经初步建立了高度开放的市场导向型金融体系，但时至今日，俄罗斯的金融创新和金融发展并未在促进实体经济发展方面发挥应有的作用，良性互动并不明显。与俄罗斯不同，中国金融改革与实体经济之间已基本形成良性互动关系，但两者之间的关系还没有完全理顺，特别是民营经济发展仍然受到信贷体系融资的约束。因此，对转轨国家而言，只有在促进实体经济的增长中解决金融改革中存在的问题，并加快金融改革和及时推进金融创新，才是一种良性的改革,也才能真正建立起金融体系对实体经济发展强有力的支持机制。

2. 转轨国家对金融自由化的回应能力与影响力

金融全球化的制度因素在于金融自由化。转轨国家的金融深化和放松金融管制形成了全球范围内新一轮的金融自由化浪潮,因此,转轨国家的金融自由化成为推动金融全球化发展的动力之一。仅从这一点上看,转轨国家回应和影响金融全球化进程的能力也是不容忽视的。

当今世界各国经济的相互依存度越来越高,经济全球化特别是金融全球化与转轨国家经济以及金融改革、金融发展的互动关系和传导机制的作用更加明显。为融入金融全球化进程和应对金融自由化的挑战,转轨国家选择不同的方式启动金融改革,并寻求不同的金融改革路径。作为世界上两个各具典型意义的主要经济转轨国家,中国的金融制度体系是在市场化与反市场化的矛盾斗争中建立起来的,并通过一种渐进方式推动金融改革的市场化进程;俄罗斯则效仿西方发达国家的金融体制并力求快速推进金融改革,实行金融自由化政策并迅速开放了国内资本市场。但无论采取何种方式启动并推进金融改革和金融体制转换,转轨国家金融改革的市场化进程都是对金融全球化进程的推进,是其重要的组成部分。很显然,若没有转轨国家的积极参与,金融全球化是不完整的,只能是“金融半球化”。当然,经济转轨国家的金融体系还比较弱小,尚未形成与发达国家相抗衡的竞争力,而且金融市场环境建设、金融市场主体建设、金融市场规制建设等尚待加强。特别是随着金融全球化的发展，经济转轨国家都面临着完善市场导向型金融发展模式和金融制度创新问题。实践证明，这项任务十分艰巨，不可能一蹴而就。这不仅是因为转轨国家幼小的金融产业的成长需要一个长期稳定的金融系统环境，还因为解决转轨国家金融发展的商业化、企业化、市场化问题，其基础在于实行以产权主体多元化和产权关系明晰化为内容的产权制度创新。这既要对国家垄断性金融产权实行制度上的创新，更要在国有金融制度之外发展民营金融部门，通过这种新产权形式的发展壮大，真正形成多元产权形式之间的竞争格局。因此，经济转轨国家的金融改革、金融发展和金融制度创新仍然任重而道远，它们融入金融全球化进程依然面临着严峻的挑战。但转轨国家金融体系和金融市场逐渐与世界金融体系和国际金融市场接轨本身，就是对金融全球化和金融自由化的有力推动。

(1)转轨国家金融发展对金融全球化和自由化进程的影响与推动

经济转轨国家由于经济与金融发展的程度不同，因而对金融全球化和自由化进程的影响程度也并不相同。虽然俄罗斯东欧国家的金融自由化程度较高，市场机制在金融体系中发挥的作用越来越大，但由于这些国家金融自由化政策本身所蕴含的脆弱性因素，以及金融体系内在的不稳定性和脆弱性等原因，不仅导致其经济和金融发展与金融自由化进程并不同步，而且弱化了对金融全球化和自由化进程的影响与推动作用。但这并不是说这些转轨国家金融发展对金融全球化进程没有影响作用，只是其所发挥的作用没有像主导金融全球化的发达国家那样大而已。有资料显示，莫斯科证券交易所—俄罗斯证券交易系统从1995年开始运营，是俄罗斯最主要的交易所。2005年交易所的营业额为627亿美元，同比增长65.5%。交易所62%的业务为股票交易，其余为高风险的金融衍生品交易。目前俄罗斯证券交易系统已在全球20大投资市场中占据一席之地。① 不仅如此，由于俄罗斯的石油出口占世界石油出口总量的15.2%，俄还生产占全球出口总量25.8%的出口天然气，以此为基础，俄罗斯证券交易系统宣布俄石油、天然气及其衍生产品交易所于2006年6月8日开始期货合约交易。这意味着推动卢布成为全球可兑换货币的市场运行机制正在加速建立，"石油卢布终结石油美元"的进程也在不断推进。许多专家认为，卢布的"国际通兑"并非不可能。普京总统在一份报告中也指出："卢布将与美元面对面地竞争。"②

另据最新资料，截至2011年1月，俄罗斯证券市场交易额自2008年金融危机以来首次突破1万亿美元。③ 随着经济发展特别是对外贸易的迅猛发展，转轨国家的外汇储备急速增加。2005年中国贸易顺差突破了1000亿美元，巨额贸易顺差带动外汇储备额的超常规增长，截至2006年3月末，中国外汇储备余额增至8751亿美元，超过日本跃居世界第一位。另据中国人民银行2011年1月11日公布的数据，截至2010年末，国家外

① 参见"石油卢布将终结石油美元?"，《参考消息》2006年6月2日。

② 同上。

③ 参见俄新网RUSNEWS.CN，莫斯科2011年1月13日。

汇储备余额达到 28473 亿美元。[①] 从俄罗斯的情况看，随着全球地缘金融战的加剧，虽然俄中央银行宣布将增加欧元的持有量，并减少美元储备，但俄黄金外汇储备依然快速增加。有资料显示，俄罗斯黄金外汇储备规模在 2008 年 7 月曾达到约 6000 亿美元的历史峰值。随后，由于全球金融危机爆发和国际油价暴跌 70%，上述规模缩水约 1/3。2010 年 1 月以来，俄黄金外汇储备再度开始逐渐增加，截至 3 月 1 日，其累计规模已达 4361.8 亿美元。[②] 总的来看，俄罗斯外汇储备的增加更多的是一种经济运行的结果，而不是既定目标。虽然从理论上讲，持有外汇储备并不是越多越好，但从积极的方面看，外汇储备的大幅增加有助于推动一国和地区贸易和投资便利化进程，进而增加国际市场需求和资本供给。而且，在相互依存和相互影响的世界经济中，转轨国家的外汇储备通过官方资本输出的形式通常用于购买发达国家的金融产品(如美国的国债)，进而实现了世界范围内国际收支的一种自我平衡，支持了国际金融的稳定。仅从这一点看，中国和俄罗斯等经济转轨国家不断增加的外汇储备对金融全球化是有积极意义的。

中国加入 WTO 后，根据承诺要在 3—5 年内逐步实现银行业和保险业等金融产业的对外开放，证券业和信托业等金融产业也要加快对外开放的步伐。中国金融业的对外开放，必然伴

---

① 参见“中国外汇储备余额超 2.8 万亿美元”，http://finance.people.com.cn，人民网 2011 年 1 月 12 日。

② 参见“普京称俄罗斯可能增加黄金外汇储备”，http://finance.qq.com，2010 年 3 月 11 日。

随着国际资本的大量流动，既为本国的经济发展注入资金和活力，也会在一定程度上推动资本的全球重新配置，加快金融全球化的步伐。因为在金融自由化理论看来，在经济转轨国家这类金融抑制的国家里，如果实现了利率自由化、对外资银行的机构准入自由化和资本流动自由化等金融自由化措施，就会加深金融深化程度，解除对金融资源的抑制，增加银行的可贷资金，促进储蓄和投资，并能够大量吸引外资，从而推动经济增长。事实上，中国的金融自由化改革和金融发展不仅为本国经济的持续增长提供了金融支持，而且也对金融全球化产生重要的影响。这种影响是方方面面的，可以举一例加以说明：近年来，中国经济快速增长，出口势头迅猛，外资源源不断地流入，外汇储备一再创出新高。在这一背景下，美国和日本等发达国家一再要求中国调整人民币汇率，使中国面临着人民币升值的巨大压力。面对这种压力，中国于 2005 年 7 月 21 日宣布实行以市场供求为基础、参考一篮子货币进行调节、有管理的浮动汇率制度，并使人民币有小幅升值。但中国政府明确表示，必须保持人民币汇率的基本稳定。温家宝总理指出：保持人民币汇率基本稳定不仅有利于中国经济和金融持续稳定发展，而且有利于周边国家和地区的经济和金融稳定发展。这说明，中国货币金融政策的变化会对地区乃至全球的经济和金融稳定产生一定的影响。另一方面，正如美国《华尔街日报》曾发表评论所说的，解决人民币汇率的最终办法是完全自由兑换。而人民币的自由兑换实际上意味着开放资本账户，从而更进一步迈向金融自由化。事实上，自改革开放特别是 2001 年以来，中国先后出台了多项资本账户自由化的举措。但资本账户一旦完全开放,中国政府在利率政策和汇率政策方面的自由度便会受到影响。这也是中国必须正视的问题。

(2)与金融全球化互动过程中转轨国家的金融安全问题

由于互动效应的作用,金融全球化在促使各国经济格局的调整和全球金融秩序的重建,密切各国金融市场联系,加快国际资本流动速度的同时,也会使金融风险在各国之间相互传递、转移和扩散,从而增大各国的金融风险。由于金融本身的不确定性因素和经济转轨国家金融体系的不成熟性和脆弱性,特别是一些转轨国家对金融风险疏于防范并放松金融管制,致使本国经济金融安全受到威胁,这主要表现在:

其一,在金融全球化与转轨国家经济金融的互动和传导机制的作用下,一些转轨国家的金融危机频发,造成严重后果。其中最典型的,莫过于俄罗斯自 1997 年 10 月至 1998 年 8 月发生的三次金融危机。从持续不断的金融危机对俄国内造成的影响看,不仅使俄国内居民存款遭受惨重损失,而且也使大批商业银行尤其是大银行损失巨大,商业银行中有一半濒临破产。金融危机甚至还导致俄两届政府的垮台。俄罗斯金融危机尤其是 1998 年 8 月的金融危机还波及全球。首先受影响的是乌克兰和其他独联体国家,然后金融危机又迅速波及德国、美国、法国和拉美等其他一些国家的金融市场,形成全球联动效应。在这次金融危机中,俄罗斯银行系统的全面危机最为突出。金融危机使俄银行系统遭到重创,造成灾难性的后果。银行危机的主要表现是:银行客户和存款人从银行账户上大量提取现金,造成银行资金急剧减少，财务状况不稳定，尤其是银行的清偿力迅速下降，其所可以动员的资金规模也迅速缩小；银行间结算中断，支付系统瘫痪，银行客户之间无法进行正常付款；商业银行15％的资产被冻结，尤其是投资国家有价证券的数量相当大的一部分银行资产被冻结，使银行损失惨重；商业银行在国外的代理银行账户遭查封，造成出口外汇收入的流入量大大减少；外国信贷机构对俄罗斯银行的贷款渠道关闭；美元汇率上升、卢布大幅贬值，这既导致银行大范围亏损，又造成银行债务成倍增加；客户对银行的信任度急剧下降，由此造成银行间信贷市场停摆，也使客户由于对银行不放心而频繁选择和变换为其服务的银行，造成不稳定。银行危机时期俄银行系统资本的损失超过了1000亿卢布。

其二，随着转轨国家融入经济全球化进程的加快特别是金融全球化和贸易自由化的发展，以及外汇市场的迅速建立和较快发展，一些转轨国家的美元化程度越来越高。据有关资料，在经济转轨的最初几年，俄罗斯、中东欧国家、独联体国家的经济美元化就已经达到相当高的程度：波兰为80％，保加利亚为55％，爱沙尼亚为60％，乌克兰为35％，俄罗斯为40％。① 另据俄央行的估计，到2001年初，俄罗斯的美元现金达到800亿美元，在俄市场上流通的美元高达500多亿。俄罗斯《消息报》2005年4月15日曾报道，据有关权威机构的计算，俄罗斯已成

---

① Л. Н. Красавина：Инфляция и антиинфляционная политика в России，Москва，*Финансы и статистика*，2000，с. 219.

为世界上美元化程度最高的国家之一，将俄罗斯、克罗地亚等国列为高度美元化的国家。目前，美元在整个俄罗斯经济现金循环中所占的比例约为 80%。鉴于此，为稳定金融形势，消除对俄罗斯经济的威胁，俄央行把保持本国货币的稳定；消除外汇市场供求关系短期内的剧烈波动，提高汇率变动的可预见性；促进经济的非美元化进程；发展国内外汇市场，扩大交易范围等，确定为货币政策的基本目标。就转轨国家整体而言，经济的美元化是这类国家融入金融全球化进程中必然要面临的问题，只是不同国家程度不同而已。由于美元化程度的提高，不仅会削弱转轨国家货币政策的效果，并加剧对美国经济的依赖，而且也使转轨国家的经济决策主权受到侵蚀。因此，从根本上说，转轨国家只有不断增强经济实力，才能解决美元化程度过高的问题，并切实保障自身的金融安全。

其三，资本外逃加剧。在金融全球化和金融自由化进程中，几乎所有的经济转轨国家都面临着资本外逃的问题，中国也不例外，只是不同国家资本外逃的程度各有不同。由于资本外逃是一种“地下经济”活动，具有违规性和隐蔽性的特点，因此其规模难以被准确测算，数据也难以精确。有资料认为，在 1989 年至 1998 年的 10 年间，中国资本外逃合计达到 1630.5 亿美元，占同期利用外国直接投资的 71.27%，是同期借用外债总额的 1.63 倍。[①] 也有资料显示，中国的资本外逃从 20 世纪 90 年代开始，分别在 1992 年、1994—1995 年、1997—1998 年形成三个

① 参见“中国资本外逃现象触目惊心”，《文摘周报》2001 年 5 月 11 日。

高点，于 1998 年达到最大值，数额达 420 多亿美元。15 年间，中国资本外逃额累计达到 1531 亿美元，年均 102 亿美元，详见表 1—3：

表 1—3 中国 1988—2002 年资本外逃规模一览表

（单位：亿美元）

年份	规模	年份	规模
1988	37.31	1996	85.53
1989	-24.03	1997	219.27
1990	132.64	1998	423.83
1991	85.83	1999	-78.31
1992	169.59	2000	-84.02
1993	61.23	2001	124.04
1994	190.31	2002	-59.30
1995	247.79		

资料来源：杨胜刚等《1998—2002 年中国资本外逃的估测》，国家社科基金项目研究报告，2003 年 4 月。

金融自由化导致资本外逃，这一现象在俄罗斯表现尤为明显。据俄罗斯央行统计，从 1999 年到 2004 年，俄资本外逃达 1930 亿美元，这一数额约等于所有发展中国家一年吸引外资的总和。国际金融危机爆发后，仅 2008 年 8 月和 9 月，俄罗斯资本外逃就达 330 亿美元，10 月增加到 500 亿美元，此后，外国投资者从俄境内抽走资金 1400 亿美元。① 导致俄罗斯资本外逃

① 参见刘军梅："金融危机对俄罗斯的影响"，中国共产党新闻网 www.people.com.cn，2009 年 6 月 1 日。

的因素是多方面的，如果从金融自由化与资本外逃的关系上加以考察，就会看到，一方面，外汇自由化加剧了资本外逃。在宏观经济不稳定、通货膨胀严重的情况下，俄罗斯贸然推进经常账户和资本账户的自由化，从而加快了资本外逃的步伐。另一方面，银行业务的自由化为资本经由银行实现外流提供了便利；再则，在金融全球化快速发展的条件下，俄资本市场的开放程度较高，经济的对外依赖性很大，开放的金融体系为资本外逃提供了基础性条件。

应当指出，资本外逃是开放经济中所特有的一种资本流动形式，它大大降低了转轨国家国内的资本存量和投资水平，阻碍经济的持续增长，严重时会危及转轨国家的金融安全，甚至会成为引发金融危机的根源。

其四，转轨国家经济与世界经济的相互依存和互动性，还表现为这些国家在金融全球化条件下对世界货币金融市场的依赖性。在这方面俄罗斯的例子最为突出。作为债务人，俄罗斯的外债从 1991 年的 953 亿美元增加到 1999 年的 1580 亿美元，到 2000 年达到 1614 亿美元的峰值，到 2004 年底降至 1105 亿美元。但后来受国际金融危机的严重影响，俄外债又大量增加。俄罗斯审计署署长斯捷帕申称，截至 2008 年 10 月，俄罗斯外债总额约为 5600 亿美元，与国家外汇和黄金储备总额相近。①2010 年上半年，俄外债总额减至 4644 亿美元。多年来，俄年均

① 参见“俄罗斯外债总额约为 5600 亿美元”，新华网 http://news.xinhuanet.com/world/2008－10－18。

偿还外债的支出占到GDP的10%左右。自独立至今,俄罗斯已平稳渡过2001年和2003年两次偿债高峰。而且,俄与国际货币基金组织和世界银行,以及与巴黎俱乐部和伦敦俱乐部的关系如何,仍会对俄经济产生直接影响。此外,由于转轨国家实行金融自由化和开放金融市场,使外国直接投资和有价证券投资不断增加。特别是由于非居民可以自由进入转轨国家的金融市场,使得外国资本大量涌入这些国家。这也增强了转轨国家国内金融市场对世界金融市场的依赖性,从而在一定程度上危及这些国家的金融稳定。例如,自1996年中期开始,俄罗斯证券市场由于外国资本的涌入而使市场规模增大,市场结构也发生了变化。特别是股票市场已基本依赖于国际短期资本。据有关资料,到2001年初,俄罗斯有价证券市场上来自非居民的国际流动资本的比重占到40%—65%,股票市场上的外来资本甚至达到了80%—90%。① 目前国外十几家专业投资者已基本控制了俄罗斯的股票市场。

综上所述,可以得出两点简要结论:

第一,由于金融全球化与经济转轨国家金融发展和金融改革的互动关系,不仅促进了资本向转轨国家的流动,而且也使世界金融体系得以迅速扩大。而转轨国家金融市场的进一步开放,在推动全球金融自由化进程的同时,也必然使这类国家的金

---

① Я. М. Миркин: Рынок ценных бумаг России: Воздействие фундаменталъных факторов, прогнос и политика развития, Москва, Алъпина Паблишер, 2002, с. 76.

融业面临着与外国金融业的激烈竞争。因此，金融全球化进程中转轨国家不仅要加速实现金融自由化，而且要提高金融监管的有效性，防范金融风险。只有这样，才能保持转轨国家经济的持续稳定发展。

第二，在金融全球化条件下全面加强金融体制改革，特别是深化国有商业银行改革，进一步改革证券公司和保险公司等金融机构，大力拓展保险业和非银行业的成长空间，建立多层次的金融市场，应是经济转轨国家金融改革的正确路径选择，也是推进这些国家金融稳定与发展的重大而紧迫的任务。

1.3.3 经济全球化与转轨国家投资自由化和生产全球化进程

投资自由化和生产全球化是经济全球化的重要特征之一，其在全球范围内的迅猛发展对经济转轨国家产生实质性的影响。这种影响同样是双重的、互动的，因而可以从两个角度加以考察。

1. 投资自由化和生产全球化极大地推动转轨国家经济发展

经济全球化进程中的投资自由化和生产全球化是相辅相成和互为因果关系的两个方面：以跨国公司为主导的全球对外直接投资不仅将市场经济关系扩展和传播到全世界，而且由于这些资本在全球范围的大规模流动而引起生产的全球化；而生产全球化的推进又促使对外直接投资不断增加和在全球范围内更大规模的流动。在这一不断深化和相互推动的过程中，作为发展中国家的经济转轨国家是直接受益者，它们吸引外国直接投资的环境、条件和能力甚至成为衡量其经济发展水平和程度的一个重要标志。正如有位经济学家所指出的："一般来说，外国直接投资是把发展中国家纳入全球化进程的一个驱动力，而吸引外国直接投资的能力是预测发展中国家经济发展能否成功的指标。"①这说明，对经济转轨国家而言，吸引外国直接投资无论是对融入经济全球化进程还是对本国的经济发展，都是至关重要的。

（1）投资自由化为经济转轨国家吸引外国直接投资创造了条件

由于全球投资自由化进程的快速发展，经济转轨国家获得了吸引外国直接投资的机会，成为这一进程的直接受益者。有资料显示，1997—1998 年，中国吸引外国直接投资高达 880 亿美元；俄罗斯和波兰、捷克、罗马尼亚、匈牙利等东欧国家共吸引外国直接投资 360 多亿美元。② 特别是近些年，由于转轨国家宏观经济的稳定和投资环境的不断改善，其吸引外国直接投资的数额和规模越来越大。中国是世界公认的外商投资首选国之一，并已成为世界上吸引外国直接投资最多的国家之一。2005 年吸引外资 724 亿美元，居世界第三位。③ 联合国贸易与发展

① 〔英〕尼尔·胡德等主编：《跨国企业的全球化经营与经济发展》（中译本），北京：中国社会科学出版社 2006 年版，第 188 页。

② 参见郭连成主编：《经济全球化与不同类型国家的应对》，北京：中国财政经济出版社 2001 年版，第 227 页。

③ 参见"2006 年世界投资报告首发　中国吸引外资全球第三"，2006 年 10 月 17 日，http://www.china-woman.com。

会议发布的《第五版全球投资趋势监控报告》显示，2010 年中国吸引外资 1010 亿美元，成为仅次于美国的全球第二大资本流入地。[①] 俄罗斯自 1992 年吸引外国直接投资 7 亿美元起，到 2002 年年底，利用外资累计余额为 429 亿美元，其中以贷款形式提供的外资占 49.2%，直接投资占 47.4%，股票和证券投资占 3.4%。另据有关资料，2005 年俄罗斯吸引外国直接投资 146 亿美元，吸引其他各类投资总计 423 亿美元。2006 年和 2007 年吸引外资分别为 320 亿美元和 540 亿美元。据俄联邦统计署公布的数据，2008 年俄罗斯累积吸引外资 2646 亿美元，同比增长 19.9%。[②] 当然，与巨大的资金需求缺口相比，俄罗斯吸引外国直接投资的数量仍是有限的，据俄有关权威部门提供的《俄罗斯投资环境报告》估计，俄在未来 20 年内需要各种来源的投资 2 万亿美元。[③]

在中东欧转轨国家中，波兰是最受外国投资商青睐的国家，2005 年吸引了 180 个外资项目。据波兰国家外国投资署提供的资料，1993—2004 年波兰的外国直接投资总额达到 844.8 亿美元。这一数据虽与国际组织的统计数字有很大出入，但无论哪组数据都能充分反映波兰吸引外国直接投资不断增加的基本状况和趋势。表 1—4 是联合国贸发会议(UNCTAD)对包括波

① 参见“中国吸引外资首破千亿 成全球第二‘聚宝盆’”，http://union.china.com.cn/2011－01/19/。

② 参见驻俄使馆经商参处:《俄罗斯外资相关政策及数据》，http://ru.mofcom.gov.cn，2010 年 4 月 9 日。

③ *Внешняя торговпя*，2000，№2，c. 5—6.

兰在内的若干经济转轨国家吸引外国直接投资情况的统计：

表 1—4　若干经济转轨国家吸引外国直接投资情况统计表

	1995 年			2000 年			2002 年			2004 年		
	亿美元	人均美元	占GDP比重(%)	亿美元	人均美元	占GDP比重(%)	亿美元	人均美元	占GDP比重(%)	亿美元	人均美元	占GDP比重(%)
克罗地亚	4.8	100	2.5	35.6	797	19.3	67.1	1512	31.6	129.9	2882	39.1
捷克	73.5	711	14	216.4	2106	42.1	384.5	3744	55.3	564.2	5540	52.7
匈牙利	113	1094	25	228.7	2237	49.3	358.9	3527	55.3	603.3	5990	60.7
波兰	78.4	203	6	342.3	886	20.6	479	1240	25	652.1	1709	25.4
俄罗斯	54.7	37	2	252.3	173	9.7	513.7	357	14.9	984.4	689	16.9
斯洛伐克	8.1	151	4.2	37.4	692	18.5	78	1450	32.2	145	2690	35.3
斯洛文尼亚	17.6	886	9	28.9	1456	15.3	41.1	2061	18.7	49.6	2487	15.1

资料来源：UNCTAD World Investment Report 2004，2005。

由上表可见，就每年吸引外国直接投资总额而言，波兰1993—2000 年在上述 7 国中居于领先地位，而在此后的 2002—2004 年，波兰低于俄罗斯退居第二位，但 1995—2004 年波兰的人均外国直接投资额大大高于俄罗斯，却远远低于其他 5 个转轨国家(2002—2004 年)。从总体上看，波兰吸引外国直接投资总额在 7 国中也是较多的。2004 年外国直接投资占波兰投资总额的比重增加到 28.5%。

据资料显示，有来自 35 个国家的 880 多家公司对波兰投资。截至 2005 年初，投资总额最多的是法国，占波兰外国直接投资总额的 20%，其他国家依次为：荷兰(占 14%)、美国(占

13%)、德国(占 13%)、英国(占 5.1%)和意大利(占 4.7%)。2007 年波兰吸引外国直接投资 628.637 亿兹罗提(约合 227.2 美元),主要投资国为德国、法国、荷兰、美国等。2008 年波兰吸引外国直接投资 349.51 亿兹罗提(约合 145.1 亿美元)。①

经济转轨国家大量吸引外国直接投资,其所带来的最直接利益,是弥补了转轨时期经济建设资金的严重短缺,因而对这类国家的经济增长和经济发展产生了强大的推动作用。在中国,吸引外国直接投资已成为对外开放和加快市场经济建设的重要组成部分。中国实际投入外资总额 6000 多亿美元,这对国家经济建设和经济发展发挥了至关重要的作用。在波兰,外国直接投资对社会经济发展和提高经济的竞争力都产生了很大影响。有资料显示,波兰外商投资企业的一个明显特点是将其着眼点放在满足波兰国内市场的需求上,有 70%以上的这类企业将产品投放于波兰的国内市场。而且,外商投资企业从事进出口业务的积极性也很高,1994—2003 年,外商投资企业的出口额增长了 6 倍,而这一时期波兰的整个出口仅增长了1.1倍。2004 年外商投资企业占波兰出口总额的比重达到 56.7%。②

(2)生产全球化极大地推动了经济转轨国家的经济发展

国际直接投资与跨国公司的跨国界生产经营活动密切相关,两者是同步发展的。国际直接投资的大量增加和迅速发展,

---

① 参见“波兰国家概况”,http://news.sohu.com/2010－04－10。

② И・Синицына и др.:Опыт привлечения иностранных инвестицйй в Польше,*Общество и экономика*,2006, №2,с.158.

意味着跨国公司在全球的不断扩张和由跨国公司主导的生产全球化的进一步拓展。因此，跨国公司在生产全球化进程中扮演重要角色，是生产全球化的推进器，而经济转轨国家则在跨国公司主导和推动的生产全球化当中受益。有资料显示，目前全球最大的500家跨国公司中已有近450家进入中国并在华投资，其中有三十多家在华设立了地区总部，外商投资设立的研发机构达六百多个。有来自世界192个国家和地区的投资者在华累计设立外商投资企业53万多家，遍及第一、第二、第三产业的几乎所有行业。① 另据统计，近些年世界主要跨国公司在独联体国家设立的分公司约有2000个左右，在俄罗斯有近1000个。截至20世纪90年代末，世界百强跨国公司中，已有73家在俄罗斯设立分公司。②

著名经济学家邓宁指出，根据20世纪90年代若干国家的政府对外资评估引进的主要标准，外资所作出的贡献是提高了受资国的竞争力，或资源的生产能力和资本创新能力。除此之外，跨国公司在资本构成、技术开发与技术转移、人文资源的开发利用与交易，以及收支平衡等方面，都发挥非常重要的作用。③ 这是就世界范围内外国直接投资和跨国公司的总体发展而得出的结论。而我们认为，对经济转轨国家来说，跨国公司向转轨国家的迅速扩张及其直接投资的不断增加和对生产全球化

---

① 参见 http://www.drcnet.com.cn。

② *Российский экономический журнал*, 1999, №11—12, c. 13.

③ J. H. Dunning, "Reevaluating the Benefits of Foreign Direct Investment," *Transnational Corporations*, vol. 3, no. 1, 1994, pp. 23—51.

的极大推动，不仅为经济转轨国家注入了资金、技术，带来了管理经验和人才，而且加快了它们的产业结构调整及工业化和现代化进程。特别是在跨国公司及其产业持续加快转移的新趋势下，作为一个"特殊群体"的经济转轨国家，可以充分利用新的科技革命和产业革命形成的发展张力，借助承接国际产业转移过程中产生的外生推力和内生拉力，积极推进新兴产业的全面发展和传统产业改造，优化升级产业结构，提高自主创新能力。而且，大规模地承接国际产业转移还会极大地增加转轨国家的就业机会，扩大产品产出量、市场份额与利润总额，同时为关联产业的发展创造必要条件。

作为经济转轨大国，中国经济的快速增长得益于外国直接投资的高速增长和跨国公司推动的生产全球化与国际产业转移。这也为中国成为世界工厂创造了必要条件。目前，很多跨国公司关闭了其在本国的生产企业和设在其他国家的经营机构，而将这些企业和机构移到中国，这成为中国能够大量吸引外国直接投资的重要原因之一。外资的大举进入，也促进了中国的投资和出口的快速增长，对中国的经济增长作出了重大贡献。具体来说，外国直接投资对中国经济增长的主要贡献，一是外国直接投资的流入直接促进了中国的资本形成，提高了资本形成率，也就是其短期需求拉动作用对 GDP 增长起着不可忽视的作用。同时能够形成新的生产能力，弥补"双缺口"，即产生资本效应。二是带来先进的技术和管理经验，并通过"技术溢出效应"间接提高相关企业的劳动生产率。三是促进中国对外贸易的发展，使出口数量增加、出口商品结构优化和升级，即产生贸易效应。据有关资料，代表高附加值和高技术的机电产品，外资企业的出口超过了60%，而高新技术产品出口，外资企业超过了80%。四是大型跨国公司在华投资促进了产业结构的调整。近些年来，对中国经济增长推动最大的机械、电子及通信设备、交通运输设备、办公设备和化学纤维制造等行业和领域，就是利用外资实现了结构升级和技术进步。大多数跨国公司在对华大量投资和转移产业的同时，还提供了母公司先进和比较先进的技术，相当一部分跨国公司甚至提供了填补国内空白的技术。

2. 转轨国家对投资自由化和生产全球化进程的推动作用

在投资自由化和生产全球化的趋势下，国际资本的流动是双向的。经济转轨国家既不断吸收外资，也进行对外直接投资。但由于处在经济转轨时期尤其是受自身条件的限制，转轨国家对外直接投资的数额有限。据有关资料，1994—1998年，中国对外直接投资总额为113亿美元，俄罗斯和东欧国家的对外直接投资总额仅为72亿美元。① 进入21世纪后，由于转轨国家大量吸引外国直接投资和经济的快速发展，许多国家具备或进一步增强了“走出去”的能力，对外直接投资的步伐开始加快。根据商务部和国家统计局正式发布的《2003年度中国对外直接投资统计公报》，2003年中国对外直接投资总额为29亿美元。截至2003年，中国对外直接投资企业共有3439家，累计对外直

---

① 参见郭连成主编：《经济全球化与不同类型国家的应对》，北京：中国财政经济出版社2001年版，第238页。

接投资总额334亿美元。[①] 另有资料显示，2004年中国在境外新办企业829家，当年对外直接投资总额达36.2亿美元；2005年经商务部核准和备案的境外中资企业为1067家；截至2006年5月底，中国累计在海外投资设立企业9600家。商务部和国家统计局联合发布的《2005年度中国对外直接投资统计公报》（非金融部分）显示，2005年中国对外直接投资净额（流量）122.6亿美元，同比增长123%；截至2005年底，中国对外直接投资累计净额（存量）572亿美元。该《公报》分析，2005年中国对外直接投资流量首超100亿美元；通过收购、兼并实现的直接投资占当年流量的一半；境内投资主体对境外企业的贷款形成的其他投资在直接投资中占43%；以投资控股为主的商务服务业投资占当年流量的四成。2005年末中国对外直接投资存量规模继续扩大，投资分布的国家（地区）更为广泛。《公报》还显示，中国对外直接投资主体的特点突出表现为投资主体多元化格局较明显。[②] 据2010年商务部、国家统计局、国家外汇管理局联合发布的《2009年度中国对外直接投资统计公报》，2009年，中国对外直接投资净额为565.3亿美元，2009年中国对外直接投资存量规模超过2000亿美元，到2009年底，中国有1.3万多家境外企业，分布在全球的177个国家和地区。[③] 从以上

① 参见“商务部发布《2003年度中国对外直接投资统计公报》”，http://www.stats.gov.cn/2004年9月9日。

② 参见“《2005年度中国对外直接投资统计公报》发布”，见 http://www.chinabidding.com/2006年9月5日，以及《人民日报》2006年9月6日。

③ 参见“三部门发布《2009年度中国对外直接投资统计公报》”，中央政府门户网站 www.gov.cn，2010年9月6日。

所述可见，中国的跨国公司在经济全球化进程中得到长足发展，中国目前虽算不上世界对外投资大国，但正在逐渐成为对外投资大国。有专家认为，到2015年当中国实现近4万亿美元的GDP，人均超过3000美元的经济目标时，就可以成为世界上的对外投资大国。① 但不管怎样说，中国在全球范围内的多元化投资格局已基本形成，从而对推动投资自由化和生产全球化进程发挥日益重要的作用。

目前，中国的跨国公司已经进入全球160多个国家和地区进行对外投资，既包括美国等发达国家，也包括广大发展中国家和经济转轨国家。尽管中国跨国公司的总体实力还无法与发达国家相比拟，尤其是跨国企业规模普遍较小，缺少巨额资本，使企业发展受到很大限制，但全球范围内跨国公司的迅速发展必将对中国跨国公司的发展壮大起到强化和推动作用，而中国跨国公司也会随着国家实力和自身实力的增强进一步走向世界，开拓更为广阔的世界市场，推动全球投资自由化和生产全球化的发展。正如新加坡《联合早报》刊文指出的："'走出去'与其说是中国的既定政策，不如说是中国市场经济发展的必然逻辑。'走出去'显然开始对全球资本主义体系产生相当的影响力。"关于中国对世界经济日益增强的影响力，该文又指出："随着中国经济体的壮大，内部供求可产生出巨大的外部影响力。……对那些主导当今全球经济体系的国家来说，全球化也使中国把其影响力扩展到全球各个角落。近年来，中国经济影响力已开

① 参见http://www.drcnet.com.cn。

始很快走出亚洲，走向非洲、拉美、中东，甚至是全球资本主义大本营的美国和欧洲。”①

俄罗斯是经济转轨国家中的另一个对外投资大国。随着国内经济形势的不断好转，俄罗斯对外直接投资的步伐也在加快。有资料显示，截至 2004 年年底，俄对外直接投资约为 300 亿美元。这些投资大部分集中在欧盟和独联体国家，其中，欧盟成员国和候选国约为 110 亿美元，占俄对外直接投资总额的36.7%；独联体国家约为 60 亿美元，占 20%；其他国家总计约为 130 亿美元，占 43.3%，相关资料详见表 1—5：

表 1—5　俄罗斯对外直接投资统计表

	1999 年年底数		2004 年年底数	
	投资额（亿美元）	所占百分比（%）	投资额（亿美元）	所占百分比（%）
欧盟 15 国	约 30	30	约 70	23.3
欧盟新成员国	约 22	22	约 35	11.7
欧盟候选国	1.5	1.5	5	1.7
独联体国家	13.5	13.5	约 60	20
其他国家	约 33	33	约 130	43.3
总计	约 100	100	约 300	100

资料来源：А. кузнецов：Два вектора экспансии российских ТНК—Евросоюз и СНГ，*Мировая экономика и международные отношения*，2006，№2，с. 97。

---

① 郑永年：“中国‘走出去’受到西方阻拦”，载〔新加坡〕《联合早报》2006 年 6 月 20 日。

从上表可见，俄罗斯对外直接投资总额5年间增加了两倍，从1999年年底的100亿美元增加到2004年年底的300亿美元。对欧盟的对外直接投资虽绝对额大幅增加，但其占俄罗斯对外直接投资总额的比重却呈较大下降趋势，而对独联体和其他国家的对外直接投资无论从绝对额还是从所占比重看，都增幅很大，说明俄对外直接投资正向独联体特别是世界其他国家扩展。因而俄罗斯在全球投资自由化和生产全球化进程中正逐渐发挥应有的作用。另据相关资料，截至2008年年底，俄罗斯对外累计投资538亿美元。①

此外，作为金融资本与工业资本的结合形式，俄罗斯的金融工业集团在经济全球化的浪潮中应运而生，并在经济全球化进程中不断发展壮大，而且其国际扩张能力与日俱增。俄金融工业集团参与国际经济活动主要表现在以下几个方面：一是积极参与对外贸易，并在其中发挥决定性作用。有资料显示，俄出口商品总额的80%以上处于金融工业集团的直接和间接控制之下。二是发展资本输出即对外直接投资。目前，金融工业集团在俄对外直接投资中所占的比重高于其在俄对外贸易中所占的比重。三是不断向国际金融市场渗透，参与金融全球化。四是与西方大型跨国公司结盟，共同开拓国际市场。诚然，由于俄罗斯的金融工业集团处于初期发展阶段，其参与对外贸易、对外直接投资和向国际金融市场渗透的程度尚远不及发达国家的金融

① 参见驻俄使馆经商参处："俄罗斯外资相关政策及数据"，http://ru.mofcom.gov.cn，2010年4月9日。

工业集团。

3. 经济转轨国家在投资自由化和生产全球化进程中面临的挑战

在投资自由化和生产全球化进程中，由于生产和投资越来越具全球性，使转轨国家难以完全控制本国的生产和跨国公司的进入，国家的民族工业和产业安全面临直接的威胁。如前所述，目前全球最大的 500 家跨国公司中已有近 450 家进入中国。这些大型跨国公司拥有强大的资本、技术和品牌以及管理方面的明显优势，很容易在中国的一些重要领域形成较高的产业集中度和行业垄断。一是垄断和控制中国的产业链高端。据有关资料，中国光纤制造设备的 100%、集成电路芯片制造设备和石化装备的 80%以上，轿车制造、数控机床和纺织机械的 80%以上均被外企挤占和控制。中国出口产品的 90%依靠“贴牌”。① 二是直接并购中国的实力企业特别是“龙头”企业，掌握其技术主导权，并控制市场份额，形成新的市场垄断。据商务部提供的数字，外资并购中国企业在外国对华投资总额中的比重呈上升趋势。2006 年并购热度继续升温，上半年共发生此类并购事件 18 起，其中 13 起披露收购价格，平均规模为 1.6 亿美元。三是跨国公司利用知识产权这个利器，通过设置知识产权壁垒，阻碍中国企业尤其是高科技企业的发展。目前，知识产权危机正在步步逼近中国的高科技产业，由知识产权所引发的损害已经成为影响企业发展和国家产业安全的重要因素。这些都说明，跨

① 参见 http://www.drcnet.com.cn。

国公司已经在中国的一些行业和部门取得优势地位甚或已经形成市场垄断势力。这不仅对中国民族工业和产业安全构成威胁,也威胁到国家经济安全。鉴于跨国公司并购对中国构成的威胁,以及跨国公司市场垄断力量的不断增强,在历经十余年的艰辛起草之后,中国的反垄断法草案终于于 2006 年 6 月 25 日提交全国人大常委会讨论。该草案的核心内容是禁止垄断协议、禁止滥用市场支配地位、控制经营者集中,这是国际上反垄断法通常包括的"三大制度",以限制投资自由化和生产全球化条件下跨国公司在华日益膨胀的市场垄断力量和滥用市场权力问题。

从俄罗斯的情况看,由于投资自由化和生产全球化的快速发展,俄产业安全和整体经济安全形势也十分严峻。以能源开发为例,为解决资金短缺和加大投资开发力度,俄采取措施吸引外国跨国公司对俄投资,开发本国能源。但随着更多的外国资本进入油气勘探开发和设备更新领域,俄深切感到能源安全受到严重威胁,并加强了国家的控制力度。规定,如果外国公司在俄境内发现了储量相当于俄制定的战略矿床标准的油气田,必须与俄方成立合资公司(目前外国投资者可以合作的俄公司只有俄罗斯石油公司、俄罗斯天然气工业股份公司和苏尔古特公司 3 家),并由俄方控股,才能进一步开发。普京也指出:"很清楚,当涉及国家安全时,并不是所有国家,甚至市场经济发达的国家,都能够建立透明的外资进入本国经济的程序。从保障国家利益角度出发,对于外国投资者的限制也要最大限度地透明。”[①]再如，由于外国投资不断扩大，不仅致使俄烟草业发展过快，产量过分增加，而且造成跨国公司对烟草业的控制。而俄罗斯自己的大多数烟草企业则被跨国公司挤垮。

1.3.4 经济全球化与转轨国家区域经济一体化和区域经济合作

经济全球化和经济区域化是当今世界经济发展中互有区别而又相互联系的两大趋势。我们认为，经济全球化和经济区域化是相互作用和同时发展的两大趋势。一方面，经济区域化是经济全球化的中间步骤和必经阶段，正如美国经济学家罗伯特·库特纳和理查德·库珀所指出的：“从长远看，地区主义可能是对世界经济的一种有力的推动。地区内实行自由贸易和地区间实行管理贸易，可能是通向世界自由贸易漫长道路的一个阶段。从国别经济一下子跨一大步到世界经济，可能步子太大了，难以跨越，有必要采取一些较小的中间步骤，准贸易集团与有关的贸易自由结合，可能正是一种必要的中间步骤。”[②]经济区域化作为经济全球化的中间步骤和未来世界经济一体化在区域层面的体现，其发展既有助于进一步推进经济全球化，也为世界经济一体化进程奠定了基础。另一方面，经济全球化的快速发展对经济区域化产生强大的推动作用，如若没有经济全球化

① 《环球时报》2006年6月15日。

② 〔美〕莱斯特·瑟罗：《二十一世纪的角逐》，北京：社会科学文献出版社1992年版，第64页。

发展的大背景，经济区域化难以实现，更不可能成为经济全球化“必要的中间步骤”。因此，经济全球化与经济区域化两者之间的确存在一种互动关系。实践表明，经济全球化与转轨国家区域经济一体化和区域经济合作之间也存在着这样一种相互推动和相互促进的关系。

1. 经济全球化推动转轨国家区域经济一体化和区域经济合作进程

经济全球化意味着全球市场自由化的加强和全球市场更加激烈的竞争。在经济自由化和激烈市场竞争的双重压力下，融入经济全球化进程的转轨国家，特别是地域相邻、经济发展水平接近或利益追求经协调能够趋于一致的那些转轨国家，迫切感到需要加强合作，以求提高本区域内各国间经贸关系的自由化程度，增强各国经济实力和竞争力。这一利益诉求是促使转轨国家走区域经济一体化道路和加强区域经济合作的一个重要原因。否则，在经济全球化和区域经济一体化不断扩展的形势下，游离于区域经济组织和经济合作之外，不仅得不到区域经济一体化的实际利益，而且自身经济利益还可能受到损害。因此，以更加紧密的经贸合作关系为纽带，以优势互补、共同发展为目标，积极参与区域经济合作，融入区域经济一体化进程，不仅符合区域内各国政治、外交和安全上的利益，也为各国经济发展创造了一个良好的国际环境。因而无论是从维护本国利益，还是从顺应经济全球化和世界经济发展趋势的角度出发，转轨国家都有必要参与或倡导成立区域经济合作组织，推进区域经济一体化进程，以发挥区域内各国的比较优势，拓展经济增长空间，加快经济发展。

(1)经济全球化推动下的上海合作组织区域经济合作

在经济全球化和区域经济一体化潮流的推动下,由中国、俄罗斯、哈萨克斯坦、吉尔吉斯斯坦、塔吉克斯坦和乌兹别克斯坦等 6 个转轨国家组成的"上海合作组织"应运而生,成为转轨国家之间加强区域经济合作的典范。虽然上海合作组织成立之初的主要目标是加强军事和安全领域的合作,但随着全球区域经济一体化的进展和本区域内经济形势的发展,经贸合作上升为该区域组织重要的合作内容,成为与安全和反恐同等重要的"两个车轮"之一。正如胡锦涛主席 2005 年 7 月在上海合作组织国家元首第五次会晤时强调的,当前上海合作组织的工作重心:一是全力加强安全合作。"三股势力"对各成员国和整个地区构成严重的现实威胁。要坚持不懈地推动落实签署的有关打击"三股势力"的文件和协议,开展有效的情报交流,加紧研究建立突发事件应急机制。二是扎实推动经济合作尽快取得实际成果。要加强协调,加大投入,有步骤有重点地执行多边经贸合作纲要及其落实措施计划,尽快建立银行联合体,积极探索多边和双边相补充、政府和企业相结合的合作模式,推动上海合作组织同国际金融机构建立联系、开展合作,为深化经济合作创造有利条件。①

从总体上看,实现上海合作组织区域内经济一体化目标能

① 参见《加强团结合作 促进稳定发展》,胡锦涛在上海合作组织阿斯塔纳峰会上的讲话,2005 年 7 月 5 日。

够最大限度地实现资本、资源和市场等要素的优势互补，有利于促进6个参加国的经济发展和共同繁荣，为6国间的贸易与投资便利化创造条件，这对所有成员国都将是一个共赢的结果。

(2)独联体区域经济一体化与区域经济合作

独联体的所有国家均为经济转轨国家。在经济全球化的推动下，独立后的独联体国家纷纷实行经济转轨，形成了开放的市场经济格局，普遍建立了市场经济的基础，大多数国家甚至实行高度的经济自由化方针。这些基本条件使得独联体国家能够独立进入世界市场，加强对外经济联系。而且，实行一体化后的独联体国家成为西欧与快速发展的亚太地区之间地缘政治和社会经济的连接环节，并能够对世界经济和国际政治关系产生影响。

苏联解体以来，由于对外经济活动的完全自由化，独联体国家以市场原则为基础的经贸合作关系得到了较快发展。在独联体范围内已经签署了一些合作协议，包括建立关税同盟、建立“统一经济空间”协议、建立“欧亚经济共同体”协议、建立自由贸易区协议等，试图以此来推进和加速经济一体化进程。特别是独联体内的次区域经济一体化和经济合作得到了较快发展，其中影响较大的有“统一经济空间”和“欧亚经济共同体”两个次区域经济一体化组织。

“统一经济空间”由独联体中最发达的4个经济大国——俄罗斯、乌克兰、白俄罗斯和哈萨克斯坦共同组成。2003年2月，上述4国共同签署了建立地区一体化组织的联合声明，并正式宣布准备建立独联体4国“统一经济空间”和自由贸易区。虽然后来有关“统一经济空间”的谈判比较艰难，最终还是于2003年

9月由4国元首在雅尔塔签署了建立“统一经济空间”的协议。2004年4月下旬4国议会几乎同时批准了该协议。“统一经济空间”作为独联体4个经济大国“强强联合”的产物,它的建立将为消除成员国之间的贸易纠纷、促进各国经济长期稳定发展创造条件,因而对成员国是有利的。不仅如此,“统一经济空间”还试图摆脱独联体长期以来形成的“议而不决”和“决而不行”的怪圈,在独联体范围内建立一个高效的、适应当今“游戏规则”的次区域经济一体化组织,形成新型的经济一体化空间。据有关资料,4国联合打造的“统一经济空间”有望能在近期启动实质性的多边合作。

“欧亚经济共同体”的成员国包括俄罗斯、白俄罗斯、哈萨克斯坦和吉尔吉斯斯坦。1996年3月,俄、白、哈、吉4国组成关税联盟。1999年2月,塔吉克斯坦加入该联盟。2000年10月6日,上述5国领导人在哈首都阿斯塔纳举行会议,签署了关于在关税联盟基础上成立欧亚经济共同体的条约草案。2001年5月31日,欧亚经济共同体跨国委员会在白俄罗斯首都明斯克举行首次会议,宣布欧亚经济共同体正式成立。2002年2月26日,欧亚经济共同体5国总理又在莫斯科举行会议,共商经济合作大计。5国政府首脑在会上签署了统一共同体关税税率和协调对外贸易活动等重要文件,为5国间的多边经济合作奠定了良好基础。欧亚经济共同体自成立以来推动了次区域内经济一体化的发展,首先,共同体内各国在相互贸易中已取消了数量限制,而且对大多数商品实行了统一关税。欧亚经济共同体还决定自2004年1月1日实行统一的商品完税证明制度,并在

2005 年前统一各成员国的海关关税。其次，开展全方位的经济合作，包括制定并实施成员国共同的纲领和社会经济发展计划。再次，计划在 2010 年前建立统一的资本、劳动力和货币空间，并进一步促使各成员国实行统一的对外方针政策。从发展前景看，欧亚经济共同体的最终目标是试图建立类似于欧盟的以自由贸易为基础的地区一体化组织。但由于共同体内 5 国的经济发展水平差异很大，经济结构不同，特别是吉尔吉斯斯坦已经加入世界贸易组织，而俄罗斯、白俄罗斯、哈萨克斯坦和塔吉克斯坦尚未“入世”，这使欧亚经济共同体的协调发展仍会面临诸多的问题。

2. 转轨国家区域经济一体化和区域经济合作推动经济全球化发展

经济转轨国家的区域经济一体化进程和区域经济合作对经济全球化的推动作用也毋庸置疑。如若没有转轨国家的区域经济一体化和区域经济合作，经济全球化和世界经济一体化进程都是有缺陷和不完整的。

上海合作组织成立以来，随着合作不断加深，影响不断扩大，吸引力越来越大，扩散效应明显，国际威望日益提高。2004 年 6 月 17 日，在乌兹别克斯坦首都塔什干召开的上海合作组织第四次领导人首脑会议上，签署了《上海合作组织观察员条例》。条例的签署是该组织开放和扩大影响力的重要步骤，按照该条例，相关国家可以以观察员身份参加今后的首脑会议。继 2004 年批准蒙古为上海合作组织“观察员国”后，2005 年 7 月 5 日在上海合作组织阿斯塔纳峰会上，又给予巴基斯坦、伊朗、印度观察员地位，这意味着上海合作组织的影响力开始扩展到南亚和西亚地区，成为占全球人口40%、欧亚大陆上覆盖面积最大的大型地区性组织。不仅如此，上海合作组织还同联合国、东盟、独联体和欧亚经济共同体等国际及地区组织建立了正式联系。而且越来越多的国家表达了希望同上海合作组织建立联系的愿望。上海合作组织近年来的连续扩容，进一步向国际社会表明了它的开放原则和参与国际及地区事务的合作姿态，充分显示了它的活力和自信。未来上海合作组织的功能还将扩大，在与周边国家和其他国际与地区性组织的合作方面还会迈出更大的步伐，成为维护地区和世界和平稳定、推动国际关系民主化、促进建设和谐地区和世界的重要力量。

另一方面，上海合作组织也在推进全球自由贸易区的发展。2003年9月23日，中国国务院总理温家宝在北京举行的上海合作组织成员国总理会晤的会议上，对上海合作组织的区域经济合作提出了三点倡议，其中包括“确立长远的区域经济合作目标，逐步建立上海合作组织自由贸易区”。强调上海合作组织要实行开放政策，积极开展与世界各国和国际组织的经济合作，广泛利用区域外资源。目前建立自由贸易区的基础已经奠定并具备了一些有利条件。一是成员国各方都有加强区域经济合作和建立自由贸易区的愿望，并且已经制定了相应的目标和步骤。二是一些成员国在参与区域贸易安排方面已经积累了丰富经验，如中国的FTA战略取得了许多实质性的进展；中亚各国与其他国家之间也具有制度性安排的实际成果。三是近几年来成员国之间的经贸关系发展迅速，经济融合程度明显提高，为制度性合作提供了市场基础。因此，鉴于上海合作组织良好的政治经济发展态势，自由贸易区的建立只是时间的问题。自由贸易区涵盖的成员国总面积 3000 多万平方公里，约占欧亚大陆的 3/5；人口 14.89 亿，约占世界人口的 1/4。显然，该自由贸易区构成全球自由贸易区的重要一部分，成为推动全球自由贸易区发展的重要力量。

独联体区域经济一体化一方面促进了独联体国家的经济发展，有资料显示，2004 年独联体国家相互贸易额比 2003 年有较大幅度增长，达 1064 亿美元，占独联体国家对外贸易总额的 27%，人均国民收入为 2697 美元。2005 年独联体国家国内生产总值平均增长 7%，其中阿塞拜疆高达 26.4%，亚美尼亚 14%，白俄罗斯和哈萨克斯坦各为 9.2%，俄罗斯和塔吉克斯坦都在 6%以上。而且，各成员国间的铁路、民航、公路运输基本畅通，能源和电力供应也有一定保障。成员国间合资企业和协作企业在各国经济部门中仍占相当大比例。俄罗斯、乌克兰和摩尔多瓦目前有 500 多家民用产品企业进行协作生产，整个独联体内有 2200 多家企业在军品生产领域进行协作。另一方面，区域经济一体化是世界经济融合和发展的必然趋势，从世界上最成功的区域经济一体化组织即欧盟，到北美自由贸易区和亚洲的东盟自由贸易区等，区域经济一体化方兴未艾。据有关资料，如今全球已完成和正在商谈的自由经济区或类似安排的总量已超过 50 个，区域经济一体化已成为不可逆转的潮流。独联体区域经济一体化就是顺应这一趋势和潮流的产物，它构成了经济全球化进程中区域经济一体化不可分割的组成部分，特别是扩大了欧亚区域经济一体化的范围，从而推动了全球区域经济一体化和经济全球化的均衡发展。仅从这一点看，独联体区域经济一体化的作用是不容忽视的。

当然，如上所述，目前独联体“独”多“联”少和内部分化组合的趋势越来越明显，独联体面临着新的选择。与此相关，独联体区域经济一体化也要经受新的考验。2005年8月26日至27日在俄罗斯联邦鞑靼斯坦共和国首府喀山举行的独联体国家元首理事会会议，作出了改革独联体机构的决定，并宣布2006年为“独联体年”。普京在会后表示，喀山峰会对独联体来说具有非同寻常的重要意义，这次会议所取得的成果，特别是各成员国所表达的继续加强合作的意愿，有助于将独联体在各领域的合作提升到新水平。白俄罗斯、哈萨克斯坦等国也都表示，在实现经济一体化和改善人民生活方面，独联体仍有凝聚力，它应继续存在下去。

1.3.5 经济全球化进程中转轨国家与世贸组织的相互关系

世界贸易组织是当今世界处理贸易问题的重要国际组织，其基本职能是制定和监督执行多边贸易规则、组织多边贸易谈判、解决成员间的贸易争端，其对世界经济贸易发展发挥的作用无可替代。经济全球化与转轨国家经济的互动，一个很重要的方面表现为转轨国家与作为经济全球化产物的世界贸易组织的相互促进和相互推动的关系。实践表明，世贸组织对推动转轨国家的经济转轨进程和经济发展，推进它们的金融全球化和贸易投资自由化，促进其资金、技术、人员等的更加自由流动，发挥着不可替代的重要作用。

1. 经济全球化进程中中国与世界贸易组织的相互推动

经过长达15年之久的谈判，作为转轨经济大国的中国已于2001年12月11日正式成为世贸组织成员。首先，加入世贸组织是中国改革开放和经济发展的自身需要。目前，世贸组织成员间的贸易量占全球贸易总量的95%。中国加入世贸组织这个全球最大的多边贸易体制，会进一步加强中国与世界各国各地区的经贸联系，扩展对外开放的新空间，为国民经济持续、快速、健康发展注入新的活力。其次，加入世贸组织也是中国深入参与经济全球化进程的需要。经济全球化既是当今世界经济发展的客观趋势，也是世界经济发展的一个重要特征。加入世贸组织后，中国将进一步加快完善社会主义市场经济体制的步伐，并在更大范围和更深层次上实行对外开放，从而为有效参与经济全球化创造了重要的体制条件和政策保障。再次，中国加入世贸组织也是世贸组织本身的需要。中国是世界上最大的发展中国家，没有中国的参加，世贸组织是不完整的，不能体现多边贸易体制的普遍性和公正性。

另一方面，中国加入世贸组织对经济全球化和贸易自由化进程，对促进世界经济的发展都产生积极和重要的影响。正如时任中国对外贸易经济合作部部长的石广生在多哈代表中国签署“入世”议定书后的发言中所指出的：加入世贸组织，中国将从中受益，世界各国也将从中受益。中国的发展离不开世界，世界的繁荣也离不开中国。这可以从以下几个方面来分析：其一，中国加入世贸组织对启动新一轮多边贸易谈判、建立国际经济新秩序会起到积极和建设性的作用。特别是对推动发展中国家参与世贸组织的全部贸易谈判有重要意义。世贸组织成员国中 3/4 是发展中国家，但长期以来发展中国家没有得到足够的重视，其作用也未得到应有的发挥。而中国加入世贸组织会代表广大发展中国家的利益，在多边贸易谈判中发挥更大的作用。而且中国能够对世贸组织起到平衡的积极作用。其二，中国市场扩大开放，巨大的市场潜力会逐步转化为现实的购买力，投资环境也更加完善，从而为世界各国各地区提供一个庞大的市场和商机，这必将使中国对全人类作出新的贡献。其三，中国经济快速增长，收入水平提高和市场规模扩大，也带来了贸易创造效应，增加新的投资和发展场所。因而中国对世界经济、贸易和直接投资的贡献增加，中国经济发展成为促进世界经济发展的一个新引擎。

2. 俄罗斯“入世”进程及其影响

俄罗斯是全球少数几个至今仍未加入世贸组织的主要经济体之一，也是目前世界上唯一一个未加入世贸组织的大国。在经济全球化和贸易自由化进程的推动下，“入世”成为俄政府的一个优先目标。俄 1993 年 6 月申请加入世贸组织，并于 1994 年开始相关谈判。2004 年 5 月，俄与其最大贸易伙伴欧盟达成了有关“入世”的双边协议。俄罗斯共与 58 个世贸组织成员国进行了双边谈判，并已同 57 个成员结束了谈判。虽然美俄双方尚未就俄罗斯“入世”问题达成最终协议，但时任美国总统的布什明确表示，美国支持俄罗斯加入世界贸易组织，美国政府将责成商务部加快两国的谈判工作。俄与美国谈判分歧的焦点主要集中在金融服务市场准入、飞机进口关税、农业补贴和知识产权保护这四个问题上。

正如时任世贸组织总干事的迈克·穆尔曾强调的，世贸组织与俄罗斯互相需要，没有俄罗斯的参与，世贸组织就不完整。他认为，俄罗斯已经取得了很大的进步，俄经济的稳步增长，失业率下降和经营环境透明度的提高都有助于俄尽快加入世界贸易组织。俄罗斯总统普京于 2006 年 1 月 31 日在克里姆林宫举行的大型记者招待会上说，俄希望尽早加入世界贸易组织，但加入的条件应该是俄方可以接受的。

经过了近 15 年的谈判后，俄罗斯终于与欧盟在 2010 年 11 月 24 日签署了关于结束俄罗斯“入世”谈判的谅解备忘录，12 月 7 日，双方在俄罗斯—欧盟峰会上签署了相关文件。俄总理普京表示，俄罗斯计划在 2011 年底之前加入世贸组织。美国总统奥巴马也坚决支持俄罗斯加入世贸组织，他表示，俄罗斯“入世”不仅有利于俄罗斯本国，而且对美国乃至全世界的经济都有好处。据世界银行预计，俄罗斯“入世”在中期来看会使其国内生产总值增加 3.3%，长期来看会增加 11%。

俄罗斯争取加入世贸组织是融入经济全球化进程的一个重要步骤，俄“入世”能够得到的主要利益，一是融入全球贸易自由化进程，既能为俄商品进入国际市场扫清障碍，也有助于消除贸易歧视和技术壁垒，从而能够促进俄罗斯对外贸易的发展和效益的提高。二是作为世贸组织的成员，俄罗斯将充分利用世贸组织的专门协调机制来解决贸易纠纷和争端，从而不再被排除在“调解贸易争端的现代机制”之外。三是乌拉圭回合谈判的结果及所通过的贸易投资措施协议和服务贸易总协定，为俄罗斯创造了与其他国家进行贸易投资合作的有利条件，为俄企业家进入国外市场提供了可能。四是成为世贸组织成员，俄罗斯可以遵循自己的国家利益原则，对世界贸易规则的制定产生影响。五是加入世贸组织能够促进俄投资政策和税收政策等与国际接轨，为吸引外资和参与经济全球化创造良好条件。六是加入世贸组织后，对原来单独针对俄罗斯制定的反倾销措施，要按照世贸组织的通行规则加以修订或取消，从而会大大减少俄因此而遭受的巨大经济损失。

总之，俄罗斯加入世贸组织的基本任务和主要目的，是为发展对外贸易活动创造更加有利的条件，充分发挥出口潜力，改善出口结构；在合理开放经济的条件下，根据 WTO 的规则和标准为国内生产者提供足够的保证，有效利用 WTO 解决贸易争端的机制；通过采用 WTO 的规则，将贸易调节方面的国际经验运用于俄罗斯对外经济活动的实践和相关的立法之中。

应当指出，欧盟和美国先后给予俄罗斯以完全的市场经济地位，承认俄为市场经济国家，这是西方国家对俄多年来实行经济转轨的充分肯定。耐人寻味的是，俄罗斯尚未正式加入世贸组织，欧盟和美国就决定承认俄已进入市场经济体系，这种特殊待遇自然对俄罗斯十分有利，不仅会给其带来巨大的经济利益，而且会缩短俄罗斯迈进世贸组织大门的时间。从另一个角度看，俄罗斯这样一个具有完全市场经济地位的转轨国家加入世贸组织，能够增强该组织的广泛代表性，扩大其自身的规模，而世贸组织规模的扩大意味着全球贸易自由化的拓展和统一的市场“游戏规则”在世界更大范围内的实行和扩展。从这个意义上说,俄罗斯加入世贸组织对这一国际经济组织的发展壮大是一个有力的推动。而从总体上看,经济转轨国家加入世贸组织正深刻影响着经济全球化进程,可以说在一定程度上正在改变整个世界经济的格局。

1.4 本章小结

第一,经济全球化与转轨国家经济之间存在着一种互动关系。这种互动关系的实质是经济全球化与转轨国家制度变迁过程中经济运行、经济发展之间相互促进和相互影响的关系。一方面,转轨国家顺应经济全球化的潮流,采取积极的应对措施,迅速融入贸易自由化、金融全球化、投资自由化和生产全球化进程之中,从而极大地推动了转轨国家的经济自由化以及经济增长和经济发展;另一方面,作为贸易自由化、金融全球化、投资自由化和生产全球化所产生的积极成果,转轨国家的经济增长与发展对世界经济的积极贡献与日俱增,对经济全球化的推动作用日益增大。经济全球化与转轨国家经济就是这样一种相互促进和互为因果的关系,两者的互动发展构成了世界经济发展的新景象。

第二,经济全球化促进了世界多边贸易体制的形成,从而加快了国际贸易的增长速度,促进了全球贸易自由化的发展。为适应这种形势,转轨国家不仅加速了经济体制转换进程,并迅速融入贸易自由化进程，而且由于其经济转轨和经济快速发展，以及经济和市场开放度的明显提高，对世界市场扩展和贸易自由化产生了重要的推动作用，促进了全球国际贸易规模的不断扩大。应当说，经济转轨国家在推进全球贸易自由化进程、扩大全球贸易规模方面所发挥的作用是较为突出和明显的。

第三，金融全球化和金融自由化与经济转轨国家的金融发展和金融改革也存在着一种互动关系。金融全球化和金融自由化迫使实行金融市场保护的转轨国家开放本国金融市场，其结果一方面促进了资本向世界市场特别是向转轨国家市场的扩张，为经济转轨国家利用国外资金提供了便利的条件，解决了经济建设资金不足的问题，进而实现经济跨越式发展；另一方面，转轨国家的金融市场开放和金融发展，使其金融体系和金融市场逐渐与世界金融体系和国际金融市场接轨，也使世界金融体系得以扩大，这对金融全球化和金融自由化起到了有力的推动作用。

第四，投资自由化和生产全球化在全球范围内的迅猛发展对转轨国家经济产生实质性的影响。一方面，投资自由化为经济转轨国家吸引外国直接投资创造了直接的条件；另一方面，国际直接投资与跨国公司的跨国生产经营活动和跨国公司的全球扩张是同步发展的。国际直接投资的大量增加意味着跨国公司主导的生产全球化的进一步拓展，而投资自由化和生产全球化极大地推动了经济转轨国家的经济发展。生产全球化不仅使经济转轨国家传统的国际分工逐渐演变成为世界性的分工，也使跨国公司渗透到这些国家的各个产业和部门，使生产要素得以合理组合与流动，资源得以重新配置。经济转轨国家的实践还表明，投资自由化和生产全球化与转轨国家经济也同样是互动的，经济转轨国家既不断吸引外资，也进行对外直接投资，从而推动了投资自由化和生产全球化的发展。

第五，经济全球化与经济区域化存在着一种互动关系。经济全球化的迅猛发展对经济区域化产生强大的推动作用，从而使经济区域化成为经济全球化“必要的中间步骤”。而经济区域化反过来又推动经济全球化的进一步发展。经济全球化与转轨国家区域经济一体化和区域经济合作之间也存在着这样一种互动关系和联动效应。无论是上海合作组织，还是独联体经济一体化进程，都体现了经济全球化推动转轨国家区域经济一体化发展，而转轨国家的区域经济一体化和区域经济合作促进经济全球化不断深化这样一种互动关系。如上所述，经济全球化和世界经济一体化进程中若缺少转轨国家的区域经济一体化，那么这一进程是有缺陷的，也是不完整的。

此外，转轨国家与作为经济全球化产物的世界贸易组织的相互促进和相互推动作用也是十分明显的。转轨国家“入世”不仅对经济全球化产生重要影响，而且也会在一定程度上改变整个世界经济的格局。

第六，经济全球化与转轨国家经济之间的互动会给转轨国家带来经济安全的隐患。特别是转轨国家金融市场的全面开放，在推动全球金融自由化进程的同时，也必然使这类国家的金融业面临着与外国金融业的激烈竞争。因此，如何在加速金融自由化的同时提高金融监管的有效性，防范金融风险，是经济转轨国家面临的新课题，这对保持转轨国家经济的持续稳定发展至关重要。此外，由于投资自由化和生产全球化的快速发展，实行全面经济开放的转轨国家已经很难完全控制跨国公司的进入及其对本国生产的影响，转轨国家的民族工业和产业安全面临直接的威胁。因此，经济转轨国家在最大限度地享受经济全球化与转轨经济互动所带来的经济利益的同时，还要特别注意规避其所产生的经济风险，最大限度地保障国家经济安全，这是转轨国家在经济全球化进程中面临的长期而艰巨的任务。

第七，我们的研究表明，经济全球化与转轨国家经济之间的互动关系及其所形成的互动效应，对于不同类型的经济转轨国家是各不相同的。中国是实行渐进经济转轨并积极审慎融入经济全球化进程且在其中受益的国家。由于注重加强政府的宏观调控能力和驾驭经济的能力；注意维护国家经济主权，保证经济安全，在掌握对外开放的主动权，提高对外开放程度的同时，降低对外依赖程度；借经济全球化的契机大力推进经济结构的战略性调整，使经济全球化与中国经济之间的互动效应呈明显的正相关性。而经济全球化与俄罗斯经济的互动作用，对俄的负面效应要明显多一些，如导致俄经济对出口的依赖程度增加，而且出口产品主要是国际市场价格极易产生波动的石油和天然气及其他原材料。这种出口产品结构是造成俄经济不稳定的重要原因；再如，经济美元化倾向日趋严重；又如，经济政策时常受制于债权国或国际经济组织等。

总之，经济全球化推动了转轨国家的经济转轨进程，促进了转轨国家的经济开放，加快了它们融入世界经济一体化的步伐，但转轨国家的经济发展和转轨进程对经济全球化和世界经济的影响力还不够大。俄罗斯东欧等转轨国家放弃高度集权的计划经济体制,完全效仿西方的市场经济体制,出现转轨和过渡时期的混乱,特别是巨大的经济滑坡和持续不断的经济危机,都没有引发世界性的经济衰退,却反而加速了资本主义的全球扩张,就是例证。波兰著名经济学家 W. 科勒德克甚至断言,假如东欧和独联体国家再一次发生经济危机或金融与生产危机,也不足以引发世界范围的经济危机或全球通货紧缩。世界经济受这两个地区影响的程度依然很小。但如果中国受 1997—1998 年东南亚金融危机的影响而发生经济危机,全球经济受到的影响将会大得多。[①] 因此,就经济转轨国家整体而言,只有抓住机遇,顺应世界经济一体化的潮流,努力发展经济,增强经济实力,才能在更大程度上推动经济全球化和世界经济的发展。

① 参见〔波兰〕科勒德克著:《从休克到治疗:后社会主义转轨的政治经济》(中译本),上海:上海远东出版社 2000 年版,第 403—404 页。

第2章 政府职能的一般性分析与界定

自亚当·斯密以来，经济学家们对政府职能和作用的看法几经变化。古典主义时期主张"小政府"，20世纪"大萧条"前后，干预理论盛行，随后经济自由主义复兴，从而形成了政府职能与作用理论演变的一条主线。不仅如此，近些年对转轨国家经济发展的研究，也往往离不开对政府职责、政府角色和政府职能的认识。如何界定政府职能，如何定位政府角色，如何理顺政府与市场、政府与企业的关系，以充分发挥市场在社会经济活动中的基础性作用，实现政府对经济的有效调控并达到政府职能作用与市场机制的有机结合，是所有经济转轨国家都必须面对和需要认真加以解决的现实问题。

2.1 西方学者关于政府职能的理论

西方学者对政府职能的认识经历了一个漫长的演变过程，相关的理论也随之不断演进，不断得到发展。可以将西方学者对政府职能的认识与理论演化过程大致分为三个不同的发展阶段：第一阶段是从亚当·斯密出版《国富论》的1776年至20世纪20年代;第二阶段是从20世纪20年代至60年代;第三阶段是从20世纪70年代至今。

2.1.1 第一阶段:古典经济学家提出的政府职能理论

在这一阶段,强调自由企业制度,自由市场机制的经济自由主义是经济思想的主流,政府作用则被置于辅助地位。

1. 亚当·斯密的政府职能理论

作为现代经济学的创始人,亚当·斯密在《国富论》中对政府职能作了经典性界定,其内容完备系统,具有很大的意义。他在书中提出了反对政府干预经济,主张自由放任的经济思想。他认为,资本主义经济的发展"受着一只看不见的手的指导"。因此,必须充分发挥市场的自由竞争、自由调节的作用,把国家"这只手"收回来,因为自由企业制度和自由市场机制("看不见的手")完全能够实现资源的最佳配置和经济发展,政府只需充当一个"守夜人"的角色。斯密并据此提出政府必须具备三大职能:"君主的义务,首先保护本国社会的安全,使之不受其他独立社会的暴行和侵略,……君主的第二个义务,为保护人民不受其他人的欺侮和压迫,换言之,就是建立一个严正的司法行政机构,……君主或国家的第三种义务,就是建立并维持某些公共机关和公共工程。"也就是说,在斯密看来,政府的职能,一是要保护社会并维护国家安全;二是尽可能保护社会上的每个人,使其免受他人的侵害,包括用警察维持良好的社会秩序、设立公正的司法机关、制定制度和规则等;三是建设并维护某些公共事业和公共设施。斯密将公共工程分为两类:一类是便利一般商业的公共设施,如道路、桥梁、运河、港口。这类工程由政府主持建设,但其费用可取自受益者,其中有些设施如运河,其具体经营交给私人比政府直接经营更为有效。可见,斯密在当时就提出了在基础设施领域里建设与经营可以分开的思想,认为市场机制和自由企业制度可以引入基础设施领域。再一类是便利特殊商业的公共设施,如殖民地的贸易机构。这类机构由政府直接主持(经营),但其费用也可取自受益者。①

在斯密看来,政府的活动如果超出上述范围,就会造成一定的危害,会使资源配置状况恶化并滋生官员腐败。他尤其反对政府对企业实施过多的管制,认为,"管制的结果,国家的劳动由较有利的用途改到较不利的用途。其年产物的交换价值,不但没有顺应立法者的意志增加起来,而且一定会减少下去"②。

实际上,斯密提出的上述职能是任何一个国家的政府所应履行的起码的或最低程度的职能;否则,一个国家社会经济运行的基础就不复存在。而且,从现在的观点看,斯密是将政府职能限定在一个很小的范围内。之所以如此,是基于以下两个基本观点:其一,"看不见的手"完全能够把个人利益与社会利益有机协调起来,因此,即使是出于社会的利益,政府也没有必要过多地干预市场机制的运转和企业的生产经营活动。其二,"监督私

---

① 参见亚当·斯密:《国民财富的性质和原因的研究》(下卷),北京:商务印书馆 1988 年版,第 252—253 页。

② 亚当·斯密:《国民财富的性质和原因的研究》(下卷),北京:商务印书馆 1988 年版,第 29 页。

人产业、指导私人产业、使之最适合于社会利益……要履行这种义务，君主们极易陷于错误；要行之得当，恐不是人间智慧或知识所能做到的。”①

总之，斯密主张，实现国民经济尽可能高速而均衡增长的唯一出路就是取消政府的各种干预措施，实行自由放任政策，在国内实行自由经营和自由竞争，在国际间实行自由贸易。他认为，一个国家最好的经济政策就是自由放任，政府应奉行不干预主义，以便提供尽可能宽松的企业活动环境，让“经济人”自由自在地从事其所选择的各项经济活动，去追求各自的最大物质利益，并经由每个人追求私利的努力而最终达到富国裕民的目标。而政府只需要提供诸如法律和维护秩序等最低限度的职能。他强调，“最好的政府是管的最少的政府”。

2. 萨伊关于政府职能的主要观点

古典时期的法国经济学家萨伊继承了亚当·斯密的经济自由思想，反对国家对经济的干预和保护关税等重商主义政策。他在 1803 年出版的《政治经济学概论》一书中提出了一个重要的命题即萨伊定律：供给能自动创造对自身的需求。依据该定律，市场经济本身就能够自动维持社会总需求与总供给的均衡，因此，政府连维持总供求的干预也是没有必要的。该定律主要是强调市场经济具有内在的自我均衡和调节性，因而无需国家干预。不仅如此，萨伊还反对政府对企业的管制和直接经营企

---

① 亚当·斯密：《国民财富的性质和原因的研究》(下卷)，北京：商务印书馆 1988 年版，第 252 页。

业。他认为，政府不可能成为成功的生产者，而且政府经营企业还会妨碍公平竞争。政府根本没有必要试图去替代企业和企业家来解决生产什么和生产多少的问题，因为价格和利润会把生产要素引导到报酬较高的部门，而报酬较高的部门一般来说是其产品符合社会需求的部门。在市场经济条件下，生产者会比政府更加关心自己的利益，因而更加关心社会的需求。

当然，萨伊并没有完全否认政府的职能作用，只是将其设置在一个特定而有限的范围内：一是政府要保护财产所有权不受侵犯和维护社会安宁。萨伊认为，政府维护社会治安比尊重财产所有权更重要，因为财产所有权的安全依存于社会的安宁。他把保证人身和财产安全看成是政府鼓励生产的所有方法中最为有效的方法，认为保证人身财产安全不仅能够抵消一切阻碍国家繁荣的束缚性因素的影响，而且也是国家繁荣的源泉。二是政府要制订详细而周密的计划，建设和维修公共工程，特别是公路、运河、港口，以刺激私人生产能力。三是政府要创办各类学校、图书馆和博物馆，主持大型的科学研究活动和促进科学技术知识的传播。四是政府有责任防止明显地有害于其他生产事业或公共安全的欺诈行为。五是政府要保护消费者利益和国家的商誉。

总之，萨伊的最基本观点，是认为自由市场和自由企业具有内在的宏观经济平衡功能，而且市场经济本身就是一个顺畅的过程，能够自动维持社会总需求与总供给的均衡，因而无需政府的干预。

3. 约翰·穆勒关于政府职能的基本理论

约翰·穆勒是 19 世纪中叶英国最著名的经济学家。他虽然推崇经济自由主义原则，但也较为系统地阐述了折中主义色彩浓厚的适度国家干预主义学说。他在1848年出版的《政治经济学原理》一书中对政府职能问题进行了广泛而深入的探讨。他认为，政府行使某些职能是必要的，因为它能够“增进普遍的便利”，除此之外不可能再找到其他理由。但他同时强调，“除非政府干预能带来很大便利，否则决不允许政府进行干预”①。他对赋予政府过多职能持强烈的批评态度，认为政府职能只能限于自己力所能及的范围。在他看来，赋予政府过多的职能之所以错误，这是因为：第一，政府行使职能本身往往就是带有强制性的，“不带强制性的政府活动是很少的”，就连政府为行使职能而筹集费用的税收也是强制性的。第二，政府职能的增多会增大政府的权力。政府的当权者很容易滥用权力和非法侵犯个人自由。第三，政府职能的增加会增加政府的工作量，“其结果自然是，大多数事情都办得很糟……与此同时，行政领导的脑子里则一团糟地塞满了琐碎的小事，没有时间也没有精力来考虑国家的大事或考虑进行更大规模的社会改良”②。第四，政府官员与行政行为的结果没有利害关系，导致不负责任的态度。“尽管政府消息灵通，资金雄厚，能在市场上雇用到最有才干的人，但所有这些却不足以抵消它的一个巨大弱点，即它不那么关心经营的结果。”③

---

① 约翰·穆勒：《政治经济学原理》(下卷)，北京：商务印书馆1991年版，第372页。

② 同上书，第534页。

③ 同上书，第536页。

穆勒不仅界定了政府职能和政府干预的范围，而且还将政府职能区分为必要的政府职能和可选择的政府职能两大类。所谓必要的政府职能即一般政府职能，是指政府在所有社会都必须行使，而且也是所有人都普遍要求政府行使的那些职能。政府行使必要职能所依据的共同理由是“增进普遍的便利”，这些职能大致包括 6 个方面：一是保护公民的人身安全和财产安全；二是制定规则，如交易规则、契约规则、公共资源的使用规则等；三是铸造货币和规定标准度量单位；四是建设公共设施，如铺设道路、安装路灯、打扫街道、修建或扩建港口、建造灯塔、土地和海洋勘探；五是主办初等教育；六是保护儿童、青年和没有劳动能力的人。所谓可选择的政府职能，是跨越公认职能之外的政府职能。这类职能的明显特点，是“政府有时执行这些职能，有时不执行这些职能，而人们对是否应该执行这些职能也没有取得一致意见”。穆勒强调，政府最必不可少的职能是“禁止个人在行使自己的自由权利时明显侵害他人利益，并惩罚这种行为”。

总的来看，约翰·穆勒对经济自由主义与国家干预主义以调和折中的方式作了较为系统的阐述。一方面，他竭力维护经济自由主义的一般原则，主张“社会事务最好是由私人自愿去做”①，反对阻碍私人自由经营、妨碍市场机制正常运行的政府干预，赞美自由竞争，崇尚自动调节的市场力量；但另一方面，又

① 约翰·穆勒：《政治经济学原理》（下卷），北京：商务印书馆 1991 年版，第 570 页。

强调政府职能要多样性，主张政府在经济活动中应有更大更多的权利，而自由放任原则也应该有一定的限制。对穆勒在自由放任和政府干预问题上这种前后不一、出尔反尔的折中调和观点，英国经济学家埃里克·罗尔作出了如下的评价："穆勒一直是折衷主义和妥协的象征，在政府干预的反对者看来，穆勒丢弃了放任自由的理论，不仅仅是变节的行为，而且这也使他作为19世纪初期自由主义的代表人物的意义大为降低。而在放任自由的严峻反对者看来，穆勒的妥协似乎太软弱，因而也是不能令人满意的。"①

综上所述，亚当·斯密、萨伊、约翰·穆勒三位经济学家对政府职能问题的观点代表了西方古典经济学家有关政府职能的基本看法和主张。归结起来，这些观点主要是认为自由企业制度和自由市场机制能基本解决资源配置问题，因而政府没有必要承担更多的职能。虽然政府行使某些职能是必要的，但由于政府本身存在缺陷，因而应当对政府职能范围加以严格限定。斯密所界定的政府职能代表了古典经济学家对政府职能的基本看法；穆勒提出的政府职能理论也比较系统和完整。

2.1.2 第二阶段：20世纪20年代至60年代政府职能理论的演进

20世纪20年代至60年代既是西方经济学发展的一个重

① 埃里克·罗尔：《经济思想史》，北京：商务印书馆1981年版，第346页。

要时期，也是西方学者政府职能理论演进的一个重要阶段。这一时期，随着生产力的发展，资本主义由自由竞争阶段过渡到垄断阶段。垄断打破了自由竞争的格局，原来维持市场均衡的价值规律、供求规律、竞争规律不能充分发挥作用，经济生活中的不协调性矛盾日益突出。尤其是资本主义世界有史以来最严重和最深刻的发生于 1929—1933 年的世界经济大危机，不仅其深度超过了以往任何一次经济危机，而且其涉及的范围也很广，席卷了工农业和商业并扩展到金融市场、资本市场和货币流通等领域。这次经济危机的空前严重性和持久性，宣告了传统的自由放任经济理论的破产，使自由经营理论受到了一次沉重打击。在这一背景下，主张政府干预的各种理论应运而生。

1. 凯恩斯的“政府干预”理论

凯恩斯于 1936 年出版了其代表作《就业、利息和货币通论》，提出了系统的就业理论、国家干预经济的理论和一系列政策主张。这些理论和主张同传统的自由经营理论针锋相对，与自由放任经济学的理论观点和政策主张完全不同，在资本主义世界产生了巨大影响。特别是他的政府干预经济理论在西方经济思想史上被称为“凯恩斯革命”。凯恩斯主义之所以在二次大战后兴盛起来并占据西方经济学的主流地位，其最直接的原因，是这一新的经济理论体系的建立能够适应国家垄断资本主义形成和发展的需要，适应国家干预经济的要求，适应垄断资产阶级追求最大限度利润的需要。事实上，二次大战后直至 20 世纪 70 年代，凡实行国家垄断调节的西方国家，都没有发生过深刻的周期性危机。这种情况不仅使凯恩斯的国家干预理论更加流行，也使这种理论得以巩固并进一步受到重视，从而在西方资产阶级经济思想中占了统治地位，并被奉为消除资本主义缺陷和各种矛盾的灵丹妙药。

在《就业、利息和货币通论》这一划时代的著作中，凯恩斯首先批判了市场机制能自动保持“总供给＝总需求”的萨伊定律，并将经济危机与工人失业的根源归结为社会有效需求不足。而有效需求不足则是由于边际消费倾向、资本边际效率和流动偏好这三大心理规律作用的结果。正是这三大心理规律的作用，导致总需求通常都小于充分就业的总需求水平。他认为，在没有国家干预经济的条件下，资本主义社会对劳动力的需求一般不足以实现充分就业。而如果国家对经济实行干预并设法刺激有效需求，资本主义社会就能够实现充分就业。因而凯恩斯强调，对经济运行进行国家干预与调节是政府行为的基点。为了刺激有效需求，鼓励消费，鼓励投资，政府必须扩大职能，对经济生活实行干预。而如果任由市场机制和自由企业制度自发起作用，宏观经济就难以保持均衡。也只有政府才能填平总供求的缺口。他特别强调政府要扩大投资，指出，“国家可以向远处看，从社会福利着眼，计算资本品之边际效率，故我希望国家多负起直接投资之责”。他又进一步指出，“要达到离充分就业不远之境，其唯一办法，乃是把投资这件事情，由社会总揽”①。那么，投资所需要的大量资金从何而来？凯恩斯主张政府要“举债支

① 凯恩斯：《就业、利息和货币通论》，北京：商务印书馆 1983 年版，第 326 页。

出”,即推行赤字财政政策。也就是要摒弃传统的收支平衡的财政政策,实行扩张性的财政政策。他认为“举债支出”是政府经济行为的主要操作手段。政府增加的支出,只要能够促进经济增长、增加就业,即使经常出现财政赤字也是值得的。他甚至得出结论:“举债支出虽然浪费,但结果倒可以使社会致富。”①此外,他主张政府还要“相机”运用宏观货币政策,即萧条时期增加货币投放,降低利率,高涨时期则采取相反的政策措施。甚至为了缓冲财政政策和货币政策出台时的冲击力,还可以采取将财政和货币政策两者“松紧搭配”的方式。总的来说,凯恩斯依据有效需求原理提出的政策建议还是比较笼统的。

应当指出,凯恩斯实际上也并不主张赋予政府过多的经济职能,更不主张实行生产资料国有制。他指出:“似乎没有强烈的理由要实行国家社会主义,把社会上大部分经济生活包罗在政府权限以内。要紧的倒不是生产工具国有;只要国家能够决定①资源之用于增加生产者,其总额应为若干;②持有此种资源者,其基本报酬应为若干,则国家已尽其职责。”②要通过政府“改变租税体制、限定利率,以及其他办法”和直接投资于公共工程的宏观财政政策,以及增加货币数量、降低利率的宏观货币政策,刺激消费和增加投资,提高社会的总体需求水平,使经济重新走向繁荣。

---

① 凯恩斯:《就业、利息和货币通论》,北京:商务印书馆1983年版,第109页。

② 同上书,第326页。

总之，凯恩斯经济理论的产生标志着西方经济思想从经济自由主义向现代国家干预主义的重大转变，是政府干预经济的理论替代旧的自由经营理论的根本转折，也是国家垄断资本主义迅速发展的产物。

2. 萨缪尔森关于政府经济职能的观点

如果说凯恩斯提出的政策主张主要是以扩张性赤字财政政策来刺激有效需求，实现充分就业，那么，以萨缪尔森等人为主要代表的新古典综合派则与凯恩斯的主张有所不同。他们认为，政府经济政策不能只有扩张性赤字财政政策这一个基调，而是应当根据经济繁荣与萧条的不同更替情况，交替地实行紧缩和扩张的财政与货币政策，即推行补偿性的财政政策和货币政策。所谓补偿性财政政策，是指政府在经济萧条时期应增加财政支出，减少税收，以刺激总需求；而在经济繁荣时期则要减少财政支出，增加税收，以抑制总需求，并求得繁荣与萧条时期的相互补偿。所谓补偿性货币政策，是指央行在经济萧条时期应放松信用，增加货币供应量，降低利率，以刺激投资和社会总需求的增加；而在繁荣时期则要紧缩信用，减少货币供应量，提高利率，以抑制投资和社会总需求的增加。

萨缪尔森在1961年出版的《经济学》第五版中正式将他们的理论称为"新古典综合"，以表示其理论是凯恩斯经济学说和新古典经济学的综合。此后，在1964年出版的《经济学》第六版中，他又对"新古典综合"理论作了进一步的阐释。认为"新古典综合"理论就是"总收入"决定论与微观经济学经典理论的结合。萨缪尔森提出的"新古典综合"理论广泛流行于西方经济学界，在 20 世纪 60 年代中期以前成为西方的正统经济学，也成为政府干预经济的重要理论基础。萨缪尔森指出："我们的经济不是纯粹的价格经济，而是混合经济；在其中，政府控制的成份和市场控制的成份交织在一起来组织生产和消费。"①他这里所说的"混合经济"，既不是纯粹的私人经济，也不是完全的公有经济，而是既有市场机制发挥基础性作用，又有政府对经济生活进行干预的经济。在这种"混合经济"中，政府的作用日益重要，这表现在政府的开支不断增加，政府对收入进行再分配，政府通过强制的法令对经济活动进行干预和控制等。具体而言，他认为在现代混合经济体制中，政府应执行以下四个主要经济职能：一是为市场经济确立法律体制和框架。政府的首要职能是确定市场规则，这些规则包括所有权的界定、合同法与破产法、劳动者与管理者的相互义务，以及各种能够约束社会成员相互作用方式的法律和规则。政府应当制定厂商和消费者以及政府自身参加的经济比赛的规则。二是影响资源配置以提高经济效率。政府的中心经济目标之一是按社会需要来协调资源配置。三是决定宏观的稳定政策。认为稳定化的政策能够削平经济周期的高峰和低谷，减少失业和通货膨胀，并且促进经济增长。现代政府一般都试图减缓经济周期的波动，并运用货币政策和财政政策保持经济的平稳增长。四是促进平等。政府通过累进税制、社会保障制度、财政转移支付制度来减少收入的不平等，促进人们之

---

① 萨缪尔森：《经济学》(上册)，北京：商务印书馆 1986 年版，第 64—65 页。

间的经济平等。

综上所述,20 世纪 20 年代至 60 年代,受西方经济学家政府职能理论特别是凯恩斯"政府干预"理论的深刻影响,人们对政府的期望值越来越高,政府被赋予了一系列的职能。除以上提到的理论观点外,这一时期西方还有一些著名经济学家提出了诸如反垄断以维护公平竞争、实现社会公平、积累发展资本、改造经济结构、提供公共品、维持物价稳定、实现充分就业、维持宏观经济平衡、管制私人企业、开办和经营国有企业等政府职能。

2.1.3 第三阶段:20 世纪 70 年代以来政府职能理论的演进与发展

自 20 世纪 70 年代开始,西方经济学家对政府职能的看法发生了很大的转变。当时经济自由主义再度复兴,经济学家们的视角转向了政府失灵或政策无效,主张还是把自由市场机制和自由企业制度作为资源配置和经济发展的基本工具,并将政府背负的过多职能剥离掉。之所以发生这种转变,主要是由于以下三个原因:第一,依据凯恩斯主义的有效需求理论,高通胀与高失业不可能同时出现。但 20 世纪 70 年代以来西方世界却出现了高通胀与高失业同时并存的现象,这与凯恩斯主义的宏观干预理论相矛盾。而凯恩斯主义的宏观需求管理理论又无法解决经济停滞与高通货膨胀并发的难题。如果说 20 世纪 30 年代的大危机破除了人们对自由市场和自由企业制度的信心,而树立起人们对政府的信心,那么 70 年代的滞胀则相反,破除了人们对政府宏观干预的信心，重又树立起对自由市场和自由企业制度的信心。第二，实行计划经济的社会主义国家当时普遍面临着国家实行高度集中的指令性计划，从而对经济生活无所不包无所不管、经济结构僵化、资源利用效率低下、国有企业困难重重等一系列的共同问题和难题。在这种情势下，大多数社会主义国家纷纷启动了以分权化、市场化、自由化、恢复自由企业制度为方向的改革，旨在将原来赋予政府的职能归还给市场和企业。第三，政府主导型和政府干预型体制的运行效果不佳，政府并没有像人们最初所想象和预期的那样很好地解决经济社会发展问题，不仅以前存在的问题依然存在，而且又形成了一些新的更加难以解决的发展难题。所有这些问题和难题促使经济学家们重新思考新形势下的政府职能与作用问题。

这一时期，出现了各种反凯恩斯主义的学说和主张减少政府职能的经济学流派，传统的经济自由主义再度风行。在众多的学说和流派中，现代货币主义学派、理性预期学派和供给学派的理论观点最引人注目。这三个学派虽各具特色，但有一个共同点，即都以凯恩斯主义的政府干预主张为抨击的对象，以解决滞胀问题为目标，倡导新型的企业自由经营论，重现经济自由主义的理论和主张。三个学派的差异在于：现代货币主义学派和理性预期学派抨击的重点是凯恩斯主义通货膨胀的货币政策，而供给学派抨击的主要目标则是凯恩斯主义的财政政策。与上述三个学派不同，著名经济学家斯蒂格利茨则主张政府的适度干预，其观点独树一帜，引人注目。

1. 现代货币主义学派反对政府干预的学说与政策主张

现代货币主义学派产生于20世纪50年代末至60年代初。该学派是作为凯恩斯主义的对立面而产生和发展的，它以强调货币政策的重要性和以医治通货膨胀为目标，以反对国家干预为政策主张的基调。随着西方国家“滞胀”的加剧和凯恩斯主义的没落，现代货币主义被美国和英国政府视为摆脱通货膨胀的良药，成为20世纪60年代以来各种新自由主义中最有影响的一个学派。

现代货币主义学派的代表人物是弗里德曼。他以现代“货币数量论”和传统的经济自由主义为根据，抨击凯恩斯主义的财政政策和货币政策。他认为，货币政策是政府唯一有效的稳定经济的手段，而货币供应量则是通货膨胀和经济活动发生波动的最根本的和决定性的因素。因此，政府货币政策的目标应当放在控制货币供应量的增长速度上，而不能放在控制利息率、失业率或物价水平上。他在理论上鼓吹自由放任，倡导企业自由经营和自由竞争，认为没有自由，没有自由市场经济，就没有持续的经济增长。在他看来，自由市场经济制度是完美的，他赞美并崇尚自由市场经济和自由竞争资本主义的自发作用，反对政府过多地干预经济。认为政府插手经济生活会妨碍经济人的自由活动，破坏经济生活的自然秩序，政府这样做不仅徒劳无益，而且十分有害，也会自寻烦恼。因此，弗里德曼认为，市场活动越自由越好，政府干预越少越好。他主张政府只应当“为竞争的规则提供一个货币的结构”。正如萨缪尔森所指出的：“货币主义者一般赞成不受政府干预的市场。他相信，市场具有足够的竞争性来有效地解决生产什么和如何生产的问题而不需要政府的那只看得见的手。政府往往被看成是没有效率的、腐败的和危害个人自由的。”①

弗里德曼还指出，由于各国推行凯恩斯主义政府干预经济的政策，使得货币增长率超过了产量增加率。其原因，一是政府开支迅速增加；二是政府推行充分就业政策；三是央行实行了错误的货币政策。这些都会导致政府开支的增加，而政府的这些开支，只能主要靠增发货币。这就必然导致货币增长率超过产量增加率，从而引起通货膨胀。他还认为，在货币供应量不变的情况下，政府增加开支会导致利率上升，引起私人投资和消费的缩减，从而产生“挤出效应”，抵消增加的政府开支。因此，唯有货币政策才是政府一切经济政策的重心，根治通货膨胀的唯一出路是减少政府对经济的干预，严格控制货币的增长，因为货币供应量的变化是引起经济活动和物价水平发生变动的根本原因。只要政府按照与经济增长率相适应的速度长期而稳定地增加货币供应量，就可以保证资本主义国家的经济繁荣和物价稳定，也会使失业率保持在自然失业率的水平之上。

应当指出的是，虽然弗里德曼反对政府对经济的过度干预，但并不意味着他不主张政府发挥任何作用。他认为，市场自由不仅不排除政府某些职能作用的发挥，而且还需要政府采取必要手段对其加以保护和促进。但政府在经济中的职能作用仅限

① 〔美〕萨缪尔森、诺德豪斯：《经济学》（上册），北京：中国发展出版社 1992 年版，第 541 页。

于五个方面:一是充当市场规则的制定者和裁判者;二是反垄断和促进竞争;三是提供货币机构;四是从事公共事业;五是有限度地充当社会的家长,进行某些必要的社会资助,补充私人慈善事业和私人家庭对特殊人群的照顾。如果政府超越了这些最低限度的职能,就会削弱资源的有效利用,阻碍经济发展,妨碍经济和政治自由。

2. 理性预期学派反对政府干预的学说与政策主张

理性预期学派是20世纪70年代从货币主义学派中分离出来的一个独立学派,其主要代表人物有罗伯特·卢卡斯和斯坦利·费希尔等人。该学派以理性预期为出发点,以新古典主义的市场自动均衡为依据,研究西方宏观经济中的价格、总产量和总就业量的决定问题。理性预期学派是从政府政策的作用对象,即企业和居民的行为模式来分析政府经济职能的局限性。其总的理论观点和基本思想是,认为经济活动的当事人是理性的,他们会密切注视各种信号,包括政府行动,运用自己的理智力争把事情做得最好。他们能够通过各种渠道收集信息来形成符合未来实际变动的预期,并对未来的经济变动情况作出明智的反应和基本准确的预测。而且,经济活动当事人所占有的信息的质和量并不亚于政府部门,其预测结果同职业经济学家运用数理经济模型得出的结果不相上下。虽然由于经济中存在许多随机的不可预测事件,经济活动当事人的预期也会出现差错,即出现随机误差,但人们不会总是犯同样的预测错误,他们一旦得到提示错误的某种信息,预测错误便会马上得到主动纠正,因而不会出现系统误差。预测是无偏的,因而是理性的。既然如此，政府对经济的干预不仅会无效，而且容易弄巧成拙，引起种种后果。简言之，在理性预期学派看来，政府干预经济的任何政策和措施，归根结底都是徒劳无益的。要使经济保持稳定，唯一有效的办法是听其自然，“无为而治”。如果政府要实行干预，采取某一措施，就不要太多地加以变更，实行固定的规则最适宜。理性预期学派反对实行相机抉择的财政政策和金融政策。认为政府应该完全避免任何一种相机抉择的宏观经济政策。要依靠规则，特别是依靠简单的规则。政府也不要企图对经济进行微调，不要在长时期内任意摆布企业和个人，因为这是难以做到的。

3. 供给学派反对政府干预的学说与政策主张

供给学派兴起于20世纪70年代中期，该学派的主要代表人物有拉弗、费尔德斯坦和罗伯茨等人。该学派以反对凯恩斯主义的需求管理政策和强调发展生产供给而得名。与现代经济自由主义思潮的其他学派一样，供给学派推崇古典经济自由主义和传统自由市场理论，并在此基础上建立起自己的政府经济学说。该学派将萨伊定律即“供给能自动创造对自身的需求”，作为其分析的理论基础，强调“供给第一”，认为供给是需求的唯一可靠的源泉，没有供给就没有需求。由于供给能够自动创造需求，因而只要国家不干预私人经济活动，让市场机制发挥应有的作用，产品就不会过剩，也不会出现失业。该学派认为，凯恩斯主义鼓吹有效需求不足学说，过分强调需求，造成需求过度膨胀，供给过度不足，这是导致美国经济衰退的根本原因。因此，主张经济政策的重心必须转向供给方面，由凯恩斯的刺激需求方案转向生产，增加供应。供给学派认为，政府的政策是供给的重要刺激因素，政府的任务就是要提供各种积极的刺激以影响人们的行为。

从上述理论基础出发，该学派批评政府对经济的管理太多、太严，官僚主义盛行，腐败严重，这不仅极大地束缚了企业的手脚，而且污染了社会风气。因此，主张将政府干预缩减到最低限度，特别是将政府的经济职能限定在增加生产供给的范围内，从需求管理转向供给刺激，并为企业提供宽松的自由生产经营环境。供给学派减少政府干预、增加生产供给的政策主张主要反映在以下四个方面：一是通过减税来强化经济刺激，并增强储蓄和投资的引诱力。二是缩减政府开支，特别是削减福利开支，刺激人们的工作积极性，提高私人的投资能力，弱化人们对政府的依赖心理。三是减少政府干预，放宽政府对经济的管理，实行国有企业私有化，扩大市场调节的范围，充分发挥市场机制和竞争的作用。四是控制政府规模，消除官僚主义，给企业创造更广阔的活动空间。不难看出，供给学派的这些政策主张，主要是强调政府要提供积极的经济刺激，给企业以最大限度的经济自由，恢复自由企业制度，将政府干预缩减到最低限度，将政府的经济职能限定在增加生产供给的范围内。

4. 斯蒂格利茨主张政府适度干预的观点

斯蒂格利茨在1986年出版的《政府经济学》一书和其他相关著作中，比较详细地论述了政府的本质与职能、政府的运行机制、政府对经济的调节与控制、政府与市场、政策制定的依据与实施过程、公平与效率、联邦与地方政府、政府收支等诸多问题。

斯蒂格利茨特别推崇凯恩斯的市场失灵理论，认为该理论与其政府干预政策存在着内在联系，具有“知识的一致性”。作为新凯恩斯学派的重要人物之一，斯蒂格利茨对政府在经济中的作用有着十分深刻的独到见解。他在另一部著作《社会主义向何处去》中阐明了一个重要观点：“向市场经济过渡并不是要弱化而是要重新定义政府的作用”。[①] 他在批评新古典模型对政府的作用估计不足时指出：“市场经济成功的核心是：竞争、市场和分权。在政府起重要作用的经济社会中仍然可能具备这三个要素。的确，如果竞争需要保护的话，政府必须发挥重要作用。”[②]此外，斯蒂格利茨强调，在市场与政府之间的关系问题上，要以正确的方式提出问题，不要将市场与政府对立起来，要在两者之间保持恰到好处的平衡。[③]

可以将斯蒂格利茨在政府干预和政府作用问题上的主要观点和政策主张归结为以下几个方面：

第一，斯蒂格利茨认为，政府在经济中发挥作用是毋庸置疑的。正如经济学界的主导观点所认为的那样，政府的有限干预，可以缓和最糟糕的社会问题，特别是政府可以在全社会就业问题上发挥积极作用。但斯蒂格利茨更多注意的是政府应该如何在经济中有效发挥作用的问题。他指出，政府对于市场而言，有不可替代的作用，关键是政府应该如何最大限度地发挥这种特

---

① Joseph E. Stiglitz, *Whither Socialism*? Massachusetts Institute of Technology, 1994, 4.

② 同上书，第13—14页。

③ 参见同上书，第267页。

殊的优势。他认为在政府与市场的关系中存在一种均衡的作用:“市场原教旨主义的倡导者仍然争辩市场的无效率是相对小的,而政府的无效率是相对大的。他们把政府看成是问题的一部分,而不是解决问题的办法。”“我已经倡导了关于政府角色的一种均衡观点,一种既认识到市场的局限性和失灵,又认识到政府的局限性和失灵的观点。同时这种观点把这二者看做是以合伙的方式在共同起作用,而合伙制的确切性质在各个国家存在差异,取决于它们所处的政治与经济发展阶段。”①

第二,斯蒂格利茨对政府干预经济的依据和政府发挥作用的理由作了深入概括,他认为,市场失灵有以下八个主要根源,其中的每个根源都是促使政府干预市场经济活动的重要因素:竞争的缺点;公共品;外部性;不完善的市场;信息不完全;失业;通货膨胀及失衡;再分配和优效品。也就是说,只要市场经济中存在上述因素,政府对经济的干预就是正当的和必要的。特别是政府一旦认定存在市场失灵,就必须对其加以解决。关于政府发挥作用的理由,他指出:“即使我们将竞争经济效率的基本定理作为有价值的参照点,实施政府干预仍有许多重要理由,它们可以归纳为:①分配,②完全竞争的失灵,③远期市场和保险市场的缺乏,④不能达到充分均衡,⑤外部效应,⑥公共物品,⑦有效需要。”②因此,“不能先入为主地认为政府不应该干预市

---

① Joseph E. Stiglitz, *Globalization and Its Discontents*, W. W. Norton & Company, 2002, pp. 219—220.

② 阿特金森、斯蒂格利茨:《公共经济学讲义》(中译本),上海:上海三联书店、上海人民出版社 1994 年版,第 10 页。

场，相反地，看起来有足够的理由要求政府干预"①。

第三，斯蒂格利茨认为，政府发挥职能作用的具体范围有以下六个方面：一是促进教育；二是促进技术改善；三是支持金融部门；四是投资基础设施建设，包括制度建设以及道路和通信体系的建设；五是防止环境恶化；六是建立和维护社会保障体系。他指出，"政府部门所要处理的问题，包括经济学中一些最激动人心的领域，如卫生、国防、社会保障、教育、税收改革等"。

斯蒂格利茨还通过实证分析得出如下结论：其一，政府几乎在所有大的成功事件中都扮演着重要的角色。"近年来在一些发展经济学家中盛行着这样一种观点，即政府必然妨碍进步，尤其是政府活动会引起不具有社会生产性的寻租行为。这种观点充其量只具有有限的合理性。""简而言之，尽管在许多情况下政府的活动不是有效的，但没有政府帮助的私营部门也很少有靠自己成功的。"②其二，几乎所有政府都在资本市场中扮演中心角色。其三，几乎所有国家的政府都在生产中担当某些直接的角色。因此，他指出："有政府的社会就能生存，而没有政府的社会却不能生存，这一显而易见的事实支持了这样的假说，即政府是一种积极的进化力量。同理，以进化论的观点来看，政府对市场的某些干预能够使社会变得更好。"③

同时，斯蒂格利茨认为，政府发挥作用一定要适当：一是政

---

① Joseph E. Stiglitz, *Whither Socialism*? Massachusetts Institute of Technology, 1994, p. 215.

② 同上书，第 232、233 页。

③ 同上书，第 275 页。

府无论是实施垄断权还是授予垄断权都应慎重；二是政府应尽可能鼓励在公共部门中开展竞争；三是在可能的情况下政府的经济功能应该分散；四是应通过再分配实现社会公正；五是要加强政府的开放性。

综上所述，斯蒂格利茨是主张政府对经济实行干预的，他的观点主要反映在《政府经济学》和《社会主义向何处去》等著作中。他利用当今世界特别是美国在政府经济学领域的最新研究成果对政府职能作用和政府干预等问题进行的深刻分析，使经济学中关于政府干预的理论上升到一个新的层面。

最后，可以从三个方面总结斯蒂格利茨的新政府干预观：其一，从政府干预的范围看，新政府干预观较之传统的观念有较大的拓宽；其二，从政府干预的方式看，新政府干预观更强调直接调控和间接调控的均衡；其三，在政府与市场的关系上，新政府干预观认为两者是一种相互依存的合作关系，而不是竞争关系。“政府总是市场重要的合作伙伴。”①斯蒂格利茨进而总结道：哪里存在市场失灵，哪里就会有政府的潜在作用。特别是由于会不断出现和普遍存在新的市场失灵，政府应该将主要注意力集中于较大和较严重的市场失灵上。总之，没有政府干预，市场就难以有效运行。但另一方面，由于存在不完全信息和不完备的市场，也会导致出现“政府失灵”。因此，政府不可能替代市场的作用，也不能对政府的直接调控作用估计过高，要注重发挥政府

① 斯蒂格利茨：《喧嚣的九十年代》（中译本），北京：中国金融出版社2005年版，前言第3页。

的间接调控能力。

5. 公共选择理论

公共选择理论是一个较为年轻的学科分支，它运用现代经济学的逻辑和方法，分析现实生活中与民众相关的政治个体的行为特征，以及由此引出的政治团体的行为特点，是经济学理论在政治学、行政学领域的运用。一般说来，在公共选择理论提出之前，经济学家们对“政府失败”问题考虑并不多。一个普遍的看法是，即使是在理想的市场经济中，有些重要的社会和经济问题仍无法完全通过市场制度自行解决。因此，需要政府采取必要的措施，首先建立一个公正的法律系统，然后运用宏观政策来指导和发展经济，解决失业和通货膨胀等问题，并通过再分配政策来保证人们的基本平等。但 20 世纪 70 年代政府面临的财政危机、信任危机和管理危机证实了不仅市场有缺陷，而且政府的管理也有缺陷，政府并不能完全以有效的方式满足人们的需求，政府也会失败。对此，公共选择理论认为，这是因为人们在相当长的一段时期内，忽略了政治运作的实际过程。布坎南认为，公共选择是一种对政治的看法，“它是在把经济学家的工具和方法扩大应用于集体的或非市场的决策的过程中产生的……要获得这样一种对政治的看法，必须要求一种特殊的经济学方法”①。这种特殊的经济学方法，主要涉及公共选择观点中两个独立的性质截然不同的方面：一个方面是被概括为交易经济学的经济

① 〔美〕詹姆斯・M. 布坎南：《自由、市场与国家》，上海：上海三联书店 1993 年版，第 29 页。

学方法;另一方面是关于个人行为的经济人假设。

关于第一个方面,布坎南认为,在“经济”和“政治”之间,或在“市场”和“政府”、“私人部门”和“公共部门”之间,并未划出任何界线。经济学家们不必只限于研究市场中个人的行为,交易经济学方法同样适用于政治领域,经济学家们可以根据交易范例来观察政治和政治过程。在市场中,通过重组贸易、契约和协定规则,就可以改善市场;在政治中,要促进交换过程,同样需要改善或改革规则。而且,“只有当政治行动、集体行动与政府、国家行动的范围和领域都受制于强制立法约束时,那种越界的倾向才能得到防治”①。因此,公共选择理论更加注重和强调规则、立宪、立宪选择及规则选择的重要性。

关于第二个方面,根据布坎南的公共选择理论,政府官员同样也是“经济人”,政府及其成员的行为与经济学家研究的其他人的行为并没有什么区别。政府官员和“经济人”一样是有理性的同时也是自私的。政治被模拟为一个经济学意义上的市场,通过对个人在政治市场上不同的决策规则和集体制度的反应分析,以期构造一种真正能把个人的自利行为导向公共利益的政治秩序。公共选择理论认为,政府机构本身也不是一个没有自身利益而超越利益之上的组织,它往往会借社会利益之名行机构私利之实,正因如此,政府就难以制定并执行正确而有效的公共政策,因而必然导致政府失灵。

① 〔美〕詹姆斯·M. 布坎南:《自由、市场与国家》,上海:上海三联书店 1993 年版,第 373 页。

此外，公共选择理论认为，市场比官僚机构更有效率，主张更多地依靠社会和市场，打破政府垄断，建立公、私机构的竞争机制，通过竞争迫使政府提高效率，即市场价值的回归和利用。

6. 新公共管理理论

所谓新公共管理理论，是相对于传统的政府公共行政而提出的。20 世纪 70 年代，西方发生的经济危机使美国及西欧人民对政府能力提出了质疑。刻板、机械的科层制导致了“政府失败”的后果，已经不能适应社会的变化发展。在这一背景下，新的政府行政理论和管理模式在 80 年代的英美两国应运而生，随后又扩展到西方各国。西方发达国家掀起了一场名为新公共管理的政府改革运动，对西方整个公共管理尤其是政府管理产生了较大影响。

新公共管理理论主张，政府应减少对社会和市场的干预，让市场机制的作用得以充分发挥，而且政府还要重视其所提供的服务与产品的效能，以满足人民的需求。达成这一目的的首要途径就是为政府注入企业家精神，并采取私有化、放松规制、分权和公私合作等具体方法。新公共管理理论最重要的核心理念是主张以市场为取向，重塑政府与公众的关系。政府不是发号施令的权威官僚机构，而是以人为本的服务提供者，政府公共行政不再是“管治行政”，而是“服务行政”。

新公共管理理论认为，在传统的公共行政模式中，政府职能有不断扩张的冲动，从而导致职能膨胀和机构臃肿。因此，政府首先应该解决自身职责定位问题，确立政府的有限责任，由“划桨"转为"掌舵"。用著名学者戴维·奥斯本等人的话说，就是政府的角色应是"掌舵"而不是"划桨"。他们认为传统政府低效的一个重要原因就是忙于划桨而忘了掌舵，做了许多做不了、做不好、舍本逐末的事情。① 而实际上"划桨"的任务应交给私人部门和非营利组织、社区组织、公民自治组织等第三部门。政府通过重新塑造市场，在政策和资金方面施加各种可行和有利的影响。这样，政府就成为多元管理主体的组织者、协调者，是多元管理主体的核心。

作为一种新的行政管理范式，新公共管理的概念具有以下三个主要特征：一是公共服务导向。新公共管理理论改变了传统公共行政模式下的政府与社会之间的关系，重新对政府职能及其与社会的关系进行定位：政府不再是高高在上、"自我服务"的官僚机构，政府公务人员应该是负责任的"企业经理和管理人员"，社会公众则是提供政府税收的"纳税人"和享受政府服务作为回报的"顾客"或"客户"，政府服务应以顾客为导向，应增强对社会公众需要的响应力。② 新公共管理认为，政府的社会职责是根据顾客的需求向顾客提供服务。由顾客驱动的政府，才能实现提供多样化的社会需求并提高服务质量的目标。

二是效率导向。新公共管理特别重视政府活动的产出和结果，即重视提供服务的效率、效果和质量。主张政府要放松严格

---

① 参见戴维·奥斯本、特德·盖布勒：《改革政府：企业精神如何改革着公共部门》，上海：上海译文出版社 1996 年版，第 379 页。

② 参见金太君："新公共管理：当代西方公共行政的新趋势"，《政治学》1998 年第 1 期。

的行政规制，改变传统公共行政重视遵守既定法律法规，轻视绩效测定和评估的做法，而实行严明的绩效目标控制，即确定组织、个人的具体目标，并根据绩效指标对目标完成情况进行测量和评估。

三是企业家政府。“企业家”在新公共管理理论中有其特殊的含义，并不是会做生意的人就是企业家。企业家是把经济资源从生产率和产出较低的地方转移到较高的地方的人，他能够运用新的形式创造最大限度的生产率和效率。因此，作为“企业家”的政府并非以赢利为目的，而是把经济资源从生产效率较低的地方转移到效率较高的地方。企业家式的政府的目标就是能够提供较高服务效率的政府。与传统公共行政排斥私营部门管理方式不同，新公共管理强调政府应该广泛采用企业成功的管理方法和手段（如成本—效益分析、全面质量管理、目标管理等）以及竞争机制，取消公共服务供给的垄断性，最终达到提高效率、提高服务质量的目的。

有学者认为，“新公共管理”范式的出现构成了对传统的公共行政学范式的严峻挑战。“新公共管理”成为当代西方公共管理尤其是政府管理研究领域的主流。该理论有其新颖、合理之处，它反映了当代西方公共管理实践的发展趋势，体现了公共部门管理研究的新成就。第一，“新公共管理”为公共部门管理尤其是政府管理研究奠定了更广泛、坚实的理论基础。第二，“新公共管理”开阔了公共行政学的理论视野。第三，“新公共管理”建立起一个更加全面、综合的知识框架。第四，“新公共管理”提供了一种当代公共部门管理尤其是政府管理的新实践模式。①

7. 治理理论

治理理论于20世纪90年代初期在西方国家兴起后，在世界广为传播。在短短十几年的时间里，治理理论迅速发展成为内容丰富、适用广泛的理论，在社会科学的许多领域，如政治、行政、管理等方面得到广泛运用，对社会各个领域产生了较大影响，逐渐成为社会管理与治理的一个重要理念，受到广泛的重视，并成为各国政府改革的一种新模式。

治理理论的核心观点，一是主张通过政府和公民以及公共权力组织和民间组织等的合作、协商、伙伴关系，确定共同的目标，实现对公共事务的管理。这里，治理意味着管理主体的变化，政府不再是国家唯一的权力中心，各种公共和私人机构也可以成为一定层面上的权力中心。二是公共产品的供应可以由私人部门和第三部门承担，与政府部门相互依赖，互通资源，分担政府的责任。治理理论强调国家与公民社会之间的合作，如谈判对话、模糊公私部门之间的界限，并重视公私之间的依赖关系，特别是注重两者在市场原则基础上的分权合作。三是治理的目的是达到善治，实现管理者与被管理者的协调与合作。也就是说，治理追求的目标由传统的"善政"向"善治"转变，并由单纯追求效率转为实现公共利益的最大化，使国家与市民社会形成一种更为有效和良性的互动关系。四是治理注重在各种组织

---

① 参见陈振明:"评西方的'新公共管理'范式",《中国社会科学》2000年第6期。

和个人参与的基础上，最终通过形成一个合作的网络，来分担各种公共事务和责任。

治理理论的权威学者之一格里·斯托克将目前各国学者们对治理理论的研究归纳为五种主要观点：其一，治理意味着一系列来自政府但又不限于政府的社会公共机构和行为者。它对传统的国家和政府权威提出挑战，认为政府并不是国家唯一的权力中心。其二，治理意味着在为社会和经济问题寻求解决方案的过程中存在着界限和责任方面的模糊性。它表明在现代社会，国家正在把原先由它独自承担的责任转移给公民社会，即各种私人部门和公民自愿性团体，后者正在承担越来越多的原先由国家承担的责任。这样，国家与社会之间、公共部门与私人部门之间的界限和责任便日益变得模糊不清。其三，治理意味着明确肯定了在涉及集体行为的各个社会公共机构之间存在着权力依赖。其四，治理意味着参与者最终将形成一个自主的网络。这一自主的网络在某个特定的领域中拥有发号施令的权威，它与政府在特定的领域中进行合作，分担政府的行政管理责任。其五，治理意味着办好事情的能力并不仅限于政府的权力，不限于政府的发号施令或运用权威。在公共事务的管理中，还存在着其他的管理方法和技术，政府有责任使用这些新的方法和技术来更好地对公共事务进行控制和引导。①

“良好的治理”或曰“善治”，能够有效弥补国家和市场在调

① 参见俞可平：《权力政治与公益政治》，北京：社会科学文献出版社 2003 年版，第 131—132 页。

控和协调社会事务方面的不足，促进和保障公民的政治利益和经济利益。根据治理理论，公共事务的治理应更多地依赖社会与市场力量的参与及合作；政府对其他社会行为主体的管制和控制色彩应当减少，规划、引导、协调、交换、服务以及必要的扶持功能必须得到增强；政府与其他社会行为主体之间存在着相互制约关系，而不是传统模式下单方面的管制与被管制、服务与被服务的关系。当然，其他社会行为主体的自主权利，在某种程度上最终还需要政府作出界定，政府对秩序冲突仍具有最终调节的权威。一些核心公共物品的生产仍要由政府主导，政府对社会仍负有最终的责任。

应当指出，无论是亚当·斯密的“看不见的手”，还是凯恩斯的“看得见的手”，都不能从根本上克服市场失灵和政府失灵两者之间存在的悖论。而治理理论则突破了“政府中心论”的局限性，将市场、政府以及其他机构和组织看做是一个不可或缺的整体，目标是建立政府、市场、公民社会三者相互依赖与多元合作的公共事务治理模式。在这方面，西方发达国家进行了一系列有效的探索。

2.2 世界银行有关政府职能的观点

世界银行《1997 年世界发展报告：变革世界中的政府》指出：“一个有效的政府对于提供物品和服务——以及规则和机构——是必不可少的，这些物品和服务可以使市场繁荣，使人民过上更健康、更快乐的生活。没有一个有效的政府，不论是经济的还是社会的可持续发展都是不可能实现的。”[①]该发展报告认为，政府的基本问题是要认识到：“它的作用应该是什么，它能做什么和不能做什么，以及如何最好地做这些事情。”[②]报告中提出，现代政府的主要职能是解决市场失灵问题和促进社会公平，其职能密度主要取决于政府干预的程度。政府的干预程度大致可以区分为小型职能、中型职能和积极职能三种不同的类型，详见表2—1：

表2—1　政府的职能

<table>
<tr><td></td><td colspan="3">解决市场失灵问题</td><td>促进社会公平</td></tr>
<tr><td>小型职能</td><td colspan="3">提供纯粹的公共物品：
国防
法律与秩序
财产所有权
宏观经济管理
公共医疗卫生</td><td>保护穷人：
反贫穷计划
消除疾病</td></tr>
<tr><td>中型职能</td><td>解决外部效应：
基础教育
环境保护</td><td>规范垄断企业：
公用事业法规
反垄断政策</td><td>克服信息不完整问题：
保险（医疗卫生、寿命、养老金）
金融法规
消费者保护</td><td>提供社会保险：
再分配性养老金
家庭津贴
失业保险</td></tr>
<tr><td>积极职能</td><td colspan="3">协调私人活动：
促进市场发展
集中各种举措</td><td>再分配：
资产再分配</td></tr>
</table>

资料来源：世界银行《1997年世界发展报告：变革世界中的政府》，北京：中国财政经济出版社1997年版。

---

① 世界银行：《1997年世界发展报告：变革世界中的政府》，北京：中国财政经济出版社1997年版，第1页。

② 同上。

世界银行《1997年世界发展报告：变革世界中的政府》认为，在经济全球化的背景下，政府的职能大小主要与本国的发展程度相关。一般而言，政府能力低的国家都将其注意力首先集中在基本的功能上，即提供纯粹的公共物品，诸如财产权、宏观经济稳定、控制传染病、安全用水、道路设施以及保护穷人等。除这些基本的服务之外，就是中介功能，如外部效应的管理（比如污染），制定垄断行业的法规以及提供社会保险（如养老金、失业救济金等）。一旦政府承担起这些功能，政府也就从小型职能的政府变成了中型职能的政府。最后，有较强能力的政府可以发挥更积极的功能，通过帮助、协调来解决绕开市场的问题，如积极的产业政策与金融政策等。

世界银行《1997年世界发展报告：变革世界中的政府》写作组组长阿杰伊·奇伯（Ajay Chhibber）撰文指出，在政府的要求与政府的能力之间存在着不断扩大的差距，在这种情况下，政府如何去做才能成为促进发展的可信赖的、有效的机构呢？《1997年世界发展报告：变革世界中的政府》提出，一是要使政府的作用与其能力相符合。在政府能力较弱的情况下，政府对如何干预和对什么进行干预应持谨慎态度。那些企图用极少的资源和极小的能力去做太多事情的政府，通常是做的坏事多于好事。政府的工作就是要使经济社会发展所需要的基本条件到位：建立法律基础；保持非扭曲性的政策环境；投资于基本社会服务项目和基础设施；保护承受力差的阶层；保护环境。二是重振政府机构以提高政府的能力。这意味着制定有效的法规和限制措施以制约政府的随意性行为并与腐败作斗争，使政府机构中有更大的竞争力以提高它们的效率，对公共官员提供更为优厚的薪水和激励机制以提高他们的业绩。这还意味着使政府对人们的需求作出更为灵敏的反应。①

世界银行认为，为使经济与社会得以持续而稳定发展，政府必须密切关注上述基本条件。而且，在经济全球化的背景下，重振政府机构的活力对于各国参与世界市场竞争，增强本国的国际竞争力，具有重要的意义。为重振政府机构的活力，可以利用以下三种激励机制：一是建立有效的法则与限制措施。特别是对于世界各国政府中普遍存在的腐败现象，必须采取更加果断的行动加以根除。二是将政府置于更加激烈的竞争状态之下。政府可以通过在不同领域引入更为激烈的竞争机制，来提高自身的能力和政府行为的有效性，这些领域包括公务员的聘用和晋升、政府政策的制定以及提供激励的方式等。三是使政府与公众保持更密切的关系。世行报告中指出，如果政府倾听企业和公众的呼声，并在制定和实施政策时与他们保持密切的合作关系，政府的有效性就可以提高。反之，如果政府缺乏倾听公众呼声的机制，那么就不会对人民的利益作出积极反应，进而使政府行为的有效性下降。

---

①　参见阿杰伊·奇伯：《变革世界中的政府》，http://www.cfeph.cn/cfeph/finance.nsf/。

2.3 我国学者关于政府职能问题的主要观点

在经济全球化进程中，对于从计划经济体制向市场经济体制转换的中国，政府职能转换是一个重大的现实问题，我国学术界对这一问题展开了深入研究。著名学者高尚全认为，政府的职能作用，一是充分发挥市场的作用，克服和避免市场失效对社会经济的冲击；二是为社会经济的长期、健康、稳定发展提供公共政策；三是引导和调节经济发展，如提供公共物品，发展规模经济，优化产业结构，促进科技进步，克服社会公害；四是政府组织自身的公正、高效、廉洁和精干。[①] 他后来又指出："与成熟的市场经济相比，处于经济社会转型期的政府依然具有一些特殊的发展职能。在基础设施建设大规模发展的初期，政府作为投资建设主体的功能仍具有重要作用；在市场经济发展早期，经济运行中不可避免地存在着一些盲目性，政府在规范市场主体行为方面仍然占有主导性地位；在经济社会全面转型期，制度建设的深化与完善，既是政府责无旁贷的任务，也是政府公共职能的重要内容。在这个意义上，可以说中国的市场经济具有较强的'政府主导型'特征。问题不在于现阶段'政府主导型'应不应该，而是在于政府行为必须规范，并且需要根据市场化实际进

① 参见高尚全："转变政府职能，加快机构改革"，《人民日报》1997年11月1日。

程，逐步实现政府自身转型和职能转变。”①

谢自强认为，政府的经济职能主要有以下几个方面：一是政府必须创造和维护正常的市场运行和竞争秩序。这是市场经济条件下政府的一项基本职能；二是政府必须抑制、限制或清除垄断及垄断的不利影响；三是政府必须解决外部经济效应问题，促进具有正外部经济效应的产品的生产，减少具有负外部经济效应的产品的生产；四是政府必须提供和组织公共产品的供给；五是政府必须提供信息和促进市场信息供应量的增加；六是政府必须进行收入再分配，缩小收入分配差距，建立和完善与经济发展水平相适应的社会保障制度，促进社会公平的实现；七是政府必须维护宏观经济基本平衡，促进经济结构优化，保持宏观经济稳定；八是履行国有资产出资人职能，建立和完善国有资产管理、营运、监督体制，不断改进、调整和优化国有经济的布局和结构，增强国有经济对整个国民经济的带动和引导作用，实现政府某些政策性和社会性目标。②

各种观点还可以列举很多。总的来说，学术界对政府职能问题众说纷纭，莫衷一是。可将一些有代表性的观点做如下归纳：③

---

① 高尚全：《政府转型》，北京：经济科学出版社2008年版，第28—29页。

② 参见谢自强：《政府干预理论与政府经济职能》，长沙：湖南大学出版社2004年版，第74—76页。

③ 参见曹荣庆：《中国政府职能转型的财政学透视》，北京：中国财政经济出版社2004年版，第37—44页。

——两职能论。认为我国政府的职能分为性质截然不同的两个方面:一是政府作为社会权力行使者与企业的关系,即政府行使社会经济管理职能,这主要体现在政府对宏观经济运行的调节和控制上。二是政府作为国有资产所有者与企业的关系,即政府行使国有资产管理职能。主要体现在制定保障国有资产保值增值的法规和制度,监督和检查国有资产的运行效益,指派国有资产的代表等方面。

——三职能论。认为政府的经济职能有三种:一是作为国有制经济的代表所具有的确保国有资产保值增值的职能。二是作为公共权力的代表所具有的保证宏观经济平衡发展的调控职能。三是作为外部经济的天然维护者所具有的承担基础设施建设的职能。也有学者提出,政府的职能一是促进经济增长;二是实现经济稳定;三是维护经济公平。

——四职能论。厉以宁认为政府的职能有以下四种:一是政府作为企业的主管部门具有行政职能,可以以上级的身份给企业下达生产任务,任免管理人员。二是政府作为管理者具有资产管理的职能,主要体现在对国有资产的处分权上。三是政府作为社会管理者具有宏观经济调控的职能。四是政府具有制定行政法规的职能。①

也有学者提出政府应履行如下四种职能:一是制定市场规则,包括制度性市场规则和运行性市场规则。二是组织公共部

① 参见厉以宁:“政企分开后,企业如何管”,《光明日报》1997 年 3 月 13 日。

门的运行，包括信息和商业服务甚至产业的研究和开发、交通和通信、能源和自然资源以及市政服务等。三是进行收入再分配，包括社会保险、最低水准收入转移项目以及儿童成长项目等。四是促进并稳定经济增长，包括制定财政政策和货币政策，进行工资和物价管制以及确定对外贸易政策等。

另有学者认为，政府的四大职能，一是维护制度条件，包括所有制、经济体制和法制。二是创造基础条件，主要是抓好交通电信网、能源动力网、文化教育网、科学研究网等的建设。三是校正经济波动，避免或减轻国民经济日常运转过程中发生过大的行情性起伏（过冷或过热）和结构不协调。四是稳定社会发展，达到社会公平和公正。

——五职能论。认为市场经济中政府的职能有五种：一是调控人角色，即对宏观经济总量进行调节和控制，保持社会总供给和总需求的基本平衡，调整和优化产业结构。二是公益人角色，提供公共与准公共物品，鼓励和保护有益的外部效益，预防和制止有害的外部效益，调节收入分配。三是管制人角色，防止自然垄断，防止过度竞争，保护消费者与雇员利益。四是仲裁人角色，超越于各个经济主体之上，协调、处理经济主体之间的利益冲突。五是守夜人角色，防止和打击经济领域的违法犯罪行为，维护社会经济生活的正常秩序。

也有学者提出如下五种政府职能：一是指导职能，这是政府经济管理的中心环节，即政府通过决策、监督、协调等手段，依法行使自己的权力和影响，以达到确定的行政目标。二是控制职能，控制的目标主要有：经济持续、稳定、健康发展，物价稳定，充分就业和国际收支平衡。三是协调职能，包括价格管理、经济结构、生产计划等的协调。四是服务职能，包括提供基础设施服务、人才服务、信息服务、法律服务等。五是管理职能，主要包括两个方面：其一，市场管不了或无法管的事情，应由政府管理，从而克服市场缺陷；其二，基础性和公益性的产业必须由政府直接管理。

——六职能论。认为政府的职能有六种：一是保持总量平衡，保持币值稳定，保持国际收支平衡，力争使经济持续、稳定和协调增长。二是制定国民经济长期发展规划和产业政策，引导生产力的合理布局和经济结构的调整，促进产业结构的优化和国民经济整体素质的提高。三是提供公共服务。四是进行管理和监督，维护市场秩序，限制各种不正当的经济竞争，创造公平的市场竞争环境。五是直接参与某些经济活动。政府通过直接投资方式创建个人无力或者不愿意创办而又是国民经济所不可缺少的大型项目，以消除制约经济发展的瓶颈。六是制定税收政策，调节收入分配。

另有学者认为，政府应当发挥以下六个方面的职能作用：一是推动市场化改革，加快制度创新和重构。二是鼓励非国有经济发展，明晰产权，重塑微观主体。三是培育中介组织，完善信息网络，维护市场秩序，促进公平竞争。四是提供完善的社会保障。五是制定积极的、增长导向型的产业政策，鼓励技术引进，促进技术创新。六是逐步完善间接宏观调控体系，确保宏观经济稳定。①

也有学者指出，政府应履行如下六种职能：一是保护和界定财产权，维护消费者权益，保障人力资源和自然资源的合理使用。二是防止市场垄断，维护公平的市场竞争。三是提供公共产品和基础设施。四是维护宏观经济稳定，相机抉择，熨平经济波动。五是管制自然垄断企业。六是运用税收、公债等手段筹集公共财政资金。

——七职能论。认为政府有七种职能：一是国防职能，保卫国家的独立和领土主权，反击外来侵略，维持对外关系的稳定。二是维持社会秩序的职能，保障国内环境的安定。三是服务职能。四是指导职能，运用一系列带有倾向性的政策和发展规划，指导企业、公众和社会机构的活动及其走向。五是管理职能，运用一系列宏观政策手段，对国民经济进行宏观管理。六是协调职能。七是监督职能。

——八职能论。有学者从以下八个方面对转轨时期中国政府的职能作了归纳：一是加强市场经济法制建设，创立平等竞争的市场秩序和环境。二是深化企业制度改革，造就市场经济的微观主体。三是培育和完善各类市场，形成开放竞争的市场体系。四是依靠宏观调控手段，保证社会经济的稳定和增长。五是参与某些经济领域的资源分配，充当公共物品的提供者。六是制定并实施分配和再分配政策，形成收入和财产的公平分配

① 参见曲福田等："经济转轨与政府的职能转换"，http://www.wtolaw.gov.cn，2002 年 5 月 21 日。

机制。七是扩大对外开放，加强国际合作。八是转变职能和精简机构，实现政府自身的革命。

——九职能论。认为在市场经济中，政府的角色应当有九个：一是市场秩序的维护者。二是宏观经济的调控者。三是公共物品的提供者。四是基础设施建设的组织协调者。五是良好国家环境的创造者。六是收入和财产的再分配者。七是外在效应的消除者。八是公共资源和公共财政的管理者。九是准则和制度的制定者。

综上所述，我国学者在政府职能问题上的观点各异。这也是正常的，因为学者们是从不同角度出发对市场经济条件下政府职能进行概括和分类。这些定义或分类至少为我们提供了不同的研究视角，也使我们对市场经济条件下政府职能问题的不同观点有一个基本了解和总体的把握。

2.4 政府职能的一般性界定

政府职能到底指的是什么，政府职能的含义有哪些，这是正确界定政府职能的关键所在。世界银行在《1997 年世界发展报告：变革世界中的政府》中指出，政府可以用多种方式来改善发展成果：一是提供一种宏观经济和微观经济环境，这种环境为有效的经济活动设定正确的刺激机制；二是提供能促进长期投资的机构性基础设施——财产权、和平、法律与秩序以及规律；三是确保提供基础设施、医疗保健以及经济活动所必需的物质基础设施，并保护自然环境。这实际上是世界银行对政府职能的一种概括或是一种定义。

在市场经济条件下，政府的必要职能主要是克服市场失灵并促进社会公平。但由于国家特点的不同和每一个国家所处的发展阶段的不同，政府的必要职能实际上又有“小职能”和“大职能”之分。所谓“小职能”，是指政府在解决市场失灵问题方面仅提供纯粹的公共物品，即国防、法律与秩序、财产所有权、宏观经济管理和公共医疗卫生。在促进社会公平方面主要是保护穷人，包括反贫穷计划和消除疾病等。世界著名经济学家罗伯特・卢卡斯和道格拉斯・诺思也倾向于“小政府”和“小职能”，只不过是他们各自对政府职能的界定不同。卢卡斯认为，政府的唯一职能是确定最理想的一般物价水平，同时解决通货膨胀和失业问题。诺思则认为，政府必须在两个方面作出努力：其一，必须制定合理的产权制度，保证公平竞争和市场规则的实施，从而带来社会成员和经济组织的报酬递增即收入最大化；其二，政府必须把自己的报酬递增建立在经济组织和社会成员报酬递增的前提下，政府部门必须把自己的行为纳入制度化的轨道。

所谓“大职能”，一是政府在解决市场失灵问题方面要比“小职能”发挥更多的职能作用，包括解决外部效应，如提供基础教育和环境保护等；规范垄断企业，如制定公用事业法规和反垄断政策；克服信息不完全问题，如提供医疗卫生、养老保险及其他金融法规和消费者保护等；协调私人活动并促进市场发展等。二是政府在促进社会公平方面也要比“小职能”发挥更多的职能作用，包括提供社会保险，如提供再分配性养老金、家庭津贴和失业保险等;实行资产再分配等。世界著名经济学家保罗·萨缪尔森和约瑟夫·斯蒂格利茨倾向于“大政府”和“大职能”。如上所述,萨缪尔森认为政府应执行四种主要经济职能:一是为市场经济确立法律体制和框架。二是影响资源配置以提高经济效率。三是决定宏观的稳定政策,政府应利用货币政策和财政政策来控制商业周期并促进经济增长。四是促进平等,制订改善收入分配的计划。前已述及,斯蒂格利茨认为政府的职能有六项:一是促进教育;二是促进技术改善;三是支持金融部门;四是投资基础设施建设和制度建设;五是防止环境恶化;六是建立和维护社会保障体系。

我们认为,所谓政府职能,是指一国政府为实现国家的使命、意志和利益,根据经济建设和社会发展的需要及要求,在依法行使行政权力和自己的职权过程中所发挥的功能和作用。基于此,政府的基本职能应是:第一,纠正市场失灵和弥补市场缺陷。第二,为市场提供必要的规则和制度框架,维护市场竞争性和规则性。第三,“提高效率、增进平等和促进宏观经济的增长与稳定”①。下面主要论述政府的三大职能:纠正市场失灵和弥补市场缺陷;改善收入分配不公和对收入进行再分配以增进平等;促进长期经济增长与稳定,并分析与政府职能相关的政府失灵及其防范问题。

---

① 萨缪尔森、诺德豪斯:《经济学》第 14 版(上),北京:首都经济贸易大学出版社 1996 年版,第 73 页。

2.4.1 纠正市场失灵和弥补市场缺陷

世界的实践证明，市场机制是迄今为止最有效的资源配置工具。它能够以最快的速度、最低廉的费用、最简单的形式把资源配置的信息传递给利益相关的决策者。而且，从市场功能上看，无论是消费品的最佳分配，还是生产要素的最佳配置，抑或是动态的经济发展问题，市场机制都基本可以有效解决。因此，在市场经济条件下，能够有效利用市场的政府，才是最有效率的政府。也就是说，政府的有效性首先表现为它能够最大限度地利用市场机制的作用，能够为市场机制的正常运转创造良好的条件。

虽然市场机制是最有效的资源配置工具，可以很好地调节市场经济活动，但市场机制如同任何一部机器一样，也会出现故障，会在某些环节上失灵。也就是说，市场并非是完美无缺和最理想的，存在着市场失灵，因此，政府干预又是必要的。目前，对这个问题学术界已经基本形成共识，认为在市场经济条件下，政府的基本职能是纠正市场失灵和弥补市场缺陷。如果政府的活动或干预行为超过这一界限，就是多余的甚至是有害的。市场缺陷有两种类型：第一类是市场自身所固有的缺陷；第二类是市场机制由于发育不完善而出现的功能障碍。

第一种类型即市场自身所固有的缺陷是指：只要是市场经济，无论其发育程度如何，无论其微观基础如何，也无论是在哪一个国家，都必然会存在的一些固有的市场缺陷：其一，市场不能有效地提供公共品。主要的公共品如国防、产权界定与保护、法律与秩序框架、宏观经济环境、污染控制、教育等，只能主要靠政府提供。其二，市场不能完全解决经济外部性(外在性)问题。经济外部性是指某个经济实体的行为使他人受益(正外部效应)或受损(负外部效应)，却不会因之得到补偿或付出代价。例如，新产品的研制与开发就具有很强的正外部效应，而污染则具有很强的负外部效应；再如，环境保护和基础教育等具有明显的外部性，只能由政府依据社会偏好来解决。其三，存在自然垄断和市场寡占。市场的真谛在于竞争，但不受政府干预的市场又可能产生垄断。而垄断一旦形成，便会以降低产量或提高价格等方法谋取最大收益。这会阻碍市场机制的有效运作。既然市场本身不可能防止垄断的发生，那么，反垄断的任务只能由政府来承担。特别是当垄断或寡头垄断勾结破坏完全竞争时，政府应实行反托拉斯政策或进行管制。其四，信息不完全和信息不对称。这是市场经济中普遍长期存在的现象。在信息不完全和信息不对称的情况下，市场的信息无法有效地引导经济主体的决策，从而会影响资源的有效配置，产生一系列消极的经济后果，并最终导致市场失灵。市场机制本身难以完全克服信息不对称，因而需要借助政府的力量加以干预。在信息不完全或信息不对称的领域，特别是在金融、保险、医疗等信息不完全和不对称比较严重的领域，需要政府补充某些信息，或代行某些决策，或进行规制，或直接从事经营。其五，市场不能自动维持宏观经济均衡。维持宏观经济平衡是任何市场主体难以办到的，是政府的应尽职责。其六，市场机制难以完全解决经济体制转轨问题。在打破原有利益格局和权力结构、建立新的制度规则、启动转轨过程等方面，政府的作用至关重要，无可替代。

第二种类型的市场缺陷是指市场机制由于发育不完善而出现的功能障碍。发达国家的市场经济经过几百年的发育，已经形成了体系完整、功能齐全、信息灵通的现代市场经济体系。现代市场经济能够充分发挥市场配置资源和促进经济发展的功能。而在绝大多数发展中国家，市场经济刚刚起步或处于初级发展阶段，有许多不完善之处，如市场无论在结构上还是在功能上都是不完善的；产品和要素市场缺乏良好的组织；市场信息既不灵敏又不准确，不能及时而正确地反映产品、劳务和资源的真实成本。尤其是由于资本市场刚刚起步，发育不完善，市场机制本来应该具有的许多资源配置功能不能得到有效发挥。正是由于存在这一类市场缺陷，使得发展中国家政府所承担的经济职能往往要多于发达国家。例如，发展中国家政府在经济发展的初级阶段肩负着启动工业化进程、完善产权和法律、促进市场发育、加速资本积累、提供社会基础设施等职责。即使是这样，凡是市场机制能够发挥作用和自由企业能够胜任的活动，发展中国家政府也都要交由市场和企业去完成，政府不能总是代替市场和企业来直接配置资源或控制资源的分配。否则，发展中国家的市场永远也不可能发育成熟。即便是某些经济活动最初确实需要政府参与或经营，这也是暂时的，一旦市场和企业开始成长，政府就应当主动退出。政府在这方面的经济职能会随着市场发育程度的提高而逐渐减少。

因此，如果市场是尽善尽美、完美无缺的，不存在市场缺陷和市场失灵，政府就不应该也没有必要去干预经济。但由于市场是不理想的，其自身有缺陷，存在着市场失灵，政府就必须采取有力措施去促进市场发育，从而弥补市场的功能障碍和矫正市场失灵。特别是当市场经济规模有限而排除竞争时，政府应当加以适度干预，制定产业政策来扶植和培育市场，形成规模经济，以利于国内和国际竞争；当市场经济出现明显的外部经济效果，造成太多的空气污染和太少的对公共卫生和科研等的投资时，政府应当进行干预，控制空气污染，资助科研和公共卫生；不宜也不可能由私人生产的公共物品，应由政府提供。市场经济中，在企业外部或企业内部，实际上存在着市场交换关系即契约关系。在市场交换关系中，广泛存在着信息不对称，即交易当事人的一方比另一方掌握的信息更多。因此，一方可以利用信息的不对称来欺骗另一方，造成市场的失效。因而必须建立起维护和保障产权的法律制度，以鼓励人们合作，并追求有利于生产发展的科学知识和信息，以克服信息不对称。这是市场经济有效运行和社会公正的重要保障。

应当指出的是，在市场经济中，无论市场调节还是政府干预都存在缺陷，因而市场调节和政府干预应相互补充，而非相互排斥，且由于两者具有不同的调节机制而不可相互替代。市场经济是以市场机制的自发调节作为资源配置的基础，而政府的职责是弥补市场缺陷、纠正市场失灵并促进市场的发育，而不是代替市场并阻碍市场的发育。政府作用的领域应是市场不能或不宜的领域。

2.4.2 改善收入分配不公和对收入进行再分配以增进平等

社会发展的基本价值观是社会正义和公平公正，因而政府社会政策的目标应是实现社会公平与公正，这也应该成为政府公共政策的出发点并贯穿于公共政策实施过程的始终。而且，社会发展本身所具有的公益性特征，又决定了社会资源的有效配置需要政府的宏观调控和适度干预。特别是由于市场机制本身无力解决社会公平问题，更不能确定最符合社会认可的公平分配原则的资源配置方式，因而在国民收入的再分配领域，更需要政府通过建立宏观调控体系和实施社会经济政策来实现社会公平，以达到一种结果上的公平。

在市场经济条件下，由于收入分配由市场决定，因而市场调节下的收入分配有可能发生两极分化。即使市场能够有效发挥作用，收入分配不平等、财富分配的过分悬殊和社会成员的两极分化仍在所难免。这种情况不仅不利于社会的全面进步和人的全面发展，还会最终导致经济增长的停滞或波动，而且分配不公的持续发展也会引起社会的动荡与不安，甚至产生严重的社会后果。例如，某些人由于生病、年老、弱智或其他原因不具有经济上的生存能力，从而陷入失业、贫困、营养不良等困境。对这些不具有劳动能力或丧失劳动能力的人，政府要提供基本的生活保障。此外，由于政府在制定再分配政策方面具有强制性的权利，具备强制性的税收征收权，有能力进行大规模的收入再分配活动，因而政府能够纠正由于生产要素市场不完善所导致的收入不公问题。政府还应具有改善收入分配的职能。政府应当:第一,运用税收政策调节高收入阶层的收入水平,并通过减免税收等措施来照顾低收入阶层;第二,通过政府的支出计划、优抚政策,为失业者或低收入阶层提供失业救济、住房和医疗补贴等收入保障;第三,通过建立社会保障体系,为全社会成员的生活、教育、社会福利、养老等提供制度保证。

2.4.3 促进长期经济增长与稳定

在市场经济条件下,社会总供给和总需求的不平衡现象是经常发生的。供需失衡往往引起经济波动,容易引发通货膨胀并造成大量失业,进而阻碍市场经济的稳定与均衡发展。当社会经济出现供需不平衡时,虽然市场机制本身可以使经济从非均衡状态逐步恢复到均衡状态,但这一过程可能是缓慢的甚或是痛苦的。因此,政府有必要运用各种经济政策和经济杠杆去影响和调节社会总供给和总需求,从而使经济尽快恢复到均衡状态,并达到经济稳定与增长。

经济的周期性波动是市场经济共有的特征,也是市场经济本身所无法回避的。因此,要缓解市场经济的周期性波动,必须引入政府管理,充分发挥政府的职能作用。政府借助政治权力和运用各种政策手段来有意识地调控和干预宏观经济,特别是通过正确运用财政政策和货币政策,努力熨平经济的周期波动,防止经济衰退时出现大规模失业和经济扩张时出现严重的通货膨胀。通过采取这些切实可行的措施,一是促进经济稳定和长期增长;二是控制通货膨胀并维持币值稳定;三是使居民收入水平保持合理差距；四是实现充分就业、物价稳定和国际收支平衡的目标。

2.4.4 政府失灵及其防范

西方学者认为，在市场经济的制度结构中，政府和市场既是两个不同的领域，也是社会生活的两种基本制度安排。虽如此，两者之间有着较为密切的关系。在现实的社会制度结构中，私人领域和公共领域、市场交易和政府行为都必不可少，但两者基于不同的权力基础和权力本性，以不同的方式植根于不同的领域并进行互动博弈。综观市场经济的发展，我们看到，为了弥补市场缺陷和纠正市场失灵，现代市场经济国家的政府采取了一系列的干预行为来调节市场机制。特别是二次大战后西方主要国家采取的政府干预措施，对这些国家经济的长期持续发展发挥了一定的作用。然而，如同市场本身也有缺陷、市场会失灵一样，政府自身的行为也有其内在的局限性，政府同样会失灵。也就是说，与市场失灵相对应，还存在着政府失灵。这是政府在弥补市场缺陷和纠正市场失灵过程中容易产生或难以避免的另一种缺陷，即政府活动的非市场缺陷。所谓政府失灵，是政府对经济的干预不当或是干预效率低下，政府克服市场失灵所导致的效率损失超过了市场失灵所导致的效率损失。由于政府未能有效克服市场失灵，导致市场功能难以正常发挥，甚至引起经济关系的扭曲，从而加剧市场缺陷和市场混乱，也难以实现资源的优化配置。因此，政府失灵会给社会带来更为严重的后果，会造成更大的资源浪费。从 20 世纪 70 年代开始，西方国家出现以低经济增长、高通货膨胀、高失业率和高财政赤字为特征的“滞胀”现象，就是政府过度干预和政府失灵的具体表现和直接后果。

当然，政府的干预一定要适度，有个干预“度”的问题：如果政府干预不足，会导致政府缺位；如果政府干预过度，会导致政府越位；如果政府干预不当，会导致政府错位。而且，虽然政府的基本经济职能是弥补市场缺陷和校正市场失灵，但市场解决不好的问题，政府也不一定都能解决得好。这就是说，在市场经济中，政府的角色和发挥作用的范围是有限度的，如果无视这一限度，政府失灵就难以避免，从而市场失灵就不能真正消除。

政府失灵有其不同的表现形式及产生的原因：

第一，公共政策失效。政府对经济生活干预的基本手段是制定和实施公共政策，以政策、法规及行政手段来弥补市场的缺陷，纠正市场失灵。与市场决策相比，政府的公共决策更为复杂，这一过程存在着各种困难、障碍和制约因素，使政府难以制定并执行合理的公共政策，从而容易导致公共政策失败。公共政策的失败不仅会加剧市场失灵，带来更大的资源浪费，甚至还会引发社会灾难。按照公共选择和政策分析学者的看法，公共决策失误或政策失效的主要原因来自于公共决策过程本身的复杂性和困难以及现有公共决策体制和方式的缺陷。不仅如此，公共决策失误或政策失效还由于政府官员受自身能力、政策水平、知识水平的限制，不能及时有效地获取正确全面的信息，加之政府官员在制定和执行政策时往往会从自身利益和得失出发，还可能会受到各种利益集团的左右与影响，从而造成公共政策在制定和执行上的偏差与失误，不能达到政府的预期目标。

第二,公共物品供给的低效率。这种政策失灵的表现也可以说是由于官僚机构的低效和浪费所致。为了弥补市场缺陷和纠正市场失灵,政府要履行公共物品提供者的职能,即直接提供市场难以提供或可能供给不足的公共物品。但由于政府机构的特性以及公共物品供求关系的特点,使得政府难以高效或有效地提供公共物品,容易产生公共物品提供过剩和成本增加的现象。政府失灵理论认为,造成政府提供公共物品的低效率尤其是官僚机构低效率的主要原因,一是缺乏竞争压力。由于官僚机构垄断了公共物品的供给,没有竞争对手,缺乏竞争机制,因而有可能导致政府部门的过分投资,生产出超过社会需要的公共物品。二是政府机构及官员缺乏追求利润的动机,也没有降低成本的激励机制,行政资源趋向于浪费。特别是由于官员花的是纳税人的钱,由于没有产权约束,他们的一切活动根本不必担心成本问题。三是监督信息不完备,监督机制有缺陷。原则上,由于政治家或政府官员的权力来源于人民的权利让渡,因此他们不应当为所欲为,而是必须服从公民代表的政治监督。然而,在现实社会中,这种监督作用往往由于监督信息不完全和监督机制的缺陷而失去效力。事实上,政府的许多决策往往是在不完全信息状态下作出的。这种依据不完全、不准确的信息制定的经济政策,很难达到政府预期的效果。

第三,内在性与政府扩张。学术界将政府部门及其官员追求自身的组织目标或自身利益而非公共利益或社会福利这种现象称为内在效应或内在性。如同外部性被认为是导致市场失灵的重要原因之一,内在效应或内部性被认为是造成政府失灵的一个基本原因。美国学者查尔斯·沃尔夫认为，"市场缺陷理论的核心是外在性，而政府失灵理论的核心是内在性"。在非市场条件下，内在性能够导致产生非市场缺陷。① 他还认为，内在性或组织目标是使机构中的全体成员发挥最大机构职能的重要因素。既然内在性决定了公共组织尤其是官僚机构的行为及运行，那么它应是各种政府失灵类型的一个最基本的或深层次的根源。内在性可以用来解释各种政府失灵，但用它来解释政府扩张及政府行为的低效率更为合适。而且内在性的一个最直接后果就是导致政府的扩张。官僚机构和官员们受自身利益的驱动，往往会采取扩张政府部门的形式来扩大自己的权力，从而达到自身利益的最大化。公共选择学者缪勒认为，导致现代政府扩张的原因有五个：一是政府作为公共物品的提供者和外在效应的消除者导致扩张；二是政府作为收入和财富的再分配者导致扩张；三是利益集团的存在导致扩张；四是官僚机构的存在导致扩张；五是财政幻觉导致扩张。也有的学者从官僚机构、利益集团和立法机构的"铁三角"的存在及其相互勾结来解释政府的扩张。

第四，寻租及腐败。所谓寻租，是政府官员、企业或个人凭借特殊的垄断性地位或特殊手段追求超常经济利益的行为，也是经济学家对那些通过非生产性活动来维护既得利益或追求新的利益这种行为的一种概括。在现代寻租理论中，一切利用行

---

① 参见〔美〕查尔斯·沃尔夫：《市场或政府：权衡两种不完善的选择》，北京：中国发展出版社 1994 年版，第 58—60 页。

政权力大发横财的活动都可以称为寻租活动。租金则泛指政府干预或行政管制市场而形成的级差收入即超过机会成本的差价,一切市场经济中行政管制都会创造出这种差价收入即租金。在公共选择学者看来,寻租是政府干预的必然产物,在有政府干预的地方就可能产生寻租现象。寻租既是政府失灵的典型表现之一,也是导致政府低效率的一个重要原因。寻租的前提是政府权力对市场交易活动的介入。在这一过程中,由于政府掌握着独一无二的权力,因而必然会成为寻租者竞相追逐的目标。各种利益集团和个人通过种种合法或非法手段向政府寻求经济庇护,这既阻碍了政府的决策,也容易使政府决策偏离社会公共利益。而且,政府的这种权力介入会导致资源的无效配置和分配格局的扭曲,从而产生大量的社会成本,造成资源的浪费以及寻租成功后社会效率的损失。缪勒认为,寻租是“用较低的贿赂成本获得较高的收益或超额利润”。他将寻租分为三种类型:一种类型是通过政府管制的寻租;另一种类型是通过关税和进出口配额的寻租;第三种类型是在政府合同中的寻租。寻租行为可以在不同的层次上发生,布坎南曾用市政当局决定出租车规模的例子来说明寻租活动发生的三个层次。寻租活动的特点是利用各种合法或非法手段如游说、疏通、拉关系、走后门等,来获得拥有租金的特权。寻租活动不仅导致政府失灵,使资源配置扭曲,而且还导致不同政府部门及官员争权夺利,影响政府声誉和增加廉政成本。寻租活动总是与政府对市场的过度干预相关。寻租表明政府的这种干预并非无代价,而必然会产生社会成本。作为一种“直接非生产性活动”,寻租不仅妨碍公共政策的制定与执行，降低行政运转速度，破坏社会政治秩序甚至危及政权的稳定，而且寻租活动还导致政府腐败。因此，寻租及腐败是经济发展、政治稳定和文化进步的陷阱。一旦落入这个陷阱，政府失灵就会发生，社会就会处在低效、停滞甚至混乱的状态之中。

应当指出，虽然对于政府的经济行为和政府活动的形式与范围存有很大的争议，但对于政府在经济中的重要作用却存在着广泛的认同。毋庸置疑的是，在市场经济条件下，市场失灵要求政府对经济进行适度干预，政府干预是基于市场失灵，在市场失灵并不存在的领域政府就不应该进行干预；而矫正政府失灵又要求政府减少对经济活动的直接参与，并防止政府对经济的干预不当或是干预效率低下。政府不能代替市场，凡是市场能做的就应该放手让市场去做。因为在一定条件下，市场能够比政府更好地配置资源，并更有效地组织生产。政府就是在不断矫正市场失灵或是政府失灵的过程中发挥着应有的职能作用，也就是说，在市场经济中政府的作用不可或缺。当然，随着市场机制的不断完善，政府应该也必须有序地不断退出一些经济领域，还位于市场。

政府干预常被喻为一只“看得见的手”，与市场机制这只“看不见的手”相对应。但实际上，用“看得见的手”这一形象的说法是难以或者说不能准确定位政府职能的。在市场经济条件下，政府既是一只“看得见的手”，也应是一只“灵巧有效的手”。作为一只“灵巧有效的手”，政府的基本职能是弥补市场缺陷和校正市场失灵，同时也要避免自身的失灵。如果政府对经济的干预过多,实际支配的资源过多,就会挤压市场机制作用的发挥。同时,政府的规模和职能范围也不能过大,不然就会滋生许多无效甚至是有害的干预行为。即使是在基础设施和社会保障等必须由政府来管的一些领域,政府也应充分发挥市场机制的作用。而对于非公有制经济,政府应扭转基本政策取向,由限制和管制转向扶持、鼓励和引导,充分发挥它们在拉动投资、促进经济增长、增加就业等方面的积极作用。总之,从一定意义上说,政府活动也是一种经济活动,要考虑收益与成本,只有当收益大于成本时,政府活动才具有经济上的合理性。而一个能够灵活运用市场机制的政府,才是一个有效的政府。

第3章 经济全球化与经济转轨：转轨国家政府职能转换的初始条件

不管肇始于何时何地，经济全球化已经成为自20世纪后期以来世界经济发展的一个重要趋势，成为一种普遍的、难以抗拒的时代潮流。一些著名学者都对此有过生动的描述和精辟的论述。约翰·邓宁断言："除非有天灾人祸，经济活动的全球化不可逆转。"①世贸组织首任总干事鲁杰罗一针见血地指出："阻止全球化无异于想阻止地球自转。"②英国学者马丁·沃尔夫也指出："在长时期的尺度上，从跨越多个世纪的角度来审视的时候，全球化的趋势——产品、服务和生产要素市场的一体化——几乎肯定是不可逆转的，除非地球爆炸。"③

在经济全球化时代，由于现代科技的加速发展，使交通更为便捷、通信更为迅速，信息和观念的传播日益加快，生产、贸易、投资、金融、消费的国际化程度也日益提高。而且，由于经济全

---

① 约翰·邓宁："全球化经济若干反论之调和"，载于《国际贸易问题》1996年第3期，第17页。

② 路透社1997年2月18日英文电。

③ 〔英〕马丁·沃尔夫：《全球化为什么可行》（中译本），北京：中信出版社2008年版，第81页。

球化的迅猛发展,民族国家与地区之间,以及全球范围内的联系更加普遍也更加复杂。世界历史的整体性和多维度发展不仅改变了整个人类生活,也同样改变了国家。全球化的逻辑与现今的国家体系正在日益发生冲突,越来越多的问题特别是全球性问题只有超越国家的界限在全球层面上才能得到解决。同样,世界范围内几乎任何一种与经济有关的重要活动和决策,也都应当以经济全球化作为基本前提。在经济全球化背景下,作为国家作用发挥和责任体现的国家职能,其运作的空间环境也发生了巨大变化,其运作的方式、范围、程度和走向也都表现出与传统路径的明显差异。与此同时,国家的职能也在不断地被延伸、被让渡或者被削弱。

与经济全球化进程相伴随,转轨国家的经济转轨也在全面展开。这是两个相辅相成、不可逆转的进程。正如波兰著名经济学家科勒德克所指出的:“近十年来,两个并行不悖的进程正在如火如荼地展开,就其范围、内涵和速度而言,它广泛地吸引着人们,几乎使全人类都从智力上、物质上和情感上卷入了这两大进程之中。其一是经济关系的全球化,其二是后社会主义的转轨。这两大进程相互渗透,相互影响,创造了一系列相互关联的内涵。一方面,全球化过去和现在都是后社会主义转轨的催化剂,其作用正在不断加强;另一方面,假如不是不久前还是一个特殊封闭的社会主义世界的参与,那么全球化至少不可能以如此规模、如此速度得以发展——这个社会主义世界曾经拥有16 亿人口,拥有巨大资源,对商品和服务有着巨大的潜在需求——这需要由世界经济来满足。基于这一理由,后社会主义国家的转轨也是必要的，以便使我们在以前就已观察到的地区性、民族性和局部性市场一体化进程演变成全球化进程。与此同时，非社会主义世界早就开始的市场一体化正在取得不断进展，这对我们这个地球一角的制度转轨也在发挥影响。”①我们认为，科勒德克这一论述有以下几个要点值得关注：其一，认为经济全球化与转轨国家的经济转轨这两大进程密切相关并相互影响；其二，经济全球化促进并推动转轨国家的经济转轨进程；其三，转轨国家也是经济全球化的重要参加者和推动者，如果没有转轨国家的参与，经济全球化就不可能大规模地快速发展；其四，资本主义的市场一体化进程正在对转轨国家的制度转轨产生影响。

3.1 经济全球化及其特点

经济全球化不单是世界各国、各地区经济活动和经济联系不断扩大的过程，更是世界各国各地区在经济上日益形成一个具有内在联系的、相互依存、相互促进的有机整体的过程。经济全球化至少意味着：各种生产要素、商品和服务的世界统一大市场逐步形成，全球资源配置效率不断提高；经济活动以空前的规模和速度跨越国界，在地理空间上延伸；各国各地区间经济联系日益紧密，相互依赖性大大增强，经济联系不断向广度和深度发

---

① 〔波兰〕格·科勒德克：《全球化与后社会主义国家大预测》（中译本），北京：世界知识出版社 2003 年版，第 13—14 页。

展。因此,概括地说,经济全球化是人类经济活动跨越民族国家界限以及各国经济在世界范围的相互融合过程。它既指货物和资本、生产、技术、信息等生产要素在全球范围内的跨国界广泛而自由流动,从而实现资源有效配置的过程;也指由于这个过程的深化,使各国之间的联系和相互作用不断加强,形成各国经济"你中有我,我中有你"的相互依赖甚至制约关系。这表明,在经济全球化时代,世界经济已经成为一个不可分割的整体,任何国家都难以置身其外。

3.1.1 马克思和恩格斯对经济全球化现象的论述

马克思和恩格斯在当时那个时代就注意到经济全球化及其发展趋势。虽然他们从来没有明确使用过"全球化"或"经济全球化"这类概念,但他们发现和观察到了全球化尤其是经济全球化的一些现象和发展趋势。当时,随着资本主义的进一步发展,资产阶级手中已经积累了大量的货币资本。不仅出现了资本过剩,而且国内已经没有能够获取高额利润的投资场所。而经济落后国家经济发展十分缓慢,资本短缺,但原材料价格便宜,劳动力廉价,销售市场广阔。特别是这些国家的自然经济已经被资本主义的商品输出所逐渐瓦解,铁路和港口等交通运输设施已建成或正在兴建。这一切都为资本的国际转移和流动,为资本大规模地跨越国界提供了可能。因此马克思指出:"各国人民日益被卷入世界市场网,从而资本主义制度日益具有国际的性质。”①而且，资本的经济关系“以其最发展的形式，以其世界市场的形式出现”②。由于资本主义生产力的高速发展，市场在不断扩大，需求也在不断增加，资本主义机器大工业代替了工场手工业，而大工业的出现必然引起更为广泛的社会分工，这种分工又进一步引起商品交换的扩大，而商品交换向世界范围的扩展则使各个国家、民族联为一体，形成世界市场。马克思指出：“由于机器和蒸汽的应用，分工的规模已使脱离了本国基地的大工业完全依赖于世界市场、国际交换和国际分工，”③“大工业便把世界各国人民互相联系起来，把所有地方性的小市场联合成为一个世界市场，到处为文明和进步准备好地盘，使各文明国家里发生的一切必然影响到其余各国”④。马克思和恩格斯在1848年发表的《共产党宣言》中特别深刻地指出：“不断扩大产品销路的需要，驱使资产阶级奔走于全球各地。它必须到处落户，到处创业，到处建立联系。资产阶级，由于开拓了世界市场，使一切国家的生产和消费都成为世界性的了。……新的工业的建立已经成为一切文明民族的生命攸关的问题；这些工业所加工的，已经不是本地的原料，而是来自极其遥远的地区的原料；它们的产品不仅供本国消费，而且同时供世界各地消费。旧的、靠本国产品来满足的需要，被新的、靠极其遥远的国家和地带的产品来满

① 《马克思恩格斯全集》第23卷，人民出版社1972年版，第831页。

② 《马克思恩格斯全集》第46卷，人民出版社1972年版，第7页。

③ 《马克思恩格斯选集》第1卷，人民出版社1972年版，第132页。

④ 《马克思恩格斯全集》第4卷，人民出版社1972年版，第361—362页。

足的需要所代替了。过去那种地方的和民族的自给自足和闭关自守状态,被各民族的各方面的互相往来和各方面的互相依赖所代替了。……资产阶级,由于一切生产工具的迅速改进,由于交通的极其便利,把一切民族甚至最野蛮的民族都卷到文明中来了。它的商品的低廉价格,是它用来摧毁一切万里长城、征服野蛮人最顽强的仇外心理的重炮。它迫使一切民族——如果它们不想灭亡的话——采用资产阶级的生产方式;它迫使它们在自己那里推行所谓的文明,即变成资产者。一句话,它按照自己的面貌为自己创造出一个世界。"①

我们还能从马克思和恩格斯那里得到有关经济全球化起源的答案:"美洲的发现、绕过非洲的航行,给新兴的资产阶级开辟了新天地。东印度和中国的市场、美洲的殖民化、对殖民地的贸易、交换手段和一般商品的增加,使商业、航海业和工业空前高涨,因而使正在崩溃的封建社会内部的革命因素迅速发展。……大工业建立了由美洲的发现所准备好的世界市场。世界市场使商业、航海业和陆路交通得到了巨大的发展。这种发展又反过来促进了工业的扩展,同时,随着工业、商业、航海业和铁路的扩展,资产阶级也在同一程度上得到发展,增加自己的资本,把中世纪遗留下来的一切阶级排挤到后面去。"②自马克思、恩格斯所描述的那个时代(约为 15 世纪)直到第一次世界大战爆

① 马克思、恩格斯:《共产党宣言》,人民出版社 1997 年版,第 31—32 页。

② 同上书,第 31 页。

发,在这几个世纪中,全球化进程的主题一直是西方资本主义国家的对外扩张。这种扩张的动力是资产阶级对高额利润的追求和对殖民地的大规模占领。这些国家既把殖民地当做提供丰富资源的产地,又将其作为销售产品的市场。

以上就是马克思和恩格斯在当时对全球化的一些主要描述。他们认为,世界经济的全球化是与资产阶级的迅速发展和资本主义的扩张密不可分的。全球化的根本动力在于资本内在的发展逻辑和资本无限扩张的要求。资本主义为了自己的生存和发展,必然要不断扩大生产规模和实行对外扩张,占领世界的每一个角落。而一切民族为了自己的生存和发展,也被迫采用资本主义生产方式。正是由于资本主义对世界市场的开拓,才真正打破了各民族、各国家间的封闭隔绝状态,它们之间的经济往来才得以实现,从而也使它们的生产和消费更具世界性。这正如马克思和恩格斯所强调指出的:“随着资产阶级的发展,随着贸易自由的实现和世界市场的建立,随着工业生产以及与之相适应的生活条件的趋于一致,各国人民之间的民族分隔和对立日益消失。”①应当指出的是,今天西方一些学者对全球化所作的定义与马克思和恩格斯的这一论断有许多相似之处。

3.1.2 经济全球化的主要表现形式与基本特点

经济全球化虽然历经漫长的发展过程,但它真正得以迅速

① 马克思、恩格斯:《共产党宣言》,人民出版社 1997 年版,第 46 页。

发展,是自 20 世纪 80 年代后期特别是 90 年代初期。在这一时期,一方面,东西方两大阵营的隔绝状态被彻底打破,特别是原计划经济国家实行从高度集中的计划经济体制向市场经济体制的转轨,使其经济纳入到全球市场体系之中;另一方面,科学技术日新月异,新一轮的科技产业革命,尤其是交通运输、通信交往手段的革命以及信息技术的革命,大大缩短了人类社会的时间距离与空间距离。在《竞争的极限——经济全球化与人类的未来》一书中就对这一问题作了具体的描述:交通运输基础设施提供了正在出现的全球世界的另一幅画面。在世界范围内每天都有 55000 多架飞机起飞,1990 年共飞行了 1.2 万亿客运公里,其中约有 1/2 是在国际航线上飞行的。此外,汽车交通组成了新的全球世界,而且其影响并不亚于航空业。目前全世界约有 6.35 亿辆汽车,它们每年大约需要数亿桶石油,而为了能够生产和大量销售这么多的石油,建立起了十分庞大的、不断膨胀的基础设施,这种基础设施还包括保险、司法和医疗保健等领域的服务。在全球化时代,每个人都会与大型交通工具所体现的全球世界紧密联系在一起,并且依赖于这个世界,如果所有汽车都消失了,其后果真是不堪设想。而且,在经济和社会不断发展的时代,若是没有电脑,人们的工作也是难以想象的。① 特别应当指出的是,20 世纪 90 年代以来以计算机和互联网为核心的信息技术的发展,不仅促进了信息高速公路的建设和网络经济

---

①　参见里斯本小组著:《竞争的极限——经济全球化与人类的未来》,北京:中央编译出版社 2000 年版,第 20—22 页。

的崛起，而且使全球范围内社会经济信息的收集、加工、整理、传递和利用变得更加迅捷。信息化正在使全球逐渐变成一个“地球村”。

尽管人们对经济全球化有不同的理解，但我们认为，可以将经济全球化的主要表现形式和基本特点归结为如下几个方面：

1. 贸易全球化与自由化

贸易全球化和贸易自由化是经济全球化的最显著标志，也是衡量经济全球化发展进程的最重要尺度之一。所谓贸易全球化，是指随着各国对外开放程度的提高，流通领域中国际交换的范围、规模、程度不断增强。特别是随着各区域集团的建立和区域经济一体化的快速发展，全球贸易的范围与规模日益扩大，并且还出现了新的更便捷、更灵活的贸易方式，各国之间的贸易联系日益加强，各国对国际贸易的依存度不断提高。而贸易自由化是关贸总协定三个主要目标（贸易自由化、透明度、稳定性）之一。1995 年世贸组织成立后，其倡导的贸易自由化原则在相关协议中，包括乌拉圭回合的许多协议中都得到较为充分的体现。从本质上说，贸易自由化就是限制或者消除一切妨碍国际间贸易活动的障碍，包括法律、法规、制度和政策措施等。通过削减关税、弱化关税壁垒以及取消和限制形形色色的非关税壁垒等措施来实现贸易自由化。

贸易全球化和自由化有力地推动了经济全球化进程，成为经济全球化向广度和深度发展的动力源泉；反过来，经济全球化不断改变着世界贸易环境，为贸易全球化提供了广阔的拓展空间。特别是冷战结束后，由于经济全球化的加快发展，使贸易全球化和自由化得到更加迅猛的发展。国际贸易的依存性和合作在加强,与此同时,全球贸易磨擦和冲突也进一步加剧。

(1)多边贸易体制下国际贸易迅速发展

综观经济全球化特别是贸易全球化的发展进程,我们看到,经济全球化和贸易全球化促进了世界多边贸易体制的形成,使国际贸易增长迅速,其增长速度大大超过世界国内生产总值的增长。有资料显示,1990—1999年,世界国内生产总值平均增长率仅为1%,而同期世界贸易出口年均增长率却达到6%。1997—2004年,世界贸易年均增长率为6%,而世界国内生产总值年均增长率也仅达到3.3%。这期间,虽然2001年由于世界经济增长速度放慢,发达国家发生经济衰退,再加上“9·11”事件的影响,使世界贸易出现负增长,贸易对世界经济的推动力减弱,但经过短暂的调整后,世界贸易出现较强的反弹势头,2002年世界货物贸易的增长率为2.5%,服务贸易增长率为5%,仍然高于世界国内生产总值的增长(1.5%)。① 2005年世界贸易增长率虽有小幅下滑,但2006年世界贸易增长率接近8%,2007年为7.6%。2003—2006年,世界经济连续4年保持5%左右的快速增长,成为近三十年来增长最快的时期。而在同一时期,世界贸易增长率保持在8%左右的增长速度。虽然世界经济和世界贸易的增长都有一些不确定因素,包括受经济的和非经济因素的影响会产生波动,但可以预期,今后世界贸易的增长率仍将高于世界生产的增长率。有资料认为,今后若干年,世

① 参见WTO:《2003年世界贸易统计》,2003年8月。

界贸易出口量平均每年仍将以 7%的速度增长。世界贸易依存度仍将持续提高，贸易全球化和自由化会不断深化，国际贸易对世界经济的拉动作用将进一步加大。

(2)WTO 是全球贸易自由化的推动力量

作为经济全球化和贸易全球化的产物，WTO 有力地推动了贸易全球化和贸易自由化的发展。首先，WTO 促进了世界多边贸易体制的形成，强化了全球性多边贸易机制，并将多边贸易体制从传统的货物贸易拓展到服务贸易，以及与贸易有关的投资措施和知识产权，从而扩大了与贸易有关的领域的自由化。由此，不仅扩大了国际多边合作的范围，而且推动了贸易全球化和自由化的深入发展。其次，通过多边贸易谈判促进各成员国间逐步消除贸易壁垒，使贸易自由化程度不断提高。“乌拉圭回合”谈判后，发达国家和发展中国家的平均关税在 2005 年以前就分别下降到 3.8%和 10%。再次，强化关于区域性贸易集团的规则，以尽量减少区域性贸易集团的对外歧视性和排他性，并引导其向全球贸易自由化方向发展。

(3)贸易全球化使不同类型的国家受益

在贸易全球化和自由化的强劲发展势头中，发达国家既是国际贸易的最大受益者，也是国际贸易的垄断者。一方面，贸易自由化极大地促进了发达国家出口的增长，据有关资料，2005 年加拿大货物出口的增长率为 16.6%，美国达 21.7 %，欧盟达 19.4%，日本达 18.3 %。另一方面，美、日、欧三方在世界商品贸易中所占的份额高达 50%以上，全球贸易实际上主要为这三方所垄断。之所以如此，是因为除了一般贸易外，上述发达国家的科技开发与应用更加直接地促进了自身以及全球贸易的发展。它们对外直接投资的不断增加，成为全球贸易发展的主要推动力。而发达国家对外贸易的发展又促进了地区经贸一体化趋势的加强，从而更加有利于发达国家经贸合作关系的拓展。例如欧洲联盟（EU）和北美自由贸易区（NAFTA）都是以发达国家为主的规模最大和最有影响力的地区性贸易集团。同时，发达国家又是全球贸易规则的制定者和全球贸易的推动者。正如美国著名经济学家萨缪尔森所指出的："二战结束以后，处于世界超级大国地位的美国主导制定了全球贸易规则，带动了全球的经济发展。尤其是冷战结束后，经济的全球化更是以不可阻挡之势蓬勃发展，全球贸易和投资快速增长。……繁荣的贸易又让人们对未来经济更加充满信心，从而进一步推动全球化进程。"①

绝大多数发展中国家尤其是亚洲的发展中国家也受益于贸易全球化，其贸易额约占世界贸易总额的 20%。世界银行的研究报告认为，由于发展中国家的经济发展速度与参与经济全球化的程度之间存在密切的因果关系，因而参与经济全球化有利于发展中国家的经济增长。有资料显示，1993—2001 年间，中国的外贸出口额增加了 3.7 倍。而加入 WTO 后，中国对外贸易更是飞速发展，2002—2008 年，出口总额再增 3.5 倍。从出口总额的世界排名看，1979 年中国位列第 29 位，1999 年位列第

① 〔美〕萨缪尔森："经济全球化面临考验"，《新闻周刊》2003 年 2 月 24 日。

9位，而到2009年上半年首次位居世界第一。① 因此，正如国际货币基金组织所指出的，发展中国家只有顺应经济全球化潮流，才能从世界贸易中获得利益，在全球市场取得份额并吸引私人资本流入本国。否则，它们可能会面临世界贸易份额日趋减少、私人资本流入速度放慢的境地，被甩在经济发展的后面。

(4)新贸易保护主义抬头和贸易摩擦加剧

应当看到，贸易全球化和自由化进程仍面临着许多挑战。特别是20世纪80年代以来，西方发达国家实际上在实行一种与贸易保护措施相结合的有选择的贸易自由化，而且新贸易保护主义日益抬头，贸易摩擦也以不同形式表现出来，且大有愈演愈烈之势。包括中国在内的广大发展中国家深受贸易保护主义和贸易摩擦加剧之害。例如，2009年9月11日，美国总统奥巴马宣布对从中国进口的所有小轿车和轻型卡车轮胎实施为期三年的惩罚性关税。据中方统计，这笔涉及年出口金额约22亿美元的贸易保护和制裁措施，不仅使中国出口企业蒙受重大经济损失，而且会导致中国10万工人失业。这是一个典型的利用WTO规则来实行贸易保护的案例。表3—1反映了近些年中国频繁遭遇贸易纠纷和制裁的情况。

新贸易保护主义抬头和贸易纠纷与贸易摩擦加剧，不仅构成了中国和俄罗斯等经济转轨国家融入贸易全球化和自由化进

① 参见徐奇渊："轮胎特保案的警示：中国贸易政策到了反思和内省的时刻"，中国社会科学院世界经济与政治研究所，http://www.rcif.org.cn，2009年9月16日。

表 3—1　近些年中国遭遇的贸易纠纷和制裁情况

时间	产品	详细情况
2009 年 9 月	轮胎	9 月 11 日美国政府决定,对从中国进口的相关轮胎种类实施三年的惩罚性关税
2009 年 6 月	禽肉	中国要求 WTO 审查美国禁止中国禽肉进口的问题
2008 年	玩具	美国对中国产玩具质量问题发难,中国为此取消了数百家企业的出口资格
2006—2007 年	纺织品	中美欧纺织品争议,结果中国对欧美出口的纺织品的增长速度进行了自限制
2003 年	纺织品	美商务部受理美纺织品制造商协会对中国针织布、内衣等实施保障措施的诉讼案
2002 年 3 月	钢材	美国总统布什引用 201 条款对进口各国(包括中国)钢材加征 8%—30%的关税
2002 年	半导体	美国向 WTO 申诉中国半导体生产的税收政策使美出口商"处于非公平竞争地位"

资料来源:徐奇渊"轮胎特保案的警示:中国贸易政策到了反思和内省的时刻",中国社会科学院世界经济与政治研究所,http://www.rcif.org.cn,2009 年 9 月 16 日。

程的障碍,而且也对这类国家政府的贸易政策提出了警示:经济转轨国家在积极参与贸易全球化和贸易自由化的同时,也应将更多注意力转向国内贸易方面,建立一个规范运行的国内统一市场体系,以防止或减少由于贸易政策的重心立足于开拓国外市场而导致的国际贸易纠纷和贸易摩擦。

2. 金融全球化与自由化

经济全球化的核心之一是资本的全球化和金融的全球化，或者说，金融全球化是经济全球化的一种重要表现形式，它与贸易自由化和生产国际化紧密相关，三者共同构成经济全球化的核心内容，是其不可分割的组成部分。所谓金融全球化，是指顺应全球经济一体化特别是贸易和投资自由化的需要，金融业务跨国界发展，金融活动在全球范围内不断扩展和深化，各国金融市场相互依赖程度日益提高，全球金融活动和风险发生机制联系日益紧密这样一个过程。而所谓金融自由化，对发达国家主要体现为放松管制，而对发展中国家特别是转轨国家则体现为消除金融压抑，实行金融深化改革。但就其本质而言，都是要改变原有的对金融体制实施的各种限制，让市场力量发挥更大的作用。① 金融全球化以金融自由化、金融网络化、货币一体化、金融服务现代化和金融风险扩大化为主要特征。法国学者弗朗索瓦·沙奈认为，金融全球化是指各国货币体系非常紧密的互联状况。之所以出现这种情况，是因为美国和英国在 1979 年和 1982 年逐步采取了自由化和放宽管制措施，几年之后又有其他一些主要工业化国家也相继采取了类似的措施。以前形成的各国各自封闭的分割体系先后被打破，各种内外屏障也先后被解除，出现了一种全球金融空间。人们认为，金融全球化的构成有三个要素：对货币和金融实行放宽管制和自由化，消除各国内部

---

① 参见李扬、黄金老著：《金融全球化研究》，上海：上海远东出版社 1999 年版，第 104 页。

金融市场的分隔状态,以及非中介化。实际上,这三种进程之间有着深层的相互交替作用。金融全球化既是不同职能和不同类型的金融市场(外汇交易市场、信贷市场、股票和债券市场)之间解除内部分割的结果,也是各国货币和金融市场向国外渗透以及与全球市场接轨的结果。① 还特别应当指出,在当今世界,虽然生产、贸易和金融活动的全球化趋势都在日益增强,但由于信息技术的飞速发展和各国实行金融自由化并开放金融市场,使金融全球化的发展速度更快,国际金融活动特别是资本流量大大超过国际商品生产和国际贸易量。尤其是国际电话联网和计算机联网已把国际金融市场联为一体,在几秒钟的时间内就能在全球实现成千上万亿美元的金融交易。

金融全球化作为当代世界经济的重要现象,始于 20 世纪 70 年代。当时,在经济全球化发展的咄咄逼人的态势下,大多数西方发达国家对国际资本流动实行严格限制的措施已难以奏效,政府对资本流动的管制失效。在这种形势下,西方国家不得不推行自由化政策,从而推动了金融全球化的发展。例如,美国于 1974 年取消了利息平衡税,英国于 1979 年取消了不利于国际资本流动的全部限制。进入 20 世纪 80 年代后,英国和日本先后进行了旨在适应金融全球化进程需要的金融改革。特别是从 80 年代中期起,以关贸总协定"乌拉圭回合"谈判达成的关贸总协定金融服务协议为标志,金融全球化走上了制度化安排的

---

① 参见弗朗索瓦·沙奈:《资本全球化》,北京:中央编译出版社 2001 年版,第 28—30 页。

轨道。该协议成为约束各国对外金融关系的基本准则。自 90 年代以来,金融全球化更以不可抵挡之势席卷全球。金融全球化不仅有力推动了世界经济、国际贸易和国际金融的发展,为世界各国带来了诸多的经济利益,而且也为发展中国家特别是转轨国家更好利用全球金融市场并参与世界分工提供了可能。

自 20 世纪 80 年代后期特别是 90 年代以来得到迅猛发展的金融全球化和金融自由化,其主要表现形式和特征可以归结为以下几个方面:

(1)金融市场一体化和日趋国际化

金融市场一体化是指金融市场的发展超越国界和时区的限制,成为一个全天连续不断营运的一体化金融市场,既包括全球国际金融市场的融合,又包括国际金融市场和各国国内市场的融合。尤其是西方发达国家宏观经济的发展、金融管制的放松和金融技术的变化,使得原本松散和局部的国内外金融市场的联系更加紧密。全球金融市场的大发展和金融市场的一体化具体表现为国际信贷市场、国际债券市场、国际股票市场、国际外汇市场、国际衍生工具市场的快速发展。不仅如此,金融业务网络交易的普及,大大缩短了国际金融市场的距离,越来越多的证券公司通过英特网 24 小时不间断地在世界主要市场从事证券买卖业务,金融市场全球化的发展速度高得惊人,已远远超过人们当初的设想。例如,在美国股票市场上,通过英特网的股票交易已经占到总交易量的 1/3 左右,而且这一比例仍在急剧增加。因此,在全球范围内,人们越来越强烈地感受到通过电子系统连接的抽象的全球一体化市场,这对于理解 21 世纪金融全球化的发展具有特别重要的意义。由于一切金融交易都用电脑来操作,全球金融从零售到批发乃至货币发行都可以通过电子网络进行,国际金融市场将会走向全面的无形化。

此外,大量的金融业务跨国界进行,促进了金融市场的日趋国际化。其中,资本市场国际化不仅是金融市场国际化的集中表现,而且也与金融证券化的发展紧密相连。自 20 世纪 80 年代中期起,国际金融和资本市场上的国际证券市场异军突起,发展迅速,致使国际资金向证券市场大量聚集。证券形式的融资甚至在一定程度上取代了国际银行贷款,成为主要的融资方式。国际证券市场实现了从证券发行、投资到流通的全面国际化,特别是近些年全球股票市场发展异常迅速。随着国际信息网络化的发展,外汇市场的资金交易也正以极快的速度从一个资金市场转移到另一个资金市场。

(2)金融资本的规模扩大,全球性的流动加快

经济全球化使经济活动中的生产、消费和投资等扩展到不同的国家和地区,产品的生产和销售已经极大地国际化了。跨国公司的扩张和各国贸易壁垒的消除以及由此而带来的国际贸易的快速发展,大大刺激了对跨境资金的需求,而且资本流动自由化也增大了资本在国际间的流动性。因此,“迄今为止,资本流动的全球化是经济全球化的核心部分”①。金融全球化的突出表现是国际资本的跨国界大规模流动。自 20 世纪 80 年代以

① 里斯本小组著:《竞争的极限——经济全球化与人类的未来》,北京:中央编译出版社 2000 年版,第 47 页。

来，特别是进入90年代后，国际资本流动呈现加快发展的趋势，其流通速度大大快于实物经济的增长，不仅超过生产增长的速度，而且也大大超过国际贸易的增长速度。此外，世界外汇市场交易额的变化也在很大程度上反映了国际资本流动速度的加快，其中，主要由商业银行和机构投资者推动的短期国际资本流动的资本交易占据主导地位，也是金融全球化进程加快的一个重要表现。随着经济和金融一体化的不断推进，国际资本流动已经由最初传统意义上由发达国家向发展中国家的单向流动，发展成为真正意义上的全球流动或双向流动，成为全球金融一体化趋势的一个重要标志。事实上，2000年以来许多发展中国家已经成为向发达国家输出资本的资本净流出国。全球大量的资本流向经济发达国家，而且经济越发达，吸引全球资本的能力越强。

(3)国际金融中心在全球不断扩展

国际金融资本的运行离不开国际金融中心这个大舞台。目前，全球有若干个大城市作为国际金融中心发挥着作用。这些大城市的一个共同特点，就是具有采集、交换、编辑和解读国际金融信息的功能。虽然现代信息技术(如英特网和内部网络)无疑为这些国际金融中心提供了极大的便利条件，但是现代信息技术绝不会因为它的触角的无所不在而削弱国际金融中心的地位。相反，自20世纪后期以来，随着金融全球化和金融自由化的加速发展，全世界金融中心的数目在逐步增多，其中有全球性的金融中心，也有地区性的金融中心和大批离岸金融市场。这些不同类型的金融中心相互交织，构成了一个能够覆盖全球的金融网络。国际金融中心在金融全球化中发挥着核心和指挥部的作用,各国的金融资本家集中于金融中心发号施令,进行业务操作,使国际金融资本按照他们的意旨流动。而现代信息技术则提供电子网络,使这一指挥系统能够高效和快速运转。国际金融中心在全球的不断扩展体现出金融全球化的一个鲜明特征。

(4)金融业竞争加剧,银行通过兼并和重组加强金融实力

自 20 世纪 80 年代以来,跨国银行竞争的主体和空间都得到极大扩展。银行业的国际竞争从主要是商业银行同业之间的竞争转向商业银行、信托银行和其他类型银行以及非银行金融机构的竞争,竞争主体大大增加。而且,从跨国银行的竞争空间看,由于工业化国家、新兴工业化国家和大多数发展中国家都在不同程度上开放本国金融市场,减少金融壁垒,为跨国银行在全球范围内设立分支机构并形成全球金融机构网络创造了条件。特别是 20 世纪 90 年代以来,随着金融全球化进程的加快和由此带来的金融业竞争的加剧,发达国家的一些大银行根据《巴塞尔协议》开始实行大规模的兼并和重组,以提高跨国银行的国际竞争力并拓展国际市场。例如,1994 年美国对世界排名第 35 名的大通银行和世界排名第 20 位的化学银行实行合并,合并后的化学大通银行跃居世界排名第 4 位。1995 年美国又发生 8 起大银行的兼并。同年,世界排名第 9 位的日本三菱银行和世界排名第 22 位的东京银行合并成立三菱东京银行,其排名也一跃位居世界第一。据统计,自 20 世纪 90 年代以来,日本几乎每年平均有两起大型银行的兼并。法国里昂信贷银行买下了大通

曼哈顿银行在比利时和荷兰的附属机构。欧洲也试图通过银行的兼并来加强金融实力。另有资料显示，1993 年以来，世界排名前 200 名的大银行至少发生过 25 次大的合并。通过合并或兼并，形成了许多巨型商业银行和巨型投资银行，增强了金融实力和竞争实力。

(5)金融运行规则更加国际化和规范化

金融运行规则国际化，即在全球金融领域逐渐形成了一套国际通用的基本规则和要求，对全球金融体系的运行进行规范和监管。二次大战后，随着经济全球化尤其是金融全球化的发展和深化，国际货币基金组织、国际清算银行和关税与贸易总协定均对全球金融运行规则从不同角度作出规定，这些规定成为规范全球金融运行的基本准则。例如，国际货币基金组织规定，其成员国不得作出歧视性货币安排或实行多重汇率制；不能对经常的国际交易的支付和转移实行限制，等等。再如，国际清算银行下属的“银行业条例及监管委员会”经与 12 个发达国家协商，于 1988 年达成了《关于统一国际银行资本计算和资本标准的协议》即《巴塞尔协议》。该协议包括资本的构成、风险加权的计算、标准比率的目标、过渡期及实施安排等四大类主要内容。1992 年，巴塞尔委员会又规定了监管国际银行集团及设立境外机构的最低标准，提出了监管银行的 25 条方针，以此作为“巴塞尔核心原则”。在金融全球化进程中，《巴塞尔协议》作为银行业通行的国际惯例，对规范跨国银行的行为发挥了积极作用。再如，关贸总协定于 1994 年达成了金融服务协议。该协议要求成员国尽力减少或消除金融服务中的垄断，确保其境内的外国金融服务供应商在金融服务方面所应享受的待遇；要对外国金融服务商实行国民待遇和最惠国待遇，等等。

(6)全球金融领域的国际协调日臻完善

随着经济全球化和金融全球化的不断深化，金融领域的国际协调与监管合作显得越来越重要。世界各国都在加强国内监管的基础上，强化国际间和地区间的协调合作。而且，国际货币基金组织、巴塞尔银行监管委员会、欧盟银行监管组织、国际证券委员会、国际金融协会、国际证券市场协会等国际性金融组织在全球金融协调合作与监管方面发挥着十分重要的作用。所谓金融领域国际协调，是针对国际金融经常出现的波动以及金融波动对世界各国金融和经济所产生的冲击而采取的全球性金融协调措施。金融领域国际协调一般包括如下主要内容：第一，协调汇率和利率，如布雷顿森林体系下规定的固定汇率制就曾是对汇率实行国际协调的成功一例。20 世纪 90 年代以来，由于西方发达国家经常出现大幅度的汇率变动，这些国家常常通过双边谈判进行汇率的联合调节。例如，在哈利法克斯举行的西方七国会议，就是在美元对日元和马克连续数月大幅贬值的情况下召开的。此外，利率作为国家宏观经济调控的重要工具之一，它的变动对于一个国家的经济增长、通货膨胀和国际收支等都会产生重要影响。而且，主要发达国家利率水平的变化还会对世界经济增长和国际金融市场产生深刻影响。无论是拉美国家的债务危机，还是墨西哥金融危机，都与美国的两次利率政策调整不无关系。因此，各主要国家间协调利率政策，以防止金融危机的再次发生和世界经济的衰退，无疑具有十分重要的意义。

第二，协调国际资金的流动。墨西哥金融危机和东南亚金融危机都表明，短期资金的流动可能会对一国的金融市场造成极大冲击。因而在全球范围内建立国际资金流动的协调机制和全球性经济预警系统，已成为各国的共识。第三，金融政策与金融监管的实施更多地通过国际协调和国际合作形式进行。尤其是各国监督机构之间的合作得到加强，以便在全球范围内强化统一的监管标准，增强相互协调。国际性金融组织也通过不断倡导和制定新的国际金融监管标准来逐步扩大其全球性影响，为金融全球化的健康发展提供必要保证。

(7)金融风险的全球化

金融业是以信用为基础的特殊产业和高风险产业。金融机构和投资者在金融活动中所面临的风险包括信用风险、市场风险、流动性风险、利率和汇率风险、交易风险、操作风险、结算风险等等。这些金融风险通常被认为是微观金融风险，泛指金融业或金融市场发生的不确定的结果。随着金融业的发展，金融风险不断变化，金融创新工具的出现在一定程度上减少和分散了传统的金融风险，同时又带来了新的风险。随着金融自由化及国际化和金融创新的发展，国内外金融市场的相关性越来越强，银行与非银行机构之间、金融与非金融机构之间的界限模糊，使得一国的系统性金融风险具有国际化的特征。正如国际清算银行在《银行业有效监管核心原则》中所指出的："一国银行体系的衰弱，无论这个国家是发达国家还是发展中国家，都可能危及本国和世界其他国家的金融稳定。"事实的确如此。美国次贷危机引发全面的国际金融危机就是最好的例证。2008 年 9

月以来,美国政府宣布接管房利美和房地美,美林被收购,雷曼兄弟宣布申请破产保护,高盛和摩根转型银行控股公司,随后花旗陷入困境,美国金融市场跌宕起伏,次贷危机全面升级,演绎了全球金融历史上一次极其严重的危机,并对全球经济和金融稳定造成极为严重的负面影响。

特别需要指出的是,经济全球化条件下的金融全球化,加快了国际资本流动速度,并使大量的资本流入发展中国家和经济转轨国家,极大地推动了这些国家的经济发展。但与此同时,防范金融风险和稳定金融秩序的任务却被这些国家普遍忽略。它们在金融体制不完善和金融监管能力不强的情况下盲目开放国内金融市场,放松金融管制,削弱了政府宏观金融调控能力。从而使金融全球化的负面影响凸显,对金融市场造成不小的冲击。从 20 世纪 80 年代迄今,发展中国家和转轨国家已经发生了多次金融危机。无论是 1994 年底至 1995 年初的墨西哥金融危机,还是 1997 年的东亚金融危机和 1998 年的俄罗斯金融危机,都是在有关国家积极参与经济全球化进程、开放金融市场的情况下发生的。俄罗斯更是受美国次贷危机演变为世界性金融危机影响的重灾区。经济金融遭受严重冲击,国内金融市场由动荡演变为一场金融危机。金融危机导致俄罗斯经济衰退。由于面临二次大战以来最恶劣的国际经济环境,俄罗斯此次金融危机要比 1998 年的危机对经济的负面影响更深。

3. 投资自由化和生产国际化

经济全球化之所以能够在 20 世纪 90 年代以来得到突飞猛进的发展,主要的推动力之一便是这一时期全球投资自由化进程的加快，特别是跨国公司国际直接投资的迅猛发展。而全球投资自由化和跨国公司的全球扩张又直接加速了生产的国际化进程。事实表明，在全球投资自由化不断深化的条件下，跨国公司尤其是大型跨国公司在越来越大的程度上决定着全球经济发展和生产的格局，并对资本输入国的经济发展方向和发展道路产生越来越深刻的影响。

(1)国际直接投资助推全球经济

第一，在投资自由化的发展进程中，国际直接投资作为经济全球化的核心驱动力之一和连接纽带，首先表现为跨国界资本流动的总量持续高速增长，跨国界直接与间接投资的数额不断扩大。有资料显示，自20世纪90年代后半期以来，世界对外直接投资增长迅速。从流出额看，从1997年的4769.3亿美元猛增至2000年的13929.6亿美元，为1997年的289%。21世纪初的头几年，由于世界经济衰退，导致对外直接投资骤降，到2002年，降至6512亿美元，仅相当于2000年的46%。2003年，随着世界经济复苏进程加快，对外直接投资也开始增长。① 2007年，全球国际直接投资创下了历史最高纪录，达到18330亿美元，比上年增加了30%。② 但进入2008年后，受美国次贷危机引发的国际金融危机的影响，全球国际直接投资至少比2007年减少10%。总的来看，国际直接投资流动总量的增长水

① 参见李琮主编:《经济全球化新论》，北京:中国社会科学出版社2005年版，第102页。

② 参见王洛林、李向阳主编:《2009年世界经济形势分析与预测》，北京:社会科学文献出版社2008年版，第155页。

平已经明显领先于国际贸易及国际产值的增长水平。因此,国际贸易作为各国乃至世界经济增长首要引擎的传统定势应有所变动,而国际直接投资对开放型国家乃至世界经济更强的引擎作用正日益显现。

20 世纪 90 年代以来国际直接投资迅猛增长的原因,一是这一时期由于经济和社会信息化时代的到来,使跨国公司可以广泛利用信息技术手段,扩大全球经营;二是在高科技革命的推动下,发达国家产业结构发生深刻变革,大型跨国公司纷纷把旧产业和技术成熟产业迁至国外;三是跨国公司充分认识到对外直接投资所带来的巨大优势,力求增强和扩大这种优势,以获取最大利润;四是世界各国都在不断改善投资环境,以大力吸引外资。

第二,国际直接投资在全球所覆盖的地域不断扩展,所涉及的部门日益广泛,而且投资主体和投资形式更趋多样化。从国际直接投资的流向看,目前仍保持着以北美、欧盟和日本大三角为核心,同时向各自的地区性外围扩散的基本格局。国际直接投资中 85%的对外投资和 66%的吸收投资仍集中在美国、欧盟和日本等少数发达国家。这些国家的跨国公司掌握并控制着全球直接投资的流向与运行体系。在 21 世纪初公布的全球 500 强企业中,美国独占 183 席;2000 年美国吸收了 4000 亿美元的外国资本,占全球资本输出净值的 64%。目前美国仍是世界最大的资本流入国和输出国,它的对外投资约 70%流向发达国家,只有约 30%流向发展中国家。但另一方面,发展中国家向发达国家的“逆向投资”也在增多,并向深度扩展。发展中国家跨国公司虽然起步较晚,但发展速度较快。特别是 20 世纪 80 年代中后期以来,发展中国家对外直接投资的增长更为迅速。1986—1990 年,发展中国家的对外直接投资的年均增长率高达 47%,而发达国家对外直接投资的年均增长仅为 26%。发展中国家企业跨国直接投资一般都循序渐进,往往先向邻国或同其母国有长期联系的国家渗透,然后才向其他地区扩展。但近一个时期以来,有些发展中国家,特别是亚洲"四小龙",把主要投资日益转向发达国家,这种趋势还会扩展。发展中国家企业对发达国家的投资不仅在投资规模上有所扩大,而且在投资的领域上也向高技术含量、高附加值行业渗透。这表明,并非只有在资金、管理、技术等方面具有总体优势才可能到发达国家去投资,发展中国家某个部门或某个企业只要在上述方面具有局部的或个别的相对优势,也有可能到发达国家去投资。

再从国际直接投资的地域看,一方面,亚太仍是跨国公司直接投资的活跃地区。近些年流入亚太地区的直接投资几乎占流入发展中国家直接投资总额的 3/5,占流入发达国家全部直接投资存量的 1/2。有资料显示,2007 年,在全球发展中地区及转轨国家中,南亚、东亚和东南亚是吸收国际直接投资最多的地区,达到创纪录的 2490 亿美元,比 2006 年增长 18%。中国已连续多年在吸引国际直接投资方面名列前茅,2007 年中国以吸收 835 亿美元的国际直接投资继续位居发展中国家之首。① 据

① 参见王洛林、李向阳主编:《2009 年世界经济形势分析与预测》,北京:社会科学文献出版社 2008 年版,第 156 页。

联合国贸发会议2011年1月17日公布的数据,2010年全球53%的海外直接投资被发展中国家所吸收,为有该记录以来的首次。中国吸引的海外投资额首次突破了1000亿美元。[①] 许多大型跨国公司十分看好亚太地区的长远发展前景,像可口可乐、福特、惠普等大公司都表示对亚洲经济活力充满信心。所以从长远看,亚洲仍将是国际直接投资的一个热点。另一方面,流入拉美、非洲等国家和地区的直接投资也在继续增加。拉美国家由于实行经济自由化政策,放宽金融和投资限制,吸引外国直接投资的数量大幅增加。特别是由于美国、欧盟国家和日本跨国公司对拉美市场的争夺日趋激烈,加之亚洲新兴工业化国家也把拉美作为投资的沃土,这些国家对拉美的直接投资力度会不断加大。

第三,国际直接投资正呈现基础设施及电信等公用事业、知识密集的高新技术产业、分销及金融服务业等三大领域高速发展,其他各产业稳步增长之势。发达国家间对现代服务业和高新技术产业的跨国投资热潮尤为显著,而发展中国家的基础设施部门仍吸引着大量的国际资本。

(2)跨国并购推动生产全球化

近些年全球国际直接投资的迅速增长,在很大程度上应当归因于跨国并购的持续快速增长。生产全球化和规模经济效应促使跨国公司实行大规模的跨国并购。跨国并购也反映了

---

① 参见UNCTAD:“发展中国家2010年吸引外资额首超发达国家”,http://content.caixun.com,2011年1月18日。

跨国公司正在不断加强其在全球范围内生产经营活动的重新整合。

不可否认，发达国家的跨国公司在经济全球化进程中发挥着越来越重要的作用，始终是国际生产和国际直接投资的主导力量。有资料表明，截至2002年，全球跨国公司总数已达63834家，其遍布世界的子公司多达866119家。而且，最大的1％的跨国公司拥有世界对外直接投资总额的50％。按资产排列的世界100家最大跨国公司控制了约1/3的世界对外直接投资。发达国家对外直接投资额从1985—1990年的年均1450.05亿美元增长到1996年的2947.32亿美元。对外直接投资剧增，也反映了发达国家跨国公司向全球的不断扩张。这种扩张还突出地表现在跨国公司的大规模跨国并购尤其是自20世纪90年代中期以来的第五次并购浪潮中。这次并购无论是总规模还是单项并购额都远远超过了历史上的前四次。特别是1996年跨国并购额占全球国际直接投资总额的比重曾高达79％。根据联合国贸发会议的统计，20世纪90年代跨国并购额占全球并购总额的比重保持在25％左右，2000年这一比重上升到了33.5％。这一年全球并购总额达到了3.4万亿美元，其中跨国并购额超过了1.14万亿美元，比1999年增长近50％。2001年以来，全球跨国并购的扩张势头有所减弱，跨国并购数量从2000年的7894起下降到2002年的4493起，跨国并购额下降到了3700亿美元。此后几年，跨国并购逐步恢复并渐趋活跃，包括跨国并购在内的全球企业并购总交易规模，均在2007年创下历史最高纪录，其中，跨国并购交易规模达到1.64万亿美元。[①] 但进入 2008 年后,全球主要国家受美国次贷危机的严重影响,经历了由增长到经济衰退的转变,全球并购市场也因此受到负面影响。跨国并购交易规模在 2008 年上半年也仅为 6000 亿美元左右,低于 2006 年和 2007 年的同期水平。尽管如此,跨国并购已成为当今国际直接投资,特别是发达国家国际直接投资的最主要方式,成为经济全球化特别是生产全球化的主要推动力量。

综上所述,经济全球化是指这样一种发展趋势:生产力高度发展使所有生产要素和经济关系跨越国家和地区界限日益自由流动,使世界经济融合为一个难以分割的整体。在经济全球化和国际分工深化的基础上,人类社会生活在全球范围内展现全方位的沟通、联系和相互影响。经济全球化要求实现资源的全球优化配置,强调国际合作与协调,它是经济国际化的进一步发展和更高级表现。经济全球化的本质是市场和资本的全球化。经济转轨国家政府所面临的,就是这样一种全球经济环境和发展趋势。

3.2　经济全球化与经济转轨关系论

经济全球化与转轨国家的经济转轨,犹如一枚硬币的正面和反面,是一种不可分割的现象。两者是相互影响和相互推动

---

① 参见王洛林、李向阳主编:《2009 年世界经济形势分析与预测》,北京:社会科学文献出版社 2008 年版,第 157 页。

的关系。研究这两者之间的关系，对于分析研究转轨国家的政府职能转换具有重要的基础性意义。

3.2.1 转轨国家及其经济转轨概述

国际货币基金组织在1996年5月发表的《世界经济展望》中在阐述国家分类时指出，转轨国家的共同特点是其经济从中央管理体制向以市场原则为基础的体制过渡。根据这个界定，转轨国家就是从高度集中的计划经济体制向市场经济体制过渡的国家。① 这类国家涉及的范围之广、其经济转轨的程度之深、延续的时间之长、付出的代价之大，实为人类社会经济制度变迁和经济改革史上所罕见。如上所述，波兰著名经济学家科勒德克在《从休克到治疗：后社会主义转轨的政治经济》一书中开宗明义，指出："21世纪的前夕，全球经济一个最重要的特点是广泛的后社会主义转轨过程。在欧洲和亚洲一共有三十多个国家——其人口多达15亿或占全人类的1/4，卷入了这场急剧而壮观的变革。它不仅事关这些国家的命运，而且也关系到整个世界的前途。向市场体制转轨的必然结果是社会主义国家的开放及其与全球经济的一体化。"②科勒德克这里不仅说明了全球

---

① 这种类型的国家包括：前苏联的15个加盟共和国即独立后的15个国家；12个中东欧原社会主义国家；6个亚洲国家（中国、越南、柬埔寨、老挝、蒙古、朝鲜）；1个拉美国家（古巴）。这34个转轨国家中，以中国和俄罗斯最具代表性。

② 〔波兰〕科勒德克著：《从休克到治疗：后社会主义转轨的政治经济》，上海：上海远东出版社2000年版，第1页。

范围内转轨国家和经济转轨的广泛性,而且也指出了这些国家经济转轨的重要性及经济转轨与经济全球化的关系。关于这两者之间的关系问题,将在下一节进行讨论。

科勒德克指出,经济转轨是一个发生根本性变化的过程:从基于国家控制产权的社会主义集中计划经济转向自由市场经济。社会主义的改革目标在于通过一些改进而非根本制度的变化来对现存制度进行完善。原社会主义国家的所有改革尝试,包括南斯拉夫的自治制度,匈牙利的“土豆烧牛肉社会主义”,20世纪 80 年代波兰的市场社会主义,戈尔巴乔夫的改革和“重建”,实际上都是将有限的市场因素引入社会主义制度,并不是想用市场经济体制取代社会主义制度。这些国家的变革只是对旧制度的完善,而不允许以另一种制度取而代之。与此相反,转轨则意味着实质性地改变和引入全新的制度安排。这是一个以新制度代替旧制度的过程,而不再是仅仅通过改进运行方式来完善旧制度的另一次尝试。他强调,必须将市场化改革与向市场经济转轨区别开。改革的焦点是调整与完善现有制度,而转轨是改变制度基础的过程。从这种意义上说,如果主要目的是完善现有制度,并通过这种完善使制度得以维系而不是完全抛弃该制度,那就是在对它进行改革;而转轨则是要通过完全的制度替换和建立新型的经济关系来废除以前的制度。因此,从这个角度看,科勒德克认为,俄罗斯和东欧等转轨国家在 1989 年以前所进行的是一系列改革,而改革从 1990 年起就停止了,开始了替换而不是改革旧制度的过程。① 综上所述，科勒德克给出的明确定义是：后社会主义转轨就是以市场经济替代中央集权计划经济的过程。他在2003年出版的《全球化与后社会主义国家大预测》一书中又进一步明确指出，"后社会主义的制度转轨，是一个从以生产资料国有制占主导地位的社会主义中央计划经济逐渐向建立以私有制占主导地位和自由调节为基础的资本主义自由市场经济过渡的历史过程"。② 在这个过程中，不同类型的国家选择了不同的转轨模式。比如：中国和越南采取渐进式市场化改革取得了成功；俄罗斯、乌克兰、波兰和罗马尼亚基本上是采取先激进后渐进式的市场化改革，但都经历了一个曲折的甚至是痛苦的发展过程。

另有学者认为，经济转轨特指发生于20世纪后期的原计划经济国家由传统计划经济体制向市场经济体制的转换，经济转轨的起始制度状态和目标制度模式是既定的，不是随意的。而且，经济转轨过程相对于制度变迁而言也是一个具有特殊意义的概念。制度变迁理论认为制度是一种稀缺资源，制度对经济增长和发展具有决定性作用，因而将制度作为内生变量来考察制度与经济运行的关系。但与制度变迁不同，经济转轨更加注重整体性的制度结构的更替，注重这种制度结构的更替过程中各种相互联系和相互制约的制度安排的变迁。因此，经济转轨

---

① 参见〔波兰〕科勒德克著：《从休克到治疗：后社会主义转轨的政治经济》，上海：上海远东出版社2000年版，第15、34页。

② 〔波兰〕科勒德克著：《全球化与后社会主义国家大预测》，北京：世界知识出版社2003年版，第14页。

是一种更彻底、更系统的制度变迁。①

3.2.2 经济全球化与经济转轨的相关性

关于经济全球化与转轨国家经济转轨和转轨经济的互动和相关性,在本书第一章中已有详细论述,这里再结合本节的要点从另一角度阐述经济全球化与转轨国家经济转轨的相关性问题。在我们看来,经济全球化主要是指货物和生产要素在全球范围内跨国界广泛而自由流动且流动程度不断提高的过程,以及这个过程对整个世界经济和不同类型国家经济的影响。而经济转轨则是原计划经济国家由计划经济体制向市场经济体制转换的过程。初看起来,经济全球化与转轨国家的经济转轨之间似乎并无必然联系,但只要仔细分析,就会发现两者之间的内在联系和互动关系。科勒德克曾经指出:"在全球经济一体化的时代,转轨过程也是全球化的一个十分重要部分。"②又指出,"经济转轨不仅是全球化不可缺少的组成部分,而且内容更加丰富。"③他认为,经济全球化已经不能再用商品的全球销售或大众文化产品的全球传播来衡量,也不再限于从世界各国向正在开放的经济体输入工业机械产品,经济全球化已经走得更远,它

① 参见吕炜著:《经济转轨理论大纲》,北京:商务印书馆2006年版,第4—5页。

② 〔波兰〕科勒德克著:《从休克到治疗:后社会主义转轨的政治经济》,上海:上海远东出版社2000年版,第326页。

③ 〔波兰〕科勒德克著:《全球化与后社会主义国家大预测》,北京:世界知识出版社2003年版,第101页。

已与转轨国家经济(他称之为“后社会主义新兴市场”)紧密相连。我们认为,科勒德克的上述观点是正确的。但同时还应看到经济转轨对经济全球化的重要推动作用。一方面,原计划经济国家向市场经济的转轨,使世界各国的经济体制更趋一致或更加接近,从而为建立一个统一的和自由开放的世界市场奠定了制度基础,能够加快全球经济一体化的进程。另一方面,经济全球化进程中的经济转轨也为资本、技术和管理等资源实现全球配置,为生产、贸易、金融和投资等的全球化与自由化创造了条件。

应当指出,经济全球化与转轨国家经济转轨之间的内在联系和互动关系,并不是在经济全球化的前期发展阶段就形成的,而是始于20世纪90年代经济全球化迅猛发展并呈现若干新特点的时期。而且,无论是经济全球化还是转轨国家实行经济转轨,都是以实现资源有效配置为目标。正因为两者有共同点,才能够产生内在联系和互动关系。

1. 贸易全球化与转轨国家的贸易制度变迁和贸易自由化

20世纪80年代以来,世界经济发生着巨大变化,经济增长速度加快,经济规模扩大;国际分工在全球范围内迅速、深入展开,特别是区域经济贸易一体化快速发展,经济贸易全球化的倾向更加明显。这就要求包括经济转轨国家在内的不同国家参与全球分工协作,在全球范围内实现资源的优化配置。转轨国家贸易制度改革与经济全球化特别是贸易自由化的互动关系和传导机制的作用更加明显。

首先,转轨国家的贸易制度改革必须符合世界贸易的发展趋势。这就要求转轨国家融入经济全球化进程,尽可能拆除贸易壁垒,实行贸易开放政策。俄罗斯、乌克兰等转轨国家在制度变迁初期就纷纷实行贸易自由化政策。中国采取了由局部到全局的贸易开放政策和制度,尤其是在 20 世纪 90 年代后期加快了外贸改革的步伐,并经过多年的努力终于在 21 世纪初加入了世界贸易组织。其次,不同国家参与国际分工极大地推动了全球贸易一体化和贸易自由化进程,转轨国家也不例外。没有包括中国在内的转轨国家的参与,经济全球化特别是贸易自由化实际上还不具备全球意义。正是由于转轨国家不断扩大对外经济贸易联系,参与国际分工,从而加速了世界统一大市场的形成,对经济全球化和贸易自由化起到了推动作用。但转轨国家对贸易自由化进程的影响作用还是有限的。再次,加强了各国、各地区经济的紧密联系,转轨国家的贸易自由化发展成为不可逆转和进一步强化的趋势,但也面临着无法回避的风险,特别是转轨国家的国家经济安全面临严峻的挑战。不可否认,贸易自由化对转轨国家的经济发展产生了多方面的积极效果,如加强了竞争,强化了分工并提高了资源配置的效率,促进了产业结构的调整和升级等等。但是,全球范围的贸易竞争对转轨国家的消极影响也不容忽视。

我们认为,必须在经济全球化的大背景下研究贸易全球化与转轨国家贸易自由化和贸易发展的互动问题。

第一,当今世界各国经济的相互依存度越来越高,经济全球化特别是贸易全球化和自由化与转轨国家经济以及外贸改革的互动关系的作用更加明显。而且,转轨国家选择了不同的路径试图融入全球贸易一体化进程中。但另一方面,全球范围的贸易自由化和贸易竞争对转轨国家会产生不利的影响。首先,转轨国家的企业面临着市场环境变化的严峻挑战,特别是一些转轨国家加入WTO后,随着市场的开放,跨国公司纷纷进入,市场竞争更加激烈,大批创业时间短、技术水平低、实力不强的企业面临着被淘汰的危险。此外,转轨国家的企业还普遍存在规模小、产业集中度低的问题,与资产规模高达数百亿、上千亿的国外跨国公司相比,显得相当弱小,很难与之展开竞争。其次,在贸易自由化进程中,转轨国家的商品贸易条件恶化使其在国际贸易中处于不利地位。随着转轨国家贸易自由化进程的加快,转轨国家的出口大幅度增加,然而,在出口结构中,转轨国家大多以出口初级原材料和初级加工业产品为主,而这些商品贸易条件的恶化在一定程度上会造成"贫困化增长"。

第二,在经济全球化和贸易自由化进程中,转轨国家既要采取诸如进一步降低关税、削减计划限制并保持贸易政策的透明统一等措施,推进本国的贸易自由化改革,同时还要在WTO框架允许范围内,适当采取保护性措施。为适应经济全球化条件下贸易自由化新的发展趋势,还必须在现有的基础上进一步深化贸易体制改革,以与国际接轨。

第三,转轨国家融入全球贸易自由化进程依然困难重重,贸易自由化与转轨国家外贸改革和外贸发展之间存在的非良性互动效应不容忽视。因此,要更好地实现转轨国家外贸体系与国际对接和融合,不仅需要转轨国家有合理的外贸制度安排,而且要充分发挥转轨国家政府的经济职能作用。实践证明,强化国家的宏观调控作用和政府的经济职能,能够充分发挥贸易自由化与转轨国家外贸改革和外贸发展之间的良性互动效应;而弱化国家的宏观调控作用和政府的经济职能,非良性互动效应就必然会明显增强。

2. 金融全球化与转轨国家的金融制度变迁和金融自由化

如上所述,金融全球化是经济全球化发展到一定阶段的产物,也是经济全球化的重要组成部分。金融全球化既是各国金融活动走向世界并在全球范围内展开的过程,也是世界性金融市场和金融体系的形成与发展过程。金融全球化不仅有力推动了世界经济、国际贸易和国际金融的发展,为世界各国带来了诸多的经济利益,而且也为发展中国家特别是转轨国家更好利用全球金融市场、参与世界分工提供了可能。一方面,金融资本的全球化即国际资本在全球的快速流动和重新配置为转轨国家弥补了经济建设资金的缺口;另一方面,由金融自由化推动的金融市场全球化使全球金融市场的相关性日益密切。而金融资本全球化和金融市场全球化又成为转轨国家进一步推行金融自由化、建立与国际接轨的金融体系的推动因素。转轨国家作为经济全球化和金融全球化的参与者,其参与程度和经济发展水平不仅对经济全球化和金融全球化进程产生重要影响,而且也对这一进程中的利益均衡起到关键性的作用。

金融全球化要求转轨国家实行金融开放政策,放松或取消金融管制,放宽对金融市场的限制,培育本国金融市场,实行灵活的利率和汇率政策,通过完善金融监管体系和提高金融监管的有效性来保证国家的金融安全。为顺应金融全球化的发展趋势并融入这一进程，转轨国家普遍进行了以金融自由化为目标的金融体制改革和制度变迁。虽然改革的路径各有不同，但各国大都以实行金融开放、放松金融管制、打破金融垄断、发育金融市场的金融自由化改革为目标，特别是首先打破对银行业的垄断，培育和发展金融市场，从而使转轨国家的金融体制逐步与国际接轨，也使金融全球化和金融自由化与转轨国家金融制度变迁的互动成为可能。

我们认为，金融全球化与经济转轨国家的经济和金融发展与体制转换存在着一种互动关系，二者之间具有内在的逻辑一致性。因此，必须在金融全球化的大背景下研究转轨国家金融转轨和金融发展问题。而且，金融全球化是一把“双刃剑”，它在给转轨国家带来巨大经济利益、提供经济和金融发展的各种便利条件和机遇的同时，也会给转轨国家带来诸如资本外逃、本国资源被掠夺或控制、引发金融风险等不利影响。由此决定了转轨国家融入金融全球化进程依然面临着严峻的挑战。因而，如何在金融全球化进程中审慎稳妥地推进金融体制改革，在加速金融自由化的同时提高金融监管的有效性，防范金融风险；如何正确选择符合本国国情的金融改革和金融创新的有效路径，恰当制定参与金融全球化进程的应对之策，充分利用好金融全球化的优势，规避其不利影响，成为经济转轨国家面临的新课题。但另一方面，转轨国家顺畅融入金融全球化进程，并从中获得较大的收益，这也对金融全球化的可持续发展作出很大的贡献。

综上所述，金融全球化与转轨国家金融制度变迁和经济金融发展表现为如下相互关联的形式：金融全球化→全球金融的市场化、商业化、自由化趋势→经济转轨和金融制度变迁→经济和金融发展。在这个依次递进和相互关联的序列中，金融全球化是基础。金融全球化引发全球金融的市场化、商业化、自由化潮流；全球金融的市场化、商业化、自由化浪潮推动转轨国家实行经济转轨和金融制度变迁；金融制度变迁促使转轨国家的资本要素价格和供求关系市场化，并推动转轨国家的金融深化与经济金融发展，以满足转轨国家经济持续发展的要求。

3. 经济和生产全球化与转轨国家的投资自由化

转轨国家作为经济全球化进程中通过制度变迁而向市场经济过渡的一个特殊群体，由于它们积极融入全球投资自由化和生产全球化进程并开放本国市场，从而改变了全球资源配置的格局。特别是 20 世纪 90 年代以来，随着投资自由化在世界范围内的迅速发展，转轨国家被进一步卷入投资自由化浪潮之中。中国、俄罗斯及一些中东欧转轨国家在引进国际资本方面取得了突破性的进展。这些经济转轨国家在大力吸引国际直接投资的同时，开始进行对外直接投资，其规模虽不是很大，但发展速度很快。这表明对外直接投资的范围扩至全球，或者说，由于转轨国家融入投资自由化进程并与其互动，真正意义上的全球投资自由化时代正在到来。

(1)生产全球化和投资自由化对转轨国家的正面与负面影响

生产全球化和投资自由化对转轨国家的积极影响，主要是为这类国家吸引外资和资本外投创造了基本条件。全球投资自由化的发展使国际直接投资大量流入转轨国家，这一趋势要求转轨国家进一步开放金融市场，实行金融自由化。而且，投资自由化的快速发展将转轨国家纳入全球生产体系，使其成为全球生产网络和国际分工举足轻重的一部分，成为国际生产链条的重要环节。

在经济全球化进程中，投资自由化对转轨国家的经济增长和发展发挥了重要作用，这是毋庸置疑的。但与此同时，投资自由化也给转轨国家带来了诸多负面影响。转轨国家在利用外国直接投资时如不积极规范市场竞争秩序，对跨国公司进行引导、监督、管理，外国直接投资也会对市场机制不完善、不健全的转轨国家的经济安全造成威胁。例如，跨国公司进入东道国经常会摧毁本土竞争者，逐渐形成垄断优势；利用外资使转轨国家面临丧失资源控制权的危险。一旦大型跨国公司以其资本优势、技术优势在转轨国家市场处于主导地位，就可能控制转轨国家的资源开发市场，这会直接影响这些国家的经济安全。

(2)转轨国家对投资自由化进程的影响与推动

转轨国家的对外投资主要以对外直接投资为主，企业跨国发展已成为这类国家增强企业国际竞争力、扩大市场份额的重要战略环节，也是提升国家竞争力、加速经济发展的有力杠杆。转轨国家在制定积极政策引进外资的同时，都纷纷放松对对外投资的限制，并采取各种鼓励对外投资的政策，使对外直接投资有了较大的发展。

从中国等转轨国家高速发展的对外直接投资可以看到，转轨国家不仅能够开展对外直接投资并从中受益，而且成为全球投资自由化不可或缺的一股重要的推动力量。这至少可以从以下三个方面来加以说明:首先,自 20 世纪 80 年代末 90 年代初,几乎所有实行高度集中的计划经济体制的国家纷纷开始经济转轨和金融制度变迁。这些国家在这一进程中都逐步放松了外汇管制,鼓励外国资本尤其是外国直接投资的流入。苏联及东欧国家的金融改革和制度变迁就更为激进,在转轨之初就迅速放开了外汇管制,允许本国货币自由兑换、汇率自由浮动和允许资本自由进出。转轨国家的这些举措一方面促使资本国际化向资本全球化转变;另一方面又为资本的全球扩张提供了新的空间和体制上的条件及良好的制度基础。

其次,与上一问题相关,转轨国家的市场开放为资本特别是外国直接投资在世界范围内更畅通地流动奠定了基础。经济转轨以来,由于几乎所有的转轨国家都实行了全方位的市场开放,从而使资本在世界范围内更顺畅流动成为可能,并且提供了基础性条件。也可以这样认为:若不是转轨国家积极融入投资自由化进程并实行市场开放,就不可能出现目前跨国公司全球扩张和全球投资自由化向纵深发展的局面,抑或是就不能说全球投资自由化时代已经到来。

再次,转轨国家对外直接投资的发展促进了全球投资自由化的发展。因此,投资自由化不仅加快了转轨国家市场开放和吸引外资的步伐,从而加快了转轨国家的经济发展,而且转轨国家的经济发展和对外直接投资的迅速增加又反过来极大地推进了投资自由化的浪潮。从另一角度说,转轨国家在参与生产全球化和实行投资自由化以求得生存空间和获得发展机会的同时,有力地促进了生产全球化本身的发展。这对转轨国家来说,既是必然选择，也是互动双赢的结果。

以上是对经济全球化与经济转轨相关性的分析。当然，诚如科勒德克所指出的："转轨和全球化两者的现实关系及其相互影响，并非总是'鲜花铺地'。如果不是聋子，那么一定能够听到从这些国家（也不仅是这些国家）传出来的对全球化的担忧，特别是在转轨过程中经济重组的情况下，这些国家的经济竞争能力持续遭到削弱和下降；如果不是瞎子，也不会看不到它们的大部分担忧绝对不仅是心理上的，而且还包含深刻的合理含义。……如果盲目相信同全球化结合在一起的经济转轨肯定能建立起一个现代化的、具有扩张能力的社会市场经济体制，那是太天真了。"①科勒德克在这里实际上指出了转轨国家参与经济全球化的正负效应，以及正确看待经济转轨与经济全球化的关系问题。

综合本节以上所述，我们认为，经济全球化与经济转轨的内在联系和互动关系表现为如下相互关联的形式：经济全球化←→全球经济的市场化←→经济转轨和制度变迁←→转轨国家政府职能转换。在这个依次递进和相互关联的序列中，经济全球化是基础。经济全球化引发全球经济的市场化；全球经济的市场化浪潮推动转轨国家实行经济转轨和制度变迁；而经济转轨和制度变迁必然要求转轨国家政府职能随之发生转换。这个过程环环相扣。

---

① 〔波兰〕科勒德克著：《全球化与后社会主义国家大预测》，北京：世界知识出版社 2003 年版，第 106 页。

3.3　经济全球化对国家经济职能的挑战

迅猛发展的经济全球化,成为世界各国必须面对的现实,国家职能也不可避免地面临着新的挑战。经济全球化不仅改变着世界,也极大地影响着国家职能的结构和功能,制约着其发展。经济全球化还意味着政府治理对象的复杂性、动态性和多样性的不断增加或提高。特别应当看到,经济全球化对国家主权的冲击是巨大的。主权是国家特征的最高体现,虽然在全球治理体系中,国家和政府仍然是全球治理的重要主体,但其核心地位和作用已经和正在受到巨大挑战。从由国家构成的国际体系看,国家享有主权,但国家的主权绝不是毫无限制的。在诸如环境保护、货币政策、全球贸易谈判等许多全球性问题上,主权国家越来越不得不接受"集体行使主权"的现实。纵观当今世界,国家经济主权受到侵蚀的现象比比皆是:国际经济组织的增多及其职能的扩展,使国家经济主权受到了很大限制,最明显的例子是三大国际经济组织即世界银行、国际货币基金组织和世界贸易组织越来越广泛地介入国家的经济事务;大型跨国公司正在分享并限制各国的经济主权;许多落后的发展中国家经济体制混乱,只能依靠外国的救援,致使政府几乎丧失了对本国经济的控制;更为重要的是,美国、欧盟和日本等世界上几个最大经济体也在影响着别国的经济自主权。因此,在经济全球化进程中,国家越是从全球相互依赖关系的发展中得到好处,就越要为此付出必要的代价,从而就越会失去其古典意义上的自律性和绝对的自主性，而在全球范围内更多地具有他律性和相对的自主性。

就国家职能发挥作用的领域而言，经济全球化对国家职能的影响和挑战主要表现为对国家经济管理职能构成的挑战。在经济全球化进程中，各国积极参与国际经济活动，纷纷扩大对外开放，大力吸引外资，竞相出台各种优惠政策和提供优惠条件，这虽有利于本国的经济发展，但与国际接轨会限制国家的经济和管理决策，实行全面对外开放也会影响国家对自然资源、人力资源和环境等的管理。而且，经济全球化的程度越深，国家对本国经济的管理能力越有限，各种外部的、投机的、意外的因素对国民经济的打击就可能越严重。由于经济全球化与各国经济的双向互动，一方面，经济全球化会对各国经济产生正面或负面的重要影响；另一方面，一个国家或几个国家的经济出现问题，也时常会在一个地区乃至全球引起连锁反应。例如，亚洲金融危机的爆发就同经济全球化趋势的增强有较为密切的关系。再如，俄罗斯 1998 年的金融危机也是由于金融全球化造成的一种负面效应。而且，这次金融危机波及全球，不仅影响乌克兰和其他独联体国家，还波及一些发达国家和拉美等国的金融市场，形成全球联动效应。无论是亚洲金融危机还是俄罗斯金融危机，都是相关国家的政府放松金融管制、削弱政府管理职能的后果，也是在经济全球化进程中国家经济管理职能受到侵蚀的结果。2008 年 9 月以来美国的次贷危机，也与政府经济管理职能削弱，从而导致金融监管不力有直接的关系。这次由美国次贷危机引发的全球金融历史上最为严重的金融危机，对全球经济和金融稳定造成了极大的破坏性影响。

3.3.1 经济全球化削弱国家控制与管理本国经济的职能

罗伯特·赖克在《国家的作用——21 世纪的资本主义前景》一书中指出:“我们正在经历一场变革,这场变革将重新安排即将到来的世纪的政治和经济。到那个时候,将不存在国家的产品或技术,不再有国家的公司或国家的工业。届时将不再有国家的经济,至少是像我们所了解的那样的概念。”①这就是说,在经济全球化日益发展的时代,国家的经济疆界正在逐渐消失,而统一的世界市场逐步形成,市场经济体制逐渐开始成为一种全球性的经济体制。市场在资源配置中基础性作用的充分发挥,必然会促使政府放松对企业生产经营等微观经济活动的干预,从而使国家对微观经济活动的干预职能大大减弱。市场调节和统一的世界市场正在使经济活动和资源配置不断冲破民族国家的界限和各种贸易壁垒,形成一种“无国界经济”,国家职能的边界被弱化并受到极大制约,传统意义上的国家主权原则已面临严峻挑战。

1. 国家权力和经济职能受到跨国公司的侵蚀

跨国公司是经济全球化的重要载体和推动者。在全球性生产和金融结构中,跨国公司和私人流动资本越来越独立于政府

---

① 罗伯特·赖克:《国家的作用——21 世纪的资本主义前景》(中译本),上海:上海译文出版社 1998 年版,第 1 页。

的控制之外。数额巨大的跨国资本无时无刻不在全球寻找最有利可图的投资场所和方式。资本特别是金融资本在全球范围内自由而快速地流动,促进了全球资本市场的形成和金融全球化,增加了各国所面临的金融风险和资本控制的难度,也削弱了各国政府通过货币政策、利率政策和汇率政策等经济手段进行宏观调控的能力。跨国公司的迅速扩张和全球生产网络的形成,使各国政府控制总部设在其国内而生产网络遍布全球的企业的能力明显减弱。跨国公司的强大经济实力和庞大的国际网络对母国和东道国都有巨大的影响力。因此,全球性经济"创造了一个不再是由国家政策主导经济力量的世界,而是一个由超越国家的地缘经济力量主导国家经济政策的世界"。在全球经济相互联系、相互依赖的时代,国家与市场的矛盾显得更为突出,国家控制本国经济的职能明显减弱或受到削弱。这几乎是所有发展中国家都面临的现实问题。即使在发达国家,"跨国公司将会彻底改变传统意义上的国家与企业之间的关系和力量对比的变化,使原来的保护与被保护、执法与守法的关系转变为讨价还价的谈判磋商关系,在相当多的情况下,跨国公司的利益有可能左右母国政府的取向,其对外投资活动又可能影响东道国的行为"①。跨国资本利用其强大的实力,干预母国和东道国政策的制定,并将自身利益变成具体的政策加以实施。另一方面,跨国公司的迅速扩张和生产全球化也形成了跨国界的"你中有我,我

① 马杰著:《经济全球化与国家经济安全》,北京:经济科学出版社2000年版,第60页。

中有你”的利益制衡机制。

2. 国家的经济职能受制于国际组织和非政府组织

作为经济全球化的产物,各类国际组织和非政府组织纷纷建立并发挥日益重要的作用。目前,世界上各类全球性和地区性国际组织的数量达 3 万多个,其中,仅政府间国际组织就达 4000 多个,特别是一些超国家的大型国际组织如联合国、国际货币基金组织、世界银行、世界贸易组织等,在全球发挥着极其重要的作用并产生重大的影响。一般说来,各类政府间国际组织在其章程或合作协议中都明确规定了成员国应享受的权利和必须承担的义务与责任,强调各成员国必须执行相关决议,遵守有关程序,甚至接受某种强制和惩戒措施。与此相关,各成员国让渡给政府间国际组织或超国家国际组织的权力也越来越多。例如,国际货币基金组织、世界银行和世界贸易组织这些国际经济组织作为“超国家机构”,在对转轨国家提供贷款和经济援助时,往往附加苛刻的政治经济条件,制约这些国家的经济主权。这些转轨国家迫于无奈,迫于本国经济恢复与发展和向市场经济转轨的资金需求压力,只得不情愿地接受干涉其经济主权的要求和条件。俄罗斯在接受国际货币基金组织提供的贷款时,也要将恢复并保持宏观经济平衡,开放市场并实行贸易自由化,实行紧缩的财政与货币信贷政策,抑制通货膨胀,稳定货币等作为获取贷款所必须遵守或达到的条件。但出于经济转轨和自身发展战略的需要,俄罗斯只得委曲求全甚或不惜付出代价特别是容忍经济主权受到干涉来争取其的贷款。与国际货币基金组织一样,世界银行对俄罗斯提供贷款和经济援助也往往附加苛刻条件，经常提出诸如强化税收和预算体系的基本管理职能、进行国家行政管理和国家服务机构的系统改革等要求。不仅如此，还对俄罗斯履行与世界银行的合同和协议提出硬性要求。对于这些条件和要求，俄罗斯一般都会尽力满足，因为俄加快经济发展需要世界银行的贷款援助。

另外，国际奥委会、国际红十字会、世界卫生组织、世界经济论坛、国际评级机构等非政府国际组织在国际各个领域的影响力越来越大，其影响力在某些方面甚至超过了一些政府间国际组织。这些非政府国际组织的活动直接涉及国家主权范畴的事务，在不同角度和层面上不是分享着过去由国家控制的权力，就是创造着新的权力空间。如在环保问题上，绿色和平组织对各国政府的环保政策有较大的影响；在人权领域，发达国家的某些人权组织与其政府相互配合，对别国人权状况横加指责和干涉。

3.3.2 经济全球化对国家社会管理与服务职能提出挑战

一般而言，国家（政府）的社会管理职能主要包括：第一，维持社会秩序。为社会提供良好秩序这种公共物品是政府最基本的职能之一。第二，保证人身和私人财产安全。这是政府最起码的责任。第三，提供社会保障。这是确保公民生活稳定，从而实现社会稳定的基本保证。第四，确保社会公平分配。这是政府通过收入再分配等调控手段来弥补市场缺陷、挽救市场失灵，以求分配公平的应尽职责。第五，实行环境保护。制定各种政策法规，采取各种措施保护和治理环境，规范市场行为，实现科学发展,是政府必须承担的社会重任。而国家(政府)的服务职能就是通过兴办各类公共事业,直接造福于国民的职能。政府服务是典型的公共服务。公共设施、公共卫生、公共交通、公共通信、公共咨询、公共信息、公共教育等政府投资兴办及监管的事业,都属于政府公共服务的范畴,而公共图书馆、公立学校、公园、政府公共信息网等则是典型的政府公共服务方式。

可见,政府的本质就是服务,就是全力为社会提供安全保障和经济福利,就是保证和维护社会稳定。传统国家的社会职能主要是维护社会治安和秩序,承担公共设施建设。而经济全球化则使国家全面介入社会服务领域,需要为社会提供越来越多的公共服务。首先,面对经济全球化和全球范围内经济联系不断加强的趋势,政府实际上不仅面临着不断协调宏观经济政策,并为世界市场提供基础设施的任务,而且还要提供更为广泛、更为公平、更为快捷、更为有效的公共服务,这是现代国家政府普遍面临的挑战。其次,资本、商品和人员的国际性流动使一国政府面对着多样性的治理对象和服务对象,政府必须为其提供不同类型的、适合不同需要的社会服务,保证其权利和福利。同时,由于全球化和人类社会发展使人们对普遍人权、尊严和自由的认同,也需要政府调整自身的社会服务价值取向,坚持以人为本,努力实现促进人的全面而自由发展这一目标。

3.3.3 经济全球化严重制约发展中国家政府职能的发挥

经济全球化虽然使发达国家和发展中国家都受益,但发达国家受益最大；虽然使发达国家和发展中国家都面临程度不同的挑战和考验，但发展中国家特别是其中最不发达国家所面临的挑战和考验更为严峻。第10届联合国贸发会议的一份报告指出，整个20世纪90年代，对于最不发达国家而言是不平等的、贫困的10年，也是越来越被边缘化和排挤在国际社会之外的10年，它们普遍未能在经济全球化中获益。[①] 经济全球化使全球贫富差距进一步拉大，发展中国家是受害者。而发达国家不仅凭借先进技术和雄厚的资金实力在国际生产和贸易中占有绝对优势，而且还凭借资本市场和外汇市场的优势，利用海外投资和汇率变动来获得巨额利润。在这种新的国际经济格局和新的形势下，无论是发展中国家的发展战略还是政府的职能作用和发挥作用的方式都会遇到严峻的挑战，在一定程度上受制于经济全球化的发展。

当然，经济全球化带给发展中国家的最大问题或者说最大威胁，是它们的国家主权受到冲击、削弱和制约，国家经济安全受到挑战，传统意义上的国家主权原则面临严重困境。经济全球化的开放性和渗透性与发展中国家主权的排他性和经济安全性是相矛盾甚至是对立的。由于经济全球化使各国经济上的相互依赖性日益加深，经济全球化条件下世界范围内市场力量不断加强，发达国家大跨国公司在全球不断扩张，导致发展中国家在经济事务中的权力相对减弱。特别是由于生产结构越来越具

---

① 参见邹新："经济全球化——神话还是陷阱"，《环球时报》2004年4月28日。

全球性,发展中国家实际上已很难完全控制本国的生产结构。这种情况显然与国家主权观念相悖。而且,金融全球化、投资国际化、企业国际化、贸易自由化也对发展中国家经济主权进行无情侵蚀,造成国家经济不安全。有鉴于此,甚至连一些西方经济学家也承认,经济全球化和跨国公司的扩张会对发展中国家的主权和政府管理能力形成威胁。不仅如此,在国际经济秩序转轨的过程中,西方国家依然是全球经济活动"游戏规则"的制定者和解释者。在不合理的国际经济秩序下,发达国家不仅可以迅速通过各种措施保护本国经济,而且可以利用国际货币基金组织、世界贸易组织、世界银行等三大国际经济组织来直接控制和干预发展中国家经济,从而扩大其对发展中国家的经济优势。信息和科技的迅猛发展也使西方文化在全球传播速度加快,并不断侵蚀非西方文化的固有传统。科技垄断条件下的文化传播、渗透,潜移默化地改变着其他弱势国家的责任和能力。所有这些都意味着发展中国家在全球化进程中合理发挥自身职能会面临更大的困难和更加严重的威胁。

3.4　经济全球化和国家职能的扩展与强化

应当指出,经济全球化对国家提出的严峻挑战,是任何一个国家都必须认真正视的问题,但这并不会动摇人们对国家的信心,也不会从根本上束缚国家的行动和职能作用的发挥。相反,面对这种挑战,无论是发达国家还是发展中国家都更加客观地定位自己在经济全球化进程中的角色,以使国家在新的背景下发挥更加有效的作用。事实上,不同类型的国家在经济全球化进程中也并没有完全陷入被动,主权国家始终没有失去其对本国的主导地位。正是它们在经济领域的积极活动和职能作用的充分发挥,才推动了本国经济的对外开放特别是全球经济的整合。事实上,区域经济合作和全球经济一体化离开国家的推动是难以想象的。迄今为止的经济全球化的实践也表明,在这一进程中还没有产生出一个可以完全替代国家职能的共同体或组织。主权国家对迅猛发展的全球化进程实际上并没有茫然无措;相反,都在采取措施积极应对,特别是调整既有的决策方式、政策选择以及行为轨迹。而且,国家在这方面的能力越强,就越能够充分发挥其职能作用,减少经济全球化带来的巨大风险。彼得·伊文斯认为,"全球化的经济逻辑本身并不注定国家的销蚀。虽然全球化确实使国家更难发展经济的主动性,但它也提高了国家有效行动的潜在收益以及国家乏力的成本。"①

3.4.1 经济全球化条件下全球经济治理的思路与原则

在经济全球化条件下,由于信息和交通技术的高度发达和以 WTO 为基本框架的全球多边贸易体系的形成,经济活动跨越国界成为常态,并形成了超越民族国家地理疆域的全球市场。

① Peter Evans, "The Eclipse of the State? Reflections on Stateness in an Era of Globalization," p. 62, *World Politics*, Vol. 50, Oct, 1997.

菲利普·切尼认为,经济全球化导致不同的经济活动越来越需要不同层次和不同规模的制度安排进行规制。这些制度安排有的存在于私人部门之中,有的存在于政府部门之中,有的则存在于政府部门与私人部门之中。它们相互重叠并以复杂的方式相互作用,且不一定与民族国家政府这样的多功能的科层结构相吻合,从而对民族国家政府的职能产生挑战。① 因而民族国家的政府必须调整职能以应对经济全球化的挑战。

1. 关于全球经济治理的思路

在经济全球化进程中,由于经济活动超越国界,民族国家实际上被置于全球市场之中,与其他国家、跨国公司、非政府组织等共同成为全球经济的行为主体。这样,民族国家政府难以通过行使主权的方式对其他行为主体的经济行为进行规制。在这种情况下,一般来说民族国家的政府可以通过以下两种思路来行使职能以维护本国的经济和社会利益:一种思路是将国家经济主权上交给超越民族国家的"世界政府",由其对全球经济活动进行统一规制。然而,由于世界各国之间存在着的巨大的政治、经济和文化差异,这一思路在可以预见的相当长时期内是行不通的,这并不切合经济全球化进程中世界政治经济发展的实际。

另一种思路是:民族国家仍然保留经济主权,只是在行使这一主权时,并不是一国单独行动,而是主动与那些客观存在于全

① Philip G. Cerny, "Globalization and the Changing Logic of Collective Action," *International Organization*, Vol. 49, 1995, pp. 620 -621.

球经济中的其他权力和利益主体进行合作,共同应对国内和全球的经济问题。具体来说,民族国家既可以与其他国家签订双边或多边贸易协定,推动贸易便利化;也可以在生产国际化进程中借助跨国公司的实力带动本国经济的发展;还可以在民族国家之间通过参加国际协定的方式来相互约束并共同受益。对于这个问题,美国国际经济研究所所长伯格斯坦在《美国与世界经济——未来十年美国对外经济政策》的政府咨询报告中就提出:"在高度联系的世界,如果全球经济未能有效地运行,单个国家的目标也就很难实现。这就要求(美国)政府十分重视对外经济政策的国际影响力和反作用力。"①这种思路实际上就是全球治理②思路在经济领域的运用,即全球经济治理。

2. 经济全球化条件下全球经济治理的原则

(1)维护国家经济利益的原则

经济是全球的,而社会却是民族的。一方面,在经济全球化时代,商品、资金、高技术人才等生产要素在全球范围内自由流动,寻求利润最大化。而低技术人员在全球流动并寻找最大回

---

① Fred Bergsten, "A New Foreign Economic Policy for the United States," *The United States and the World Economy: Foreign Economic Policy for the Next Decade*, p. 15.

② 全球治理委员会在《我们的全球之家》的研究报告中对治理作出如下界定:治理是各种公共的或私人的个体和机构管理其共同事务的诸多方式的总和,它是使相互冲突的或不同的利益得以调和并且采取联合行动的持续过程。它既包括有权迫使人们服从的正式制度和规定,也包括各种人们同意或认为符合其利益的非正式的制度安排。《我们的全球之家》,牛津大学出版社 1995 年版,第 2—3 页。

报的能力却是十分有限的。另一方面,由众多普通民众构成的民族国家的社会则是局限于某一地理空间内不可移动的。这就形成了全球经济与民族国家社会相分离的现象,而这种分离往往会导致民族国家不能充分获得全球经济发展的好处。因此,维护民族国家经济利益就成为民族国家参与全球经济治理的出发点和基本原则。

(2)加强合作的原则

在经济全球化迅猛发展的时代,由于民族国家政府、跨国公司、非政府组织等多元权力和利益主体的存在,要求民族国家政府必须与它们在平等基础上,通过合作来应对国家和全球经济问题。这正如英国前首相布莱尔所说的:"全球一体化正在改变民族国家的本质,技术变革使政府控制国内经济免受外部影响的权力与能力大大下降,庞大的中央集权的政府已经不合时宜,权力下放和分权是时代的主旋律,改革需要从两方面着手,一是通过分散政府职能和赋予地方政府更大的权力使决策重新接近人民并发展政府与私人部门的伙伴关系,二是发展国家间的伙伴关系。"①

我们认为,经济全球化背景下加强国际间的合作应包括以下几个层面:

第一,民族国家政府之间的合作。民族国家政府之间的合作往往要达到两方面的目的:一是完善全球市场运行规则。经

① 转引自滕世华:"全球治理进程中的政府改革",《当代世界社会主义问题》2002 年第 2 期,第 87 页。

济全球化为各国充分发挥比较优势提供了前所未有的条件。因此，为了充分发挥比较优势，民族国家政府应积极促进贸易和投资的便利化，如建立自由贸易区等。与此同时，由于经济全球化导致的经济结构调整以及利益分配不均，往往会引发受损国的民族主义情绪和贸易保护主义行为，其结果往往使所有各方都受损。因此，为了有效避免这一情况的发生，民族国家政府还应完善投资和贸易协调机制，较好地平衡全球经济中的利益分配问题。

二是确保国内宏观调控目标的实现。在经济全球化时代，民族国家的国内市场与全球市场融为一体，外部因素对民族国家宏观经济产生重要的影响，这就要求民族国家的政府通过与其他国家的政府在贸易、资本、金融和生产等领域的合作，来实现宏观调控目标。也就是说，国内宏观调控要有全球视野。以国际资本和金融合作为例:在经济全球化条件下，国际资本的加速流动对民族国家的宏观调控提出了挑战。而在资本项目开放的条件下，如果一国通胀水平和投资风险都比较低，就会引起大量外资的涌入，而这往往导致该国央行通过紧缩货币的方式抑制经济过热的意图难以实现。同样，如果一国投资风险比较高，央行刺激经济增长的措施往往难以提高社会的投资率，相反却会增加人们对通货膨胀的预期，从而引起资本外逃，经济难以复苏。更为重要的是，异常活跃的国际短期游资对资本项目开放条件下民族国家经济的稳定运行构成极大的威胁。因此，民族国家之间应通过建立地区性甚至全球性的金融合作机制，提高集体应对全球资本市场风险的能力。例如亚洲金融危机后，亚洲各国积极探索政府间的金融合作机制,就是这方面的一种重要努力。而欧盟欧元区的建立则是政府间金融合作最成功的范例。欧元推出后,不仅降低了交易成本,更为重要的是把欧元区国家联合了起来,共同抵御经济风险。“由于贸易伙伴能以共同的货币获得对方的产品,因此受到负面冲击的国家就能够与其贸易伙伴共同分担损失。而在浮动货币体制下,当一国受到负面冲击并导致汇率贬值时,以该国货币定价的资产在国际市场上就只能买到较少的产品,而负面冲击所导致的损失就只能由该国独自承担。”①

第二,民族国家政府与跨国公司之间的合作。作为经济全球化重要推动力的跨国公司尤其是发达国家的跨国公司,有着先进的经营管理理念、强大的研发力量和雄厚资金实力。因此,借助跨国公司的力量促进经济发展就成为民族国家特别是发展中国家的必然选择。实际上,无论是发达国家还是发展中国家,都通过由政府提供高效的公共服务、良好的基础设施、宽松的政策环境、财政和金融支持等措施来吸引跨国公司的国际直接投资,以带动经济增长和发展。而且,跨国公司出于社会的压力和自身经营的考虑,也能在一定程度上对政府的社会公益职能起到补充作用。如跨国公司尤其是世界著名跨国公司往往力求塑造全球公民形象,在环境保护、技术传播和保护劳工权益等公益领域发挥着一定的作用。当然,跨国公司也要借助政府的力量

① Ronald Mckinnon, “Mundell, the Euro, and Optimum Currency Areas,” *Journal of Policy Modeling*, May 22, 2000, p. 4.

维护自身的经济利益，往往需要政府在资金、信息和政策等方面予以支持。

第三，政府与非政府组织之间的合作。与政府一样，大多数非政府组织也以维护社会利益为目标，而且非政府组织凭借其特有的优势还能够对政府维护社会利益的功能起到很好的补充作用。在很多情况下，政府由于自身的局限往往不能有效地提供公共服务。而非政府组织由于其所具有的自发性、主动性和灵活性等特点，能在很大程度上克服政府的低效率，更好地为社会服务。如非政府组织能较好地承担扶贫、国际援助等公益职能。再如，政府与非政府组织之间建立商业型的合作关系能够提高政府提供公共服务的效率。近年来，有些西方国家就主张打破政府在提供公共服务方面的垄断地位，实行公共服务的市场化，也即所谓实行“掌舵与划桨分开”的原则，由政府承担“掌舵”的决策职能，而由市场承担“划桨”的执行职能，从而建立起以市场为依托，以政府宏观管理为维系的公共服务运行机制。

此外，非政府组织在约束跨国公司的行为，使其最大限度地符合东道国的公共利益方面也发挥重要的作用。在经济全球化条件下，绝大多数国家都对跨国公司持欢迎态度，并通过种种方式吸引跨国公司到本国投资经营。这往往使跨国公司享有较多权利而承担较少义务。而且，跨国公司造成的环境污染、带来的“血汗工厂”以及对自然资源过度开发的负面作用往往被其带来的经济效益所掩盖。由于非政府组织往往是由这些负面效应的直接受害者发起和组成的，因而在要求跨国公司承担社会和环境义务方面比政府具有更大的积极性，采取的措施也更加务实有效。

3.4.2 经济全球化要求扩展和强化国家职能

应当指出,虽然人们对经济全球化进程中国家所应发挥的职能作用看法并不一致,可谓众说纷纭、莫衷一是,但至少有一点认识是共同的:在经济全球化条件下应当扩展和强化国家职能。这不仅是因为随着经济全球化的发展,一国政府原来负责解决的一些社会经济问题变得更加错综复杂,需要强化政府职能以适应不断变化的新形势,而且经济全球化进程中社会(市场)自身无法解决的新问题和新矛盾必然催生新的政府职能。

1. 经济全球化要求扩展国家(政府)职能

联合国开发计划署将经济全球化的基本特征概括为“四新”:一是新市场。全球资本和外汇市场广泛地联系在一起,且全天候、远距离运行。二是新角色。实力强大的跨国公司、权威超越民族国家政府的 WTO、欧盟等国际性和地区性集团激增,并变得越来越重要。三是新规则。有关贸易、劳务、知识产权等新的多边协定比以往任何协定都更多地对各国政府具有约束力。四是新工具。如互联网、更便宜快捷的空中、铁路和公路运输等。[①] 这“四新”意味着需要进一步扩展政府原有的职能范围和职能结构。

(1)增加治理“世界市场失灵”的职能

在经济全球化条件下,民族国家的政府首先要致力于本国

---

① 参见联合国开发计划署:《富于人性的全球化》,北京:中国财政经济出版社 2002 年版,第 1 页。

市场失灵的治理,尤其是发展中国家的政府既要克服一般的市场失灵,还要通过政府来克服市场缺陷即市场主体发育不完全、市场体系不完善、市场机制残缺、缺少有创造精神的企业家等。因此,政府必须通过强制性的行政和法律手段,替代一部分尚发育不完全、残缺的或运行失效的市场机制。特别是通过制度创新和制度供给,迅速发育和扩张市场,推动经济增长和工业化进程。再则,政府还要逐渐扩大其提供公共服务的范围,为经济发展提供基础设施,为全体公民的全面发展创造必要条件,切实增强政府的社会职能。

除此而外,民族国家的政府还要与其他国家共同担负起“世界市场失灵”的治理任务。因为随着市场经济的全球化,出现了许多新的全球公共问题及与之相关联的世界市场失灵。这就为政府职能添加了新的内容,即各国政府不仅要致力于治理本国的市场失灵问题,而且还要参与治理世界市场失灵的全球集体行动,如共同参与提供全球公共物品、共同化解全球金融风险并维护全球金融稳定、避免或减少全球恶性竞争等。所有这些都需要政府职能作用的发挥和政府能力的支撑。

(2)增加参与国际制度供给的职能

在一个很长的时期内,经济全球化的规则由发达国家主导制定,发展中国家在制定经济全球化“游戏规则”中的作用十分有限,只能被动地接受这些规则。这对于发展中国家维护自身的利益极为不利。而随着经济全球化的深化和经济实力的不断增强,发展中国家在世界经济中的地位变得越来越重要,其在国际事务中的话语权日益增大。因而在新的形势下,发展中国家必须通过相互之间的合作来参与经济全球化"游戏规则"的制定,增加国际制度供给的职能。

2. 经济全球化要求强化国家(政府)职能

经济全球化为世界各国经济增长和经济实力的增强创造了基础性条件,也对强化政府职能提出了新的要求。无论是经济全球化的发展还是市场的扩展,都需要政府职能的进一步拓展。一个良性运行的全球化市场经济并不是通过市场代替政府,而是在两者都扩展的情况下发展的。特别是在世界各国尤其是发展中国家纷纷实行对外开放,大力吸引外国直接投资,充分利用国外的资金、技术和先进的管理经验来发展本国经济的情况下,强化国家职能的任务刻不容缓地摆在这些国家的面前。

(1)强化维护本国经济安全的职能

在经济全球化时代,跨国公司向全球扩张,资源在全球配置,生产和管理方式也都发生了巨大变化,国家疆域对世界经济的约束力减弱。经济全球化是一把"双刃剑",它既有利于发展中国家的经济发展,也会危及这些民族国家的经济安全。即使是发达国家,经济全球化下的国家经济安全问题也成为政府关注的焦点,在国家安全中占有突出的地位。因此,无论对于发达国家还是发展中国家,经济全球化的发展与深化都要求强化政府维护本国经济安全的职能。

(2)强化维护本国社会政治稳定的职能

经济全球化不仅拉大了国家之间的贫富差距,而且也造成了一国国内各社会群体和阶层的分化与矛盾,收入差距越拉越大。正如有学者所指出的，中国“对外开放的扩大也是导致不平等急剧扩大的主要原因之一，甚至是更根本和更重要的原因”①。联合国开发计划署也指出：“时空和国界的缩小可能正在创立一个地球村，但并不是所有人都能成为其中的公民。那些全球专业精英面对的边界比以前降低了，但其他几十亿人所面临的边界像以前一样高不可攀。”②经济全球化条件下各国均面临着维护本国政治经济稳定的复杂情况。而且，发展中国家融入经济全球化的程度越深越广，社会分化就越严重，对政府维护稳定的能力的需求也就越多。因此，经济全球化的严酷现实对一国政府履行维护国家政治经济稳定、维护主权独立性、平等参与世界事务的职能提出了挑战。经济全球化在客观上要求进一步强化民族国家维护本国社会政治稳定的职能。

(3)强化维护国家利益的职能

在经济全球化进程中，各国国家利益的范围不断扩大，从经济领域拓展到政治和文化等其他领域，从本地区拓展到其他地区直至全球。随着国家利益边界的不断拓展，各国必须相应地扩大自己维护国家利益的职能。特别是在信息技术高度发达的信息社会，各国必须将维护国家利益的职能领域从有形的国土边界拓展到无形的“信息边疆”。

(4)强化培育本国国际竞争力的职能

---

① 关信平：“经济全球化、社会不平等与中国社会政策转型”，http://www.ccrs.org.cn。

② 联合国开发计划署：《富于人性的全球化》，北京：中国财政经济出版社2002年版，第31页。

经济全球化意味着国际竞争的扩展和加剧,且竞争领域进一步扩大,由过去国家之间的军事竞争扩展到全方位的经济竞争、技术竞争、人才竞争和制度竞争等,甚至政府本身的竞争力也成为国际竞争力的一个重要因素。正如有学者所指出的:"一个国家的独立和生活水平的提高取决于该国在世界经济中的竞争能力,这就是全球化趋势的新现实。"①因此,世界各国特别是在竞争中处于不利地位的发展中国家政府需要强化竞争意识,一方面要大力提升和扩展政府自身的竞争力,另一方面也要承担起扶持本国企业提高国际竞争力的职能。例如,鼓励中小企业面向国际市场,积极促进其经济活动的国际化;通过政府的政策扶持,培育一批具有国际竞争力的大型企业和跨国公司,等等。

3. 经济全球化要求提升国家(政府)的管理与治理能力

斯蒂格利茨指出,政府戴着六套面具:立法者、调控者、生产者、消费者、保障者和再分配者。② 这说明,经济全球化条件下国家对社会经济生活的控制、调节和管理是多角度和全方位的。因此,国家行政职能和管理职能的必要扩张是现代民族国家职能的一个显著特征。特别是经济全球化使各主权国家之间、各种国际组织与主权国家之间相互影响、相互渗透,交往日益频繁和密切,国家管理和公共服务日趋复杂,在这种情况下,发展中

---

① 乔治·洛奇:《全球化的管理——相互依存时代的全球化趋势》,上海:上海译文出版社1998年版,第1页。

② 参见约瑟夫·斯蒂格利茨:《政府经济学》,春秋出版社1988年版,第88页。

国家的政府只有不断提升自己的管理和治理能力,以求在不利的国际政治经济规则和制度安排下维护国家利益,才能切实维护国家在经济全球化中的独立自主地位。

第4章　转轨国家政府职能转换的诱因与助推因素

经济全球化条件下转轨国家政府职能的转换，是由多种原因促成的，而且这种职能转换在不同时期的推动因素和表现形式也各不相同：既有内因的作用，也有外因的作用，还有内因与外因的共同作用。

4.1　转轨国家政府职能转换的内因作用

自20世纪90年代初，世界上先后有三十多个实行计划经济的国家纷纷向市场经济体制转轨，这不仅成为全球经济的一个最重要特点，而且形成了全球范围内由计划经济向市场经济过渡这样一道前所未有的“独特风景”。从根本上说，经济转轨既是一个发生重大变革的过程，也是一个制度变迁过程。正如科勒德克所言：“转轨是一个发生根本变化的过程：从基于国家控制产权的社会主义集中计划经济转向自由市场经济。……转轨意味着实质性地改变和引入全新的制度安排。这是一个以新制度代替旧制度的过程，而不再是仅仅通过改进运行方式来完善旧制度的另一次尝试。”①综观多数转轨国家几十年经济体制改革的实践，我们认为，这些国家的改革和制度变迁实际上经历了两个完全不同的阶段，政府的职能作用也随之发生了一定的变化。本节以俄罗斯为例加以分析。

4.1.1 第一阶段：20世纪50年代后期至80年代末

第一个阶段始于20世纪50年代后期苏联在赫鲁晓夫领导下开始进行的经济改革，直至20世纪80年代末，前后长达三十余年。在这一时期，苏联经历了从赫鲁晓夫到勃列日涅夫再到戈尔巴乔夫的若干次重大改革；东欧国家和包括中国在内的其他社会主义国家也不断进行经济改革的探索。总的来说，这些国家的经济改革虽形形色色，花样翻新，但基本上都是试图完善既有的计划经济体制，只是尝试着在计划经济体制的框架内置入市场经济因素，部分引入市场机制的作用，而不是引入新的经济制度。其共同特点是试图通过扩大企业自主权、增强企业活力、提高经济效益、改善人民生活等措施来改进和维系计划经济制度。这方面最明显的例子莫过于苏联的经济改革：赫鲁晓夫和勃列日涅夫的改革始终未能突破计划经济体制的基本框架。尽管戈尔巴乔夫与他的前两任不同，他竭力推进由计划经济向市场经济过渡的改革进程，但改革依然没有取得成功。囿于难

① 〔波兰〕科勒德克：《从休克到治疗：后社会主义转轨的政治经济》（中译本），上海：上海远东出版社2000年版，第2页。

以突破的计划经济体制根基，无论是赫鲁晓夫、勃列日涅夫时期甚至还包括戈尔巴乔夫时期，政府都成了无所不包的全能型政府，控制了包括生产、交换和分配等经济活动在内的所有领域。这种全能型政府及其所发挥的职能作用不仅难以适应千变万化的市场需要，而且其负面效应日益显现，如政府对市场不能作出灵活反应、对微观经济主体激励不足、资源错配等。这些因素的综合作用致使经济效率低下，最终导致经济发展缓慢、停滞不前甚至严重倒退。因此，赫鲁晓夫、勃列日涅夫和戈尔巴乔夫时期实际上都面临着转变政府职能以适应经济改革和经济发展需要的任务。

1. 赫鲁晓夫时期的经济改革

赫鲁晓夫执政后，针对斯大林时期积压的大量问题尤其是经济管理体制上的弊端，为解决高度集中的经济管理体制与经济发展日益不相适应的矛盾，大胆进行了改革的尝试。虽然总的来说赫鲁晓夫的改革是不成功的，但这次改革毕竟为苏联后来的经济体制改革奠定了基础。同时，这次改革的一些经验教训也值得深刻汲取并认真加以研究。

(1)经济改革的主要内容

第一，实行工业和建筑业管理体制改革。这次管理体制改革虽然削弱了中央对经济工作的领导权，将经济管理权限从中央移到了地方，提高了地方在国民经济管理方面的地位和作用，但这次改革实际上只解决了由“条条”管理变为“块块”管理的问题，并没有触动经济管理方法和扩大企业权限的问题。

第二，实行计划体制和物资管理体制的改组。这是与工业和建筑业体制改革相配套的。因为取消部门管理体制并实行地区管理原则后，原有的计划体制和物资管理体制已与新形势不相适应，必须进行相应的改组。在这种情势下，苏联对计划体制和物资管理体制采取了如下改组措施：一是改组计划体制。一方面，改组计划机构，成立了苏联部长会议所属的科学技术委员会和国家经济委员会来取代国家计划委员会。但后来又恢复了国家计委，只作为国家制定中长期经济发展计划的专门机构，日常的年度计划仍由国家经委制定。实行工业和建筑业管理体制改革后，苏联又将国家经委和国家计委合并到一起，重新组建了国家计划委员会。另一方面，与地区管理体制相适应，改变了国民经济计划的制订方法，并明显减少了计划指标的数量。二是改组物资管理体制。由于工业和建筑业管理体制的改革，实行了地区管理原则，苏联原来的国家统供统销、统一分配物资的垂直物资管理体制已与新体制不相适应。有鉴于此，苏联于1958年对物资管理体制作了相应的改组。主要措施是：撤销国家物资供应委员会，撤销各部的供应总局和销售总局；将主管部门物资供应体制改为经济行政区物资供应体制，按地区管理原则成立物资技术供销总局，负责本地区的物资供销；把原来国家和各部委的很大一部分物资分配权下放给经济行政区国民经济委员会和各加盟共和国。

第三，实行农业和农业管理体制改革。一是改革农业计划制度，扩大集体农庄制订计划的自主权。主要措施是：国家计划只规定对集体农庄农产品和畜产品的收购量；集体农庄根据国家的收购任务并从自身的需要与实际可能出发，自行决定农作物播种面积和饲养牲畜的数量。但集体农庄作物播种计划和畜牧业发展计划须上报区执委会审查批准。二是加速合并集体农庄，同时又将经济薄弱的集体农庄改组成国营农场。

第四，进行财政体制改革，实行从高度集权到过分分权的财政体制。为了解决财力和财权过分集中的问题，发挥地方的积极性，从 1957 年前后开始，苏联在财政体制上采取了一些改革措施，调整中央财政与加盟共和国和地方财政的关系，使财政体制由中央的高度集权过渡到地方分权。苏联的主要做法，一是大批下放中央企业，实行“块块”领导，即改部门管理为地区管理；二是推行以地方财政为主的分权政策，向加盟共和国和地方财政放权，加强加盟共和国和各级地方机关的财政基础。赫鲁晓夫时期采取上述措施，虽然加强了加盟共和国和地方苏维埃的财政基础，扩大了地方的财权，但由于财政体制的过分分权，使财力过于分散，造成中央对财力难以进行必要的控制，也使地方各行其是，甚至不顾国家利益而为所欲为。地方主义和本位主义大泛滥。

(2)经济改革不成功的原因与教训

赫鲁晓夫时期的经济体制改革，作为 20 世纪 50 年代斯大林逝世后对斯大林高度集权体制的大规模变革，并未获得成功，其根源及教训有以下几个方面：

第一，苏联改革工业和建筑业管理体制，即废弃部门管理体制，实行地区管理原则，虽利于发挥地方的积极性，在促进地区经济的综合发展和同一地区不同部门企业之间的协作方面起到了一定的作用，但其弊端也很大，造成了比较严重的后果。首先，过分削弱了国家对国民经济的集中统一领导和管理职能，使正常的国民经济计划被打乱，造成国民经济及其管理的混乱。其次，取消部门管理体制，实行地区管理原则，虽能够克服部门的本位主义、消除部门壁垒，但却助长了地区的本位主义和地区壁垒，造成地方主义大泛滥。全苏原来统一的国民经济管理体制被分割成105个经济行政区国民经济委员会后，每一个国民经济委员会都千方百计地建立自己独立的“小而全”的地方国民经济体系。国家整体利益被搞得支离破碎，国家计划实际上已是形同虚设，对地方没有什么约束力，地方基本上是我行我素。再次，管理机构重叠臃肿。实行地区管理原则后，苏联原本指望管理机构能得以精简，但结果适得其反，经济行政区国民经济委员会及其下属机构形成了数目庞大的地区管理机构，其数量比改革前增加了3倍多。

第二，赫鲁晓夫时期农业和农业管理体制改革虽取得较大进展，但也存在不少问题。一是改革农产品收购制度后，由于按主观意志来确定并不断追加生产和收购任务，特别是规定的征购任务过高，不仅导致地方的虚报和浮夸风，而且损害了农民的物质利益。二是对集体农庄和国营农场的个人副业政策多变。先是采取鼓励的政策，促进了个人副业的发展。后来，随着农业形势的好转和公有经济的发展，认为集体农庄庄员的个人副业已经逐步丧失意义，因此又对其采取限制政策，使个人副业再度出现萎缩。三是大规模合并集体农庄和把集体农庄改组成国营农场导致严重后果，一方面，人为造成集体农庄规模过大，管理起来十分困难，甚至“某些农庄已扩大到无法管理的地步”；另一方面，把集体农庄改成国营农场，增大了国家的负担，也难以实施有效管理。因此，勃列日涅夫上台后，在总结经验教训时，批评赫鲁晓夫时期合并集体农庄和把集体农庄改组成国营农场的做法和决定是“凭意志的，直截了当地说，是冒失的决议”①。四是虽然改组机器拖拉机站，使农村劳动者与基本生产资料相结合，这个措施本身是有道理的，总的方向也是对的，但是，这个重大的举措是在集体农庄和国营农场缺乏必要的物质基础准备，甚至是在不顾集体农庄和国营农场财力状况的条件下实施的。尤其是在机器设备转给集体农庄和国营农场的同时，苏联又提高了燃料和配件的价格，使得经济实力差的集体农庄和国营农场的财务状况更加恶化，变成了亏损户，陷入严重困境。不仅如此，机器设备的使用率也大为降低。

第三，赫鲁晓夫时期经济体制改革不成功的教训是极为深刻的，归结起来主要有以下三大方面：

一是赫鲁晓夫在经济体制改革和经济政策的制定中犯了主观臆断、瞎指挥的错误，他在缺乏缜密安排和周到部署的情况下，贸然实施一个个没有经过深思熟虑的国民经济改组措施，从而使工业和建筑业管理体制改革成为“没有经过周密思考的、没有仔细权衡、没有经过实际试验的改组”②，并由此造成了工业生产下降，工业基金产值率降低，劳动生产率提高十分缓慢。另

① 勃列日涅夫在 1965 年 3 月苏共中央全会上所作的《关于进一步发展苏联农业的刻不容缓的措施》的报告。

② 参见苏联《真理报》1964 年 11 月 18 日社论。

一方面，赫鲁晓夫主观主义和多变的农业政策，再加上农业改革和发展中暴露出来的诸多问题，最终又给苏联农业带来巨大损失，使苏联1959年以后农业生产连年下降。因此，主观臆断，头脑发热瞎指挥；缺乏理论和实际准备，不深思熟虑就仓促行事，是实行改革的大忌。赫鲁晓夫此教训十分深刻。

二是把部门管理原则改为地区管理原则，实际上只是行政管理机构发生了变化，只是改变了企业的行政隶属关系，只是由中央的行政命令方法转向了地方行政命令方法，但并未触及计划制度本身和改变企业经济地位这些深层次的问题，行政指挥命令的管理作风也没有得到改变。正如阿甘别吉扬所言，赫鲁晓夫时期“在利用经济管理方法和考虑基本生产环节的利益问题上没有向前迈进一步”①。因此，经济体制改革如果只是在“条条”与“块块”管理问题上兜圈子，而不从根本上解决用行政方法管理经济和组织经济联系的问题，是不会达到预期目标的，更不会取得成功。赫鲁晓夫此教训发人深思。

三是经济体制改革不能以损害社会各阶层尤其是农民的利益为代价。在赫鲁晓夫执政的前期，苏联曾纠正了对农民“违反物质利益原则”的现象，使农民得到一定的好处和实惠，刺激了他们的增产积极性。但后来，随着赫鲁晓夫赶超美国这一不切合实际口号的提出，规定过高的征购任务，并限制个人副业的发

---

① 〔苏联〕阿·阿甘别吉扬、列·阿巴尔金著：《苏联经济与改革——途径·问题·展望》（中译本），大连：东北财经大学出版社1989年版，第35页。

展，严重损害了农民的物质利益，挫伤了他们的积极性，也使生产力遭到破坏。这是赫鲁晓夫的又一个重大教训。

2. 勃列日涅夫时期的经济改革

勃列日涅夫时期，苏联经历了曲折的改革历程。面对赫鲁晓夫时期工业管理和计划体制存在的严重弊端，勃列日涅夫采取了一系列的改革和完善措施。

(1)经济改革的主要内容

第一，恢复工业部门管理体制，把改革的重点放在企业扩权上。如前所述，赫鲁晓夫时期以废弃部门管理体制、实行地区管理原则为主要内容的工业和建筑业管理体制改革，助长了地区的本位主义，造成地方主义大泛滥，极大地削弱了国家对国民经济的集中统一领导，打乱了正常的国民经济计划，造成国民经济的混乱。有鉴于此，勃列日涅夫上台伊始，就着手进行管理体制的改革。首先撤销了赫鲁晓夫时期成立的地方经济行政区国民经济委员会；重新恢复部门管理体制，恢复全联盟部、联盟兼共和国部、共和国部这种三位一体的管理体制。这反映了勃列日涅夫时期苏联在管理体制上加强集中的趋向。但另一方面，苏联在经济改革中又强调，在坚持集中计划体制的前提下，要适当扩大企业的自主权，使“集中的计划领导同企业和职工的经营主动性相结合”。为此而采取的主要措施如：减少国家对企业下达的指令性计划指标，将这类指标由三十多个减为 9 个；扩大企业制订计划的权限；扩大企业在劳动工资方面的管理权限，等等。

第二，发挥经济杠杆的作用，刺激企业完善管理。针对改革前在工业管理上主要采取行政手段而忽视经济方法、忽视物质利益原则、不讲价值规律的问题，苏联在改革中提出要用经济方法管理经济，使集中的计划与利用商品货币关系相结合，发挥经济杠杆在完成集中性计划中的刺激作用。所采取的措施，首先是改革不合理的批发价格制度，全面调整了工业品的批发价格。其次是加强信贷杠杆的作用，扩大企业基建投资的拨改贷范围，并对贷款实行区别对待的政策，实行择优贷款原则。再次是调整工资和奖金制度，使劳动报酬和奖金与企业和劳动集体的最终成果挂钩。最后是大大改变利润分配办法，以加强利润对企业生产经营活动的刺激作用。

第三，调整中央财政与地方财政的关系。勃列日涅夫时期，鉴于财政体制的弊端，并且为了适应经济管理体制的需要，苏联对联盟中央财政与加盟共和国和地方财政之间的关系也作了相应的调整，把过分分权的财政体制调整为以联盟中央财政为主、联盟与加盟和地方财政相结合，即集权与分权相结合的财政体制。这种财政体制一方面保证了国家财力的集中和中央对财力的集中控制，保证全苏国民经济的发展和国家经济建设特别是重点项目的建设；另一方面，也保证了每个加盟共和国和地方苏维埃进行经济和文化建设所必需的资金，加强它们本身在经济上的独立性，活跃地方经济。当然，必须指出的是，勃列日涅夫时期苏联对中央财政与地方财政关系的调整也并不是尽善尽美的，存在的问题不少。虽然苏联注意在中央财政为主的前提下适当向地方财政放权，但对地方财政的限制仍过多，缺乏必要的灵活性。此外，由于中央对一些地方工业企业隶属关系的调整，地方苏维埃管辖的企业数量减少，加之地方企业的赢利水平降低，使地方财政的收入基础有所削弱。

(2)经济改革不成功的原因与教训

总的来说，勃列日涅夫执政时期的改革，“是从集中的计划领导在苏联经济发展中居主导地位这一点出发的”。也就是说，坚持中央的集中计划管理是改革的基本前提。此次改革的总的精神，是在基本不改变中央集中的指令性计划原则的前提下，适当扩大企业在计划和生产经营方面的自主权，刺激企业和职工的生产积极性。因而，改革受到很大的局限。

我们认为，理论上的僵化是勃列日涅夫执政时期改革不能突破原有的计划经济体制基本框架的重要原因。长期以来，苏联一直奉行 20—30 年代形成的一整套社会主义经济理论，并将在这种经济理论指导下形成的传统社会主义计划经济和管理模式的基本特征视为社会主义的本质特征。勃列日涅夫时期的改革也未能突破这种传统理论的束缚。当时认为计划经济和市场经济还是相对立的，把社会主义条件下利用市场机制和发挥市场调节作用当做“市场社会主义”加以批判。而且正如俄罗斯著名经济学家费多连科院士指出的，由于当时的改革是试图捍卫社会主义基础，使社会主义经济理论免遭形形色色的商品经济和市场经济思想以及其他“乱七八糟思想”的侵蚀，因而改革变得令人乏味并陷入官僚主义的迷宫和空谈。① 此外，由于视计划手段为万能，把高度集中的计划经济体制看做是社会主义固

① 参见〔俄〕尼·费多连科：《俄罗斯：过去的教训与未来的面貌》，莫斯科经济出版社 2001 年俄文版，第 240 页。

有的体制并加以绝对化，因而经济改革还只能是在计划经济的框架内进行，不可能深刻触动高度集中的计划经济体制本身。勃列日涅夫时期的改革实践也证明，改革只是在改进计划工作、改变计划指标体系、加强经济机制的作用和完善经济刺激上绕圈子，对高度集中的计划经济体制采取一些改良性的修修补补的完善措施。不仅如此，虽然在改革中提出了用经济方法管理经济的问题，但实践上仍是行政管理方法占统治地位。正如俄罗斯学者阿尔巴托夫所指出的，用经济方法管理经济的改革目标，“很快被我国历史上最盛行的无所不在的行政命令和官僚主义的管理作风和管理方法所代替”①。

勃列日涅夫时期的经济改革没有取得实质性的进展，没能获得成功，教训是深刻的，也给我们带来一定的启示。

教训与启示之一：只有不断进行理论创新，敢于冲破传统理论的束缚，才能保证改革顺利进行。勃列日涅夫时期的改革之所以没有突破性的进展，很重要的一个原因就是理论上的僵化，没有发展马克思列宁主义的经济理论。正因如此，经济理论不仅未能给改革和创新提供有力的理论支持，反而成为改革无法突破高度集中的传统计划经济体制的依据。例如，由于回避社会主义时期生产力与生产关系之间的矛盾，因而对体现生产关系的高度集中的计划经济体制阻碍生产力发展的严重性缺乏认识，也就没有改革这种经济体制的紧迫感。这正是勃列日涅夫

① 〔俄〕格·阿尔巴托夫：《苏联政治内幕：知情者的见证》(中译本)，北京：新华出版社 1998 年版，第 266 页。

对旧体制不实行根本性改革，而只对其进行“修补”和“完善”的理论根源。再如，苏联长期以来一直把计划经济和市场经济对立起来，只强调计划经济而不承认商品经济，把商品生产和价值规律的作用限制在十分有限的范围内。基于此，苏联强调要不断完善能够体现社会主义制度优越性的计划经济体制，因而改革也只能是在原有高度集中的计划经济体制的基本框架内进行，看不到变革经济体制并使其不是阻碍而是促进生产力发展的客观必要性。

教训与启示之二：必须摒弃局部性的和治标不治本式的改革。改革一定要综合配套，只有用广泛和综合配套的方法实行改革，才有可能取得改革的成功。勃列日涅夫时期的改革没有取得突破性进展的另一个重要原因，恰恰是因为改革措施不配套。对在几十年间形成的一套完整的计划经济体制，未能采取综合全面的配套改革措施，而只是在计划管理、管理的组织结构、经济杠杆和经济刺激等方面进行局部性的零打碎敲的改革。尤其是没有从根本上解决由行政管理方法向经济管理方法转变的问题，只是采取了限制行政任务的数量并加强经济方法的一些不彻底的措施。所有这些治标不治本的改革措施不可能根本触及高度集中的计划经济体制本身，因而也难以使这种经济体制发生根本性的转变。勃列日涅夫时期在改革的理论和实践上所暴露的这些问题，教训是非常深刻的。

3. 戈尔巴乔夫时期的经济改革

戈尔巴乔夫与他的两个前任不同，他以“新思维”和“人道的民主的社会主义”等改革理论和思想为基础，在政治经济体制改革方面采取了一些有别于先前的“大刀阔斧”的举措。更重要的是，苏联在戈尔巴乔夫执政时期解体。但国内外学者对戈尔巴乔夫不成功的改革以及他在苏联解体问题上的责任和作用存有许多不同看法，可谓仁者见仁、智者见智。我们暂且不对此作评论。但有必要强调一点：戈尔巴乔夫不彻底的改革加剧了苏联的经济危机和经济崩溃，使苏联经济一团糟。而且，我们认为，研究俄罗斯的经济转轨问题，也应当从戈尔巴乔夫时期的改革入手。在这一点上，我们同意俄罗斯学者提出的下述观点：“从80年代中期开始，以苏联解体和苏共垮台而告终的戈尔巴乔夫改革，是苏联经济变形的起点。所以，分析市场改革的起源应从戈尔巴乔夫‘改革’开始。”①

(1)经济改革的主要内容

第一，改革企业经营机制。纵观苏联前两次经济体制改革，之所以没有取得成功或成效不大，主要问题就是因为没有真正确立企业的独立经济地位，没有建立起完备的企业运行的动力机制和企业行为约束机制。企业是国家计划执行单位和上级行政机构附属单位的状况并没有根本改变。因此，苏共中央1987年6月全会通过的《根本改革经济管理的基本原则》和《苏联国营企业(联合公司)法》这两个重要文件，确定了苏联经济体制改革的一个重要方针，即“基本经济环节——企业(联合公司)是根本改造经营机制的出发点。应当为企业创造最有利的经济环

---

① 〔俄〕列·科萨尔斯等著：《俄罗斯：转型时期的经济与社会》(中译本)，北京：经济科学出版社2000年版，第3页。

境，加强其权力，提高其责任，并在此基础上改革整个经济管理体制”。因此，自下而上，试图从企业这一基本经济环节开始实行改革，是当时苏联新一轮改革的一大特点。这次改革确定的总目标，是使企业成为社会主义商品生产者，并“在完全经济核算制、自我补偿和自筹资金的基础上建立企业活动的现代化经营机制”。这次经济体制改革与前两次改革的重大区别之一，就是明确提出了企业是社会主义商品生产者，充分肯定了企业的独立经济地位。以此为出发点，企业就必须拥有它作为商品生产者的一切权利、责任和义务。《苏联国营企业(联合公司)法》指出:“企业是社会主义商品生产者，根据计划和合同，在完全经济核算制、自筹资金和自治、集中领导与企业自主性相结合的基础上生产和销售产品，完成工作和提供服务。”与此相联系，就必须使生产资料所有权与经营权相分离，使“企业行使对企业财产的占有权、使用权和支配权”。因此，使企业成为独立的商品生产者和实行“两权”分离，构成了当时经济体制改革的一条主线。而改革企业经营机制，实行自筹资金、自治和完全经济核算制，则是实现这条主线的重要前提和基本保证。

第二，实行宏观经济改革。一是财政体制改革。戈尔巴乔夫在苏共二十七大报告中，抨击了苏联财政体制的弊端，认为苏联的财政体制已明显过时，不能促进经营效率的提高，强调要对财政体制进行改革。苏联财政体制改革采取的主要措施有：把企业同预算的关系建立在定额的基础上，建立长期稳定的收入分配定额，广泛实行利润定额分配制度；赋予企业真正意义上的独立自主权限，取消对企业财务管理的琐碎监督和过细限制，使企业真正自主地、负责地支配和使用自己的资金；进一步改革企业向国家预算的缴款形式，把资源付费变成预算收入的基本来源，提高国家预算收入的稳定性；削减财政补贴。当时采取的财政体制改革措施，其目的是试图使国民经济实现全面的财政正常化，达到国家、集体和生产者个人三者利益的有机结合，加强财政机制的反浪费作用，促进经营效率的提高，变单纯追求“一时的国库目标”为注意企业的主人翁地位和企业的自身利益。

二是计划体制与物资技术供应体制的改革。戈尔巴乔夫时期，由于强调国家要用经济方法而不是用行政命令方法管理经济，因而对作为行政命令方法具体体现的中央集权的计划体制进行了改革。改革的重点是，取消对企业的指令性计划，国家主要通过控制数字、长期稳定的经济定额、国家订货和限额等不具有指令性质的经济杠杆来引导企业的生产和经营活动。企业根据这些基础数据编制自己按年度分解的五年计划。各部和各加盟共和国的五年计划则以企业五年计划为基础编制而成。

三是价格改革。价格改革是苏联经济体制改革的重要一环，也是其中最棘手的问题之一。鉴于价格管理体制高度集中，价格由国家集中统一制定，加之价格体系不合理，使价格处于严重扭曲状态的情况，苏联当时确定的价格改革目标，一方面是改变价格形成原则，变耗费型价格为效用型价格，把价格同产品的质量、产品的性能、产品的使用价值和效益直接挂钩。另一方面是改革价格体系和价格机制，主要内容是，通过对工业、农业、建筑业、运输业、服务业等实行新的批发价格，实现价格的根本变化；以保证人民生活水平和效益的提高为前提，并针对收入分配不公正问题，实行零售价格改革。再一方面是改革价格管理体制，使价格管理更具灵活性。所采取的主要措施是，大幅降低由中央规定价格的比重，广泛推行限价和合同价格。

(2)经济改革失败的原因与教训

可以从多方面总结戈尔巴乔夫经济改革失败的严重教训。尽管他的经济改革有一些比较好的思路，也制定了一些较好的决定和法规，但这些决议、法律法规和决策不是未能付诸实施，就是实施起来未能善始善终。例如，通过实行管理的改革来推进经济改革的方案受挫；原定在集约化和科技进步基础上加速社会经济发展的战略方针宣告失败；推行各种形式的经济核算制没能取得明显进展和效果；财政经济健康化构想也未能实现。不仅如此，改革的实际配套措施差，来自各方面的阻力也很大。旧的障碍机制没有彻底打破，新经济体制和有关的机制又没有最终形成，“上层革命”和“下层革命”也没有完全和有机结合起来，社会意识形态还没有完全接受根本改革的思想。这是戈尔巴乔夫经济改革失败的深刻原因与教训之一。

正是由于以上原因，人民无法相信政府的改革方案会取得成效，更不相信改革能给他们带来任何好处和实惠。他们对周围发生的一切麻木不仁，持冷漠态度。对各种许诺、保证和宣言已经听厌了。因此，失去人民的信任和人民对改革的信念，这是戈尔巴乔夫经济改革失败的深刻原因与教训之二。

教训之三，是把实行社会的全面民主化和公开性作为改革的决定性条件。苏联把以前历次经济改革的失败归咎为没有实行广泛的民主和公开性。因此，这次改革中戈尔巴乔夫大肆宣扬民主化和公开性原则。强调实行自治要与整个社会生活的民主化，与发展公开性有机联系起来；要发展政治民主化和经济民主化，加快民主化的进程。实践表明，苏联搞的民主化和公开性已超越其本来的含义。共产党的领导之所以逐步被架空并最终被取消；整个社会之所以处于严重的混乱状态，无不与过快和过分的民主化和公开性有直接关系。

戈尔巴乔夫经济改革失败的第四个也是最主要的教训，是在改革中逐步放弃了社会主义道路和方向。早在1987年，苏联著名经济学家阿巴尔金就尖锐地指出："苏联是继续沿着巩固社会主义的道路前进，扩大社会主义在世界上的影响，还是沿着推翻社会主义成就的道路前进，这些都不仅仅是说说而已，确实存在着这种危险性。"戈尔巴乔夫的改革实践已清楚地证明，苏联正是沿着背离社会主义的道路走下去的，从根本上改变了经济改革的社会主义性质，造成了政治、经济、社会和意识形态领域的全面混乱。对苏联发生的这些变化，西方国家拍手称快。法国《问题》周刊当时载文指出："看到苏联共产主义堡垒的最后几堵墙倒塌，专家、金融家和外交官在思想上感到满足"。从苏联的惨痛教训中可以得出一个结论：社会主义的命运取决于改革。一是取决于改革的方向，二是取决于改革的成败与否。只有改革取得成功，才能巩固社会主义和增加社会主义的吸引力。反之，就会像戈尔巴乔夫那样，由于改革背离社会主义方向和改革的失败而既断送了社会主义，又最终葬送了改革。

综上所述，从总体上说，苏联解体前，也包括波兰和匈牙利等东欧国家，无论实行何种改革，国家主要用行政手段管理和干预经济的问题并没有从根本上得到解决。这就决定了政府职能虽有转变但这种转变又是有限度的。所谓既有转变又有局限性，一方面是指政府职能已开始从计划经济体制下的无所不包、无所不管和经济决策权的高度集中，逐步向经济决策的分权化、减少计划经济色彩和扩大企业经营自主权方面缓慢转化，即试图从全能政府逐渐转向有限政府。而另一方面，政府职能的转变又带有很大的局限性，因为这种转变受制于当时没有根本触动计划经济体制根基的改革。

4.1.2 第二阶段：自 20 世纪 90 年代初期至今

在这一时期，由于苏联的解体和东欧剧变，这些国家不仅根本政治制度发生了改变，而且开始了大规模的市场化改革，经济体制随之发生变迁。这种变迁即经济转轨“就是以市场经济取代中央集权计划经济的过程”。与此相适应，政府由实行指令性计划、用行政手段管理和干预经济，即实行高度集权和无所不包的政府职能模式，向摒弃行政命令、用经济手段管理经济、对经济过程进行适度干预的政府职能模式转变。政府的职能作用得以重新界定。正是由于政府职能作用的新变化，使得转轨国家的政府从原来的全能政府逐步转变成为有限政府。

1. 经济转轨的基本原因

关于经济转轨的原因，科勒德克曾用一句话加以概括：“转轨进程的启动缘于人们越来越确信中央集权的计划经济已经走到了尽头。”我们也认为，经济体制丧失活力是迫使转轨国家实行经济转轨的重要原因之一。如上所述，俄罗斯早在 20 世纪 80 年代初，即勃列日涅夫执政的最后时期，苏联高度集中的计划经济体制的弊端和缺陷就日益暴露，其优势逐步丧失殆尽。这种消极趋势在戈尔巴乔夫执政时期又进一步恶化。虽然戈尔巴乔夫曾对高度集中的计划经济体制采取过一些改革措施，但这些改革是在生产资料国家所有制占主导地位的框架内进行的，并没有从根本上突破传统的计划经济体制的束缚。其结果是，一方面，高度集中的计划经济体制不仅严重阻碍经济发展并造成经济效益低下，而且排斥市场机制的作用，难以及时反映市场需求的变化；另一方面，实践也证明，试图不彻底打破并摆脱传统经济理论的桎梏，而在此基础上进行完善经营机制的改革，不能取得明显的改革成效。正是在这种情势下，俄罗斯不得不选择对其完全陌生的改革之路即向市场经济过渡，实行经济转轨。此外，国民经济存在明显缺陷，经济痼疾难以治愈，经济局势发展到十分严重的程度，也是迫使俄罗斯实行经济转轨的重要原因。

2. 从“休克疗法”到渐进式经济转轨

俄罗斯在转轨模式和路径选择上曾产生过很大的意见分歧，分成两大派别：一派是以时任政府副总理的盖达尔为代表，他们不遗余力地主张实行激进式经济转轨，按西方模式实行以新自由主义和货币主义理论为基础的“休克疗法”，并聘请“休克疗法”的创始人杰弗里·萨克斯作为顾问（萨克斯将其“休克疗法”的主要内容概括为稳定化、自由化和私有化）。另一派是以时任政府副总理的经济学家阿巴尔金为代表，他们反对按西方货币主义理论采用"休克疗法"这种激进方式向市场经济过渡，而主张采取渐进方式向市场经济"温和过渡"。激烈的经济转轨路径和方式之争最后以激进派的以"休克疗法"为基本内容的激进改革主张被采纳而暂告结束。

然而，无论是盖达尔政府的激进式经济转轨，还是盖达尔下台后由政府副总理兼财政部部长费奥多罗夫继续执行"休克疗法"转轨战略，都不仅未能稳定俄罗斯经济，反而使俄经济遭到重创，导致生产大幅度下降和恶性通货膨胀，加剧了经济衰退和经济危机。因此，俄罗斯后来不得不放弃激进式经济转轨即"休克疗法"，转而实行适度的渐进的经济转轨战略。

渐进式经济转轨始于切尔诺梅尔金出任俄政府总理之后。切氏上台伊始就提出，现政府"要对经济政策进行修正，使其更切合实际"。他还强调，"政府反对经济的任何极端和任何混乱，主张中派主义政策，主张唯一可行的'中间'方针，这同时是唯一可行的改革方向"。以此为出发点，切尔诺梅尔金政府一方面强调改革不可逆转，要继续深化改革和坚持市场经济取向，保持政策的连续性；另一方面又积极制定深化改革和反危机纲领，并着手修改经济转轨方案，以实现由激进式转轨向渐进式转轨的转变。概括起来，切尔诺梅尔金政府是分两个阶段来完成这个转变的：

第一阶段是对"休克疗法"采取一些扭转和修正措施，为经济转轨方式由激进式向渐进式平稳过渡创造条件。一是把减缓生产下降和保障生产的稳定作为主要任务，并把实行适度紧缩政策、稳定财政信贷同稳定生产结合起来。二是继续采取抑制通货膨胀和稳定卢布的方针，并建立对通货膨胀的监督机制。三是慎重对待价格改革，放慢价格自由化速度。四是变“证券私有化”为“现金私有化”，同时，把私有化同刺激投资活动结合起来。

第二阶段的实质是真正摒弃激进的“休克疗法”，由“浪漫主义的市场改革阶段”向“刺激生产阶段”转变，实行渐进式经济转轨。其特点是：第一，明确反对激进的经济转轨，继续贯彻“中间路线”。切尔诺梅尔金曾明确表态，“我反对任何激进主义，不管右翼的还是左翼的，任何急转弯的做法都会使国家充满崩溃的危险”。尽管叶利钦对切尔诺梅尔金的渐进式经济转轨主张和经济政策心存种种疑虑，甚至在 1994 年还强调要继续捍卫 1992 年 1 月开始的经济改革方针，“不能放慢改革的速度”，但当时俄罗斯摆脱激进的“休克疗法”所造成严重后果的唯一出路，也只能是实行渐进式经济转轨，从而缓冲并消除以生产严重下降、巨额财政赤字和恶性通货膨胀为主要特征的全面经济危机及其灾难性影响，逐渐达到由乱到治。第二，走出迷恋货币主义理论的阴影，在坚持不懈治理通货膨胀的同时，采取有力措施制止生产下降，刺激增加生产投资和扶持本国生产，不断调整产业结构。第三，加强国家宏观经济调控，继续实行适度紧缩的财政货币政策，并稳定卢布汇率。第四，调整私有化政策，其一，宣布“大规模私有化时期已经结束”，重心要转向提高私有化的效率问题；其二，着重强调国家要实际控制大型国有企业，“国家应占有 51％的国有大企业的股份”。第五，把提高人民生活水平作为经济政策的重点。面对自实行“休克疗法”激进经济转轨以来人民生活水平一直急剧下降和贫困化趋势的日益加剧，俄罗斯提出要在 2—3 年内解决工资拖欠、住房、补偿公民因通货膨胀而遭受的存款损失、支持小企业经营活动、建立公民银行存款保险制度等五大问题，并逐步提高居民的实际收入水平。

综上所述，俄罗斯经历了一个由激进式经济转轨即“休克疗法”向渐进式经济转轨的转变过程。当然，激进转轨和渐进转轨本身是一个相对的概念，两者并无绝对的界限。而且，俄罗斯从采用“休克疗法”激进式的经济转轨转向渐进式的经济转轨，也只是整个漫长转轨进程中的两个不同阶段和两种不同转轨方式而已。如果把俄经济转轨看做是制度变迁和融入经济全球化的一个过程，那么，经济转轨就应是一个长期的渐进的过程。我们认为，经济转轨方式的选择固然重要，但更为重要的是，在选择了转轨方式后，要在转轨过程中避免政府决策上的重大失误，这才是保证经济转轨取得成功的关键。但不管怎么说，正如俄总统普京所指出的，通过经济转轨，俄罗斯新的经济体制已在运行，市场经济不仅已经存在，而且显示了巨大力量，在克服经济危机后果方面也显示了其独到之处。这就是俄罗斯经济转轨的成效。

3. 经济转轨的主要内容与具体路径

(1)实行经济自由化和市场开放

无论是激进的还是渐进的经济转轨，俄罗斯都把实行经济自由化和市场开放作为基本路径之一。这既是俄经济转轨本身的要求，也是融入经济全球化进程的需要。其根本目的，一是与世界经济接轨，迎接经济全球化的挑战。二是使经济和企业活动摆脱形形色色的行政限制，消除计划分配体制时期实行的指令性计划和对资源的集中分配制，减少国家对经济的干预，充分发挥市场的作用，真正形成竞争环境。俄罗斯实行经济自由化和市场开放的主要措施，一是取消限制，放弃国家的经济垄断。二是实行经营自由化，保证公民从事任何形式经济活动的权力。三是实行价格自由化，价格根据市场需求确定。四是实行对外经济活动自由化，俄所有的经济主体都有权从事进出口业务活动。

(2)变革产权制度

从20世纪90年代开始，苏联和东欧国家纷纷放弃传统的计划经济体制，开始向市场经济体制过渡。按波兰经济学家科勒德克的说法，"改革的焦点是调整和完善现有制度，而转轨是改变制度基础的过程"①，因而制度转轨或制度变迁构成了经济转轨的基本内涵。俄罗斯产权制度变迁的主要途径是国有资产的私有化。俄政府认为，为了建立有效的面向社会的市场经济，必须尽快对国有企业和地方企业实行私有化。为此，俄罗斯规定了国有资产私有化的原则、范围、资金来源、具体操作方法。俄罗斯的私有化包括"小私有化"、"大私有化"、"个别私有化"和"农业私有化"。

针对私有化存在的问题，在普京任总统期间俄罗斯采取了若干措施来规范私有化的管理。第一，改变仅仅把私有化作为

---

① 〔波兰〕科勒德克著:《从休克到治疗——后社会主义转轨的政治经济》(中译本)，上海:上海远东出版社2000年版，第34页。

“圈钱”手段的观念，更多地强调把提高效率作为进一步私有化的目标。在叶利钦时期，尤其是在转轨初期，私有化的主要目标是为了满足国库的需要，期望通过大规模私有化解决财政的短缺。普京上任后，俄罗斯更多地强调通过私有化实现企业重组，加强公司治理，提高企业效率，以激活社会生产，稳定经济局势，向经济增长过渡，并以此为基础，依靠社会因素和先进技术来实现最现代化的经济发展模式。① 第二，加强私有化资产的管理，防止国有资产流失。鉴于叶利钦时期国有资产严重流失的教训，普京上任后，强调国家对私有化过程的监督，加强私有化的规范性和透明性，优化国有股的结构。第三，强化对私有化的政府调控。《俄罗斯联邦国有资产和市政资产私有化法》规定，联邦政府要每年审核和批准联邦资产私有化预期计划。联邦资产私有化预期计划应根据联邦总统决定的国内政策基本方针以及政府提供的社会经济发展纲要制定。联邦执行权力机关应在每一财政年度的前 8 个月向联邦政府提交有关企业的私有化建议。

(3)企业制度变迁

俄罗斯企业制度的变迁为整个国家的经济体制变迁奠定了微观基础。也就是说，企业制度变迁折射出俄罗斯经济体制变迁的强度和力度。也可以说，俄经济体制变迁是围绕着国有企业这一微观基础展开的，企业制度的变迁是俄罗斯整个经济转

① 参见〔俄〕阿巴尔金主编：《俄罗斯发展前景预测——2015 年最佳方案》(中译本)，北京：社会科学文献出版社 2001 年版，第 188—191 页。

轨的缩影。

在苏联历史上延续了近半个世纪的经济体制改革，之所以始终没能打破国家与企业之间的行政性关系，为国家与企业之间的利益关系奠定双赢的基础，关键是没有把国家与企业之间的利益关系纳入现代市场经济的产权关系体系。因此，要根本改革传统体制下的政府与企业之间的利益关系，必须实行企业制度的转轨，并建立适合现代企业运行的公司产权制度。产权改革与建立合理的公司治理制度，是转轨国家把原来的国有企业改造成市场经济微观主体的必由之路。俄罗斯企业制度的转轨是通过以“私有化”为核心的公司治理制度的改革来实现的。通过“小私有化”和“大私有化”，俄罗斯把数量可观的国有企业改造成股份制企业。1992 年 7 月，叶利钦签署总统令，要求除不准私有化的企业外，其余的大中型企业一律实行私有化。自此，俄罗斯企业的股份制改造全面推开。1992—2003 年，俄罗斯共成立股份公司 31600 家。①

俄罗斯国有企业改造成股份制企业是分为三个阶段、采取不同的途径实施的：在第一阶段，针对私有化初期的特点，采取了改造国有企业、实行股份制的措施。这一过程大致从 1992 年 7 月开始到 1992 年底结束。主要目标是把国有大中型企业改造成为股份公司。第二阶段主要是适应货币私有化的需要，把国家或市政独资企业改组成股份 100％属于国家或市政所有的

---

① 参见〔俄〕俄罗斯国家统计委员会：《俄罗斯统计年鉴（2004 年）》，第 352 页。

开放型的股份公司，然后出售股票。第三阶段主要是根据个别私有化的需要，于 2001 年 12 月颁布了《俄罗斯联邦国有资产和市政资产私有化法》(第三部私有化法)。这个法律文件在总结以往私有化经验和教训的基础上，进一步规定了将国有企业改造成股份制企业的方法。

(4)实行农业改革

农业改革是俄罗斯经济转轨的重要组成部分之一。自 1991 年年底 1992 年年初起，俄罗斯就开始在经济转轨中实施新的农业改革和发展战略，其核心是实施土地私有化，废除国家农业生产计划指标和粮食订购任务，建立以家庭农场经济为主要形式的现代农业体系。

实行土地私有化是俄罗斯经济转轨的重要内容和基本政策。俄试图通过土地私有化将土地转移到农民手中，并为建立以家庭农场为主的市场化农业经济奠定基础。而且，土地私有化既是俄罗斯农业改革的切入点，也是俄罗斯变革土地所有制关系，在农村全面实行私有制的重要举措。无论是叶利钦还是普京总统，都倾注全力推进土地私有化进程。土地私有化不仅引起土地所有制关系的重大变革，而且客观上也要求俄罗斯对农业政策作出重大调整。

俄罗斯认为，高度集中管理的农业经营模式尤其是单一的公有制，是俄农业长期落后的一个根本原因。而只有改变土地所有制关系，实行土地私有制，才是解决农业发展中出现的诸多问题的唯一出路，才能提高农业生产效率，并实现对土地所有权公正的再分配。因此，俄罗斯的农业改革首先就从解决农民的土地所有权入手，全面推行土地私有化，将单一的土地国有制形式改造成为以土地私有制为主的多种土地所有制形式。不仅如此，当时有许多地区实际上已经在土地私有化方面先行一步，允许在一定范围内实行土地的自由买卖。从总体上看，俄罗斯土地改革的主要措施，一是对集体农庄和国营农场的土地实行私有化；二是将土地分给农民、农户和农场；三是实行土地有偿占有和有偿使用制度。

(5)金融改革与制度创新

经过多年的金融体制改革和制度创新，俄罗斯不仅建立了多种金融机构并存的多元化的金融市场格局，而且金融自由化、市场化、股份化、商业化的程度已相当高。俄罗斯金融自由化和市场化改革的绩效已经在一定程度上和局部领域显示出来。其中最重要的，是为金融市场的发展创造了自由宽松的准入环境和制度环境；非国有金融成为金融市场化运作的主导，金融机构的自组织能力逐步增强。

银行体制改革是俄罗斯经济转轨和金融改革的重要内容之一。多年来，俄罗斯一直在不断探索如何建立适应社会经济发展需要的银行体制和实行符合本国国情的货币信贷政策问题，取得了一定的进展。银行体制已经发生很大变化，二级银行体制得以建立，对中央银行和商业银行的职能作了明确划分。由于国家对银行业的垄断被打破，中央银行被赋予新的职能和作用，商业银行开始得到迅速发展，银行的业务活动被纳入法制化的轨道。实践表明，俄罗斯银行体制改革和二级银行体制的建立，打破了原来国家银行的一统天下，形成了国家银行、私人银行、股份制银行和外资银行并举的多元化银行体制。随着市场经济的发展和银行自身运行机制的改革,俄各类银行形成了相互竞争的态势。然而,由于俄罗斯多数银行的经营实力不强,这些银行尚不能为推动俄罗斯经济发展作出较大贡献。它们的主要业务活动限于进行货币交易,持有股票和政府证券,而且从事业务经营活动也往往是急功近利,不顾长远利益。这也是导致后来银行体系危机的一个重要原因。

证券市场的建立和发展是俄罗斯实行经济转轨的必然要求。自俄罗斯在经济转轨进程中建立证券市场至今,证券市场得到了较快发展。证券市场上的发行主体既包括国家和地方政府,也包括银行和公司等经济实体。而且,证券种类繁多,既有国家有价证券和地方政府债券,也有股票及公司和银行债券等。因此,俄证券市场基本上形成了一种较为多样化的市场组合。

也应当指出,由于俄罗斯在金融改革中过快过早地放弃了政府对金融体系的必要调控,政府职能被严重弱化,加之经济政策措施多变,市场运作规则不能得以有效贯彻实施,且金融体系也失去了内部和外部的有效监管,由此带来了严重的经济后果,在金融领域引发了频繁的金融危机。因此,俄罗斯需要强化政府对经济的必要干预。首先,政府应加快金融改革的步伐,根据经济发展的需要及时制定金融法规,保持金融总体平稳运行,建立金融风险预警机制,强化金融监管力度,营造一个稳定高效的金融秩序。其次,金融市场化改革意味着代表市场力量的民间部门的进入和政府的有限退出,这也需要政府创造条件,促进非银行金融机构和非国有银行的发展。与此同时,应当对金融业实行有限度的开放。而且凡需要政府有所为的领域，政府必须要有相应配套的金融参与机制和措施。这就要求在金融转轨中对政府职能进行重新定位。也就是说，一方面要转变政府职能，政府要不断退出经济领域而让金融市场和金融中介机构逐步在资源配置中发挥主导作用；另一方面，全球化要求全面提高政府的治理能力。它“使得政府的作用更为重要，它不仅体现在应付这些冲击（如金融危机），而且体现在帮助人民和企业抓住全球市场的机遇上”①。在这一过程中，政府在宏观调控、计划指导、法制构建、市场监督等方面都要实行转轨。

（6）税制改革

税制改革在俄罗斯经济转轨中占有十分重要的地位。之所以重要，是因为税制改革与经济转轨的每一个环节几乎都相关联。它既是经济转轨的重要组成部分，又在很大程度上制约或决定着经济转轨的进程。同时，税制改革也牵涉到每个人和每个利益集团的切身利益。因此，从一定意义上说，税制改革关系俄罗斯经济转轨的成败。也正因如此，俄罗斯在经济转轨进程中一直将税制改革置于特殊地位，并不断向前推进。

苏联解体俄罗斯独立后，经过几年的税制改革与调整，俄罗斯已基本建立起有自己特点的税收体制。但这种税收体制依然是不完备的，主要问题是过分注重税收的国库收入作用而忽略税收的经济调节功能。鉴于此，俄罗斯分别于 1999 年 1 月 1 日

---

① 世界银行：《1997 年世界发展报告：变革世界中的政府》，北京：中国财政经济出版社 1997 年版，第 12 页。

和 2001 年 1 月 1 日颁布了《俄罗斯联邦税法典》(第一部分)和《俄罗斯联邦税法典》(第二部分)。如果将《俄罗斯联邦税法典》(以下简称《税法典》)及与之相关的改革综合起来分析,可以将俄税制改革的措施和特点归结为以下几个方面:一是简化税制,减少税种。税法典将《俄罗斯联邦税收体制的基本原则法》规定的 47 种联邦和地方税费减至 28 种。二是降低纳税人的税收负担,包括:取消大部分流转税;把对劳动报酬基金的课税从 38.5%降低到 35.6%;降低企业利润税税率和自然人收入税税率,后来又降低了统一社会税税率。三是取消税收优惠,为所有纳税人拉平课税条件。四是调整税率。在税制改革中,俄罗斯一直注意税率的调整。《税法典》第二部分第 23 章规定按 13%的税率对所有自然人的收入课税,实行统一税率。此外,俄罗斯还通过了相关法规,将企业利润税从 35%降到 24%。银行的利润税则从 43%降到 24%,其下降幅度之大前所未有。24%的利润税税率在欧洲也是最低的税率之一。五是新增统一社会税。俄罗斯于 2001 年开征统一社会税,以取代此前实行的向国家预算外基金缴纳保险费的制度。六是实行关税改革。俄罗斯在关税改革中首先放弃了关税补贴系数法和其他一系列关税优惠,而且将平均进口税率降到 14%,外贸税收收入占到财政总收入的 1/4。按照国际货币基金组织贷款协议和世界贸易组织提出的"入世"要求,俄罗斯已从 1996 年起逐步减让关税,减少纳税商品范围。

总之,经过多年的努力,俄罗斯税制改革确已取得重大进展。原有的税收体制已得到根本改造,改革后的税制已基本与世界接轨。特别是《税法典》的颁布实施,是俄罗斯税制改革进入实质性阶段和建立良好税收制度的重要标志。根据《税法典》和相关税收法规的规定,俄罗斯进行了以简化税制、减少税种、下调税率、降低税负、取消优惠为主要内容的税制改革,从而如普京所言,俄罗斯已"成为一个建立了良好税收制度的国家"。

4. 经济转轨与政府职能的定位

如前所述,在高度集中的计划经济体制下,政府权力过于集中,而且政府将行政命令作为管理计划经济的主导形式,主要采用行政手段干预经济,对经济统得过死,对企业干预过多。这种无所不包的全能政府职能恰恰是导致转轨国家经济缺乏生机和活力,造成经济体制严重僵化、不能适应市场需要的重要原因。这些弊端迫使转轨国家在经济转轨进程中对政府的职能作用进行重新定位。一方面,本不属于政府的一些职能被剥离出来,尤其是使政府摆脱对企业的直接行政干预,把经营自主权交还给企业;另一方面,把实行市场规则和自由化的经济政策,特别是创造有效率的市场环境,作为转轨国家政府角色定位和职能转换的首要目标。

俄罗斯的教训也说明,必须在经济转轨进程中对政府职能加以重新定位。在转轨期间,政府职能不能简单地弱化,更不能取消,而是要适应市场经济的要求积极地改革和转换。经济体制转换中政府的制度安排,要按照现代市场服务型政府的标准来设计。政府职能的转换应顾及现代市场服务型政府在经济管理和职能上的一般性和转轨国家自身的特殊性。例如,在金融转轨中,政府要把反金融垄断,促进金融市场健康有序运行,保证金融机构稳健经营，防范和抵御金融风险，保证国家的金融安全作为职能转换的重点。其中，重要的是必须完善金融监管体系和提高金融监管的有效性，政府要赋予监管当局高度的自主权，保证其充分运用各种监管措施和惩罚手段。政府要提供和保障与金融相关的公共产品的供给和强化政府的服务性职能，尤其是加快人事制度改革，按照全球化的金融标准健全金融基础设施，重新定位政府的服务性职能。政府对金融的管理职能的转变，要由对金融业的干预或者“管”过渡到对金融行业的以“放”为主的“管与放”的有机结合。为加快金融市场化改革进程，转轨国家的金融转轨需要政府强化推动金融机构改革和金融业成长的职能。总之，在经济转轨条件下，政府干预不是传统体制下的行政控制，而是通过市场的间接调控。政府的干预必须以市场机制充分发挥作用为前提，其目的是要弥补市场缺陷，促进市场机制调节功能的更好发挥。

4.2　转轨国家政府职能转换的外因推动

可以从两个方面来研究外部因素对转轨国家政府职能转换的影响：第一个方面也是最重要的方面，是经济全球化对政府改革和政府职能转换的推动作用。始于 20 世纪 90 年代初的世界绝大多数计划经济国家向市场经济的转轨，适逢经济全球化加速发展并呈现前所未有新特点的时期。这实际上并不是一种偶然的巧合，而是反映了两者之间的内在联系与相关性：经济转轨既是经济全球化作为外部因素推动的结果，又是经济进一步全球化的表现,从而成为全球化的重要组成部分。为适应经济全球化和经济转轨的需要,应对经济全球化向转轨国家政府提出的新挑战,转轨国家政府的职能必然要发生重大转换。第二个方面是其他国家政府改革和政府职能转换对转轨国家的示范效应。

4.2.1 经济全球化对政府改革和政府职能转换的推动作用

对这个问题可以从两个方面来加以考察:一是从一般性意义上考察经济全球化对政府改革的推动作用;二是从经济全球化的视角来重点考察转轨国家政府职能转换的真正原因。

1. 经济全球化对政府改革的推动

首先,在经济全球化进程中,由于全球经济体系逐渐形成,各国之间的竞争加剧,各国都把提高国际市场上的经济竞争力作为主攻方向。OECD 指出:"经济的迅速全球化使得保持国际竞争力十分必要,这是公共部门制度革新的一个强有力的推动因素。处理国际问题不再是传统涉外部门的唯一职责……所有政府部门甚至地区和地方政府部门,都必须具有追踪、理解和处理国际问题的能力,这些源于国际的问题正渗透到各国社会和经济问题的各个方面。这不仅是欧洲统一体公共部门改革的一个重要考虑因素,它也适用于其他国家。"①传统的政府体制主

① OECD(1990):*Public Management Development Survey*:*1990*, Paris:OECD,pp. 9 -10.

要面向国内事务的治理,管制较严,缺乏竞争。这些都不能适应全球化的挑战。面对全球性竞争,政府需要提高效率,放松管制,对市场作出灵活反应,以便有能力回应全球化渗透带来的各种新问题,从宏观上把握经济发展这条主线,提高本国的核心竞争力。

其次,经济全球化使各国市场进一步开放,而市场的扩大总是会产生一定的风险,这就需要政府有控制风险的能力,确保这些风险不会破坏本国的经济运行。任教于美国华盛顿大学的经济学教授 K. Z. 波兹南斯基对转轨经济有深入和独到研究,他认为,一种特定的经济会产生何种类型的结果,关键在于它是否与有效的政府一起加入了世界经济。有效的政府意味着有能力控制本国经济,并能够不断化解由于开放国内市场而带来的不可避免的风险。由此可见,如果要使经济全球化在任何经济区域产生积极的结果,一定程度上的政府调整(改革)是必需的。①如果一国政府有能力化解由于国内市场的进一步开放而带来的风险,那么该国就会在经济全球化进程中受益;反之,如若一国政府缺乏这种能力,经济全球化就会为其带来消极后果。各国政府能力和效力的差异会造成事实上的经济效益的差别,因此,改革和调整政府行为,并使政府承担起更多的责任就是必需的。

再次,经济全球化使得一些超国家机构或国际组织(如 WTO、IMF、世界银行、欧盟、东盟、APEC、NAFTA 等)的权力

① 参见〔波兰〕K. Z. 波兹南斯基著,刘耀辉译:“全球化的理论与实践”,《国外理论动态》2002 年第 8 期。

和影响力日益扩大。这些超国家机构或国际组织使各国经济的相互依赖性增强,并在全球范围内控制着资源的流向,操纵着信息媒体和全球规则的制定,对主权国家的政治、经济和社会生活诸方面产生深刻的影响。正如加拿大学者 D. 萨维所指出的:"全球化经济要求国家自由裁量权的某种牺牲,将其让渡于国际机构并服从国际规则。例如,一国贸易政策越来越受到国际协议的限制。"①各国纷纷加入这些超国家组织或国际组织,就不得不接受它们的规则和条款的约束,政府也要采取相应的变革措施,从而实现与国际惯例的接轨。

2. 经济全球化:转轨国家政府职能转换的推动因素

前已述及,转轨国家政府的职能转换与应对经济全球化向转轨国家政府提出的新挑战有直接关系。

第一,经济全球化进程中的贸易自由化要求转轨国家转变政府职能。无论是追溯经济全球化的起源,还是考察经济全球化的发展,我们都会发现,国际贸易既是经济全球化的先导(因为历史上经济全球化最先从国际贸易开始),又是转轨国家融入全球经济的主要载体。特别是随着国际贸易的不断深化而出现的全球范围的贸易自由化,不仅更加把转轨国家裹挟到经济全球化的大潮之中,而且也要求转轨国家转变政府职能以推进而不是阻碍贸易自由化的发展。鉴于此,绝大多数转轨国家转变和更新观念,一方面,放弃传统的行政干预手段,放松对外贸易

---

① D. Savoie, "Reforming, Civil Service Reform," *Policy Options*, April 1994. p. 5.

管制，实行进出口贸易的自由化。例如，俄罗斯、乌克兰、波兰和匈牙利等国规定，国有企业和一切私营企业都可以自由从事进出口贸易，而不受任何限制。另一方面，又不断加强政府的宏观调控职能，尤其是注重国家对外贸易总体发展战略的调整，实行外向型发展与贸易自由化并重、开拓国际市场与逐步放开国内市场并行的均衡发展战略；充分利用国内和国际“两个市场、两种资源”，以推动国家经济发展。当然也不能否认，在这个过程中，由于有的国家采取激进的经济转轨方式，过快过早地放弃了政府对对外经济关系特别是对外贸易的必要调控，造成许多消极影响和后果。在这方面俄罗斯便是典型一例：几乎是无限制地大量出口不可再生的自然资源如石油和天然气等所谓具有竞争优势的产品，又无节制地大量进口食品和消费品，是俄罗斯自转轨以来的历届政府都承认的在过早开放国内市场情况下政府调控职能减弱的直接后果之一。

第二，经济全球化进程中的金融全球化要求转轨国家转变政府职能。20 世纪 90 年代以来，随着经济全球化进程的加快以及苏联解体和东欧剧变，由发达国家主导并推动的金融全球化通过国际经济传递机制迅速席卷这些转轨国家，使其融入金融全球化潮流之中。而且，为适应金融全球化的发展趋势，这类国家纷纷放弃了以抑制和封闭为主要特征的货币金融制度，大胆进行金融自由化改革，放松严格的金融管制，实行金融自由化政策，开放本国金融市场，允许外资进入，实行外汇自由化，实现本国货币与美元的统一汇率和自由浮动制度。转轨国家政府在变抑制和封闭型金融制度为开放型金融制度的过程中发挥着关键性的作用。而这种作用的发挥又是以转轨国家政府职能的转换为前提的,即政府从严格实行金融管制政策、对市场准入加以重重限制的无所不管的政府,转变成为放松或取消金融管制、促进本国金融市场发育的"有限政府"。其主要表现,一是打破国家对银行业的垄断,并大大减少国家对金融活动的直接干预。俄罗斯和几乎所有的中东欧转轨国家都形成了多种所有制并举的银行多元化模式,建立起中央银行和商业银行并存的二级银行体制,从而彻底改变了国家银行集中央银行和商业银行的职能于一身这种职能不分的状况。二是政府放宽外国金融机构进入本国市场的限制。波兰规定,外国金融机构可以以独资或合资的方式在波兰设立银行分行或代表机构,但条件是必须满足波兰对外资银行注册资本金的最低要求,也必须将规定数量的波兰货币兹罗提存入波兰国家银行。同时,多数中东欧转轨国家还允许本国的金融机构打入国际金融市场,参与金融全球化条件下的国际竞争。三是政府放松利率管制,甚至有许多转轨国家实现了利率自由化。四是实行更加灵活的汇率政策,并放松或解除外汇管制,外汇可以自由兑换和买卖。

但另一方面,一些转轨国家在融入金融全球化进程和实行金融自由化政策的同时,由于对政府的职能作用定位不当,片面强调减少政府的行政干预,对于金融全球化的负面影响疏于防范,放松甚至完全取消了金融管制,因而在金融全球化与这些国家经济的双向互动和传导机制的作用下,频繁发生金融危机。前述俄罗斯自 1997 年 10 月至 1998 年 8 月发生的三次金融危机,就是例证。其根本原因,就是俄罗斯在金融体制不完善和政府金融监管能力不强的情况下盲目开放国内金融市场，削弱政府宏观金融调控能力，致使政府的职能作用丧失殆尽，从而难以抵御金融风险的冲击并最终导致政府垮台。这是经济全球化与经济转轨和转轨国家政府职能转换之间出现不和谐并呈不良互动关系的一个典型事例。而且，这种类型的金融危机还有较强的扩散和辐射效应：俄罗斯的金融危机迅速波及乌克兰和白俄罗斯及其他一些中东欧转轨国家，金融危机甚至也成为乌克兰发生政府危机的导火索。

第三，经济全球化进程中的投资自由化和生产国际化要求转轨国家转变政府职能。投资自由化和生产国际化是经济全球化的重要表现之一。其带给转轨国家的最直接经济利益，一是由于国际资本向这些国家的自由流动，解决了资金短缺这个严重困扰并制约转轨国家经济发展的问题。二是有助于引进发达国家的先进技术，因为国际直接投资是以发达国家的跨国公司为主导的，而且一般都伴随着国际间的产业和技术转移，从而进一步推动了转轨国家融入生产国际化的进程。三是有利于转轨国家引入发达国家的先进管理经验，提高企业的经营管理水平。因为投资自由化特别是国际直接投资不仅包括资金和技术的国际转移，而且也促进了人才和先进管理经验的国际流动。可以说，转轨国家在经济转轨进程中亟待解决的资金、技术和管理以及其他相关的问题，都能够通过积极参与投资自由化和生产国际化而得以解决。这正是促使转轨国家转变政府职能以融入投资自由化和生产国际化进程并从中受益的重要原因。这些国家所采取的措施，主要是大大弱化政府的行政干预和政策限制，纷纷出台以放松管制和提供各种优惠政策为基本内容的吸引外商投资的法规与政策措施，为外商投资提供可靠的制度保障。再者，政府承诺改善投资的软硬环境，为外国投资者创造良好的投资条件。

然而，在这个过程中，有些转轨国家政府的职能并未从根本上得以转换，其作用也没有得到有效发挥，因而表现为对全球投资自由化和生产国际化趋势的应对措施乏力。以俄罗斯和乌克兰为例，由于投资环境差，特别是制度法规不健全、政策措施多变，这两个国家曾被认为是世界上投资风险很大的国家。直到最近几年，虽然俄投资环境有所改善，但由于长期积累的问题积重难返，吸引外国直接投资总额依然与中国相差甚远。然而另一方面，俄罗斯国内的资本外逃却数额惊人，且多年有增无减。据俄央行估计，仅在20世纪90年代，从俄流出的资本总额最低为500亿—800亿美元，最高可达1500亿美元以上。近些年，由于俄资本市场信誉度提高以及法律制度不断完善，资本外逃的势头逐步减弱。即便如此，依然是巨额外流资金大大高于所吸引的外国直接投资额。而俄罗斯政府只能听凭资本外逃，无法采取有效的遏制措施。这种情况足以说明俄罗斯政府职能转换不到位从而导致政府驾驭本国经济的能力下降这一基本事实。

第四，国际经济组织要求转轨国家转变政府职能。国际货币基金组织（IMF）、世界银行和世界贸易组织（WTO）这三大“超国家机构”在推动转轨国家的经济转轨，促使它们迅速融入贸易自由化、金融全球化、投资自由化和生产国际化进程的同时，也对转轨国家的经济主权形成制约，对这些国家的政府职能作用提出新的要求。例如，中国加入 WTO，不仅要求中国政府必须遵守加入 WTO 所作的承诺，而且要求中国转变政府职能并改变政府管理经济的方式。因此，从一定意义上说，中国加入 WTO 首先是政府加入 WTO，是政府职能转换以适应世贸组织规则的制约。再如，国际货币基金组织和世界银行对俄罗斯、乌克兰等转轨国家提供经济援助时，都要求它们转换政府职能，放弃政府的行政干预，放开市场，实行经济自由化方针。这说明，无论是转轨国家的经济转轨还是政府的职能转换，都面临着来自于国际经济组织的压力，受到其影响和制约。

4.2.2 其他国家政府经济职能定位对转轨国家的示范或警示效应

从外部影响因素看，转轨国家的政府职能转换既是经济全球化直接推动的结果，也是其他类型国家政府经济职能定位对经济转轨国家所产生的一定示范效应抑或是警示效应的结果。

1. 西方发达国家政府经济职能的示范或警示效应

西方发达国家的经济运行模式大多是在第二次世界大战以后逐步形成的。以主张政府对经济实行全面干预和广泛调节为主要特征的凯恩斯主义理论的提出，不仅导致了西方经济学以及市场经济体制的重大转变，而且也使政府职能发生了相应的转变，并由此形成了以美国、日本和德国为代表的不同经济模式。对政府职能和经济模式划分和评定的基本标准，是看国家或是市场在社会经济发展中发挥何种作用、扮演何种角色以及怎样处理国家(政府)与市场的关系。

(1)美国的“自由市场经济模式”

美国自由市场经济模式的主要特征是,政府对经济的干预程度低,政府的作用被限定在最小的范围内,而经济的自由度相对较高,市场功效得到充分展现和发挥,市场机制的充分调节作用成为促进经济增长和发展的基本因素。虽然美国也存在着诸如政府对垄断性企业经营权的限制和过多规章制度对企业施加约束等问题,但与日本和德国模式相比,美国政府在经济上表现出适应经济全球化发展的更大灵活性。当然应当强调,美国的自由市场经济模式只是相对于西欧和日本政府更直接地干预和调节经济活动的市场经济模式而言的,并不是说政府对经济活动放任不管。事实上,美国政府时刻没有放松对经济活动的干预和管理,特别是自罗斯福总统推行“新政”以来,美国对市场经济运行的管理和干预已经形成了一套较为完善的制度和方法。

美国的自由市场经济模式对转轨国家政府职能转换的启示,一是政府应当尽量让市场机制发挥作用,充分鼓励自由竞争,政府主要是通过财政和货币政策等宏观经济政策对市场进行间接调控,并依法对企业经营活动实行监管。二是政府为创造一个良好的市场竞争环境而干预经济运行是必要的。政府要规范市场行为和市场竞争秩序,主动为市场竞争创造有利条件。

(2)日本的“政府主导型经济模式”

日本政府主导型经济模式的基本特征在于:政府对经济的干预程度远远大于市场调节。政府运用严厉的规制要求企业遵守市场规则;利用利益机制诱导企业行为;利用计划和产业政策引导企业的发展方向；通过行政指导使企业尊重政府的意图。概括地说，日本政府在保护私人企业制度、按照市场机制配置资源的基础上，通过强有力的经济计划和产业政策对资源配置实行引导，以达到经济增长和发展的目标。而且，政府制订并实施明确的经济计划与产业政策，这是日本政府主导型市场经济模式与其他发达国家市场经济模式的不同点。对日本的政府主导型市场经济模式，有人甚至用“官民一体”、“政企一家”来加以形容。这是因为，在这种模式中，政府对经济发展、产业政策、资本投资、财政、金融、贸易、就业直至消费等的调控作用十分明显。

当然，这种模式和体制的弊端也是较为明显的。许多学者认为，20 世纪 90 年代日本经济的衰退，主要就是由这种模式和体制因素造成的：一是政府对经济生活的过度干预抑制了经济活力，政府对经济活动的规制过多就是例证。规制过于繁杂使企业经营活动受到限制。例如，日本开设大型商场需要向通产省报批，办理申报手续通常要 3—4 年，甚至 6—8 年。[①] 二是政、官、财“铁三角”体制的弊端日益暴露。这主要表现为：法律形同虚设，政府总揽一切，政治家世袭现象相当严重；寻租活动日益猖獗。三是政府质量日渐低下，并由此造成日本的国际竞争力下降。而且，政府质量的明显下滑，已经不能适应日本经济向前发展的需要，成为日本经济出现“平成萧条”的重要原因。四是在长期经济萧条面前，日本政府在实现经济复苏方面一直

---

① 参见〔日〕植草益：《微观规制经济学》（中译本），中国发展出版社 1992 年版，第 279 页。

难有作为。特别是当经济转入低速增长甚至衰退时,政府的作用就更难以有效发挥。

综上所述,日本的政府主导型市场经济模式及其所产生的弊端,为转轨国家提供的并非是正示范效应,而是一种警示效应。因为随着经济全球化进程的加快,国家对经济生活干预过多的这种政府主导型经济模式,对经济的"不适应症"更加明显。日本在经济起飞时期曾实行过"经济发展倍增计划"和某些产业发展政策,政府对诸如钢铁、汽车等产业给予过多的补贴,这虽然在一定程度上促进了一些大公司的发展,但同时也导致这些企业的经营成本高于一些中小企业。随着经济全球化带来的资本、技术、信息等的自由流动,以及跨国公司迅速发展所带动的跨国经营,市场竞争超越国界在更加广阔的地域展开。经济全球化本身就对民族国家的经济主权形成制约,而政府若继续沿用旧的规制,只能束缚企业的手脚。现实也表明,越是国家干预过多的经济模式,对瞬息万变的世界经济就越不适应。因此,减少干预是发达国家经济面临的最大挑战,必须要重新界定现代社会的政府职能。这也是日本积极主张在金融、财政、经济结构、社会保障、行政和教育方面实行改革,在金融、雇用与劳动、信息通信、土地与住宅、医疗与福利、物资流通等六个方面放宽行政限制的原因。这一做法则是经济转轨国家转变政府职能可以借鉴的。

(3)德国的"社会市场经济模式"

德国社会市场经济模式倡导"福利社会主义"和"福利制度",试图在传统的资本主义和社会主义之间进行折中,既要实行私人资本统治和自由竞争，通过市场机制配置资源，追求经济效益；又要发挥政府对市场的引导和调节作用，扩大福利和社会保障，以实现社会稳定和社会公平。社会市场经济的实质就是政府维护下的市场经济：一是对竞争机制的维护，以确保经济发展的永久动力；二是对社会利益的维护，以弥补竞争机制带来的副作用。在竞争问题上，这种经济体制模式与自由市场经济模式的区别在于，市场经济的运行不是放任自流的，而要受到政策的控制和规范。鼓励竞争政策和限制垄断政策是政府调控经济的主要措施。其基本特点是：自由竞争与政府控制并存；经济杠杆与政府引导并用；经济增长与社会福利并重。

具体来说，社会市场经济模式有如下主要特点：

第一，政府为市场竞争创造基本条件。一方面，在保证经济的竞争性的同时，德国政府对垄断进行限制。政府一般不提出经济增长的目标，也不通过产量、投资和消费来控制经济的发展，这是德国社会市场经济模式与其他经济模式的重要区别。另一方面，政府对经济调节和干预的程度受到基本法的限制。政府对私人经济活动的每一个导向性、控制性和指令性的干预措施，都必须与经营自由的基本权力相符合。

第二，实行有效的稳定货币政策。与英、美等发达国家经济调控手段相比，德国主要是通过货币政策来稳定经济，而不是主要采用财政政策来刺激经济发展。而且，联邦银行在执行职责的范围内具有独立性，联邦政府不能对该行发布指示。这种中央银行独立体制，是为了确保其货币政策的连续性，以达到稳定货币的目的。另一方面，历届德国政府都把通货的稳定作为其经济政策的核心内容之一，因为货币稳定是社会市场经济健康运行的前提。

第三，政府对收入再分配进行调节。德国的收入再分配政策及其模式，具有明显的社会市场经济特征。在收入分配领域强调市场机制的作用，在再分配领域则主张公民的权利与义务紧密相连。因此，在德国的所得税制度中，累进税的最高税率在发达国家中不是太高；在社会保障方面，也是以社会保险为主，主张公民通过缴纳保险税来得到享受社会保险的权利。德国的社会保险系统耗资巨大，是世界上著名的福利国家之一。此外，用于战争受害者补贴、儿童津贴、产妇补贴、家庭补助、建房补贴等社会服务和社会救济的项目，费用也完全由政府或雇主来承担。

第四，实行以平等参与为核心的经济民主化。德国政府社会政策的一个重要方面是实行所谓的"共同决策"，政府通过立法要求在股份公司中推行这一制度。"共同决策"集中体现为德国公司的"职工参与决定制度"。这是德国社会市场经济模式的产物，也是经济民主化的一种重要形式。它是为了调和劳资双方之间的矛盾，使劳动者在收入分配方面有一定的发言权，并参与公司重大问题的决策。

总体而言，与美国的自由市场经济模式相比，德国的社会市场经济模式有如下突出的特点：其一，政府对经济的干预和调节的领域比较宽泛，手段较为多样化；其二，在干预和调节目标上既重视经济效率，又强调社会公平，特别是将增加社会福利放在更加重要的位置上；其三，将通货稳定视为经济和社会稳定的关键。德国社会市场经济模式的这些特点对经济转轨国家政府职能转换的启示与示范效应，一是政府职能转换和较高的政府质量是一国取得良好经济发展成就的关键；二是政府要对经济实行适度干预，而且对经济的干预和调节手段应多样化；三是将维护竞争机制和社会利益、注重效率和增加社会公平作为政府职能转换的目标；四是政府要实行稳健的货币政策。

(4)启示与借鉴

综合以上所述，我们认为，转轨国家还可以从以下三个方面来具体参考和借鉴西方国家政府改革和职能转换的一些经验：

第一，注意调整政府与社会、市场之间的关系，将竞争机制引入政府公共服务领域，鼓励私人投资和经营公共服务行业，打破政府对公共物品供给的垄断，提高公共服务的效率和质量。第二，引入科学的企业管理方法。将一些科学的企业管理方法，如目标管理、绩效评估、成本核算等引入公共行政领域，能够促进政府工作效率的提高。尽管公共部门管理与私营部门在各自的目的、对象和方法上均有种种差异，完全采用企业管理的方法来实施公共行政管理并不可行，但在某些领域适当借鉴则能够很好地提高政府的工作效能。第三，适当分权。适当缩小政府行政范围，分散政府行政权力，可以激活各个部门的活力，使其更加灵活和主动地工作。中央政府可以将若干权力如项目管理权、法规制定权等下放给地方政府，使地方政府拥有更大的权力。

总之，经济转轨国家为适应 WTO 规则，并在全球化竞争中取得有利地位，需要重新考虑政府、市场与社会的关系，打破政府对公共产品的供给垄断，强调服务型政府的概念，致力于提高公共服务的质量和规范，改变政府的低能和低效状况。在这些方面，西方国家政府改革和提高政府作用的经验，可供转轨国家在政府改革和职能转换中借鉴。

2. 东亚经济起飞过程中政府干预作用的示范或警示效应

关于经济起飞过程中东亚政府的作用问题，不同学派和学者看法迥异。新古典主义者将东亚地区视为经济发展过程中“国家最低限度干预论”的实践者。而结构主义学者则对此予以反驳。H. 夏皮罗和 L. 泰勒将东亚地区政府成功干预的经验概括为以下几个方面：一是政府实行一般指导，而对于厂商对市场作出反应的决策，政府不实行直接的分极化管理；二是通过咨询过程在生产者和国家之间形成集中信息和把信息有选择地在厂商中传播的反馈机制；三是国家依据极为优惠的利率为新企业提供风险资本；四是在那些由国家指定的并且有可能形成规模经济的“冲刺行业”中实行保护并控制执照的发放，以形成进入壁垒；五是在厂商能够达到绩效标准的前提下采用包括由国家向厂商提供低利率贷款等在内的激励措施；六是对包括健康与教育在内的广义的基础设施进行投资，把国家与私人部门之间的协调延伸到资本形成的过程中，等等。① 夏皮罗和泰勒赞赏韩国政府在促进物质资本和人力资本形成方面所起的作用，认为正是由于各项激励措施的引导以及与公共投资的相互协调，

---

① Shapiro, H. & Taylor, L., 1990, “The State and Industrial Strategy,” in *World Development*, Vol. 18, No. 6.

韩国才完成了由进口替代战略向出口导向战略的转变;韩国民众的识字率以及工程师和受过技术训练的人口比率均居于世界领先水平,韩国的成功就在于政府将正规教育和在职训练调节到与工业化相适应的水平。

P.巴丹认为,东亚地区的政府积极干预主义远远超出了新古典经济学家提出的中性的经济政策的框架。他发现,东亚地区的政府在实施干预时使用了几种独特的政策工具,包括以微妙而又果断的方式干预资本市场;对信贷配置实行管制,以推动和融通产业投资;为风险承保并为贷款作担保;建立公共开发银行和其他金融机构;鼓励金融市场中新生要素的发展;推动现有厂商提高其技术并向那些在发展目标中具有全局性战略意义的重要部门转移。他赞同青木昌彦等人的观点,认为在工业化的早期阶段,当私人金融机构和其他相关制度尚处于欠发达状态而且协调尚未达到自我强化程度时,东亚地区的政府"创造了以绩效或结果为条件的寻租机会(如通过动员储蓄使创新实现商业化,实行出口'竞赛'等),对私人代理人所面临的战略性激励措施施加影响,从而促进制度的发展"①。

我们认为,东亚在 20 世纪 60 年代到 90 年代中期经济成就斐然的一个重要原因,是这些国家和地区的政府推行外向型发展战略,实行灵活有效的政府干预和较为公平的收入分配政策。

---

① Bardhan, P., 2001, "Distributive Conflicts, Collective Action, and Institutional Economics," in G. M. Meier & J. E. Stiglitz (eds.), *Frontiers of Development Economics: The Future in Perspective*, Oxford University Press, pp. 274 -275.

特别是东亚发展中国家和地区经常针对政府权力过分集中而产生的腐败现象进行打击,不断树立"廉洁、公正、高效、权威的政府是最好的政府"这一被东亚各国广为接受的理念。当然,也必须看到,东亚国家和地区的市场经济模式,与日本的政府主导型模式有许多相似之处,因此,也会出现如日本政府一样所面临的一些问题,如经济决策缺乏透明度并高度集中化、官商勾结、金钱政治和腐败、政府质量低下等。正如时任韩国总统的金大中在接受法国《快报》周刊记者采访时所明确指出的:"如果韩国是个真正的民主国家,那么政界和商界的勾结就不会达到如此泛滥的程度。政府也不会把常常是违背经济规律的法律强加给金融部门。监督机制就会更加健全,我们的银行和企业就会运转得更好。最后,腐败也不会那么有恃无恐。"因此,金大中执政后,一直大胆地推行政府改革,其主要目的是重新组建行政体系,以便在21世纪满足国民的需要。他通过将中央政府的一些工作移交给民间组织和地方政府的办法,建立了一个小而精干的政府。这些改革包括政府改组,国家养老金公司私有化,裁减政府雇员和进行政府组织中的管理改革。

应当指出,东亚"强政府"和"集权发展主义"是人们对东亚地区各国政府特别是日本和韩国政府在有效发展市场经济和实现快速工业化过程中充分发挥职能作用的概括。正如日本著名经济学家大野健一所指出的:"集权发展主义……非常有效地发展了市场经济和实现了快速工业化。这种在世界其他地区不常见的特别独裁形式,通过强有力的领导,把经济发展上升为最高国家目标,并通过实际地实现目标使其领导合法化。……随着时间的推移，成功的经济发展所产生的内在和外在的变化会逐渐侵蚀这个体系。但集权发展主义的最终完结还必须依赖政府本身在适当的时候从繁杂的经济管理事务中退出而完成。东亚的集权发展模式是否可以完全或部分地成为世界其他地区的榜样，是未来研究的一个重要课题。”①

实际上，东亚国家和地区“强政府”的真正实质，是后发国家和地区市场发育过程中的一种政府替代。政府不是一般地纠正市场失灵，而是必须直接参与市场的形成和运作，实现对市场发育不足或对残缺的市场的部分替代。以亚洲“四小龙”为代表的东亚新兴工业化国家和地区的实践证明，特定条件下后发国家市场发育过程中的这种政府替代在很大程度上取得了成功。著名经济学家斯蒂格利茨在评论东亚奇迹的原因时高度肯定了强政府这种东亚模式。他指出：“东亚奇迹以及该地区过去10至20年时间里惊人的发展速度，令世人对其原因感到迷惑不解。由于市场在此发挥了重要作用，因此一些观察家得出了只有市场才是它们成功秘诀的结论。但是，政府在经济中几乎处处都在发挥着举足轻重的作用。当韦德将他研究台湾（地区）经济成功的著作命名为《支配市场》时，这无疑是在强调政府通过市场干预经济的作用。”②

我们认为，作为具有相类似的文化底蕴的亚洲经济转轨国

---

①　孙宽平主编：《转轨、规制与制度选择》，北京：社会科学文献出版社2004年版，第350页。

②　〔美〕E.斯蒂格利茨著：《社会主义向何处去——经济体制转型的理论与证据》（中译本），长春：吉林人民出版社1999年版，第15页。

家(如中国和越南等),在其政府职能转换过程中,还是会在一定程度上或是在不同程度上受到东亚地区市场模式和发展模式的影响。特别是经济转轨国家的市场化是一个必须由国家作为实现单位的过程,它要求强制执行与市场交换相一致的法律、规则和标准,因而需要一个强有力的政府。仅从这一点上说,经济转轨国家也会从东亚强政府和集权发展主义的模式中得到一些有益的启示。事实上,东亚一些国家和地区在经济起飞阶段的政府干预模式甚至也潜移默化地影响了波兰和匈牙利等东欧转轨国家的转轨实践。俄罗斯学者在评论波兰经济转轨过程中政府作用的变化时指出,应当注意到波兰改革的一个重要特点,即改革伊始波兰曾主张把国家逐出经济领域,希望实现市场的自我调节。但事实上波兰主要的经济杠杆如货币、贷款和利率等始终留在国家手中。因而国家在缺乏自我调节市场的情况下,挑起了拯救经济的担子,灵活地运用了手中的杠杆。1994 年,时任匈牙利基督教民主人民党主席的曼多基·安托尔在谈到匈牙利经济转轨的教训时也指出,在当前情况下,国家不能放弃在“自由市场”上和经济中的作用。在社会和经济力量强大之前,在市场经济完全建立之前,国家的动员作用、规划作用和监督作用必不可少。当然,东欧和东亚的文化、政治和社会背景有许多差异,因此不应过分将两者硬行比较。只是在如何实现从经济落后的国家转变为一个效率高、有竞争力的国家方面有许多相同之处和可以共同借鉴的经验教训。

4.3　转轨国家经济安全对政府职能的挑战

对于国家经济安全，不仅不同的学者会给出不同的定义，而且每个国家都有各自的不同理解和诠释，这是由各国的不同国情和不同战略目标所决定、所制约的。1996 年《俄罗斯联邦国家经济安全战略》明确提出："经济安全是国家安全体系中的重要组成部分，是保障国家安全的关键所在。经济领域的国家利益是最主要的国家利益，保障俄罗斯的经济安全和利益是国家政策的主要内容。"俄著名学者先恰科夫主编的《经济安全——生产·财政·银行》一书将俄罗斯经济安全和主要的经济威胁归结为以下九个方面：经济结构的畸形加剧；投资和创新积极性下降，科技潜力遭到破坏；变为发达国家的燃料和原材料供应地，不仅出卖自然资源，而且强化了对世界市场行情的过分依赖；对进口的依赖性加强；外汇资金外流；社会的财产分化加深；外债增加；经济过度开放；经济犯罪增加。[①] 在涉及俄罗斯国家经济安全的这九个方面中，变成发达国家的燃料和原材料供应地，经济增长受制于世界燃料和原料市场的行情波动；过分依赖进口；资本外流；外债增加和经济过度开放，这五个方面均与经

① 参见〔俄〕先恰科夫主编：《经济安全——生产·财政·银行》（国务院发展研究中心国际技术经济研究所译），北京：中国税务出版社 2003 年版，第 17 页。

济全球化有直接和密切关系，是俄罗斯融入经济全球化进程并与之相互作用所产生的国家经济不安全因素。

国内有学者认为，国家经济安全主要包括资源安全(如能源、粮食和人才)、金融安全、产业安全、财政安全、信息安全等。其中，金融安全是当今最突出的经济安全问题，它不仅涉及资本的供给安全，而且由于金融虚拟化的趋势加强以及对其他经济部门的影响日益深远，金融安全已经成为一个独立的经济安全领域。资源安全主要指保障战略性资源的有效供给，在当前的情况下，主要表现为石油安全和粮食安全。产业安全则是指一国在参与国际贸易特别是在加入 WTO 的情况下，其国内产业的产品和利益在国外免于受到不公平待遇，国外产品进入国内市场后不对国内产业造成伤害。至于财政安全，就是政府财政不出现大的支付危机。①

4.3.1 经济全球化与转轨国家经济安全的相关性及其原因

经济全球化席卷全球，深刻地改变着世界面貌和世界经济的运行环境，使世界市场变得更加开放，竞争更加激烈；使资本、技术、信息、人才等生产要素能够跨国界自由流动。由于经济全球化的迅猛发展，世界经济的运行已从过去以国际贸易为主，转向以资本跨国界流动为主、国际贸易迅速扩大的新的发展态势。

---

① 参见曹荣湘著:《经济安全——发展中国家的开放与风险》，北京：社会科学文献出版社 2006 年版，第 7 页。

与此同时，经济全球化进程中转轨国家与世界经济联系的不断加深，使其在分享经济全球化带来的利益和发展机遇的同时，也面临着更大的风险与挑战。以经济全球化与经济转轨的相关性和互动性为出发点，可以从多角度来考察和研究转轨国家制度变迁特殊阶段中经济全球化与这类国家经济安全的相关性及其原因：

第一，转轨国家处于新旧体制交替时期，因而与经济全球化进程相伴的各种风险很容易乘虚而入，通过一定的传导机制，对转轨国家还没有最终建立起来的新经济体制或其中的薄弱环节造成冲击，引起经济不安全。俄罗斯和中东欧国家在经济全球化（金融全球化）和经济转轨这两个并行不悖的进程中，由于传导机制的作用多次发生金融危机，对这些国家的金融体系和经济造成巨大冲击，就是经济全球化与转轨国家经济安全密切相关的典型例证。

第二，转轨国家不仅市场机制不尽完善，而且使市场机制充分发挥作用的客观环境和条件也并不完全具备。这其中，市场体系不完善是制约市场机制充分发挥作用的主要因素。众所周知，由于社会生产各个环节的内在相关性，商品市场与生产要素市场之间相互关联，构成统一的市场体系，该市场体系决定着市场机制的结构、运行方式和作用范围。因此，完善的市场体系是市场机制赖以发挥作用的重要基础。而在经济全球化迅猛发展的条件下，由于市场越来越自由化，同外部世界建立了更广泛的接触和联系，转轨国家市场体系不完善和市场机制不健全，加上所处外部经济形势的瞬息万变和激烈竞争，使经济转轨国家处于高风险的经济运行区间，因而更加容易受到经济全球化浪潮的冲击。在这种情况下，经济全球化与转轨国家经济安全的相关性也更为明显。正如巴瑞·布赞等人所说的："所有已经适应开放性全球贸易和金融体系的民族国家经济，都依赖于这一体系的持续稳定和平稳运作。因此，一旦出现破坏全世界商品和资本流动的体系危机的可能性，这些经济的所有部分都必然受到威胁。"①

第三，在经济全球化进程中，大多数转轨国家都主张建立完全自由的市场经济体制，主张取消市场限制和政府行政干预。因而在实践中这些转轨国家的政府提出了建立"大市场、小政府"的国家经济运行机制，不断减少对市场经济的介入，甚至"遵循市场经济对政府的角色定位"，迅速退出了原来发挥重要作用的许多领域，政府在经济转轨中的职能作用日渐衰微。其直接后果，不仅严重削弱了国家的宏观经济调控作用，而且政府在经济全球化进程中驾驭本国经济的能力下降，尤其是当本国的经济主权受到侵蚀，经济安全受到威胁时，政府往往表现得软弱无力，只能任凭经济危机和金融危机损害本国经济。俄罗斯及中东欧某些国家发生金融危机时政府束手无策，调控不力，就是例证。

第四，正如科勒德克所指出的，经济全球化会限制转轨国家的自由，既限制它们对经济政策的选择，也限制它们对市场经济

---

① 巴瑞·布赞等著，朱宁译：《新安全论》，杭州：浙江人民出版社2003年版，第132页。

各种规制和结构的选择。转轨国家制定经济政策特别是金融政策，必须要符合国际货币基金组织提出的全球性要求。而且事实上，任何一个转轨国家，一旦实行对外开放，融入经济全球化特别是金融全球化进程，就会立即卷入国外的金融旋涡。同时，由于转轨的大衰退和对资本不断增长的巨大需求，几乎所有转轨国家都很快成为负债国，其中一些国家的债务已大大超出了偿还能力。这种情况既发生在小国阿尔巴尼亚，也发生在俄罗斯和乌克兰这样的大国，只有中国没有失去对本国经济的控制，避免了这种危险。① 这说明，只要转轨国家融入经济全球化进程，就可能会在一定程度上面临经济安全问题。

4.3.2 经济全球化与转轨国家经济安全相关性分析

1. 金融全球化与金融安全的相关性

金融全球化是经济全球化的重要组成部分，其具体表现包括国家间逐步相互开放金融市场；一国金融机构纷纷开展跨国金融业务，巨额国际资本通过国际金融中心在全球范围内高速流动等。金融全球化的发展导致了资本的自由流动和金融资本的急剧膨胀，金融市场和金融机构及其业务日益国际化，推动了金融因素与实际经济过程日益脱离，世界性金融危机频繁爆发，加剧了金融体系的脆弱性，国际金融体系运行也困难重重，经济

① 参见〔波兰〕科勒德克著，郭增麟译：《全球化与后社会主义国家大预测》，北京：世界知识出版社 2003 年版，第 110—112 页。

体系处于动荡不稳定的状态。这些危机对世界经济的发展有着广泛的负面影响。它们不仅对危机发生国家和地区经济发展和社会稳定产生了巨大的破坏作用，而且通过金融传导效应，使周边国家或相似国家甚至整个世界经济和金融的发展都受到严重冲击。因而当金融危机作恶亚洲，肆虐俄罗斯，冲击拉美，困扰中东和南北非，又波及美欧时，许多国家的有识之士都深刻认识到经济全球化需要金融安全。关于金融安全，有学者认为，“金融安全是指在金融全球化条件下，一国在其金融发展过程中具备抵御国内外各种威胁、侵袭的能力，确保金融体系、金融主权不受侵害，使金融体系保持正常运行与发展的一种态势。”①

金融安全是国家经济安全的构成要素之一。由于当今世界各国经济联系越来越紧密，经济相互依存度不断提高，经济全球化特别是金融全球化与转轨国家经济的联动关系和传导机制的作用更加明显，因而与这些国家金融安全的相关性也更为密切。处于制度变迁中的转轨国家，其所面临的国际金融环境和金融形势并不乐观，金融风险和金融危机时时可能危及这些国家的金融安全。这种风险和危机既具有市场经济的一般性特征，对转轨国家更具有其特殊性的一面。首先，转轨国家金融制度变迁不协调所滋生的风险将在较长时间内危及金融安全。在金融全球化背景下，转轨国家的金融自由化实质上是通过金融开放使本国的金融体系与金融全球化融合的过程。这种融合的主要

---

① 王元龙：《中国金融安全论》，北京：中国金融出版社 2003 年版，第 67 页。

目的是要实现资源配置和经济运行机制的转变。从某种意义上说，这其实是一种金融制度向另一种金融制度的变迁过程，也是制度创新的过程。金融运行机制转换及金融制度变迁是多因素综合影响的产物，这往往容易使新建立的金融体系出现运行中的不协调，从而造成很大的过渡性风险。其次，自身金融体系的脆弱性和国际资本流动对金融体系的冲击也严重危及转轨国家金融安全，这一特点对转轨国家尤为明显。

我们认为，经济全球化尤其是金融全球化是转轨国家金融安全问题产生的重要外在条件。这是因为：第一，在经济全球化浪潮的推动下，跨国经济联系在全球迅速发展，世界经济国际化和金融市场一体化的进程加快，而转轨国家处在两种体制转换过程中，新旧金融体制同时影响着人们的经济活动，深层矛盾没有得到根本解决，而对快速发展的金融自由化和金融市场一体化以及激烈的市场竞争均准备不足，特别是体制不健全，更容易产生金融风险。

第二，金融全球化迫使那些实行金融市场保护的转轨国家开放本国金融市场，实行金融自由化。金融自由化对转轨国家的金融活动、金融机构和金融市场产生了巨大而深远的影响。正是由于这些国家的金融自由化以及阻碍资金跨国自由流动的藩篱被不断拆除，才使转轨国家的金融逐步融入金融全球化进程。其结果，一方面促进了资本向世界市场特别是向转轨国家市场的扩张，另一方面也使世界金融体系得以扩大。而转轨国家金融市场的进一步开放，必然使其金融企业面临着与外国金融企业的激烈竞争。不仅如此，在金融全球化进程中，转轨国家在受益于金融业务和机构准入自由化发展的同时，也面临着其所带来的新的风险。一是金融业务自由化打破了银行业和证券业的分业限制，加重了银行业的流动性风险和不良资产的比例；二是随着金融业务自由化的推进，政府对金融的管制放松，金融衍生工具在得到更大发展的同时，也带来了更大的风险；三是机构准入自由化后，外资银行的进入也会带来较大的金融风险。外资银行的进入不仅会加剧转轨国家国内金融市场的竞争，形成金融业过度竞争的局面，也会增加转轨国家经济和金融受外部冲击的可能性，强化经济和金融波动的传染性，特别是会受到外资银行母国经济波动的连带影响。

第三，资本账户开放是转轨国家融入金融自由化进程的重要举措。转轨国家为了更好地利用国际资本，弥补工业化进程中的资金短缺，在实行利率自由化、金融业务和机构准入自由化的同时，也开放了资本账户。资本账户开放意味着允许资本账户的各种资本自由流动，即本国居民可以自由地进出国际金融市场进行投资和筹资，非居民也可以自由地进出转轨国家国内金融市场进行投资和筹资。资本账户开放不仅会导致大量风险资本流入和资本的突然性逆转，也为国际投机资本冲击本国金融市场打开了方便之门。在金融全球化条件下，许多转轨国家经济过分依赖于国际短期投机资本，这种依赖性导致这些国家的金融体系过于脆弱。尤其是当国际游资进入转轨国家扰乱金融市场时，就会形成巨大的风险，这已为俄罗斯和中东欧一些转轨国家的教训所证实。由此，金融全球化不仅给世界金融体系增添了不稳定性和不可预见性，而且也使转轨国家金融体系与国际金融体系接轨更具风险性。

2. 经济全球化与财政安全的相关性

在当今世界,经济全球化对转轨国家的财政安全产生重要影响。从积极影响看,一方面,由于经济全球化的发展特别是转轨国家的市场开放,世界统一大市场在逐步形成,全球生产、贸易和金融一体化要求各国的投资政策、财政政策和税收政策与之相适应并日益趋同。因此,经济全球化和全球经济一体化带来了并要求财政规则的全球化。同时,全球范围内财政风险的防范也推动了财政规则一体化的进程。另一方面,经济全球化条件下国际财政政策的协调与合作有利于转轨国家保障财政安全和防范财政风险。其中,强化财政税收领域的国际协调与合作是转轨国家维护和拓展国家财政经济主权的重要措施。经济全球化进程中世界经济日趋区域化和集团化,使各国财政税收政策以及投资、金融货币政策等的协调成为国际合作的重要内容。通过积极参与国际协调与合作,转轨国家的财政安全能够得到进一步的保障。

从经济全球化对转轨国家财政安全的负面影响看,转轨国家是一个"特殊群体"。在经济全球化进程中,转轨国家的政府不仅要承担经济转轨的风险与代价,承担市场经济条件下政府的支出责任,同时还要制定和实施正确的经济和财政政策,以增加财政收入,稳定和发展本国经济,特别是肩负着保障财政安全、防范财政风险的责任。可以说,在经济全球化条件下,经济转轨国家无一例外地面临着越来越严重的财政安全隐患。

第一,国际税收竞争与转轨国家的财政风险。国际税收竞争是经济全球化条件下国际竞争在财政税收领域的反映。经济全球化在带来国际投资和国际生产便利化的同时，大大加剧了各国综合国力和经济实力的竞争与较量。而世界各国为了获取优势经济资源以加快本国经济发展和提升竞争力，纷纷出台税收优惠政策，由此形成并加剧了国际税收竞争。应当说，实行税收优惠政策和减税，以参与适度的国际税收竞争，这对于优化资源配置，鼓励投资，促进经济增长和贯彻税收中性原则，都是有利的。但如果激烈的税收竞争演变成过度的或恶性的税收竞争，就是有害的，这会侵蚀一国的税基，扭曲税负分配，甚至扭曲国际资源的地域流向，降低全球福利水平。从财政安全的角度看，恶性税收竞争、过度的税收优惠和减税会给转轨国家带来以下冲击和严重影响：一是税基受到削弱，税收收入减少，进而影响到国家的财政安全。二是税负不平等，有损于本国民族工业的发展。民族工业是国内税收收入的主要来源之一，其发展受到影响，后果是使税收收入减少，危及转轨国家的财政安全。三是在世界各国普遍采用税收优惠方式参与国际税收竞争的情况下，转轨国家微观经济主体的自身趋利动机驱使其开展对外直接投资，因而出现资本大量外流，从而导致税基减少，造成税收流失。

第二，转移价格与转轨国家的税收流失。转移价格问题是随着经济全球化的发展以及跨国公司的全球扩张而出现的。转移价格被跨国公司用于降低成本以提高竞争力、规避投资风险、加强资金和业务管理等，而利用转移价格逃避税收也是跨国公司的主要目的之一。在经济全球化和投资自由化条件下，跨国公司往往利用转轨国家在关税、利率、税制、外汇管制、政策法规等方面的差异，利用转移价格来逃避所得税和关税。中国就是因跨国公司采用转移价格而导致税收流失的受害国。改革开放以来，随着生产全球化和投资自由化的发展，越来越多的跨国公司到中国投资，其生产规模不断扩大，投资额直线上升(2009 年中国吸引外资 900 多亿美元，仅次于美国名列全球第二)。但这些跨国公司和外商投资企业报亏损的比例却长期居高不下，其中半数以上的跨国公司和企业采用转移价格和其他手段避税，国家每年因此而流失的税收多达上千亿元。

第三，利用外资不当与转轨国家的财政风险。利用外资不当也与转轨国家的财政安全和财政风险相关。外资对转轨国家经济发展的作用至关重要，这毋庸置疑。但由于举借外债而背负的大量利息支付负担，使得一些转轨国家入不敷出，财政困难，容易出现财政危机。另一方面，如果对外资的使用不当，也能够引发债务危机，而一旦发生债务危机，国家财政就成为最后的偿还者。而且，这种由外资引起的财政风险往往会演变成为国家主权风险。

3. 经济全球化与能源安全的相关性

既然经济全球化是人类经济活动跨越民族国家界限以及各国经济在世界范围的相互融合过程，是生产要素在全球范围内的跨国界广泛而自由流动，从而实现资源有效配置的过程，那么，资源特别是自然资源在全球范围内的重新配置就会引起或触动转轨国家的资源特别是能源安全问题。以俄罗斯为例，虽然俄罗斯拥有丰富的自然资源和容量很大的国内市场，但长期以来由于投资不足、工业结构危机以及经济与产业结构不合理等因素的影响，使得俄经济发展模式在很大程度上是以国际市场为导向的模式，其结果使俄经济与经济全球化和世界经济的联系日益密切，与此相关，国家经济安全问题也日益凸显。一方面，受不断攀升的国际高油价的主导，俄罗斯将不断扩大石油和天然气等能源的出口作为其基本方针。不仅如此，国际高油价还不断刺激俄罗斯提高石油产量并加快加大对石油生产领域的投资和出口，使这个世界第二大产油国在油价持续攀升的情况下赚取了大量的石油美元。另一方面，这样的生产和出口结构使俄经济很容易受到世界市场行情变化的影响，并对其产生依赖性，从而给俄经济的发展设置了外部限制和障碍。另外，在当代科学技术特别是高新技术迅猛发展的条件下，专门出口自然资源也会使俄罗斯陷于长期落后状态，并加剧结构性衰退。而且，正如俄经济学家所指出的，在经济全球化和贸易自由化条件下，始终存在着西方发达国家希望把俄罗斯变成原料出口国即变成发达国家原料供应国的危险，所有这些都会对俄罗斯国家经济安全，特别是能源安全构成威胁。

4. 经济全球化与产业安全的相关性

在经济全球化浪潮的推动下，新一轮的全球性产业调整全面展开。一国能否建立并维持一个安全的民族国家产业体系；能否在不断变化的世界分工体系中长期保持可以获得产业比较利益的地位，对保证转轨国家的产业安全极为重要。经济全球化条件下跨国公司的国际化生产活动不仅使经济转轨国家传统的国际分工逐渐演变成为世界性的分工，也使跨国公司渗透到这些国家的各个产业和部门，使生产要素得以合理组合与流动，资源得以重新配置。但随着世界范围内市场力量的加强，以及发达国家大型跨国公司的不断扩张，转轨国家政府在经济事务中的权力相对减弱。特别是由于生产和投资越来越具全球性，转轨国家政府实际上已经很难完全控制本国的生产，难以自主决定民族工业的生存与发展。这既与国家主权观念相悖，也给这些国家的民族工业和产业安全带来直接的威胁。例如，在经济转轨和融入经济全球化的进程中，由于实行开放政策，大力吸引外资，使跨国公司及其直接投资大量进入中国。这些跨国公司尤其是大型跨国公司利用其在管理、资金、品牌和技术等方面的明显优势，千方百计在中国谋求最大的市场份额并渐显垄断态势，甚或已经形成市场垄断势力。在这种情况下，跨国公司对中国民族工业和产业安全的威胁主要表现在以下四个方面：一是直接并购中国的实力企业，特别是有目的地并购同一地区的主要国有企业或不同地区同一行业的骨干企业；二是垄断和控制中国的产业链高端；三是垄断和控制洗涤用品、饮料和造纸等轻工企业；四是实行品牌控制，这也是跨国公司在中国迅速取得优势地位的一个重要手段。凡此种种，说明跨国公司对中国的一些行业包括在国民经济中具有举足轻重地位的行业已取得垄断地位或优势地位。这种现实的确对中国民族工业和产业安全构成了极大的威胁，也就是威胁到中国的国家经济安全。

4.3.3 转轨国家经济安全对政府职能的挑战

在经济全球化进程中，依然处于新旧体制转换时期的转轨国家，在制度变迁过程中还要应对经济全球化对国家经济主权和经济安全带来的挑战，特别是要处理好经济主权与经济安全的关系。这是转轨国家有别于其他类型国家的特殊性的一面。一般说来，有意识地或被迫让渡部分经济主权，以换取更大的国家经济安全利益，已为广大的经济转轨国家所认同。中国加入世贸组织时，承诺开放市场、取消壁垒、降低关税，主要目的还是要更好地融入经济全球化进程，与世界经济接轨，参与国际分工，获得更大的国际市场份额，从而达到抵御外部威胁、防范经济风险和保障经济安全的目标。

但在应对经济全球化向转轨国家政府提出的新的挑战面前，如果忽视政府作用或放弃政府对经济的必要干预，不仅不利于转轨国家市场经济体制的建立和完善，不利于这些国家的政局稳定和经济发展，而且还会给国家经济安全带来无穷的后患。在这方面，俄罗斯和中东欧等转轨国家的教训值得汲取。这些国家在融入金融全球化进程和实行金融自由化政策的同时，由于对政府的职能作用定位不当，一度片面强调减少政府的干预，政府职能被削弱，放松甚至完全取消了金融管制，因而在金融全球化与这些国家经济的双向互动和传导机制的作用下，频繁发生金融危机。因此，正如有学者所指出的，金融动荡和危机在经济全球化条件下不仅具有频发性，而且具有引发经济危机的联动性和快速波及他国的广泛传染性。这就需要一国经济系统具有较强的抗风险能力,而加强政府的管理职能也是非常必要的。①

第一,必须增强政府保证经济安全和抵御经济风险的能力。卡齐米耶日等人认为,要使全球化给某一经济体带来好处,该经济体不但需要扩大市场的作用,还要扩大国家的作用。事情并不像全球化的理论所假定的那样,用市场取代了国家,该国的机制问题就能得到解决,社会就会取得进步。事实上,国家和市场的作用都需要扩大,因为随着市场作用的扩大,一些新的风险也会产生,要对付这些新增风险,国家不能不担负起更多的责任。为了能成功地化解这些风险,国家必须增强自身的能力。②《俄罗斯联邦国家安全构想》明确规定,"国家应当参与对外国银行、保险公司和投资公司活动的调控,制定某些有根据的限制措施,限制外国公司开发有战略意义的自然资源、远程通信和交通网"。这表明,俄罗斯在融入经济全球化进程并实行对外开放和经济自由化的同时,出于对国家经济安全问题的考虑,规定政府要对外国公司在俄某些领域的经济活动实行必要限制,以防范经济风险。这也是普京执政后明智地选择政府适度干预型模式的结果。普京多次强调要建立国家干预的市场经济,指出:"必

① 参见谌取荣:"经济全球化与国家经济安全",载于《国家经济安全》,北京:时事出版社 2005 年版,第 80 页。

② 参见〔波兰〕卡齐米耶日等著:《全球化的负面影响——东欧国家的民族资本被剥夺》(中译本),北京:经济管理出版社 2004 年版,第 256 页。

须在经济和社会领域建立完整的国家调控体系”，国家要对经济和社会进程发挥更大的影响作用。中国也一直注重发挥国家的关键性作用，尤其是国家在保证经济安全和抵御经济风险中的作用。这在实践上表现为政府凭借其宏观经济管理权力和制度安排方面的职能，对经济转轨和参与经济全球化进程实行宏观调控，对市场进行适度干预，把握对外开放和经济自由化的尺度，达到市场经济与国家宏观调控的紧密与有机结合，以此最大限度地减少来自外部世界的经济威胁，防范经济风险。

第二，必须应对挑战，建立转轨国家经济安全预警机制。作为最大的转轨国家之一，俄罗斯于 1996 年 4 月出台的《俄罗斯联邦国家经济安全战略》，对俄经济安全设置了 22 个临界值，以期对经济安全实行预警。但这些经济安全的临界值主要是基于当时那一时期俄罗斯国内出现的危机状况即经济转轨受挫、危机四伏、国家经济实力锐减、人民生活水平下降、大国地位遭严重削弱的严峻现实而设立的。该战略认为对国家安全的最主要威胁是国内经济的危机状态，而很少涉及外部因素特别是转轨时期经济全球化对国家经济安全的影响和冲击。中国学者也提出，为防范和化解经济全球化给中国经济安全带来的威胁，确保经济快速、持续、健康发展，必须建立国家安全预警机制和防御体系，增强我国应对突发事件和危机的迅速反应能力。要积极借鉴西方发达国家经济风险防范与危机管理的经验，建立完善的维护经济安全和危机管理的组织体系、法律体系、信息收集与传导体系、预警和化解体系、应急管理体系等。

第三，必须强化政府职能，制定国家经济安全战略。除俄罗斯外，包括中国在内的绝大多数经济转轨国家都还没有制定完整的经济安全战略。这虽然并不妨碍这些转轨国家在经济全球化和本国经济发展中采取经济安全措施并维护经济安全利益，但这至少说明这些国家保障自身经济安全的措施和防范意识并没有变为一种清晰表述的明确政策。尤其是像中国这样的转轨经济大国，制定切实可行的国家经济安全战略，大大提升经济安全在国家总体发展战略和总体安全战略中的地位，当是应对经济全球化挑战的重要举措。

综上所述，尽管可以从不同的角度去定义政府的职能作用，但俄罗斯及中东欧等经济转轨国家的教训诏示人们，向市场经济转轨和融入经济全球化进程必须要加强而不是削弱国家的宏观经济调控职能，政府要对经济和市场运作实行适度干预并提供制度保证。否则，在经济全球化的浪潮下，如果否定政府作用和放弃政府对经济的必要和适度干预，甚至造成政府失效，都会危及转轨国家的经济主权和经济安全。

经济全球化条件下的市场经济可以说是一种风险经济。在这种带有风险的市场经济中，社会分工越是发达，经济的货币化程度越高，转轨国家经济所面临的不确定性就越大，经济风险也就越大，国家经济安全就会在更大程度上受到威胁。因此，转轨国家政府必须在经济全球化进程中将提高国家竞争力，建立坚实的国民经济基础和具有内在稳定机制的经济结构，利用强有力的宏观调控手段和有效的风险防范机制来最大限度地保障国家经济安全，作为政府的一项长期任务。

第 5 章　转轨国家政府职能转换的一般性特征与基本原则

如前所述，经济全球化的发展对转轨国家的政府体制及政府职能的变革提出了严峻的挑战，对政府作用提出了新的要求；而经济转轨也要求转轨国家转变政府职能，以推进经济转轨进程并融入经济全球化进程。这是相互促进和相辅相成的两个方面。对这些问题，前面已经作了较为详细的分析研究，本章的研究重点是经济全球化背景下和经济转轨进程中转轨国家政府职能转换的一般性特征与基本取向和原则。

5.1　计划经济时期的政府经济职能

在社会主义经济建设时期政府应该承担何种经济职能，马克思和恩格斯曾作过一般性的设想。马克思指出："国家政权对社会关系的干预将先后在各个领域中成为多余的事情而自行停止下来。那时，对人的统治将由对物的统治和对生产过程的领导所代替。"①又指出："所有的社会主义者都认为，政治国家以

① 《马克思恩格斯选集》(第三卷)，人民出版社 1972 年版，第 32 页。

及政治权威将由于未来社会的革命而消失，这就是说，社会职能将失去政治性质，而变为维护社会利益的简单的管理职能。”① 马克思和恩格斯认为国家具有政治与经济二重职能，在未来社会中，随着社会占有全部生产资料，以及商品生产和交换的消失，国家会随之消亡。但这是一个长期的过程。无产阶级夺取政权后，首先要把生产资料变为国家财产，而且要经过相当长的过渡时期才能逐步从国有制转变成为社会占有制。而随着这一过程的深化，国家的形式和职能也要发生从以政治职能为主向以经济管理职能为主的相应转变。因此，在未来社会的低级阶段，国家和国家的经济职能不仅依然存在而且还要发挥重要作用。这种职能作用主要是自觉地、有计划地组织社会生产、交换和分配。

正是根据马克思、恩格斯上述设想和列宁在《国家与革命》等著作中提出的社会主义条件下政府组织社会生产、对经济进行调节和监督的思想，苏联在社会主义建设初期建立了高度集中的计划经济体制。这种经济体制下的政府是一种全能型政府。政府包揽了一切经济事务，不仅管理宏观经济，而且直接管理微观经济；不但行使稳定经济、实行收入再分配和资源再配置等市场经济中政府所履行的职能，而且还承担了生产性职能。政府几乎控制了经济生活的全部，包括生产、交换、消费和分配等，成为名副其实的全能型政府。应当承认，在经济发展的初期

① 《马克思恩格斯选集》(第二卷)，人民出版社 1972 年版，第 554 页。

阶段，这种全能型政府由于能够集中配置社会资源，集中必要的财力物力进行社会主义建设，也取得了明显的管理绩效和经济业绩。然而，随着经济的发展和经济的日益复杂化，以及社会规模的不断扩大，政府对经济的集中计划管理不仅难以适应市场千变万化的要求，而且还会产生许多负面的作用和影响，弊端日益显现，如政府对市场反应迟钝、微观经济主体激励不足、资源错配等。在这些因素的综合作用下，计划经济国家纷纷陷入经济效率低下、经济发展缓慢甚至停滞的不良状态。计划经济体制下政府经济职能的问题主要反映在以下三个方面：

1. 政府经济职能错位

在传统的计划经济体制下，政府几乎包揽了宏观经济和微观经济领域的所有经济活动，控制了社会全部资源和资金，实行一种通过计划配置资源的高度集中的管理体制。这种体制造成社会生产、交换、分配的权力高度集中，把应当属于社会的经济职能，统统转到政府手中，导致了政府经济职能的越位，政府逐渐替代了市场。主要问题是：

第一，政府对资源和要素实行集中统一管理。例如，中国在1950—1953年实行了统收统支、中央财政高度集权的财政收支划分模式，形成了中央统一财政收支、统一物资调动和统一现金管理的“三个统一”。地方组织的财政收入全部上缴中央财政，而地方所需的财政支出则统一由中央财政拨付。

第二，管理手段比较单一。由于计划经济体制实行指令性计划，排斥市场调节手段，因而政府对资源的集中管理主要通过行政手段来实现。政府把直接进行生产经营活动作为政府经济职能的主要任务。

第三，政府直接管理企业，企业成为政府的附属，成为执行国家指令性计划、完全受控于政府的单位。政府把直接管理和经营企业作为自己的经济职能，既排斥和否定了企业的物质利益要求与生产经营积极性，也使经济运行只能依靠政府外部的行政力量来推动，导致整个国民经济发展失去了内在的动力。同时，由于政府经济职能越位，排斥市场的作用，政府直接承担生产经营的职能，挤占了本应属于企业的市场空间，而且政府行为往往容易阻碍和压抑市场的形成与发展。不仅如此，由政府主导的生产和供给经常背离社会需求，引发供求总量和结构的失衡。

在资源由政府配置、政府直接管理企业生产经营，从而导致经济职能越位的同时，政府本来应该具备的经济职能却又长期缺位。一方面，政府把属于社会、企业的职能占为己有；另一方面，又使宏观经济管理的职能软化。应当由政府完成的事情政府却没有完全履行职能，如建立和维护市场秩序、提供必要的社会保障、提供公共物品和服务等。政府的协调职能被批指标、分项目、压任务、搞平衡所取代；政府的服务职能变成了自上而下的行政命令；政府的监督职能变成了各种形式的检查、考核和达标，等等。

在传统的计划经济体制下，政府经济职能的越位与缺位是一个问题的两个方面。政府承担了本不应该由自己承担的职能，却又放弃或无力承担本应该由自己承担的经济职能。微观经济由于政府职能的过度越位而统得过多过死；宏观经济则由于政府职能的缺位而导致职能的软化。

2. 政府经济职能混淆

在高度集中的计划经济体制下，政府经济职能混淆有多种表现，其中主要的，一是政府所有权职能与经营权职能相混淆。在传统体制下，政府的所有权职能混同于国有资产的经营权，对国有资产的直接经营成为政府经济职能的重要组成部分，使所有权职能与经营权职能合二为一。

二是政府行政权职能与企业经营权职能相混淆。在传统体制下，政府的行政职能直接变成了对企业生产经营的行政干预，行政权职能取代了企业的经营权职能。政府不仅可以利用行政手段，以行政长官的身份直接管理企业，却又对造成的后果不负任何责任，而且将自己应履行的一些社会职能(如社会保障、公益事业等)推给企业。企业的经营自主权被政府的行政权所取代，导致政企不分。这样，不仅企业的生产经营受到影响，而且政府的社会职能也无法很好完成。因此，将企业的经营权交还给企业，不再直接干预企业的决策和生产经营活动；而企业办社会的职能由政府接手过来，使企业将目标真正集中到追求经济效益上来，就必须明确划分政府行政权职能与企业经营权职能。

三是政府宏观经济调控职能的混淆。在传统的计划经济体制下，这主要表现为财政职能与银行职能的混同。国有企业的投资职能和积累职能都集中在政府手中，甚至连折旧基金也要全部或部分上缴。国家的投资建设，由计委立项、财政拨款、银行出纳，银行成为附属于财政部门的出纳机构。财政拨款的资金缺口特别是流动资金缺口，由银行弥补，从而导致投资和信贷的混淆。银行在履行政府的调控经济职能时，基本上是被动和消极的，只有资金供给职能，因而削弱了政府对宏观经济的调控职能。

3. 政府经济职能政治化

国家的政治职能和经济职能，在社会发展的不同时期重点是不同的。例如，1949 年新中国成立后，国家努力恢复国民经济，进行社会主义改造，建立起比较完整的国民经济体系。可以说，这期间国家行使的主要是政治职能，经济建设直接在政府的组织和领导下进行。但在传统体制下，政治职能实现方式与经济职能实现方式的区别，并没有被人们所认识，政府在政治领导中的业绩以及多变的社会政治环境，给经济职能的实现烙上了深深的政治印记，政治职能的实现方式难免渗透和影响着经济职能的实现方式。例如，试图通过生产关系的不断变革来促进生产力的发展；试图通过提高政治觉悟和利用政治口号来激发和调动企业与职工的生产积极性；试图通过一次次政治运动来推动经济建设。而以政治推动的经济运行是不会持续、稳定、协调发展的。政府的政治行为方式替代了政府的经济管理行为方式。在政企不分的情况下，政府经济职能的政治化，直接导致企业行为的行政化和政治化。

正是由于传统计划经济体制下政府经济职能的上述状况，使政府以所有者、决策者、调节者、经营者的身份与经济活动发生着联系。而且，政府行为已经渗透到经济活动的各个领域，离开政府的全面干预，脱离政府系统和政府机构，不依靠行政命令和其他行政手段，国民经济就无法正常启动和运行，企业就难以生存和发展。这充分反映出政府在传统体制中的特殊地位。关于这一点，国际货币基金组织财政事务部主任维托·坦茨曾指出，中央计划使政府从计划中知道所生产的物品的数量以及它们出售的价格；中央银行负责处理支付并对结算过程加以限制；价格和真正的经济利润在资源配置中不起什么作用，因为决定资源使用的是计划机关作出的政治性决策；政府不需要用市场化的税收体制来筹集收入，因为决定如何使用总产出的是政府，因而政府只要简单地从总产出中扣除自己需要的部分就可以了。而且，政府征税的基础是纳税人与政府官员的谈判。政府可以自由地改变税率，当政府需要更多收入时，它就与企业谈判提高税率；当企业处境困难时，政府也可能会降低其税负。特别是界定清晰或固定的、当个人和企业不同意政府行为时可以诉诸法律的规则并不存在。①

正是由于高度集中的计划经济体制的上述弊端以及这种体制下政府职能的扭曲，才使原计划经济国家在放弃高度集中的计划经济体制的同时，努力转变政府经济职能，以适应经济全球化和经济转轨对政府职能提出的新要求。

5.2 市场经济条件下转轨国家政府经济职能存在的必要性

市场经济是转轨国家政府经济职能发挥作用的基础性前

---

① 参见孙宽平主编:《转轨、规制与制度选择》，北京:社会科学文献出版社 2004 年版，第 328 页。

提。政府干预经济或政府经济职能发挥作用的必要性在于市场并不是万能的，市场是有缺陷的，存在着市场失灵。加尔布雷斯曾把市场失灵归结为三大表现：微观经济无效率；宏观经济的不稳定性；社会不公平。萨缪尔森也把这三方面视为市场经济偏离最优状态的原因。既然存在着市场失灵，市场经济条件下政府的宏观调控就是不可缺少的。一般认为，市场失灵包括以下几种情况：

一是信息的不完全性失灵。市场竞争的一个重要假定条件是“信息是完全”的。但在现实中信息往往是不完全、不对称的。在交易过程中，交易双方由于对商品质量、性能等信息了解程度不同，因而会出现信息不完全或信息不对称的现象。信息的不对称和不完全性能够破坏市场机制运行的优胜劣汰规律，引起市场失灵。

二是外部性失灵。外部性失灵表现为当某些市场主体的活动给社会或其他主体带来经济损失时，通过市场机制的自发调节作用难以达到有效配置资源的目的。在市场经济中，市场主体之间的相互影响和相互制约一般是通过影响供求和价格来实现的。现实中也还存在着另一种类型的相互影响，这种影响不是通过价格来影响市场供求关系的变动，而是直接影响他人的经济环境和经济利益，这就会产生所谓的“外部效应”。当没有外部效应时，市场调节能使企业追求的利润最大化与社会利益一致；而当存在外部效应时，这种一致性就不复存在。因而需要政府对那些带来正外部效应的企业活动给予支持，对那些带来负外部效应的企业活动加以限制。

三是公共性失灵。市场不能提供充分的公共物品，是市场失灵的主要表现之一是。一般来说，市场在提供私人物品时是有效的，而在提供充分的公共物品时是不充分的甚至是无效的。公共物品是私人不愿意生产，或无法生产，或无法全部生产，而必须由政府提供或者由政府和企业、个人共同提供的产品或劳务。因而在公共物品领域，公共物品的基本特征表明它不能按市场机制来配置，适用于私人物品的市场定价和资源配置方式未必适合于公共物品。因此需要政府为社会提供公共物品，诸如国防、基础教育、基础设施等公共物品一般只能由政府来配置，或者在政府的参与下加以配置。

四是垄断性失灵。可以说，市场竞争本身就具有走向垄断的趋势。众所周知，市场有效配置资源是以自由的、充分的竞争为基本前提，但在现实中，竞争是不完全的，存在着垄断。垄断反过来又抑制竞争，抑制市场机制的有效运作，妨碍经济效率的提高。而垄断性失灵表现为垄断厂商通过操纵物价牟取暴利，使市场均衡作用失灵，资源不能得到合理和有效配置。由垄断引起的问题主要表现在两个方面:其一，造成价格扭曲和产量扭曲。垄断者通过垄断高价和垄断低价获得超额利润。垄断者为了持续获得垄断利润，甚至还故意减少其所控制的产品的生产，使社会无法获得足够多的这类产品。其二，收入扭曲。垄断者能够通过对某个产品的垄断，获得比在完全竞争市场条件下多得多的利润，而这往往是以牺牲消费者和其他生产厂商的利益为前提的。在市场扭曲的情况下，不可能实现资源的合理配置。由于垄断的存在会导致市场失灵，垄断不仅能够抑制竞争，而且也使市场机制的作用受到限制，而市场机制又无法消除垄断，因此就需要政府用行政的力量对垄断加以限制。

五是分配性失灵。一般而言，虽然市场能够促进经济效率的提高和生产力的发展，但不能自动带来社会分配的均衡和公正。相反，市场的竞争原则往往会导致出现强者愈强、弱者愈弱、财富越来越集中的“马太效应”，造成收入分配的差距越来越大。因此，在分配领域，仅仅依靠市场机制的自发作用不可能完全实现公正的收入分配。市场经济在分配方面的缺陷主要是由以下原因造成的：其一，在市场机制的作用下，由于各经济利益主体追求各自利益的最大化，会使收入不均不断扩大，以致出现富者越富、贫者越贫的状况。其二，在存在垄断的情况下，价格会严重背离价值，从而使部分人获得不合理的收入。其三，在市场经济的自发作用下，生产要素供求状况的不平衡必然形成要素收入的不合理差距。其四，虽然市场交易在原则上是平等的和等价的，但由于人们的资源禀赋不同，收入水平就会有差别。由于市场失灵，市场机制不能充分发挥作用，引起分配不公，而市场调节机制又不能很好地解决分配公平问题，因而就需要政府更好地行使其经济职能，加强对经济的宏观调控。

六是宏观性失灵。在市场经济条件下，市场主体出于各自的经济利益，其经济行为不可避免地表现出短视和功利行为，因而会导致市场出现宏观性失灵。宏观性失灵表现为市场总供求关系发生以超额供给或超额需求为特征的宏观经济总量失衡。当总供给过分大于总需求时，国民收入以小于充分就业的水平达到均衡，引起生产过剩、经济衰退和大量失业；当出现超额需求时，以货币计算的国民收入增长超过以实物计算的国民收入增长，国民收入超额分配，诱发过度需求，引起严重的通货膨胀；当两者交替出现或同时并存时，又引起滞胀交替出现或同时并存。因此，政府的职责是要通过经济手段、法律手段和必要的行政手段来对宏观经济总量进行必要的调控，以实现资源的优化配置。而对于微观的资源配置，则主要由市场机制来完成。但政府一般要通过间接调控手段，通过制定经济发展计划、产业政策以及相关的税收政策等来引导资源流向，优化产业结构，促进产业升级。

综上所述，正是由于市场有缺陷并存在着市场失灵，即“看不见的手”有无为之处，才使政府干预经济成为必要的，即必须发挥“看得见的手”的作用。如果市场是至善至美、完美无缺的，不存在市场缺陷和市场失灵，政府就不应该也没有必要干预经济。因此，市场经济的有效运行，实质上是“有形之手”和“无形之手”共同发挥作用的过程。换言之，在市场经济中，一方面，市场调节和政府干预必不可少，两者是一种互补的关系；另一方面，无论是政府干预还是市场调节也都存在着一定的缺陷，两者虽然需要互补，但这两种方式具有不同的调节机制，因而不可相互替代。市场经济不论是古典的还是现代的，不论是资本主义的还是社会主义的，其本质都是以市场机制的自发调节作为资源配置的基础，政府发挥必要的职能作用是为了弥补市场的缺陷而不是代替市场，是为了促进市场的发育而不是阻碍市场的发育。在市场经济条件下，由于市场在资源配置中发挥主导作用，政府作用的领域就应是市场不能或不宜发挥作用的那些领域。

5.2.1 垄断与政府对垄断的规制

市场机制只有在充分竞争的条件下才能有效地发挥作用，才能实现资源的有效配置。但由于市场经济是一种竞争性经济，而竞争会导致生产的积聚和集中，从而形成垄断。垄断又会阻碍经济中的竞争，降低市场效率，造成社会资源的浪费。因而，任何一个实行市场经济的国家都要对垄断进行规制。抑制过度垄断，保证适度竞争，成为一国政府行为的一个重要组成部分，特别是成为转轨国家政府向市场经济过渡过程中的一项重要任务。甚至可以说，反垄断和对垄断的规制成为市场经济条件下转轨国家政府干预经济的首要任务之一。对垄断的规制主要是制定和实施反垄断法规，并施以其他经济和行政手段。

1. 制定和实施反垄断法，促进公平竞争

反垄断法在发达的市场经济国家被称为"经济宪法"和"自由企业的大宪章"。反垄断法的基本目的是抑制垄断行为，促进持久竞争，改善经济效能。反垄断基本上是政府微观规制问题，它需要反垄断法律的支持和规范。因此，法律手段是政府反垄断的基本手段。反垄断法的主要内容有三大方面：一是禁止限制性协议、决议或者协同行为；二是禁止滥用市场支配地位的行为；三是企业合并控制。这三个方面被称为反垄断法的三根支柱或三块基石。其中，规制滥用市场支配地位的行为是反垄断法的一项基本内容。目前，各个市场经济国家基本上都制定了反垄断法，而转轨国家由于尚处于向市场经济的过渡阶段，反垄断法多处于酝酿和制订当中。中国的反垄断法已经出台,该法借鉴了各国反垄断法的经验与做法,与国际通行的做法基本一致。同时,对计划经济体制遗留的行政垄断问题也作出了规定。

2. 运用经济手段抑制垄断行为

经济手段包括两个方面:一是对垄断(包括垄断行为和垄断获利)实施经济处罚;二是政府对经济实行调节。经济处罚手段在反垄断中有其独特的作用,它的运用范围要比行政手段广泛。在市场经济中,虽然政府不能干预非公共企业的决策过程,但无论是公共企业还是非公共企业,只要违反政府所制定的规则,政府都可以进行经济处罚。经济处罚手段直接影响垄断者的经济利益。政府对垄断的经济处罚可以有效抑制或警示垄断行为。

经济调节手段在反垄断中具有广泛的适用性并发挥重要作用。经济调节手段并不是对垄断直接进行抑制,而是通过市场间接地抑制垄断,即通过增加或减少市场需求、提高经济的竞争性来抑制垄断。这样既不会破坏市场经济运行的基础,同时又能抑制垄断。经济调节手段具有更强的预防垄断的作用,也是一种更有效的反垄断手段。

3. 使用行政手段干预垄断

行政手段在反垄断中既有其独特的作用,也带有根本的局限性。所谓独特作用,是指行政手段可以弥补反垄断法的漏洞,政府行政部门可以对逃避反垄断法的垄断行为实施行政处罚;可以对处于反垄断法适用对象之外的某些垄断行为进行约束;在反垄断法尚未出台前,行政手段可以作为反垄断法的一种替代手段。所谓根本的局限性,是指在市场经济中,政府行政部门实际上无权干预非公共企业的决策过程，因而行政处罚不能有效地发挥作用，这也决定了行政手段不能作为市场经济中政府反垄断的主要手段。此外，行政手段既不能有效地使垄断者的经济利益得到应有的剥夺，又会直接干预企业的内部经营活动，从而会破坏市场经济运行的基础——微观经济单位的自主决策。因此，行政手段只能作为反垄断的辅助手段。

5.2.2 公共物品供给与政府的作用

提供公共物品是政府的经济职能之一，是政府经济管理的一项主要内容。因为市场无法有效地提供公共物品，市场在公共物品的供给方面存在很大的市场失灵，因而政府应该介入这一领域，生产并向社会提供公共物品。“公共物品的有效率供给通常需要政府的行动，而私人物品则是可以通过市场有效率地加以分配。”①传统观点认为，公共物品是典型的市场失灵领域，因此必须由政府来提供。萨缪尔森在《公共支出的纯理论》中对公共物品的最优供给给出了一般均衡分析的解释，并指出在满足一些条件的情况下，由政府提供公共物品可以达到资源配置的帕累托最优。

公共物品的充分供应是市场经济有序运行、经济资源优化配置、生产效率提高、消费者福利增进的重要条件。然而，公共物品的供应虽然不排斥市场力量和第三种力量，而且政府应该

① 〔美〕萨缪尔森：《经济学(上)》(第 14 版，中译本)，北京：北京经济学院出版社 1996 年版，第 571 页。

鼓励和引导这些力量来提供公共物品，但公共物品的市场供应存在天然的缺陷，是市场失灵的领域。这些缺陷能够导致公共物品的供应短缺或利用不足。因此，政府要履行为经济发展提供制度环境和基础服务的职能，就离不开公共物品的充分供应与利用。可以说，公共物品的充分供应是政府履行好经济职能的重要条件和重要手段。

虽然“政府是否应该提供公共物品，这似乎已没有什么疑问”①，但政府不应该成为提供公共物品的唯一主体，还应发挥市场力量和其他社会组织的作用。这是因为：其一，政府是有限政府，而不是无限政府和全能政府，而公共物品的需求是无限的，这就使有限的政府能力不可能满足所有对公共物品的社会需求；其二，公共物品与私人物品在资源分配中存在着此消彼长的关系，在资源有限的条件下，如果政府将所有的公共物品都纳入其供应范围，就会将用于私人物品的经济资源用于提供公共物品，由此就会导致私人物品供应不足或消费者的消费得不到应有的满足和增长，从而损害消费者福利；其三，公共物品供应范围的无限性同公共物品的有效管理与利用存在着矛盾；其四，由政府提供所有的公共物品既会损害公平，也会损害效率，因此，由政府来提供所有的公共物品是不合理的；其五，市场力量和其他社会组织有能力也有动力提供某些公共物品。政府没有必要取代和排斥市场力量及其他力量而成为公共物品的唯一供

① 〔美〕斯蒂格利茨：《政府经济学》（中译本），北京：春秋出版社1988年版，第104页。

应者，没有必要提供所有的公共物品。

政府必须要提供的公共物品，一是公共性程度高的公共物品；一种公共物品的公共性程度越高，其外部影响就越大，其供应与利用状况对经济资源配置效率、生产效率、消费者福利、经济增长等的影响越大，对政府履行经济职能的有效性的影响也越大；二是不宜或不应由非政府力量供应的公共物品，如国防、立法和司法等公共物品都应由政府垄断供应，这是保证此类公共物品的供应符合公共利益的必要条件；三是非政府力量不愿意或无力提供且外部性大的公共物品，如传染病防治、基础科学研究等；四是非政府力量没有能力提供和虽有能力提供但非竞争性程度高的公共物品，如桥梁、港口、消防设施等。

5.2.3 外部效应与政府的作用

在现实经济生活中，外部效应是经常存在的。产生外部效应问题的原因在于经济活动中个体成本与社会成本、个体收益与社会收益之间的差异。因此，外部效应就是经济人个体经济行为的外在影响。斯蒂格利茨认为，外部效应就是指某些个人或厂商的行为影响了其他人或厂商，却没有为之承担应有的成本费用或没有获得应有的报酬的现象。而“只要存在外部效应，资源配置就不是有效的”①。当外部效应存在时，实际上是社会边际效益或社会边际成本与私人边际效益或私人边际成本之间

① 〔美〕斯蒂格利茨：《政府经济学》（中译本），北京：春秋出版社 1988 年版，第 206 页。

存在着非一致性。当某种产品或劳务的社会边际效益大于私人边际效益时，即为正外部效应，会导致产品或劳务供给不足；反之，当某种产品或劳务的社会边际成本大于私人边际成本时，即为负外部效应，会导致产品或劳务供给过多。无论哪种情况，都意味着资源配置不合理，出现效率损失现象。应当说，外部效应是市场失灵的主要表现之一，也是政府的干预政策发挥作用的一个重要领域。

在存在外部效应的情况下，市场无法实现资源的有效配置。而为了实现资源的配置效率，就需要政府采取必要的矫正措施，即采取规制、税收或罚款、政府补贴和法律手段等措施来矫正市场经济中的外部效应，从而降低甚至消除外部效应所带来的资源配置效率的损失。

1. 政府规制

政府规制或公共规制，即对生产消费行为作出某些限制。这种措施主要适合对负外部效应的矫正。限制的形式可根据具体情况而定。例如，为了限制企业排污这类带来外部成本的行为，政府要规定法定的排污标准，或对生产程序作出规定，或规定所使用的原料必须符合某种质量要求等。斯蒂格利茨认为，政府对外部效应的规制主要有两种形式：一是对外部效应水平的规制，如对污染水平的规制，政府制定污染物的排放标准，来控制企业造成的外部效应。二是对直接生产过程的规制，如不允许企业使用二氧化硫超标的煤。政府的许多规制和条例有类似法律的效力，而法律措施是政府纠正外部效应的重要途径。

2. 政府税收或罚款

政府税收主要是用来矫正负外部效应。外部效应的实质在于经济人即生产者或消费者个体边际成本与社会边际成本的差异。矫正性的税收着眼于私人边际成本的调整。矫正性税收的作用有三个方面：一是将外部边际成本加到私人边际成本之上，以此增加产品的生产成本和售价，进而将产品的产量减少至社会边际效益与社会边际成本相等的最佳水平。二是将部分收入从产品生产者手中转移给遭受外部效应之害的个人或厂商以及需要享受政府提供服务的个人或厂商。三是将外部效应减少至可以容忍的水平，但不能减少至零。同样，罚款也是解决外部效应可供选择的方法之一。

3. 政府补贴

政府提供补贴主要是用来矫正正外部效应，矫正性补贴着眼于私人边际效益的调整。对带有正外部效应的产品或劳务，按照其外部边际效益的大小发放补贴，使其私人边际效益提高到同社会边际效益相一致的水平，即可以实现正外部效益内在化。这种补贴的主要作用，一是把外部边际效益加入私人边际效益，从而可以增加对带有正外部效应的产品或劳务的需求与供给；二是增加带有正外部效应的产品或劳务的消费者和生产者所获得的效益，从而鼓励这类产品或劳务的消费和生产。

4. 法律手段

立法可以看做是另一意义上的规制。对于因权益界限不明确而造成的外部效应问题，可通过立法以明确生产者和消费者权益的方法加以解决。例如，制定知识产权保护法规，确认专利权、著作权、商标权的归属等。消费者(使用者)只有按法律规定向这些知识产权和精神产品的提供者(生产者)购买才能享受这些产品的好处,而违背者会受到法律制裁。这样,就可以使这些产品的外在效应内在化。这种通过法律手段的规制可使产权得以明晰。在产权明确界定的情况下,政府仅仅通过设定资源使用的权力就可以使外部效应内在化。这实际上是在通过法律确定产权归属的情况下,借助市场机制的作用来矫正外部效应。

5.2.4 信息不对称与政府干预

信息不对称是市场经济中普遍的、长期存在的现象。在信息不对称和不完全的情况下,市场的信息无法有效地引导经济主体的决策,从而会影响资源的配置效率,产生一系列消极的经济后果,导致市场失灵。信息不对称存在于各种市场交易中,它根源于劳动的社会分工,根源于人们知识的有限性,根源于信息搜寻成本的存在与高昂,以及信息垄断者的封锁。在市场经济的发展过程中,市场本身逐步产生出一些抑制信息不对称问题的机制和方法,但这些机制和方法又存在很大的局限性。也就是说,虽然市场本身具有解决不对称信息的能力,但这种能力又是有限的,需要借助政府力量的干预。

政府担负着促进经济发展,维护社会安定,促进公平交易和公平竞争,促进经济效率提高的责任。如果不解决信息不对称问题,政府就很难履行好这些职责。政府解决信息不对称问题的主要途径和方法是:(1)通过制定法规和政策来强制生产者向消费者提供足够的商品信息。政府从消费者利益出发,根据不同产品的特点，规定卖方必须向买方提供的信息内容。(2)政府以法律的形式制定各种商品的质量标准。一种商品在上市之前，必须经过国家指定的检验部门的检验，取得国家颁发的质量合格证书。这时，国家是以自己的信誉作为商品的质量保证。(3)政府规定生产者和商家必须对所出售的商品负责，实行商品“包退、包换、包修”的制度。(4)政府对利用信息优势进行不公平交易和不公平竞争的行为进行处罚。(5)政府制定和实施保护消费者权益的法律，规定消费者有安全保障的权利、获得信息的权利和选择商品的权利。(6)政府制定和实施经济合同法，使市场交易双方的经济合同能够得到履行，保障交易双方责任的履行、权利的实现。(7)政府对市场交易主体的交易资格进行审查，将不符合标准的交易者排除在市场之外。(8)政府搜寻和向市场提供某些方面的信息。

当然，政府的能力也是有限的，政府干预并不能完全解决信息不对称问题。政府的干预并不是要取代市场的作用，而是对市场作用的补充，做市场力量所做不到的事，为市场本身力量的发挥提供必要的和有利的条件。只有依靠市场本身的力量与政府力量的分工与配合，才能解决信息不对称问题。

5.2.5 居民收入分配差距与政府调控

市场机制是效率原则的实现机制，对收入分配具有基础性的调节作用。市场经济最基本的原则是公平竞争、优胜劣汰，这也是推动社会经济发展最基本的动力。但是市场机制发挥作用的结果会导致收入差距扩大和两极分化，造成分配结果的不公平。就社会的稳定协调发展而言，市场机制具有明显的局限性，一方面，市场经济不可能自动达到社会收入分配的公平和协调；另一方面，市场经济不可能顾及全社会范围的失业、养老、工伤事故、医疗保健及扶贫济困等社会问题。因此，要求政府从全社会的整体利益出发，把收入分配差距控制在适度的范围之内。同时，组织和建立社会保障体系，维护市场经济健康发展的良好环境，保证社会稳定协调发展。

各个经济转轨国家由于国情不同，政府调控居民收入分配差距的目标、原则、措施和手段各不相同。在这方面中国提出：第一，确立劳动、资本、技术和管理等生产要素按贡献参与分配的原则，完善按劳分配为主体、多种分配方式并存的分配制度。第二，效率优先、兼顾公平，初次分配注重效率，发挥市场的作用，鼓励一部分人通过诚实劳动、合法经营先富起来。再分配注重公平，加强政府对收入分配的调节职能，调节差距过大的收入。第三，以共同富裕为目标，扩大中等收入者比重，提高低收入者水平，调节过高收入，取缔非法收入。第四，理顺分配关系，规范分配秩序，健全个人收入监测办法，强化个人所得税征管。第五，建立健全同经济发展水平相适应的社会保障体系。①

综上所述，市场经济条件下转轨国家政府经济职能的存在和转换的主要原因，一是市场不能自发界定市场主体的产权边

① 参见江泽民：《全面建设小康社会 开创中国特色社会主义建设事业新局面》单行本，第28页；《中共中央关于完善社会主义市场经济体制若干问题的决定》单行本，第27页。

界并维护市场经济秩序，因而政府必须维护正常的市场运行和竞争秩序，承担起培育和完善市场体系、加速市场体系发展的责任。这是市场经济条件下政府的一项基本职能。二是自由放任的市场竞争会导致垄断，而垄断又会扭曲市场竞争机制。因此，政府必须采取有效措施，抑制、限制或消除垄断及其所带来的不利影响。三是市场机制难以纠正外部经济效应，因而政府必须解决外部经济效应问题，促进具有正外部经济效应的产品的生产，减少具有负外部经济效应的生产。四是市场经济难以组织和实施公共产品的供给，因而政府必须提供和组织公共产品的供给。五是市场交易信息不对称是经常和普遍存在的，因而政府必须提供信息和促进市场信息供应量的增加。六是市场机制容易造成分配不公和贫富两极分化，因而政府必须进行收入再分配，缩小收入分配差距，建立和完善与经济发展水平相适应的社会保障制度，促进社会公平的实现。七是市场机制有时会造成周期性的宏观经济总量和结构的失衡，因而政府必须维护宏观经济的基本平衡，促进经济结构优化，保持宏观经济的稳定。

5.3　转轨国家政府职能转换的基本取向与原则

5.3.1 政府职能转换的一般性特征与基本原则

从政府职能转换的一般性特征看，任何类型国家的政府特别是转轨国家的政府，若要主导经济转轨并融入经济全球化进程，使政府行为符合市场经济的要求，并提高其管理经济的效率，成为能够有效行使职能的强有力的政府，首先必须满足三个基本条件：其一，政府是理性的，它要根据社会利益最大化的要求选择正确的经济转轨方式和目标，作出合理的决策；其二，政府是有效的，它具备必要的手段和能力以实现社会目标，满足社会的需要；其三，政府是自主的，它能够超越各个特殊的利益集团，按照社会的共同利益自主地发挥职能作用。除上述三个基本条件外，转轨国家政府还要能够有效动员社会的一切力量，组织和发展经济，实现经济和社会的现代化；能够有效主导经济转轨进程，克服经济和社会转轨中出现的各种困难，用较低的社会成本完成转轨任务和目标；能够有效维护社会稳定，保证国家的统一，防止国家的分裂和失控；能够有效控制政府管理机构的官僚化和官员的腐败行为，实现政府的廉洁与民主。

根据以上所述，转轨国家政府职能转换的基本取向应是建立一个理性的、有效的、自主的和高质量的政府。在这一基本框架下，转轨国家政府职能转换的基本原则可以概括为三个大的方面：

1. 政府要基本退出生产领域，做好基础性工作

过度的生产性职能和再分配职能是计划经济体制国家区别于市场经济国家的最主要特征。随着经济转轨的不断深入和市场经济体制的逐步建立，转轨国家转变政府职能首先要解决的问题就是大大弱化生产性职能，将注意力更多地集中在市场和私人机构无法实现的五种重要职能上。而且，无论政府的性质如何，这些职能实际上也是各种类型国家的政府都必须要做好

的基础性工作。这五种职能,一是建立法律和产权基础。对于转轨国家来说,首要的任务就是建立最初的法律基础,清晰界定产权并保护产权的有效性,保护人身和财产不受侵害,限制政府官员的武断行为,以及建立公正的司法体系。二是创造并维持一种非扭曲的、宽松的政策环境,包括宏观经济的稳定。为此,政府需要在三个方面作出努力:(1)保持宏观经济的稳定性;(2)避免价格扭曲;(3)使贸易和投资自由化。三是投资于基本的社会服务与基础设施。四是保护承受力差的阶层,对承受力差的阶层实施援助。五是保护自然环境,将环境保护与经济可持续发展紧密结合起来。

2. 政府要补充市场,增进市场机能

经济转轨国家的政府还应努力寻求与市场的合作,以增进市场的机能。在经济全球化的影响下,经济中的协调失灵是一种比市场失灵更为广泛的现象。解决协调失灵不能仅仅依靠市场机制,还需要政府以及各种民间组织的通力合作。在这方面,政府的作用应是促进民间部门的健康发展,增加和补充民间部门的协调功能,以此解决协调失灵。政府和市场不应当被视为是相互排斥的替代物;相反,应将政府视为与经济体系相互作用的一个内在参与者。

此外,为了更好地发挥市场机能,转轨国家政府所面临的最重要任务是积极培育一个良好的市场经济环境。经济的全球化就是市场经济的全球化,各国市场经济的发展直接决定着其参与经济全球化进程的程度。在经济转轨初期,转轨国家市场经济发展程度普遍较低,国内市场都存在不同程度的混乱无序状态,法律基础脆弱也是转轨国家的通病。因此,要想在较短的时间内完成市场转型,创造良好的市场运作环境,就必须发挥政府的职能作用。政府应该用这只“看得见的手”制定政策法规,营造真正公平、宽松的市场环境,奠定市场发展的基础。首先,政府应努力建立一个与全球市场规则相适应的国内规则体系。从制度角度说,就是为市场提供制度框架。转轨国家应对经济全球化必须在制度改革上作出努力,应当适时调整国内制度,推进政府制度改革,加强法律制度建设,逐步实现与国际惯例的接轨,从而为本国在经济全球化进程中获得更大的发展和收益奠定制度基础。其次,政府应努力创造一个公平的竞争环境。市场制度的有效性在于它能够创造有效的竞争条件,从而获得更大的经济效率。而为了维护竞争的公正性,转轨国家政府就必须要创造适宜企业公平竞争的环境,使各种不同性质的企业都可以在一个更为公平、客观和透明的竞争环境中从事生产和经营活动。要达到这一目的,就要求政府明确市场主体,划定市场边界,通过构建市场主体立法体系,保持对市场主体待遇的公平性;要求政府通过制定和实施反垄断政策法规,制止垄断和不正当竞争行为,规范市场主体行为,防止市场支配力的滥用;要求政府通过提供市场信息、纠正经济行为的外溢性、补充不完全市场、扩大竞争范围等措施维护竞争的公平性。通过创造公平的竞争环境,增强国家经济的整体竞争力,从而在国际竞争中求得更快的发展。

3. 有序推进制度创新

从计划经济体制过渡到市场经济体制需要一系列的制度重

建。正如诺斯所言:从某种意义上甚至可以说,并不是自由化,而是政府对制度重建的管理,才是经济转轨的实质和核心。换言之,没有对制度安排的足够重视,自由化和私有化就无法带来社会预期的经济效益。在经济转轨过程中,如果政府不能进行合理的制度设计与安排,就会出现市场失灵和不规范的制度化。关于转轨国家政府推进制度创新问题,将在以下相关部分加以详细考察和论述。

基于以上三大基本原则,包括中国在内的转轨国家的政府职能会发生以下三种根本性的转变:

1. 从全能政府向有限政府转变

所谓全能政府,是包揽了所有经济社会事务的政府。高度集中计划体制下的政府就是全能政府,政府控制着整个社会资源,是社会资源配置的主体。而有限政府是指政府仅拥有有限的管理经济社会的权力,政府对经济社会管理负有有限的责任。有限政府主要管理、经营和办理经济社会中的公共事务,而将非公共事务交给市场和市场主体进行管理、经营和办理。转轨国家政府从全能政府向有限政府的转变,所采取的共同性措施,主要是减少政府对经济的干预,减少管理过程中的行政手段而更多采用经济手段。一句话,政府的职能转换一般要经历从包揽所有经济社会事务的全面直接管理转向有选择的有限管理、从经济控制转向经济规制这样一个既艰巨又十分迫切的转变过程。

2. 从管制型政府向服务型政府转变

所谓管制型政府,是指政府对经济社会管理拥有无限的权力而市场主体几乎没有自主权，政府与市场主体是纯粹的直接管理与被管理的关系。而服务型政府是指政府仅拥有有限管理经济社会的权力，政府通过向市场主体提供公共服务等方式，实现政府对市场主体的互动式管理。参与经济全球化和加入WTO要求转轨国家的政府从管制型政府转变成为服务型政府。通过这种职能转换，从市场主体以政府为中心转向政府为市场主体提供服务，达到政府与市场主体的积极互动，以实现政府对市场主体的管理。无论是发达国家还是发展中国家特别是转轨国家，都会在经济全球化浪潮的推动下，在各自的不同发展阶段经历一个由管制型政府向服务型政府的转变过程。服务型政府所提供的公共服务可以分为两大类：一是政府向社会提供良好的管理性服务；二是政府向社会提供具有非排他性和非竞争性特点的公共产品，为公众提供公共服务，以满足社会的需求。

3. 从封闭或半封闭型政府向公开和透明的政府转变

封闭型政府是传统的计划经济体制派生的一种特殊政府类型，其主要特点是政府的决策和政策的制定限于政府机构内部，政府的政务不公开，而且长官意志在政府决策中发挥至关重要的作用。半封闭型政府也在世界上许多国家包括发达国家和发展中国家存在。无论是封闭型政府还是半封闭型政府，缺乏政策透明度是通病，这类政府职能作用的发挥远远不能适应经济全球化条件下开放的市场经济发展的需要。因此，从封闭型政府和半封闭型政府转向公开和透明度高的政府，是经济全球化对转轨国家政府职能转换的必然要求。所谓公开和透明度高的政府，是指政府作出重大决策和制定政策的过程和程序公开，并引入公众参与机制，及时披露与政策相关的必要信息，实行政府政务公开。政府政务公开主要包括：政府制定政策、调整政策或依法行政的法律法规公开；政府依法制定或调整政策或依法行政的程序公开；政府所制定的政策或调整的政策或依法行政的结果公开。

应当指出，由于经济全球化背景下世界各国政府职能的演进存在着大致相同的趋势，政府职能转换的路径选择也有许多相似之处，因而以上所描述的转轨国家政府职能转换的一般性特征，实际上也多为其他类型国家的政府职能转换所具有。而转轨国家政府职能转换还有其特点。

5.3.2 政府职能“到位”与“让位”的调整原则

在经济全球化迅猛发展的时代，民族国家面临着严峻的挑战。在这种情况下，任何国家的政府都必须不断调整自己，以适应新的环境，执行新的职能，转轨国家更是如此。在经济转轨之前，转轨国家的政府全面控制着社会经济生活，具有强大的自主性和行为能力，但并没有给社会，尤其是没有给私有产权留下一定的空间。因而当这些国家向市场经济转轨时，面临着重建社会空间、改变产权结构等重大任务。因此，在经济全球化与国内经济转轨的双重背景下，转轨国家一方面需要一个强有力的政府来贯彻法律、强化秩序；另一方面又需要限制政府的权力以照顾到私有权。从转轨国家体制转换的现状看，政府已经放松了对生产的指令性控制，商品和生产要素的分配逐渐市场化，而且转轨国家的价格形成也基本市场化。不仅如此，通过企业改革，政府对企业的行政性控制已经减弱，而且，政府通过财政、货币政策来调节社会宏观经济环境的职能也有所增强。然而，转轨国家在经济转轨进程中并没有完全实现市场经济条件下政府职能的根本转变。政府往往插手许多本应由企业和经济主体解决的事务，而自己的一些职能却没有得到认真、有效的履行。因此经济转轨进程中转轨国家的政府职能并不是要弱化，而是要转换和调整。在这个过程中，一方面，政府职能要由“缺位”调整为“到位”；另一方面，政府职能要由“越位”调整为“让位”。

1. 政府职能的“到位”调整

在经济全球化进程中，由于全球范围内的商品自由贸易和要素的自由流动与优化配置，使一国政府保持本国市场稳定变得越来越困难，因而不仅不能削弱反而要强化政府对经济的调控能力。还由于各国政府经济政策之间的相互联系越来越紧密，因而一国的宏观经济政策能够有效发挥作用的空间也受到限制，这也要求政府必须具备更强的宏观调控能力。

(1)建立市场经济秩序的职能要到位

与成熟市场经济国家的市场经济发展不同，转轨国家的市场化进程大多靠政府行政手段来不断推进。长期的计划经济体制使政府手中掌握着经济管理的权力和大量的资源，已经形成政府对经济的深度干预。因此，在经济全球化和实行市场开放的进程中，面对复杂的国际经济环境，为了维护国家的安全与利益，为了弥补不成熟市场经济的缺陷，政府的职能必须要转换。特别是转轨国家的制度变迁也对政府职能转换提出了特殊的要求，尤其是要求政府建立市场经济秩序的职能一定要到位。

亚当·斯密认为，在完全竞争的市场经济条件下，政府主要是充当“守夜人”的角色，市场有一只无形的手，可以自发地调整任何的不平衡。然而，市场并不是万能的，垄断、外部性、公共产品和信息不完全等因素使市场机制经常出现各种失灵状态，这就需要由政府来填补市场的缺陷。弥补市场缺失和协调市场失灵是政府的主要职能：政府一方面要反对垄断、界定产权、克服外部性、提供公共产品、克服信息不对称等；另一方面则要维护一定的社会公平、保持经济总量的平衡和产业结构的合理化。第一，在完全竞争的条件下，市场机制可以实现资源的最佳配置，而垄断一旦形成，就会破坏这种平衡。所以，政府应当通过颁布和执行反垄断法、政府规制以及政府直接经营或特许经营垄断行业等办法来承担起反垄断的责任。第二，外部性会造成自由市场机制和自由企业制度失灵。因为外部性的存在使资源配置中的边际私人成本与边际社会成本、边际私人收益与边际社会收益发生差异，而市场主体（企业）在进行决策时只考虑对自身利益有直接影响的成本和收益，因而这种差异是市场和企业本身难以消除的。外部性的存在会导致资源配置失误，所以政府应该通过税收—补贴方案、政府规制以及政府直接经营具有明显外部性的企业来解决外部性的问题。第三，市场机制造成的收入分配不平等，是自由经济制度的一个严重缺陷。政府可以通过改变市场收入分配结果，即把富人的一部分钱拿来给穷人，来提高社会的整体福利水平。

对上述领域存在的市场经济不完善进行调节，是传统市场经济国家政府的最基本职能。而转轨国家由于处于经济转轨的特殊时期,政府除了要执行上述职能外,还要更加关注由于经济从封闭转向开放和市场环境变化所要求的政府职能转换。首先,要将开放条件下的反垄断作为政府的职责。这是因为,在开放的市场经济条件下,转轨国家政府采取积极的吸引外资政策,特别是大量吸引跨国公司的直接投资,以解决普遍面临的发展资金不足和技术落后的问题,而在引进外资的同时,政府必须采取有效措施,防止外商投资企业特别是跨国公司在转轨国家市场形成垄断或造成竞争限制的现象发生。

其次,从追求国内经济效率转向追求国际的比较效率,实现快速经济增长。在封闭的经济条件下,政府宏观调控的主要目标是实现国内资源的优化配置,促进经济快速增长。而在开放的市场经济条件下,由于资源在全球范围内自由流动,政府宏观调控的目标就不能仅限于实现国内资源的优化配置,而要实现国际资源的优化配置。因此,充分发挥并不断扩展和提升本国的比较优势,就成为政府的一项重要职能。同时,对于本国不具有比较优势的产业,如何根据 WTO 的规则予以保护,促进本国幼稚产业的发展,也是政府责无旁贷的职责。在经济全球化背景下,转轨国家政府培育一个有效公平竞争的市场环境要比制定产业政策更为重要,因为产业政策调动的只是国内资源,而一个公平竞争的市场环境调动的则是源源不断的国际资源。因此,要分享经济全球化所带来的利益,经济转轨国家政府调节经济的职能就要从运用产业政策干预经济,重点转向创造并维护公平的市场竞争环境,培育市场,完善市场机制,使市场成为资源配置的主要调节者，这是转轨国家政府面临的一项紧迫而艰巨的任务。

再次，从主要从事经济建设转向主要从事公共管理。许多发展中国家在经济起飞阶段，政府往往过多地充当经济建设者的角色，这一方面是因为当时这些国家的市场经济尚不完善，市场留下较多的空白需要政府去填补；另一方面是因为政府手中掌握较多的经济资源，可以去弥补市场的缺陷。然而，在经济全球化条件下，政府如果再充当经济建设者的角色，将会阻碍生产要素在国际间的自由流动，不利于利用全球资源发展本国经济。因此，政府的经济建设职能应该转化为社会公共管理职能，如发展教育、公共卫生、社会保障等等。并要切实加强交通、电力、供水、环保等基础设施建设，推进城乡统筹发展。通过创造良好的投资环境，吸引更多的国外资金，提高本国的竞争力，促进经济与社会的协调发展。

(2)维护政治秩序和体现社会公平要到位

转轨国家经历了几十年的计划经济时期，这使得转轨国家都有着强调社会平等的文化传统和体制传统。但随着经济转轨进程中市场经济的建立和私有权的确立，转轨国家社会平等的文化传统和体制传统受到冲击。在这种情况下，如果政府忽视社会基本公平的建设，就会导致严重的经济与政治的扭曲，引发严重的社会问题。1996 年世界银行关于转轨国家的年度报告指出，如果转轨国家的经济改革只使少数人获益，而大多数人难以体会经济发展带来的收益时，如果腐败像瘟疫一样到处流行，那么，因改革而蒙受损失的人们就完全有理由作出反应。因而，

"要使转轨取得长期成功，至关重要的是形成社会共识。在收入和财产方面极不平等的社会，其政治和社会的稳定性都较差，从而导致投资率和增长率都较低"①。更重要的是，在转轨进程中，如果转轨国家无法体现转轨的成就并且实现利益的较公正分配，那么，国家的合法性基础要会被削弱，从而使国家的行为能力也失去了坚实的基础，整个社会的转轨也有可能失去重要的制度支持。因此，转轨国家的政府在维护政治秩序、体现社会公平方面必须要有所作为，以保障转轨的顺利进行，这成为转轨国家政府职能转变的重要特点。

首先，加强社会保障体系建设、体现社会公平是转轨国家政府公共服务职能的重要体现。在这方面，转轨国家政府职能有一个从"不到位"到"到位"的转换过程。例如，从中国的医疗保障体系看，过去政府对医疗保障的干预一直很少，尤其是对贫困农村地区的医疗保障服务的供给太少。农村医疗供给显然是一个符合公共品理论的案例。因此，中央政府应更好地充当公共医疗的供给者和支持者，以确保广大农村居民能更公平地享受到医疗服务。中央政府需要强化规制框架，确保医疗指导方针的实施，使贫困地区从中央政府支出中得到更多的实惠。通过对大量发展中国家的比较研究表明，推进政府服务的直接供给尤其是在社会部门的直接供给，应该是转轨国家提供公共品最行之有效的措施。

---

① 世界银行：《1996 年世界发展报告：从计划到市场》，中国财政经济出版社 1996 年版。

其次，努力缩小贫富差距以体现社会公平。在经济转轨国家，收入分配差距拉大成为普遍现象。1993 年，在中东欧和前苏联 8 个国家中，4 个国家的基尼系数比 1987—1988 年提高了 10 个百分点以上，2 个国家提高 2 个百分点以上，其中，俄罗斯提高了 14—24 个百分点，基尼系数达到 0.48；吉尔吉斯斯坦提高了 9—33 个百分点，基尼系数大约是 0.5；保加利亚提高了 11 个百分点，基尼系数增加到 0.34 个百分点。① 中国的基尼系数当时为 0.45 左右。占总人口 20%的最贫困人口，其占收入和消费的份额只有 4.7%；而占人口 20%的最富裕人口，其占收入和消费的份额高达 50%。在俄罗斯和中东欧转轨国家，少数特权阶层利用他们的地位和关系在私有化过程中从国家攫取了大量财富，成为这些国家的权贵阶层。这种由于掠夺国家财富导致的收入不平等，令这些国家的老百姓对市场经济的认识产生偏差，一切市场化改革被视为新生的权贵阶层对国家财富的掠夺和对其窃取的不义之财的保护措施。因而这些国家经济转轨的深化会遇到非常大的阻力，同时，也形成了对国家稳定和安全的威胁。因此，转轨国家的政府必须将缩小贫富差距以体现社会公平作为自己的重要职责，强化政府的职能，防止由于政策的不公平、垄断和腐败，以及对高收入者的调控不到位而导致收入差距的扩大。

再次，建设适度的民主政治，维护社会稳定。转轨国家的民

---

① 参见世界银行：《1996 年世界发展报告：从计划到市场》，中国财政经济出版社 1996 年版。

主制度建设进程应该与经济转轨的步伐协调一致。民主制度是一个庞杂的体系，在推进民主制度的进程中，转轨国家政府的作用要到位，要通过逐步推行法治，为真正的民主化奠定坚实的基础。

2. 政府职能的“让位”调整

传统体制下政府对经济的管理主要采取行政控制的方法。这种控制有两个基本特点：一是没有给市场留出发挥作用的空间；二是整个经济的运作基本上是在封闭状态下实现的。在经济全球化和经济转轨过程中，转轨国家必须克服这些弊端，实现政府从与传统计划经济体制相适应的全能型政府向与市场经济模式相适应的有限政府的转变，从经济控制向经济规制的转变。有限政府的理念主要体现在两个层面上：一是政府要归权于市场，从对微观经济的过细干预中逐步退出；二是政府要开放国内市场，向国际经济组织或区域经济组织让渡部分主权。

(1)政府职能归权于市场

在传统的计划经济体制下，转轨国家政府依托公有产权基础，通过指令性计划和纵向的“条条”管理，直接控制生产和贸易，实现确定的优先发展目标。这种政府职能模式既取得了明显的成效，但同时也付出了沉重的代价，尤其是经济体制僵化、经济运行效率低下、资源和环境受到严重破坏等问题严重困扰着转轨国家。因此，转轨国家在经济转轨进程中必须转换政府职能，将政府的部分职能归权于市场，同时建立起有效的政府规制。

第一，定价职能要归权于市场。在高度集中的计划经济体制下，计划价格体制被视为社会主义经济的基本特征。计划经济国家计划价格管理体制的基本原则，一是价格管理遵循计划的原则。价格从属于计划，价格的形成不经过市场，而是由政府有计划地加以规定和管理，价格的制定、调整和变化，都要服务于政府的计划目标任务。二是价格管理遵循集中的原则。由于价格涉及国民经济的各个方面，所以对价格必须进行集中管理。一般来说，几乎全部重工业产品和大部分消费品的价格由中央价格管理机关决定，小部分消费品的价格由地方政府价格管理机构决定，经济活动主体没有定价权和调价权。三是为保障国民经济和人民生活的稳定，价格水平遵循稳定的原则。同时，价格管理遵循计划和集中的原则也为价格水平的稳定创造了必不可少的前提条件。但是，过低的计划价格会导致黑市的滋生；会遏制生产者的积极性。计划价格也不能发挥价格的传递信息、分配和刺激功能，影响社会经济的发展。因此，计划价格只有在当时的特殊时期才能发挥稳定社会、稳定经济、稳定人民生活的作用。从长期看，计划价格对经济发展和从根本上提高人民生活水平是不利的。因而价格改革成为转轨国家向市场经济迈进的必经之路。经过价格改革，转轨国家的政府在计划定价方面已经逐步归权于市场，实现了从管理绝大多数商品价格向管理少数商品和服务价格的转变，从微观价格管理向宏观价格管理的转变，从行政命令向法制化管理的转变。

第二，资源配置的职能要归权于市场。原计划经济国家政府广泛插手资源配置过程和经济发展过程，结果形成了许多政策性市场扭曲。扭曲的市场妨碍了市场正常功能的发挥，使资源配置发生失误。首先,政府在资源配置方面的越权管理造成了行政垄断。某些国家的市场垄断主要不是由自由竞争演化而来的寡占,甚至不是自然垄断,而是由政府许可证制度、准入限制、地方保护主义等形成的行政性垄断。行政性垄断阻碍了产品、资金、技术、劳动力在各产业和地区间的自由流动,阻碍了全国统一市场和一般均衡价格的形成。而消除行政性市场垄断的唯一路径就是要削弱甚至取消政府的资源配置职能,将其归权于市场,通过市场竞争来解决问题。

其次,政府在资源配置方面的越权管理导致了寻租和腐败。政府支配资源量与寻租规模、腐败程度之间存在密切联系。一般而言,政府支配资源越多,寻租规模越大,腐败现象就越严重。由于政府支配的资源一般不经过市场配置,而是通过行政程序进行资源配置,而行政配置价格一般低于市场配置价格,其间的差额就是潜在的租金。潜在租金一旦存在,就会诱使人们竞相追逐。因此,政府配置的资源量越大,形成的潜在租金量就越大,因而寻租者就越多。寻租者获得的租金是由政府支配的资源转化而来的,寻租过程并未给社会创造任何财富。同时,政府配置资源需要有人管理,必将设置一些管理环节,这样,难免有人利用管理者身份或管理环节牟取私利。政府支配的资源量越多,所需的管理者与管理环节就越多,在既定的制度约束下,腐败发生的概率也就越高。因此,转轨国家政府支配资源、配置资源的权限过大,超过了政府履行自身职能(主要是提供公共品)所需要的数量,超出了政府的管理能力,就会抑制市场机制的配置功能,导致垄断、寻租、腐败以及抑制企业发展空间等问题的出现。因此,在资源配置方面,政府的职能一定要适度,将越权的职能让渡给市场。

第三,基础设施建设的部分职能要让渡给市场。在计划经济体制下,中国在基础设施领域基本上采用政府垄断经营、政企合一的经营体制,政府既是基础设施领域国有资产的所有者,又是具体业务的主要垄断经营者,还是规制政策的制定者和监督执行者,政府集所有者、经营者和规制者于一身。因而,基础设施领域政企不分状况要远比其他领域严重。这种体制在运行中出现许多弊端:其一,基础设施企业没有市场主体地位。企业的主要生产经营活动,包括投资决策和服务收费,都由国家计划或主管部门安排,企业没有实质性的生产经营自主权,只能被动地接受上级行政部门的指令。其二,企业处于法定的垄断经营地位,因而缺乏外部竞争压力;企业的物质利益不完全取决于自身的真实业绩,如果发生亏损,则由政府财政进行补贴,因而缺乏内在激励。缺乏压力和激励导致企业对消费者的需求漠然视之,服务质量低下。其三,基础设施服务价格由政府制定,而政府往往以政治和社会目标为制定依据,容易过多地庇护生产者的利益、漠视消费者利益。结果,基础设施产品或服务的价格既不能准确地反映生产成本,又难以准确反映社会需求;既不能对生产形成有效的激励,又不能正确引导消费。由于价格不能收回成本(如自来水企业),基础设施企业往往缺乏财务独立性,导致这些企业对政府财政的过分依赖和预算软约束;或由于垄断价格过高(如电信企业),对消费者利益造成严重侵害,也降低了社会整体福利。因此,转轨国家政府应该借鉴发达国家的成功做法，在基础设施领域进行必要的私有化改革，从而打破垄断，引入市场竞争机制。在改革过程中，政府职能要进行相应的转化，由垄断投资经营者转变为行业的规制者，建立公平竞争的进入退出机制。

总之，转轨国家的政府必须彻底转变计划经济体制下长期形成的超强政府职能，建设有效政府。一方面，要放松对市场的限制、管制，信任市场的力量，强调市场机制的作用；另一方面，也要加强对市场的引导，不断增强弥补市场缺陷的职能和能力。

(2)政府职能的部分对外让渡

在经济全球化进程中，各主权国家之间、各种国际组织与主权国家之间以及各种国际组织之间的影响力、渗透力逐渐增强。各主权国家在经济、政治、军事、文化、教育、科技之间的交往日益频繁，其相互关系也在频繁的交往中日益密切。在新的世界格局下，与国际通行规则接轨，换取更大的经济利益已为多数国家所认同和接受。国际协调机制是经济全球化顺利进行的保障，其权威来自民族国家主权的部分让渡。在经济全球化条件下，政府对于本国经济的管理不再享有绝对的排他权，其政策制定必须与国际环境相协调。

第一，转轨国家政府职能向世界贸易组织的部分让渡。国际经济领域协调制度的建立并逐步完善，成为转轨国家融入经济全球化进程的重要推动因素。在国际贸易领域，多边协调主要是由 WTO 推动的。由关贸总协定主持进行的八轮多边谈判，在关税减让方面取得了重大的实质性进展。不仅世界范围内关税总水平呈不断下降的趋势，而且 WTO 成立后，为其成员国关税政策的制定构建了一个“刚性”的框架，也为非成员国的关税减让提供了参照系。在转轨国家中，中国于 2001 年加入了世界贸易组织。在 1986—2001 年从“复关”到“入世”的谈判中，中国的关税水平进行过几次调整，下调幅度超过 60%。而成为 WTO 的成员后，关税的调节需在 WTO 的框架下进行。俄罗斯也正在积极争取加入世界贸易组织，俄“入世”是融入经济全球化进程的一个重要步骤。“入世”会有助于俄经济的市场化发展；能够更大规模地吸引外国投资特别是外国直接投资；提高俄经济的竞争力；改善商品和劳务的进出口结构，等等。当然，“入世”的这些积极和正面效应要取决于多种因素的共同作用，其中包括一方面要尽快掌握新的“游戏规则”，有效实施贸易经济政策及与之直接相关的工业政策并尽快实行工业结构改造或重组，利用 WTO 规则允许的一切手段和方法来保护国内商品生产者和消费者的利益；另一方面必须要努力满足 WTO 对俄提出的各种“入世”要求，包括让渡部分经济主权和政府职能。普京就任俄总统后，一直把加入世贸组织作为政府的一项主要任务，并为“入世”采取了若干具体措施，如按世界贸易组织要求减少政府对经济的干预，大幅调整关税、降低进口税率，简化海关程序，等等。

第二，转轨国家政府职能向国际货币基金组织和世界银行的部分让渡。国际货币基金组织是重要的国际金融组织，在世界经济发展中发挥着举足轻重的作用，尤其是向经济转轨国家提供大量的贷款，以支持其经济改革和向市场经济转轨。但 IMF 在向受援国尤其是经济转轨国家提供贷款时一贯注重经济稳定条件和金融基础条件，特别是要求恢复并保持宏观经济平衡，开放市场并实行贸易自由化，实行紧缩的财政与货币信贷政策，抑制通货膨胀，稳定货币等。对 IMF 提出的这些需要让渡部分经济主权和政府职能的要求，转轨国家出于经济转轨和自身经济利益的需要，一般都会予以满足。俄罗斯就是满足了 IMF 的上述条件后才获得了其贷款。有资料显示，俄与 IMF 的多年合作还是取得了一定的积极成果，仅在 20 世纪 90 年代，IMF 向俄罗斯提供的贷款总额就达 321 亿美元。

与国际货币基金组织一样，世界银行也试图对俄罗斯经济和经济政策施加各种影响，对俄罗斯提供贷款和经济援助往往附加苛刻条件，经常提出诸如强化税收和预算体系的基本管理职能、进行国家行政管理和国家服务机构的系统改革等要求。不仅如此，世界银行还呼吁俄罗斯政府必须限制寡头的影响，并建议俄罗斯按照美国和欧盟的做法，通过积极的反垄断政策来限制寡头对经济的影响，并对俄履行与世界银行的合同和协议提出硬性要求。对于这些条件和要求，俄罗斯一般都会尽力满足，因为俄加快经济发展需要世界银行的贷款援助，而且俄致力于发展与世行的进一步合作关系。一般来说，当俄罗斯经济形势恶化或急需资金时，俄与世界银行的接触就会较为密切，从而也使世界银行对俄罗斯的影响力得到加强。之所以如此，是因为一旦俄罗斯被迫求助于世界银行，就意味着不管它愿意不愿意都必须听从世行的建议，同意世行干涉其经济主权。而这样一来，世界银行对俄罗斯就会有更大的发言权。

第三，在区域经济一体化进程中，各国国家政策和职能的不断融合意味着国家将让渡更多的权力与职能。如经济一体化程度最高的欧盟经历了从关税同盟到共同市场再到经济同盟的发展过程,并正在朝着完全经济一体化的方向发展。在一体化程度逐步提高的同时,欧盟成员国向欧盟让渡的权力与职能也在逐渐增加:从制定关税、调节关税的权力到海关对产品与要素流动的管理职能;从发行货币、制定货币政策的职能到制定财政政策、产业政策的职能;从贸易发展政策到经济发展乃至社会福利政策的制定职能,都在一体化的进程中由成员国让渡给欧盟。自2004年欧盟东扩后,一些转轨国家相继成为欧盟的成员国,因而这些国家也同样面临着国家政府职能的对外让渡问题。

除此之外,转轨国家正在积极参与国际经济领域多边机制的建立,以及参加国际和区域性经济一体化组织如APEC和上海合作组织等。在此过程中,相关成员国在文化、经贸、军事、司法、安全等各领域和各层次的合作相继展开,这种合作的过程也是各转轨国家的国家主权对一体化组织的让渡过程。总的来看,转轨国家在国际舞台上要面对各种不同的国际组织,不仅包括正式的国际机构和组织,如联合国安理会(UNSC)、维持和平机制(PKO)、世界贸易组织(WTO)、国际货币基金(IMF)等,也包括政府间的各类协定和国际公约等。转轨国家参与其中,就意味着要接受国际组织的约束和协调,也意味着转轨国家将自身置于国际框架之内,因而这类国家就不能完全自主地制定政策和发展经济,就要在国家权力、政府职能方面作出让渡。这是融入经济全球化的必然结果。但是,这些国际组织的性质、功能、特点和影响各不相同,其对转轨国家的重要程度和影响力也大不一样。因此,转轨国家的政府在参与国际组织、让渡一部分职能的同时,要从转轨国家的实际利益出发,在国际组织中充分发挥自己的作用,努力参与并影响国际规则的制定。

3. 小结

转轨国家应该充分认识政府职能转换的重要性,并发挥政府在经济转轨中的不可替代的作用。一般而言,转轨国家政府职能转换的根本问题就是要解决好政府职能的缺位与到位、越位与让位的问题。所谓越位,就是该市场做的政府却做了;所谓缺位,就是该政府做的政府却没有做或是没有完全做好。因而如果政府职能越位,政府就应该让位于市场;如果政府职能缺位,政府就应该补位。然而政府职能的充分发挥并不意味着职能的滥用。转轨国家要合理地界定政府职能的范围,既要给市场留有充分的作用空间,为融入经济全球化提供基础性条件;又要强化对经济的宏观管理职能,以及应对全球化带来的危机与挑战的职能。总的来说,转轨国家的政府职能应包括三个层次:第一个层次是政府基本的或称为核心的职能,这就是政府提供纯公共品和一些重要准公共品的职能,这是任何国家的政府都必须首先履行好的职能。第二个层次是转轨国家政府在经济转轨时期特有的职能,主要是创造良好的市场环境和制度环境,形成规范的市场运行机制,促进市场的有效运作,提高资源配置效率和社会福利水平。第三个层次是要在第二个层次的基础上发挥更加积极的政府职能,如提高社会公平程度,协调私人企业的经济活动等。总之,转轨国家政府应从不合理的职能中抽身,在需要发挥作用的领域积极作为,逐步成为高效的、机能健全的政府。当然,转换政府职能并不意味着政府是无所作为的。正如世界银行1997年世界发展报告所指出的:良好的政府不是一个奢侈品,没有一个有效的政府,经济和社会的可持续发展是不可能的;在市场失灵的场合,没有政府的干预也是不行的。

5.3.3 政府职能转换的"两结合"原则

1. 政府的经济治理职能与权力制衡职能相结合

经济全球化要求转轨国家政府与其他民族国家政府、跨国公司、非政府组织和地方政府这些权力主体加强合作,以共同应对地区性和全球性的经济问题,这就要求强化转轨国家政府的经济治理职能。然而,由于治理是以权力主体的实力大致相等为前提的,而经济转轨又是一个国内外权力主体重新分化组合的过程,必然存在权力主体之间实力不均衡的现象,从而不利于治理过程的有效进行,这也要求转轨国家政府借助行政力量在各种权力主体的博弈中起到制衡的作用。

(1)制衡发达国家以及国际组织的权力

转轨国家的经济转轨往往是在面临经济困难甚至在经济危机的情况下进行的。而发达国家和国际组织往往利用转轨国家的这一弱点,在向转轨国家提供经济援助和政策咨询时,"兜售"新自由主义改革方案,要求转轨国家实行经济自由化、私有化和财政紧缩。由于这些政策建议的出发点主要是便于国际资本利用转轨国家经济转轨时期的特殊商业机会,而不是促进转轨国家的经济发展,因此就决定了"新自由主义"不仅不能解决转轨国家经济发展中面临的根本性问题,反而还会加重转轨国家的经济困难，甚至破坏经济运行的稳定性。这方面最典型的例子莫过于俄罗斯“休克疗法”的实施及其所带来的灾难性后果。有鉴于此，转轨国家的政府始终要顶住来自发达国家和国际组织的不切实际甚至别有用心的改革要求和种种压力，以务实的态度把握好自身转轨的进程，最大限度地维护国家的经济利益和社会的稳定。在这方面，俄罗斯政府在能源市场自由化问题上的做法值得借鉴。转轨以来，俄政府一直顶住发达国家的压力，对天然气、石油和电力这些能源商品实行政府控制下的低价政策，从而不仅保障了居民的基本生活需要，也增强了民族产业的国际竞争力。

(2)制衡国际资本的权力

转轨国家政府制衡国际资本的权力主要是为了达到维护国家产业尤其是幼稚产业利益的目的。经济转轨的过程也是转轨国家幼稚产业发展的过程，而以逐利为目的的国际资本不受限制地进入转轨国家，往往会窒息转轨国家幼稚产业的发展，从而不利于转轨国家经济健康和可持续发展。因此，转轨国家政府在对外开放过程中必须十分重视制衡国际资本的权力和培育民族产业尤其是幼稚产业的发展。俄罗斯转轨以来就十分注重保护幼稚产业的发展。例如，在电信业，按俄政府规定，外资只能以合资的方式在俄罗斯开展电信业务，且俄方必须占有51%以上的股份。俄还给予俄罗斯电信公司(Rostelcom)直到2010年的从事国内和国际长途通信业务的垄断经营权。

(3)制约政府自身的权力

在从计划经济向市场经济转轨的过程中，转轨国家政府官员往往利用计划经济遗留下来的权力，进行设租和寻租活动，从而增加了经济运行的交易成本并败坏了社会风气，不利于转轨进程的顺利进行。根据欧洲复兴开发银行的调查显示，转轨国家政府腐败加重了企业经营的负担，详见表 5—1：

表 5—1　转轨国家政府腐败对企业经营造成的负担

	时间税（%）*	经常行贿的企业占全部企业的比重（%）	行贿成本（%）**
保加利亚	5.9	23.9	3.5
捷克	5.1	26.3	4.5
爱沙尼亚	7.3	12.9	2.8
匈牙利	7.2	31.3	3.5
哈萨克斯坦	15.2	23.7	4.7
立陶宛	12.9	23.2	4.2
波兰	9.5	32.7	2.5
罗马尼亚	7.7	50.9	4.0
俄罗斯	12.7	29.1	4.1
斯洛伐克	6.5	34.6	3.7
斯洛文尼亚	5.9	7.7	3.4
乌克兰	16.8	35.3	6.5

* 时间税：企业高级管理人员每年用于与政府官员就法律和规定的实施和解释所花费的时间占其全部工作时间的比重。

** 行贿成本：企业每年私下支付给官员的货币占企业年收入的比重。

资料来源：Joel Hellman and Mark Schankerman，"Intervention，Corruption and Capture：the Nexus between Enterprises and the State，"European Bank for Reconstruction and Development，Working Paper No. 58，October 2000，table 3。（http://buh. ebrd. com/pubs/econo/wp0058. pdf）

另有资料显示，2004 年中国经济运行中的腐败和管制所造成的损失为 46787.07 亿元，占当年 GDP 现价比重为 29.3%，这一规模相当于当年国家财政收入的 1.5 倍。①

不受约束的权力必然导致腐败，因此，转轨国家政府应主动制约自身的权力，一方面加快政府“归位”，把属于市场权力的尽快交还给市场；另一方面，对政府行使权力进行有效的法律和舆论的监督。近些年，为了克服行政审批过多过滥的问题，努力实现从源头上防止腐败，中国政府大力推进行政审批制度改革，全面清理了行政审批项目并根据情况分别予以取消或作出调整。2002—2004 年，国务院分三批宣布取消和调整行政审批项目 1806 项。到 2004 年底，国务院部门审批事项已减少 50.1%。同时，地方政府也大幅度精简行政审批项目，规范行政审批行为。②

2. 社会保障制度的稳定功能与发展功能相结合

(1)稳定功能

面对经济转轨和经济全球化对转轨国家的就业结构产生的双重冲击，转轨国家政府应充分发挥好社会保障制度的“稳定器”作用，确保转轨进程的稳定进行。

第一，应对经济转轨的冲击。在与计划经济体制相联系的

---

① 参见“不能无视 GDP 增长背后的沉重代价”，转载于商务部《网上看报》2007 年 1 月 17 日。(http://newspaper.mofcom.gov.cn/index.shtml)

② 参见中华人民共和国国务院新闻办公室：《中国的民主政治建设》，2005 年 10 月 20 日。

社会保障体系失去作用，而市场经济条件下的社会保障体系又尚未最终形成的情况下，大量计划体制内的人员由于在知识结构和技能水平等方面不能适应新形势的需要而成为结构性失业者，从而对社会的稳定构成威胁。这就要求转轨国家政府集中财力、物力，确保受到经济转轨冲击的人员享有市场经济条件下劳动者的基本权利，如失业保险、技能培训、健康保险、养老保险等。专家学者普遍认为，俄罗斯之所以能在严重的转轨衰退和经济危机中保持社会的相对稳定，其提供教育与医疗的基本保障发挥了很大的作用。

第二，应对经济全球化的冲击。由于转轨国家通常从事国际分工中的低附加值和低技术产品的生产，导致转轨国家的劳动者在劳动力市场中处于极为不利的地位，这一状况会影响到转轨国家的社会和谐与稳定。为了解决这个问题，从短期看，转轨国家应在不增加企业雇用成本并维护其国际竞争力的前提下，调整转移支付结构，加大对低收入部门劳动者的基本公共服务的提供力度，减轻其生存负担，如为低收入劳动者提供廉租房及子女的义务教育等。而从长期看，转轨国家政府则要促进社会保障制度的发展，促进低技术劳动力向人力资本的转换，在全球价值链中获取更多增加值。

(2)发展功能

经济制度在很大程度上决定着经济发展的状况。因此，如何构建作为经济制度重要组成部分的社会保障制度，发挥其促进经济发展的作用，就成为转轨国家政府的一项重要任务。

第一，以社会保障体系的公平性促发展。计划经济时期，转轨国家公民获得社会保障的质量和数量往往与其特权、身份和单位相关，例如，中国城镇居民享有比较好的社会保障，而面向农村的社会保障制度则几乎缺失。不公平的社会保障制度助长了既得利益阶层的惰性和政府的设租、寻租活动，从而既不利于经济运行效率的提高，也不利于社会和谐。因此，改变不公平的社会保障制度，为所有公民提供公平的发展起点，就成为转轨国家政府建立发展型社会保障制度的基本原则。

第二，以提高个人的责任意识促发展。计划经济体制下，转轨国家往往实行由国家统包统揽的"大锅饭"式社会保障制度，效率低下，浪费严重。而在经济全球化条件下，社会保障制度与国家竞争力息息相关，这就要求社会保障制度的设计要体现个人所享受的社会保障待遇水平与自身的努力水平挂钩原则。具体来说，一方面，转转国家要把握好提供社会保障水平的"度"，即政府仅负责满足国民享受的社会保障待遇的下限，而超过下限的部分则应由国民自付成本通过商业化途径获得。另一方面，转轨国家政府还要通过社会保障制度的设计来鼓励国民积极工作和创业，比如向低工资就业岗位提供工资补贴和减免个人创业的社会保障税等。

3. 小结

经济全球化条件下公共物品的提供和私人物品的生产跨越国界，对民族国家政府的职能提出了挑战。在规制公共品方面，经济全球化要求民族国家政府从基于主权的国内规制型政府向基于平等主体间合作的全球经济治理型政府转换；在生产和分配公共品方面，经济全球化要求民族国家政府从产业的保护和干预者向国家创新体系建设者转换;在再分配公共品方面,经济全球化要求民族国家的社会保障制度从福利型向发展型转换。而转轨国家在顺应这一基本规律的同时,必须结合转轨时期的实际,在政府职能定位上作出正确的选择。针对转轨时期国内外权力主体权力不均的问题,转轨国家政府要在这些权力主体的博弈过程中发挥制衡作用,实现全球经济治理职能与经济制衡职能的结合;针对转轨国家创新能力不强的现实,转轨国家政府要把建设国家创新体系与促进国内外创新主体加强联系的职能结合起来;针对转轨时期社会保障制度新旧交替的实际,转轨国家政府在设计社会保障制度时要把社会保障制度的"稳定器"作用与促进经济社会发展的作用结合起来。

第6章　经济全球化进程中转轨国家政府职能转换的路径选择

波兰著名学者科勒德克指出，转轨国家从社会主义计划经济向市场经济转变，以及从稳定化向增长转变，必须基于政府的合理参与。即使是在东欧那些还留在政府中的现代自由主义极端狂热分子，也在进行大规模的干预。“自由主义意识形态只是属于言论的世界和理想的范围。在真正的政治和政策制定中，自由主义由于无法实行而不存在。市场的神奇的‘看不见的手’的运作机制其实是和政府对金融、经济和社会问题进行干预的‘看得见的手’并行的。”①因此，转轨国家的政府要通过一定的方式对转轨政策和发展战略进行有效管理。“首先，必须开始衰退以后的复苏，接着，要推动稳定的增长。前者必须有政府积极的干预来配合，而后者没有政府的干预也是绝对不可能的。”②但对转轨国家政府的积极职能必须作重新定义，政府必须转换职能，以一种全新的方式参与和干预经济。

---

① 〔波兰〕科勒德克著：《从休克到治疗：后社会主义转轨的政治经济》（中译本），上海：上海远东出版社2000年版，第299页。

② 同上书，第302页。

6.1　转轨国家政府职能转换的独特路径选择

对于转轨国家来说，实行经济转轨和应对经济全球化挑战的双重压力使政府职能的转变显得尤为重要。把经济转轨前的管制型和封闭型的、全能的、无限的因而是效率低下的政府，转变成为服务型和开放透明的、有限的和有效的政府，这既是转轨国家在经济转轨和经济全球化条件下转变政府职能所面临的特殊任务，也是转轨国家推动政府职能转换的根本目标。我们认为，正是转轨国家在经济转轨即制度变迁和融入经济全球化进程中面临的这些艰巨任务和所确立的目标，决定了转轨国家政府职能转换具有特殊性和独特的路径选择。

6.1.1 转换政府职能以启动市场化进程

经济转轨国家由高度集中的计划经济体制向市场经济过渡，政府的作用非常重要，而转换政府职能以适应经济转轨和启动市场化进程的需要更是至关重要。因为正如日本著名经济学家大野健一所指出的，后发国家和经济转轨国家的市场化面临两个很棘手的问题：首先，存在着现存社会与新引入的市场经济不相兼容的风险，如果不兼容性得不到解决，市场经济就可能发展不起来；其次，既然现存社会不一定具有产生市场经济的内在动力，那么，政府必须首先行动以启动市场化进程。[①] 市场经济不会自发地在转轨国家或转轨经济中产生，无论是市场经济体制还是市场机制都必须要由转轨国家政府有意识地引进。之所以如此，是因为转轨国家原有的社会结构中尚缺乏对市场经济制度和文化提供有力支持的内在动力。这样，政府的作用就非常关键，启动市场化进程必须也只能由政府有意识地去做。因此，对转轨国家而言，积极和有效的政府是绝对必要的，没有这样的政府，社会基础就不会转向市场经济。特别是在经济全球化时代，由于全球经济联系的紧密性和复杂性，转轨国家经济对政府主导政策和干预的需求比以前更大。虽然转轨的核心是市场自由化，但在这个过程中政府仍要重构自己，并要健全和完善金融体系，发展基础设施，增加对人力资本的投资，实行必要的结构改革和新的制度安排等，通过这些措施启动并推动转轨国家的市场化进程。

当然，还需看到，虽然转轨国家的政府职能转换与市场经济国家的政府转型在一些方面特别是在调整政府与市场的关系、实现政府与市场功能的良性互动上表现出某些共性，但政府职能转换和转型的起点和走向则呈现出两种不同的轨迹。由计划经济体制下政府全面控制经济运行转向市场经济体制，转轨国家政府职能转换所面临的初始问题是政府失灵而不是市场失灵问题。市场经济国家的政府转型是由不干预市场运行，转向通

---

① 参见孙宽平主编:《转轨、规制与制度选择》，北京:社会科学文献出版社 2004 年版，第 346 页。

过扩大公共服务来调整政府和市场的关系；而转轨国家的政府职能转换则是通过缩小政府干预经济的范围来启动市场化进程，在着力培育和发育市场的同时，向主要提供公共服务的服务型政府职能转变。这样，在政府职能转换和转型过程中往往会出现不同情形的矫枉过正：市场经济国家的政府转型可能容易发生政府对经济干预过度的问题；而计划经济国家的政府职能转换可能更容易出现政府失灵和市场扭曲问题。

6.1.2 为市场提供必要的法规和制度框架

启动市场化进程后，为适应经济全球化和经济转轨对转轨国家政府发挥职能作用提出的特殊要求，政府要把创造市场经济所必需的制度条件，尤其是建立经济全球化条件下的开放型经济体制这一只有政府才能完成的任务作为转变职能的关键。这种在制度和经济体制上革故鼎新的职能，是转轨国家政府职能转换的特殊性所在。为说明这个问题，有必要再回到前述“经济全球化←→全球经济的市场化←→经济转轨和制度变迁←→转轨国家政府职能转换”这一序列中来。这个序列以经济全球化为初始条件，经济全球化进程推动的全球经济市场化趋向是促使转轨国家实行经济转轨和制度变迁的重要基础。而制度变迁之所以重要，其原因正如诺斯所指出的，创造市场必须要有制度条件作保证，经济转轨也是要创造这些制度条件，但对于转轨国家而言，只有政府才能够“创造市场所必需的制度条件”。因此，在转轨国家实行制度变迁和向市场经济过渡的条件下，要使市场机制正常发挥作用，就必须要制定一套公认的、能够得以有效实施的市场行为规则，以明确产权关系，规范市场主体行为，确保市场交易和市场竞争的公平与效率。而市场本身无法提供这一套规则和制度，这就需要转轨国家政府建立健全市场经济运行所需要的各种法规与制度，并监督其实施，以保证市场机制的正常运行。

当然，正如科勒德克所指出的，规制的建立应该是渐进的、逐步的、长期的过程，是一个在转轨国家政府自觉计划下逐步形成和完善的过程，而不应是一个自发的、偶然的过程。应该密切注视各种因素对这一进程造成的影响，并对政策不断进行调整和修正。如果忽视规制问题，并在急剧推行自由化条件下让市场机制一味放任自流，就会出现制度真空，发生制度扭曲现象。而滋生腐败现象和有组织的犯罪就是扭曲的制度化造成的最突出例子。这也是在推行自由化和私有化进程中困扰那些软弱政府的两大顽疾。他认为："建立和制定各种新的法律——商业法典、税收法、资本市场有关条例、财产保护法、反垄断条例、银行监督法、消费者权益保护法、环境保护法——这些都是具有重大意义的任务，这些法规的制定，必须在国有财产完全私有化之前就基本完成。为市场经济建立合适的法律框架，……这个问题应该被看成是比贸易自由化和国家财产私有化更为重要得多、迫切得多的事情。贸易自由化和国家财产私有化只有在事先创造了一定的制度化条件之后，也就是在相应的游戏规则制定出来并在事实上得到实施之后，才能促进经济的增长。"①

① 〔波兰〕科勒德克著：《全球化与后社会主义国家大预测》(中译本)，北京：世界知识出版社 2003 年版，第 191 页。

6.1.3 着力培育市场，创造有效率的市场环境

市场机制有效地调节资源配置，是以各种生产要素和产品的充分流动及信息的迅速传播为前提的。这就要求建立起高度发达的统一市场体系，而在现实经济生活中这是一个缓慢的发展过程。在转轨国家中，中国经过二十多年市场化取向的改革，已经初步建立起社会主义市场经济体制，但是离完善的、发达的市场经济体制尚有较大距离。俄罗斯和乌克兰等中东欧转轨国家虽然在向市场经济体制迈进的过程中步伐较大，但也不能说这些国家已经建立起了比较完善和发达的市场经济体制，因为较西方发达国家成熟和高度发达的市场经济体制仍有不小的差距。因此，在转轨国家高度发达的市场体系尚未完全建立起来之前，政府肩负着培育和完善市场体系、加速市场体系发展、创造有效率的市场环境的职责。

在经济转轨进程中特别是在转轨的初期阶段，转轨国家不仅会出现市场失灵，还会出现市场缺失；不仅市场发育不全，而且发展的程度也不同，如商品市场发展的速度快且程度高，而资本市场发育较慢且缺乏规范。但经过多年的经济转轨和有效治理，转轨国家在培育、规范和监管市场体系方面取得了长足进展。政府在大力发展商品市场的基础上，逐步培育生产要素市场，努力建立和发展统一开放、竞争有序的市场体系，包括商品流通市场、金融市场、劳动力市场、技术市场和信息市场等。市场配置资源的基础性作用不断增强。20 世纪 90 年代以来，中

国相继颁布实施了《产品质量法》、《反不正当竞争法》、《消费者权益保护法》、《公司法》、《商业银行法》和《证券法》等法律法规。对风险较大的期货市场和证券市场，通过健全上市规则、交易规则和信息披露制度，加强了风险防范和监管机制。政府在培育市场，在规范和监管市场主体、市场组织形式和市场交易行为，创造有效率和公平的市场环境方面发挥着十分重要的作用。

在经济全球化进程中，各国在全球分工体系中的竞争，本质上是各国实力的竞争，也是市场有效性的竞争。转轨国家参与经济全球化进程的立足点在于发挥自己的比较优势，并要把潜在的比较优势转化为现实的竞争优势，因而形成一个有效率的市场环境特别重要。处于经济转轨时期的转轨国家，培育市场的任务更为紧迫和艰巨，政府要将主要注意力和发挥作用的基本点放到创造有效率的市场环境上来。从这个意义上说，市场的有效性能够反映政府的有效性；政府是否有效率，在很大程度上可以通过市场的有效性作出评估。

不能否认，对经济转轨国家而言，培育市场是一项巨大的系统工程，其中主要的，一是培育市场主体，特别是进一步深化企业改革，建立现代企业制度，鼓励中小企业和民间投资。二是培育要素市场，促进资本、技术、信息等市场的发展，打破地区封锁、部门垄断局面，加速生产要素价格市场化，促进国内统一大市场的形成。三是培育和发展市场体系，包括商品流通市场、金融市场、劳动力市场和技术市场等。四是加快国内市场与国际市场的对接，并逐步向国际惯例靠拢。例如，中国通过降低关税、减少配额、取消出口补贴，以及实行人民币在经常项目下可兑换等措施，初步形成了符合国际通行规则的外贸、外汇运行机制。但总体上说，对包括中国在内的转轨国家而言，培育本国市场并使之与国际市场相对接，仍是今后的一项长期任务。

6.1.4 驾驭市场化进程，纠正市场失灵和弥补市场缺陷

纠正市场失灵和弥补市场缺陷，以使市场化进程健康向前推进，是经济转轨国家政府的一项重要职责。所谓市场失灵，是指由于市场内在功能性缺陷和外部条件缺陷引起的市场机制在资源配置的某些领域运作不灵。简言之，市场失灵是市场机制不能实现资源最优配置的情况。狭义的市场失灵主要表现在市场对外部负经济效果、垄断生产和经营、公共物品的生产、不对称信息情况下的商品交易以及社会分配不均等问题的调节运作不灵。而市场缺陷是用来概括市场所不能有效解决的所有经济和社会问题。因而，市场缺陷既包括狭义的市场失灵，也包括市场不能解决的其他经济与社会问题，如收入分配不平等、总量失衡、人口膨胀，等等。这些问题是市场没有能力解决的，是市场的缺陷和局限性。尽管市场失灵和市场缺陷在包括发达国家在内的所有类型的国家中都普遍存在，但对于正在向市场经济体制过渡的经济转轨国家而言，纠正市场失灵和弥补市场缺陷，正确驾驭市场化进程，仍是政府所面临的前所未有的新问题。也就是说，在经济转轨和市场化进程中，转轨国家政府必须创造和维护正常的市场运行和竞争秩序；抑制、限制或消除垄断及垄断的不利影响；矫正外部经济效应；提供和组织公共物品的供给；

减少信息不对称的负面效应；调节居民收入分配，缩小贫富差距，促进社会公平；维护宏观经济平衡，促进经济结构优化；履行国有资产出资人职责，完善国有资产管理。

正如斯蒂格利茨所指出的，市场失灵无处不在，因而政府干预的可能领域是极为广泛的；政府的效率并不比市场更低，不能以政府失灵为借口排斥政府干预。当然，虽然转轨国家的政府应该在经济发展中发挥重要的作用，但这种作用必须基于匡正市场失灵和弥补市场缺陷的理由。在市场失灵并不存在或并不明显的领域，政府就不应该企图取代市场。因为在市场经济条件下，如果存在充分竞争的条件，市场一定可以比政府更好地配置资源、更好地组织生产、更好地满足消费者的利益。而政府应该对竞争性行业做的，是要使竞争条件更为充分，特别是当市场尚未发育完善而缺乏竞争时，政府要承担发育市场的责任，提供市场发育的充分空间，支持和增进市场的有效运作。如果在市场机制尚未充分发育时政府就采取放任自流和表现得无所作为，就难以驾驭市场化进程。

总之，在市场经济条件下，市场机制应对资源配置发挥基础性作用，只有在市场机制对资源的配置无效率时，政府才能发挥运用各种经济政策、从宏观角度对经济加以干预和调控的职能作用。从微观层面看，政府的作用也仅限于制定游戏规则和各种政策法规。政府的职能作用和公共政策目标应主要集中于调整经济和产业结构、熨平经济波动、调节收入分配和解决收入分配不均等领域，而不应该过多地涉足微观的资源配置领域。

6.1.5 克服政府失灵，提高政府的有效性，适度干预经济

如前所述，市场本身不是万能的，市场不是理想的，存在着市场失灵和市场缺陷。因此，需要政府来调节市场，弥补市场缺陷，纠正市场失灵。而政府在履行其经济职能即纠正市场失灵和弥补市场缺陷时，要么会效率低下、成本高昂；要么达不到预期的目标；要么会带来种种不利的事先未曾预料到的负面效应。这说明政府本身的行为也有其内在局限性，政府同样也会失灵。而且，在许多情况下，市场不能解决或解决不好的问题，政府实际上也并非都能完全解决得好。从某种意义上说，政府失灵往往会给社会带来更大的损失或更多的问题。但无论怎样说，政府和市场并不能相互排斥，而是要相互补充。正如科勒德克所指出的："与转轨初期即转型萧条开始时相比，在转型后期，后社会主义危机之后的经济增长以及持续增长的努力更需要明智的政府干预。尽管在自由化和稳定占主导的一定时期内，相对较多的工作可以通过市场的'看不见的手'来实现，但在从稳定向增长转变并寻求持续增长的进程中，政策制定者的'看得见的手'比其看不见的伙伴在促进可持续的、公平的发展方面起到了更大的作用。政府和市场是合作者。"①因此，他认为，向市场经济的成功转轨需要政府的参与和对经济的适度干预。政府能够

---

① 〔波兰〕科勒德克著：《从休克到治疗：后社会主义转轨的政治经济》(中译本)，上海：上海远东出版社 2000 年版，第 302—303 页。

弥补市场的不完善,并提高市场的优势。即使是在现代自由主义经济中,政府和市场也始终比其他因素更具有补充性。这里问题的关键在于政府干预的方式、方法和形式。有的人也许并不喜欢这种干预主义,但又不能没有它。关于政府与市场的关系,科勒德克又指出:"市场不完善导致了严重的紧张状况甚至是危机,这在历史的进程中曾多次发生。政府也是这样。后者的扩张不能作为前者不足的补充,而前者的自由化更不是后者失灵的补救。市场不完善和政府失灵的补救不是两者之间的对抗,而是两者之间互相协调、互相支持的艺术。对市场不完善的解决不是少一点市场多一点国家主义,而是市场和政府同时起更好和更强的作用。这是一个两者共同协调而非相互对立的问题。如果对立中一方赢了,不仅仅是另一方输了的问题,而且增长的潜力也随之丧失了。"① 因此,如果对后社会主义国家1990—1997 年的大萧条作出评价,结论是政府和市场都有过失即共同失灵:政府没有采取有效的措施,市场也没能解除困境。因而在转轨和经济发展时期,单靠政府或市场都无法解决经济转轨所带来的问题及经济萧条问题。"转型可以被看作是对政府和市场之间的完美合作的持续的寻求(其实永无止境)。市场必须是完善的,而政府应该被看作是实现市场完善的手段。或者政府必须被控制和平衡,而市场是控制的手段。这不太容易,

① 〔波兰〕科勒德克著:《从休克到治疗:后社会主义转轨的政治经济》(中译本),上海:上海远东出版社 2000 年版,第 303 页。

但事实上却是转型过程的核心。”①

当然，对于转轨国家来说，由于经济转轨的特殊性，决定了这些国家在提高政府的有效性、适度干预经济、克服政府失灵方面与其他类型的国家有不同的特点。而且，政府在向市场经济转轨中如何发挥作用和发挥何种作用，各个经济转轨国家的战略选择也并不相同。特别是由于大多数转轨国家选择了自由市场经济体制模式，使这些转轨国家政府职能转换经历了一个先是过分注重减少政府对经济的干预，忽视甚至否定政府的作用；后又适度强化政府职能作用并启用政府干预型模式的变化过程。这是转轨国家政府职能转换的又一特殊性。

在经济转轨初期阶段，无论是俄罗斯、乌克兰和独联体其他国家，还是波兰、匈牙利、捷克和其他中东欧国家，由于多数国家实行激进的“休克疗法”，加之“改革派”追随新自由主义思潮，极力主张建立完全自由的市场经济体制，主张取消市场限制和政府行政干预，而且发达国家也要求这些转轨国家的政府放松管制，导致这些国家都程度不同地存在着否定政府作用的明显倾向，主张政府全面退出经济活动领域。政府也的确减少了对市场经济的介入，甚至“遵循市场经济对政府的角色定位”，迅速退出了原来发挥重要作用的许多领域。结果，不仅使政府在经济转轨中的职能作用日渐衰微，而且也造成经济转轨中的“体制真空”。其直接后果，一方面严重削弱了国家的宏观经济调控作

---

① 〔波兰〕科勒德克著：《从休克到治疗：后社会主义转轨的政治经济》（中译本），上海：上海远东出版社 2000 年版，第 304 页。

用，造成社会经济混乱和经济转轨步履艰难；另一方面致使政府在经济全球化进程中驾驭本国经济的能力下降，尤其是当本国的经济主权受到侵蚀，经济安全受到威胁时，政府往往表现得软弱无力，导致政府失灵。俄罗斯及东欧某些国家发生金融危机时政府束手无策，调控不力，就是明证。因此，科勒德克正确地指出："随转轨而出现的不利后果，特别是大萧条和令人失望的经济增长速度，显然是政策失误所造成的。其中最紧要的是政府的作用被忽视了。政府应当重新定位，而不是被抛弃。政府不应从经济活动中退出，而是应当转换角色，在适度管理、基础建设和人力资本投资方面发挥强有力的作用。转轨过程中，新的制度安排应当有利于促进经济的增长。"①

转轨国家政府职能转换的再度校正和角色重新定位，发生于实行"休克疗法"和建立自由放任市场经济的尝试失败之后。事实证明，在市场机制尚未完全建立并充分发育、市场化程度不高的情况下，否定政府作用和放弃政府对经济的必要干预，非但不利于转轨国家市场经济体制的建立和完善，也不利于这些国家的政局稳定和经济发展。俄罗斯和中东欧国家在经济转轨中所遭遇的挫折、所走过的弯路和所得到的教训，都印证了这一结论。这也是促成转轨国家选择政府适度干预型模式的重要原因。在这方面，转轨国家中俄罗斯最先在理论和实践上否定并严重削弱国家宏观调控职能，忽视政府作用，主张政府全面退出

① 〔波兰〕科勒德克著：《从休克到治疗：后社会主义转轨的政治经济》（中译本），上海：上海远东出版社 2000 年版，第 7—8 页。

经济活动领域从而导致“政府失效”，但也在普京执政后明智地选择了政府适度干预型模式。普京多次强调要建立国家干预的市场经济，指出：“必须在经济和社会领域建立完整的国家调控体系”，国家要对经济和社会进程发挥更大的影响作用。

如上所述，在向市场经济转轨中，不同类型的经济转轨国家选择的是不同的政府职能模式。中国一直比较强调发挥国家的关键性作用，尤其是国家在国民经济计划领域中的作用。这在实践上表现为国家政府凭借其宏观经济管理权力和制度安排方面的职能，对经济转轨和参与经济全球化进程实行宏观调控，对市场进行适度干预，达到市场经济与国家宏观调控的紧密与有机结合。

6.1.6 有序推进制度创新，有效引导经济转轨

有序推进制度创新，为经济发展清除体制性和制度性障碍，既是现实生产力和经济发展的客观要求，也是转轨国家制度变迁和体制创新的基本要求和切入点。科勒德克指出：“自由化、稳定发展和私有化固然重要，健全的基础也必不可少，但如果没有制度支撑的话，它们自身都不可能起作用。良好的财政状况、预算与经常账户的平衡、低通货膨胀、有利于国际贸易与资本流动的自由制度——所有这些都能促进增长，但唯有在适当的组织、良好的制度与共同遵守的市场规则下才能做到。”①这说明

---

① 〔波兰〕科勒德克著：《从休克到治疗：后社会主义转轨的政治经济》（中译本），上海：上海远东出版社 2000 年版，第 8 页。

了制度对于经济转轨的重要性。但另一方面,对转轨国家而言,推进制度创新从而有效引导经济转轨更为重要。转轨国家从高度集中的计划经济体制向市场经济体制转换是一个复杂的系统工程和渐进过程,也是一个没有成功先例可资借鉴的艰难探索过程,更是一个不断进行体制创新和制度创新的艰难过程。在这一过程中,中国作为经济转轨大国,确立了以公有制为主体、多种所有制共同发展的基本经济制度,特别是使民营经济的发展有了制度保障;明确提出股份制应当成为公有制的主要实现形式,并加快形成以股份制为主体的现代企业结构;推进国有资产管理体制改革,建立以产权清晰为基础的现代企业制度。所有这些措施既是制度创新的具体实践,也是引导经济转轨健康有序发展的根本性措施。

一般而言,在现代市场经济条件下和经济转轨进程中,除了市场本身的重建外,无论是法律体系的构建、产权界定和保护,还是维护公平与竞争等,都要靠政府在不直接干预经济的前提下通过制度建设和制度创新来实现。转轨国家的制度创新或制度重构包括以下几个方面的内容:一是要制定与市场经济相适应的法律体系。它所要解决的核心问题是秩序,大到宪法秩序,小到各种法律秩序,都必须有助于市场经济的发展及其有序运行。否则,转轨国家的社会经济活动就会逐步丧失效率。二是建立与市场经济相适应的财产制度。它所要解决的核心问题是人们的财产权利。在这方面,政府应当承担的职责是确定财产权利,并要有效保护这些权利。若没有这样的制度创新就不会有市场经济及其发展。三是建立与市场经济相适应的货币、人力和公共产品等的供给制度。它所要解决的核心问题是市场经济的有效性问题。因为如果没有稳定的货币，没有人力资本的开发特别是企业家的供给，没有足够数量的公共产品供给，市场经济是不可能有效运行的。四是形成与市场经济相适应的伦理道德。它所要解决的核心问题是社会认可性的问题。建立与市场经济相适应的伦理道德观的过程，实际上就是制定社会契约的过程，也是对市场经济从道德上加以认可的过程。总之，不断推进制度创新，从而有效引导经济转轨，是转轨国家政府的一项特殊职能。因为与成熟经济中运作规范的市场相比，转轨经济中的市场具有更大的不确定性，如果政府不能进行制度创新，不能进行合理的制度设计与安排，就会导致出现市场失灵和制度的不规范化。

6.1.7 实施正确的产业政策，促进经济结构和产业结构调整

产业政策是国家为了实现某种特定的经济目标和社会目标，对某些产业实行保护、扶植、鼓励和调整，以促进这些产业的迅速发展，实现与其他产业之间的协调发展，从而促进整个国民经济持续、稳定、协调发展的政策。简言之，产业政策是国家宏观调控国内产业发展的重要手段，国家的发展战略通常体现在产业政策上。产业政策主要包括产业结构政策、产业组织政策、产业技术政策和产业布局政策，其中产业结构政策是整个产业政策体系的重点和核心，它主要包括产业结构调整和升级目标的长期规划；对支柱产业、战略性产业实施适度保护和扶植；对

衰退产业的调整和援助等。产业结构政策作为确保产业结构调整和优化升级的必要条件，对转轨国家的经济增长有重要的推动作用。总的来说，产业政策发挥作用的立足点在于弥补市场失灵，创造并维护适度竞争的有活力的市场。产业政策所处理的问题是全面综合的复杂系统，因此产业政策是一组完整、相互关联、整体协调的经济政策的总和。市场本身无法决定国家发展的战略重点是什么，也无法促进产业结构朝着既定的正确方向发展变化。只有政府制定并实施目标明确的产业政策才能起到这种作用。世界上不乏充分运用产业政策促使某些产业优先发展，从而带动整个经济结构变化和不断升级换代的先例。战后日本和东亚“四小龙”的经济发展奇迹就是比较典型的例子。

对于转轨国家而言，产业政策是政府在市场经济中调控经济运行的十分重要的手段。与计划经济体制下的产业政策不同，这种产业政策是通过市场机制来实现国家的经济社会目标的。但转轨国家产业政策实施和产业结构调整的路径各异。作为世界上两个最大的经济转轨国家，中国和俄罗斯的经济转轨发展进程存在着很大的差异。中国经济转轨的特点是在市场化的进程中交织着工业化。而俄罗斯国内本身已经完成工业化，经济转轨的重点是市场化转型。中国改革开放以来的经济持续高速增长是与产业政策适用性和工业化产业结构调整密切相关的。1979—2000 年，中国国内生产总值年均增长高达 9.8%，这种增长速度曾经只出现在 20 世纪 60 年代的日本和 70 年代亚洲“四小龙”的经济飞速发展阶段。在这一时期的国内产业结构中，第一产业就业人员下降了 21%，由原来的 71%降至 50%，这说明中国产业结构调整的步伐在加快。应当说,中国根据本国的国情,在产业政策实施和产业结构调整方面取得了较为明显的成效。例如,政府实施促进粮食等基本农产品稳定增长,实现粮食"基本自给、立足国内"的农业政策目标,积极调整农业产业结构,增加对农业的资金投入;实行出口导向增长战略,不断提高和扩大劳动密集型制造业产品的生产和出口,等等。

与中国不同,俄罗斯的产业政策和产业结构调整滞后。俄长期注重发展资源型经济,经济增长依赖石油与天然气出口,特别是石油收入构成了俄经济增长的重要来源,对俄GDP增长的贡献度增大。但另一方面,国际市场石油价格的不稳定也给俄罗斯经济增加了极大的不确定性和新的变数。本次国际金融危机对俄罗斯经济造成巨大冲击,主要原因就是由于国际市场石油价格大幅下跌所致。因此,虽然俄罗斯长期以来形成的以能源和原材料等初级产品为主的生产和出口结构已根深蒂固,但实施正确的产业政策,全面推进结构改革,加快产业结构的调整,特别是调整并削减"瓶颈"产业,实现经济多元化发展战略,是今后一个相当长时期内俄罗斯的唯一选择。俄罗斯已将实现经济结构的多样化,提高制造业和服务业的国际竞争力作为今后政府工作的重点之一。这说明,俄已开始解决经济结构不合理以及由此而造成经济增长代价过大、负效应明显的问题。

6.1.8 稳定经济,促进经济社会发展

在经济全球化进程中,转轨国家实行经济转轨和发展转轨经济肩负着稳定经济、促进经济社会发展的重任和使命,尤其是

要抵御经济全球化特别是金融全球化对本国经济的严重冲击及其所带来的负面影响。转轨国家在本次国际金融危机中面临的各种严峻考验就是最突出的例证。自2008年以来,由美国次贷危机引发的国际金融危机肆虐全球,重创全球经济,导致严重的经济衰退。国际金融危机对转轨国家造成的影响更为严重,俄罗斯和中东欧国家自2008年下半年开始陷入深度衰退,一些转轨国家甚至同时出现了货币危机、股市危机、债务危机、实体经济危机、经济增长危机以及政治危机。面对这些危机及其所导致的金融动荡、经济下滑、居民收入下降、失业率上升等状况,转轨国家政府纷纷实施经济刺激计划,采取多种措施扶持实体经济,维持金融业稳定,刺激消费和投资需求,增加对失业人口的救助以减轻危机对社会造成的不良影响。这些举措对转轨国家摆脱国际金融危机的影响,尤其是后金融危机时期恢复经济增长和保持社会稳定,发挥了至关重要的作用。

中国政府在应对国际金融危机和稳定本国经济中发挥了十分重要的作用,其所采取的刺激经济的一揽子计划和其他有效政策措施,以及后危机时期经济刺激计划所带动的强劲经济复苏为世界所称道。中国政府4万亿人民币(占GDP总额12%)的财政刺激措施是转轨国家中规模最大的,不仅极大地促进了中国的经济增长,也带动了全球特别是东亚地区的经济增长。实施一揽子计划的成效,不仅在于保持了当前经济增长和社会稳定,更重要的是保持了中国经济发展的良好势头。从今后一个时期看,4万亿人民币的投资效应还会进一步显现,加之中国政府提出的新的经济发展政策目标和相继采取的其他若干重要措施，对今后几年中国的经济社会发展会产生积极影响。

俄罗斯在应对国际金融危机中也注意强化政府的主导作用：一是政府实施对银行系统的注资措施，以维护银行系统的稳定，并确保金融体系和本国货币的稳定；二是政府对大型企业（也包括一些中小企业）采取了有力的重点扶持措施；三是政府对一些重要经济部门采取特殊保护措施，根据不同行业采取有针对性的救助计划；四是维持社会稳定，关注民生，加强国家社会保障，大幅度提高居民的养老保障水平，减少失业并增加就业，从而兑现了政府在社会福利方面的所有承诺。后金融危机时期，政府的上述主要作用依然不可或缺。普京总理表示，未来两年俄政府的工作重点将从反危机管理向创新发展过渡。俄政府要进一步推动经济复苏，继续扶持重点行业，并着力解决失业问题。

综上所述，抵御经济全球化特别是金融全球化对本国经济的严重冲击与影响，从而稳定经济并促进经济社会的全面发展，是转轨国家政府在经济转轨时期的一项重要职能。这一职能的履行状况，能够表明转轨国家政府质量的高低与能力的强弱。

6.1.9 解决计划经济的大量历史遗留问题

这也是转轨国家政府职能有别于其他类型国家政府职能的特殊性的一面。在由计划经济向市场经济的过渡阶段，转轨国家政府肩负着解决计划经济所遗留下来的一系列问题的重任。这些问题如：从总体上对国有企业进行战略性的调整；调整长期计划经济时期形成的经济结构和技术结构；建立市场化的失业保障体制；改造和重建养老保险制度，等等。特别是对于计划经济遗留下来的数量庞大的国有企业和畸形的经济结构，政府必须从总体上作战略性的调整。例如，由政府制定国有企业改革和军转民的规划，从政策上引导资源配置的市场投向，解决国营企业大规模私有化所引起的恶性失业问题，重建与市场经济体制相适应的社会保障体系等。例如，俄罗斯虽然在经济转轨进程中对社会保障制度进行了改革，但计划经济体制遗留的一些问题，如社会保障体制没有与国家的社会政策有机结合；社会保障体制的各要素之间缺乏相互协调；社会保障制度的改革缺乏整体性和全局性等，仍然没有从根本上得以解决，仍作为遗留问题存在着。这说明，俄罗斯在经济转轨中还没有找到一个过渡时期社会政策的有效模式，政府也没有形成一个完整的社会保障观念。所有这些都使得俄罗斯现阶段的社会保障体制改革极为艰难。因此，继续解决这些计划经济所遗留下来的复杂问题成为俄政府的重要职责。

除以上重要而又特殊的职能外，转轨国家政府在经济转轨初期阶段实际上还要履行填补“体制真空”的特殊职能。正如有学者所指出的，中东欧国家的经济转轨是在其政治制度发生剧变之后快速进行的。因而在经济转轨的初期很可能会出现这样一种情形：“东欧国家旧运转体系中各机构间的协调系统在瞬间全部被破坏，而新的市场体系还没有完全建立起来，在此基础上建立起来的国家机构是混乱不堪的，相互之间是不协调的，发挥不出应有的作用。”①由此导致的体制真空给转轨经济带来极大

① 〔罗〕马林拉杜莱斯库：“中东欧的过渡问题与经济衰退”，罗马尼亚《经济论坛》1994 年 9 月 22 日。

的不稳定因素。波兰著名学者科勒德克也指出："如果政府没有建立起保证市场机制发挥作用的制度，就会出现一种'既非计划又非市场'的状态—— 一种被非正常的机制占据的体系性真空。……如果不积极采取措施，那么新制度只能以一种非正常的程序建立起来，其典型形式就是从少数人的私利出发来建立国家制度和秩序。"①因此，转轨国家政府只有转变职能，充分发挥其在经济转轨时期的特殊作用，才能避免体制真空的出现或填补转轨初期出现的这种体制真空。

6.2 金融全球化与转轨国家政府职能转换及其具体路径

金融全球化是经济全球化的内在要求，同时又成为经济全球化的内在动力，将经济全球化推向前所未有的广度和深度。金融全球化使经济转轨国家更好地利用全球金融市场和参与国际分工成为可能。资本的全球流动不仅给转轨国家补充了大量急需的经济建设资金，实现了资源的有效配置，而且促使转轨国家建立稳定成熟的金融体系，而转轨国家经济的快速发展也会对经济全球化过程中的利益均衡起到至关重要的作用。另一方面，金融全球化也会给转轨国家带来金融风险甚至造成金融危机，因而转轨国家转换政府职能以应对金融全球化的挑战，具有

① 〔波兰〕科勒德克："从'休克'到'后华盛顿共识'"，《经济社会体制比较》1999 年第 2 期，第 17 页。

极为重要和特殊的意义。

6.2.1 金融全球化条件下转轨国家的政府职能转换

1. 金融全球化促使转轨国家转换政府职能

20世纪90年代以来,在新一轮经济全球化浪潮的推动下,全球经济和金融愈加相互渗透、相互促进,社会资产和经济关系日益金融化,人类进入了金融全球化的时代。而原有计划经济体制下的全能型的、直接性的、行政性的、封闭性的以政府计划行政管理为中心的经济管理和资源配置模式,已经不能适应全球化发展的需要。因此,经济全球化特别是金融全球化要求转轨国家政府职能实行全新的转换。这种转换就是要最大限度地拆除转轨国家金融机构间的资金流动障碍,实行金融自由化的开放政策。为此,转轨国家要首先转变政府职能以推进金融市场化的发展,即政府应从实行严格金融管制、对市场准入加以重重限制的政策,转向放松或取消金融管制、促进本国金融市场发育的政策。

在金融全球化进程中,转轨国家纷纷实行以利率市场化为标志的国内金融自由化和以资本账户开放为标志的国际金融自由化的改革。转轨国家政府的职能转换大大推进了金融自由化和市场化的发展进程,促进了新型金融体制有效配置资源的能力。但是,在金融自由化和金融开放政策的实施过程中,有些转轨国家由于片面追求赶超型的金融开放战略,疏于政府的必要干预,造成对金融监管的弱化。也有的转轨国家畏首畏尾,导致金融市场化和自由化的改革滞后，金融创新不足，金融垄断与金融管制问题依然较为严重。由于金融全球化已经成为世界经济发展不可阻挡的潮流，任何国家都不能置身其外，因此，转轨国家放松金融管制，实现政府职能的转换是必然的选择。金融全球化一方面要求转轨国家政府转变职能，政府不断退出经济领域而让金融市场和金融中介机构逐步成为金融资源配置的主体；另一方面，金融全球化又要求全面提高政府的治理能力，它“使得政府的作用更为重要，它不仅体现在应付这些冲击（如金融危机），而且体现在帮助人民和企业抓住全球市场的机遇上”[①]。在这一过程中，政府在宏观调控、计划指导、法制构建、市场监督等方面都要进行全新的职能转换。

2. 金融市场化程度不高和金融体系不完善，需要转轨国家政府转换职能以加强监管

绝大多数转轨国家经过多年的市场化改革，已经建立了与市场经济相适应的金融体系，无论是采取渐进方式还是激进的制度变迁，作为金融市场重要参与者的金融中介体系几乎都是转轨国家外生性制度安排的结果。这种制度安排是转轨国家为弥补内生性金融体系先天不足的缺陷而有意设计的，因为靠转轨国家内生性的自然演化来完成金融体制从计划到市场的制度变迁，在一个相对较短的时间内几乎是不可能的。从转轨国家金融体系的具体情况看，不仅总体规模小，而且竞争力较弱，难

① 世界银行：《1997年世界发展报告：变革世界中的政府》，北京：中国财政经济出版社1997年版，第15页。

以与西方发达国家的金融业相抗衡。因而，转轨国家的金融体制转轨和经济发展需要政府的推动和扶持。另一方面，转轨国家的金融市场存在着信息缺乏和银行垄断的问题，如若没有政府的大力推动，仅靠市场调节，金融的结构性问题和金融市场的不完善问题不可能在短期内得到解决。即使是在金融市场成熟、自由化程度高的美国，金融领域也不乏政府的严格管制。同样，转轨国家更不能低估政府金融监管的重要作用，必须要有效地发挥政府的职能作用以促进金融体系的健康发展。

3. 国际经济组织要求转轨国家转变政府职能

国际货币基金组织、世界银行和世界贸易组织这三大“超国家机构”以及巴塞尔银行监管委员会等国际经济组织，对推动转轨国家的经济转轨和政府职能转换，促使它们迅速融入贸易自由化、金融全球化、投资自由化和生产国际化进程，发挥着不可替代的重要作用。在推进国际金融自由化和维护国际金融秩序方面，除了人们熟知的国际货币基金组织和世界银行等国际金融机构的作用外，WTO 的金融服务协议和巴塞尔协议在金融全球化时代主导和规范国际金融发展方面也发挥着十分重要的作用。

世界贸易组织经过多轮谈判，最终在 1997 年 12 月签署了《金融服务协议》作为多边谈判议题的成果。《金融服务协议》不仅明确界定了金融服务的含义，而且为推进金融市场的自由化奠定了法律基础，并倡导国际金融服务的自由化，要求各成员国尽可能在利率、营业地域、金融业务等方面放宽国内规则的限制，减少政府对市场的干预。该协议还界定了政府的职能，即按照最惠国待遇原则、国民待遇原则和透明度原则，为国内外市场主体在该国的市场活动创造公平、公正、公开的市场经济环境。这就要求转轨国家要遵循金融服务协议，加快政府职能转变，以适应金融全球化的发展趋势。此外，巴塞尔银行监管委员会签署的国际银行业监管的巴塞尔协议，也对转轨国家的政府职能转换提出了新的要求。

6.2.2 中国和俄罗斯金融转轨中政府职能转换的演进路径

1. 中国在金融转轨中政府职能转换的演进路径

在从计划经济向市场经济的转轨过程中，中国的政府机构改革和职能转换已经取得重要进展，在这方面差不多每隔几年就要有一次重大的调整。而且，政府职能转换随着中国金融的发展而得到进一步的深化。

(1)金融改革中政府职能初步完成了从计划向市场、从直接手段为主向间接手段为主的转换

在第一阶段(1984—1992 年)，在中国的政府机构与职能进行一系列的调整、转变，政府的宏观经济管理体系得到改革和重建的大背景下，金融体制也初步按市场化的要求进行了调整，但与此相关的政府职能转换并没有取得实质性的进展。在对金融的宏观管理方面，虽然强调直接调控和间接调控相结合，但政府部门仍然习惯于直接管理，对金融部门的行政干预十分普遍，如继续在金融业中实行规模指令计划管理；利率、汇率等金融杠杆的市场化程度不高，在金融业务中起着辅助作用。在金融机构

的制度安排方面，相继组建了一批国有专业银行，建立了深沪证券交易所，初步形成了证券市场的雏形。总之，在金融制度安排方面，计划经济因素仍然较多，市场在金融活动中没有很好发挥基础性的作用。

在第二阶段(1992 年至今)，随着中国经济的快速发展，政府机构改革与职能转换也取得了新的进展。特别是金融体制改革新方案的出台并实施，总体上弱化了政府对金融市场主体微观生产经营和投融资活动的直接控制，进一步推动金融微观生产经营活动向多元化、商业化迈进。政府对金融活动的宏观管理主要通过对中央银行，以及国家的银行、证券、保险、外汇等几个管理委员会的领导得以实施。在政府的管理职能、方式、手段上实行了管理与服务相结合。国家对金融活动的计划管理突出了宏观性、战略性和政策性，大幅度削减了指令性计划指标，强调计划总体上是预测性和指导性的;金融活动基本实现了以间接管理为主，以经济、法律管理手段为主的管理模式。这主要表现在：

第一，建立政策金融机构，加快银行的市场化进程。这表现为中国通过分离政策性金融与商业性金融，加快专业银行的商业化改革进程，组建了国家开发银行、国家农业发展银行、中国进出口银行等支持经济发展的专门性政府金融机构。

第二，取消和减少金融行业的行政审批项目。在加入 WTO 之际，中国政府开始了大规模的行政审批制度的改革。在金融行业，同样取消和减少了行政审批项目，如在 2001 年前后，中国人民银行取消了 25 项行政审批项目，中国证监会取消了 32 项，保监会取消了 58 项。目前改革仍在进一步的深化之中。

第三，按照金融职能重新设置机构，同时加强金融行业监管机构的力量，强化了中央银行的职能定位。例如，按照金融监管功能重新设置机构，相继成立了证监会（1992 年）、保监会（1998 年）、银监会（2003 年），这些机构承接了原来中国人民银行的部分职能，使中央银行能够专注于执行货币政策，监管体系进一步完善，整个金融业的经营与监管的分业局面基本形成。而对中央银行的分支机构实行跨行政区划设置，弱化了银行业组织布局的行政区划色彩。

第四，利率、汇率等金融杠杆的市场化程度不断提高，在金融活动中开始发挥重要作用。中国已经实现了人民币在经常项目下可兑换和资本项目部分可兑换，这些都标志着政府对金融活动已经逐步转向市场化管理为主的调控模式。

第五，在加强所有者监督职能方面，政府采取了向国有金融机构派驻监事会，授权国有金融机构和资产经营管理机构经营国有资产等措施，实现国有资产的保值增值。

（2）中国金融市场化进程中政府职能转换的问题

第一，金融改革中政府在通过转化职能实施金融制度创新的同时，又实行强化管制的政策，严格限制金融机构的市场准入、业务范围和业务活动自由度。虽然政府对经济保持有效的调控是至关重要的，这样能够保证金融市场化改革有条不紊地进行，但由于对金融机构和金融市场发展的政府行为导向过于明显，对金融管得过多，且基本上是一种粗放型的管理，因而政府的管理效率并不高，问题颇多。

第二，相对于金融业迅速发展和金融市场快速成长的需求而言，中国政府机构改革与职能转换依然明显滞后，政府仍然在很大程度上主导或干预金融市场化进程。这表现在：其一，得到政府承认和重视的金融机构发展较快；相反，政府不重视或受到限制的金融机构就发展缓慢，特别是民营银行没有得到应有的发展。其二，资本市场国有资本的产权重组及资本运营都是在政府的操作下进行的，尤其是证券市场依然为国有股所控制。例如，在许多上市公司中，国家拥有高度集中的股权，依然是最大的控股股东。2000 年末，中国证券市场 54％的股权由国家持有。其三，市场中介机构如信用评级、会计事务所、法律事务所、研究咨询机构等金融体系发展所必需的配套机制没有得到良好的发展，金融市场一些由中介组织承担的评估项目往往通过政府行政干预来完成，致使金融市场的扩展和金融产品的创新受到极大限制，金融体系自身处理、管理风险的能力十分薄弱。

第三，在风险管理方面，政府承担着主要的风险管理操作职能，市场的管理风险功能受到相应规定的约束，这突出表现在管理风险的中介机构没有摆脱政府的行政色彩，市场波动受到政府的一定控制。

2. 俄罗斯在金融转轨中政府职能转换的演进路径

(1)金融转轨进程中政府职能转换的两个阶段

第一阶段是自 1991 年至 1998 年。1991 年俄罗斯成为独立的主权国家后，采取激进的方式彻底抛弃了原有的“计划型政府”体制，向“有限市场型政府”体制大规模转轨。在这一进程中，俄对政府职能作了重大调整，政府迅速退出了大部分金融活动领域，特别是大大放宽了行政权力对金融资源的限制，试图通过金融自由化在较短的时间内构建起符合市场经济要求的金融体系。

第一，经济转轨初期，俄政府在金融领域采取了放宽金融机构准入限制、全面开放经营业务等多项自由化的改革措施，从而在较短的时间内使银行和非银行金融机构得到了迅速的发展，并形成了金融机构混业经营的局面。在这一阶段，由于政府放松了金融管制，银行和信贷机构的数量陡增，1996 年商业银行的数量约为 2599 家，其他信贷机构达到 5514 家(不含储蓄银行的分行)。

第二，政府大大放宽了行政权力对金融领域的限制与行政干预，通过实行金融自由化，一是在较短的时间内快速建立了本国的金融市场，如证券市场和股票市场；二是提高了利率、汇率等金融杠杆的市场化程度，并实现了本国货币与国际上硬通货的自由兑换；三是对外全面开放资本市场，为外资的流入提供了更为宽松的环境和条件，从而使外资大规模进入国债市场、外汇市场、股票市场，并占有相当大的市场份额。此后，外汇市场进一步向自由化的方向发展，与此同时，资本项目的自由化程度也在不断提高。

总的来看，在第一阶段，俄政府职能转换有如下两个特点：其一，总体上，这一时期是俄罗斯政府集中、全面地推行金融自由化，试图快速实现本国金融体系与金融全球化融合的时期，政府主要奉行自由主义政策，对金融业的参与较少。金融自由化改革基本上按照新自由主义经济学家设计的改革方案以激进的方式进行。尽管力主激进改革的政府代总理盖达尔被迫下台后，切尔诺梅尔金总理开始推行比较温和的改革路线，试图加强国家对金融自由化进程的有效宏观调控，但由于受西方国家的干预，俄政府渐进的新经济政策一再受到干扰，直到 1998 年金融危机后，才彻底宣告了俄原有的“休克疗法”式的激进改革的破产。可以说，在 1998 年金融危机之前，俄几乎放弃了政府对改革进程的有效控制。其二，这一时期由于过于迷信全球金融一体化给经济发展和社会福利带来的利益，俄罗斯急于构建开放经济条件下的本国金融市场一体化，结果弱化了国家行政权力对金融资源的控制和引导，导致国家的金融主权明显削弱，特别是政府无法实施有效监控，由此造成了金融机构在迅速传递的市场风险面前抗风险能力大大下降。

第二阶段是从 1999 年至今。这是金融自由化进程中政府调控职能的恢复和试图强化时期。进入 1999 年以来，特别是普京执政后，俄罗斯当局提出加强国家的宏观调控，反对经济金融中的自由放任，开始注重提高政府的行为能力，逐步提高政府对金融业的参与度。普京多次强调要建立国家干预的市场经济，必须在经济和社会领域建立完整的国家调控体系，国家要对经济和社会进程发挥更大的影响作用。

第一，在建立以国家控股银行为核心的新银行体系方面，在不违背银行资本民营化的前提下，国家加大国有股份在部分银行业的比重，并规定中央银行将在相当长的一段时间对俄最大的银行保持绝对的控股地位（央行在储蓄银行的股本占到 50%

以上)。同时,政府在大商业银行的持股比例逐步较高,到2002年,法定资本中国有资本的股份增加到整个银行股份的21%,其中,国家控股的银行中最主要的是俄联邦储蓄银行和对外贸易银行。

第二,为了防止银行危机损害储户的利益,2001年起俄罗斯政府和中央银行制定了《俄联邦银行保障归还公民存款》法案,规定国家将承担居民的存款保险责任。到2003年,俄罗斯通过了旨在保护储户权益、增强人们对银行系统信任感的《俄联邦关于自然人在俄联邦银行存款保险法》,存款保险法的施行有助于中央银行监管水平的提高。

第三,在1999—2001年的调控体系恢复初期,俄政府采取了一些限制外国投资者从事与俄股票和有价证券相关的业务活动的措施,但俄罗斯的国家调控体系特别是有价证券市场的调控体系尚未达到完备的程度。

第四,俄政府注重金融生态环境的保护。国家不仅强化对投资者金融产权严格的法律保护,而且还加强了对金融活动的初始形式即各种金融契约(协议、合同)的保护;同时,政府加强了惩治金融领域贪污犯罪行为的力度。

(2)金融自由化进程中俄罗斯政府职能转换的启示

俄罗斯过快的银行私有化产权改革造成了银行体系的混乱,特别是银行与实体经济严重错位,造成一方面银行不能有效履行其基本经济功能;另一方面,实体经济面临严重的资金约束而陷入困境。对此,政府没有或无法实施有效的调控。因而在转轨过程中,国家仅仅从银行所有权中撤出是不够的。加强对转轨中银行秩序的维护和监管,强化国有控股银行的导向性和战略性作用,对国家经济和银行自身的发展具有十分重要的作用。同时,由于俄罗斯没有很好地处理政府的职能作用与金融自由化的关系,致使金融市场中缺乏权威性、制度化的法律监管和良好的金融秩序。因此,政府应在制定金融市场制度框架和维护秩序安排上发挥重要作用,特别是把建立良好的法律环境放在优先的位置。俄罗斯金融自由化进程中政府职能转换的实践表明,在金融全球化条件下,转轨国家必须对金融转轨中政府职能作出明确的定位。

6.2.3 金融转轨中政府职能作用的强化与未来发展路径

在金融全球化条件下,加快政府职能的转换,寻求职能的合理定位,成为转轨国家从计划经济金融向现代市场经济金融转化的重要条件。这个问题能否处理得当,直接关系到转轨国家现代金融体制能否真正建立和健康运行。中国、俄罗斯和东欧等转轨国家的经验教训说明,在融入金融全球化的进程中,政府在金融领域的职能不是简单地弱化,更不能取消,而是要适应市场经济的要求,积极进行改革和转换。否则,急于求成的金融自由化与无效的政府监管结合,必然造成金融体系的脆弱性。金融体系转换中政府的制度安排,也要按照现代市场服务型政府的标准来设计。因此,在金融体系构建中,转轨国家政府职能的转换既具有现代市场服务型政府的一般性特征,也具有转轨国家自身的特殊性。

1. 进一步强化金融转轨中的政府职能

(1)促进金融市场健康有序运行,防范和抵御金融风险

第一,针对金融业的垄断和不正当竞争行为,政府必须负责维护金融市场公平竞争的秩序,要限制金融垄断,反对不正当竞争行为。例如,在证券市场中政府针对欺诈的立法和会计标准的制定,是防止市场被内部人所操纵的制度安排,这也是政府反对垄断和不正当竞争以维护金融市场健康运行的职能体现。

第二,完善金融监管体系和提高金融监管的有效性,以防范和抵御金融风险,保证国家的金融安全。这是转轨国家在政府职能转换方面的重要体现。对于转轨国家来说,促进金融体系的稳定和保护债权人的利益是转轨时期必须兼顾的监管重任。特别是随着金融全球化趋势的不断发展,金融风险大大增加,因而风险控制和金融监管具有极其重要的意义。同时,转轨国家还面临着经济增长和经济发展的双重重任,保证国家货币政策和经济金融宏观调控措施的有效实施也是金融监管的主要目标。

政府对金融市场的监管,主要通过授权给监管机构来完成,但也离不开政府直接对金融市场施加影响(如证券业务的活动范围、流通中金融证券的种类、金融市场的利率等,必要时需要政府的直接干预)。为此,需要转轨国家加强金融监管机构自身建设,完善职能转换,由主要依赖直接监管职能转变为主要实行间接监管职能,以适应全球金融创新和金融市场化趋势不断发展的新形势。在此基础上,转轨国家应建立起强有力的金融监管机构及现代化的监管手段,以保证和加强金融监管的有效性。

转轨国家加强金融监管，一是要通过内部化的市场监管，强化市场约束，加强金融机构自身的建设(如金融机构要真正建立起法人治理结构)，逐步完善金融机构内部控制自律机制，这是金融监管最基本的约束机制，也是实行金融监管的基础。二是政府要在法律层面和实践层面上保证中央银行的独立性，增强其制定和操作金融政策的自主权；同时，政府要给予监管当局高度的自主权，保证其充分运用各种监管措施。随着转轨国家市场经济的逐步深入发展，政府在这方面的职能作用也将日益强化。

(2)保障与金融相关的公共产品的供给和强化政府的服务性职能

首先，政府要加快人事制度改革，保障金融人才的供给和人力资本潜能的最大限度发挥。其次，政府还必须按照金融全球化的标准健全金融基础设施，重新定位政府的服务性职能。这里所说的基础设施包括法制法规、信息提供、会计审计、市场体系等。有研究表明，凡法律体系运作不好的国家，大都不具有发达的金融系统。不仅如此，合约执行的效率和总体金融部门的发展之间有强烈的正向联系，腐败和金融不发展之间也存在强烈的正向联系。[①] 同样，在金融系统不发达的一些转轨国家，政府的腐败程度比较高，法律规则的执行受到很大程度的破坏，投资者权益不能得到有效保障。因而转轨国家当前最重要的是解决法制环境问题，严格树立法制的权威性，这样才能为其他金融

---

① 参见北京奥尔多投资研究中心:《金融系统演变考》，中国财政经济出版社 2002 年版，第 226 页。

服务性职能的有效行使奠定基础。另外,政府要提高金融运行的透明度,重建社会信用基础,进一步强化政府的服务性功能。

(3)实现对金融业"管与放"相结合的管理职能

所谓"放",主要是要充分发挥市场机制的作用;而所谓"管",主要是在经济全球化条件下加强国家对经济的宏观调控作用,做好国家对金融产业的扶植和保护。政府对金融活动管理职能的转变具体表现在以下几个方面:一是贯彻政企分开原则,这是实现政府职能转换的关键。为此,金融部门要按照企业化模式来经营和管理,以实现政府与金融企业职能的分离,即政府彻底从金融企业的微观层面退出,让金融企业真正成为自主经营、自负盈亏、自我发展、自我约束的市场竞争主体。二是发挥政府对本国金融产业的扶持和保护的职能。这是因为,在融入金融全球化的进程中,转轨国家幼小的金融企业必然要面对国际金融市场的冲击和来自实力强大的国际金融企业的竞争,并随时面临被并购的危险。政府提供必要的金融社会保障,特别是对国内正在发展的幼稚金融产业予以适度保护,也是保证金融机构稳健运营的必要举措。三是政府还要降低金融行业的进入壁垒,培育和发展中小银行组织。在适度发展大银行和加强证券市场发展的情况下,高度重视发展中小银行,能够满足中小企业的融资需求,从而促进转轨国家的经济发展,解决大量的社会问题。四是政府对金融的宏观调控由原来直接管理为主转到间接管理为主,由原来对金融的计划管理转向市场化管理为主,政府应通过财政政策与央行货币政策的协调配合,更好地发挥应有的职能作用。

(4)全力推进金融机构改革和金融市场发展

转轨国家政府在推动或培育新的金融机构成长以及设计金融体系的制度安排方面发挥重要的职能作用。政府不仅要创造条件推进市场型金融机构的成长,更主要的是在弥补金融市场缺陷上有所作为。另一方面,转轨国家还面临着从计划金融体制向市场金融体制变迁的任务,这尤其需要政府的大力推动。例如,转轨国家在相对较短的时间构建了二级银行体制和金融市场的框架,政府的职能转换推进了这一进程。同样,金融业的结构性调整和金融系统的完善,仍然离不开政府职能的进一步转换。

总之,在金融全球化条件下,转轨国家的政府不仅是金融市场上最大的资金需求者和交易的主体,还是金融改革的推动者、金融市场制度和金融市场秩序的建立者,同时也是金融基础设施的主要提供者。转轨国家政府职能转换和政府治理方式的转变,一方面必须要与变化了的金融市场环境相适应;另一方面,这种职能的转换要有助于促进金融系统的建设并为其发展提供良好的基础设施环境,从而使金融系统的发展更好地为转轨国家的经济与社会发展服务。特别是政府对金融体系的干预,主要是为弥补金融体系自身的缺陷,使金融体系具有更高的效率,因而这是一种市场促进型的监管。

2. 政府职能转换的未来发展路径

第一,政府要进一步加快金融市场化改革步伐,根据经济金融发展的需要及时制定金融法规,保持金融总体平稳运行,在市场化的基础上建立金融风险预警机制,强化金融监管力度,特别是在国有银行产权改革的过程中加强有效的市场监管，这对于营造一个稳定的金融环境意义重大。

第二，政府要进一步转变职能，鼓励各种金融机构的发展，尽可能创造条件为金融机构提供更大的业务选择空间。不仅要促进非银行金融机构和非国有银行的发展，同时，还要对金融业实行适度开放，促进金融机构之间的竞争。金融市场化改革意味着代表市场力量的民间部门的进入和政府的有限退出，但是，凡需要政府有所为的领域，政府必须要有相应配套的金融参与措施。

第三，培育和完善资本市场、企业家市场等要素市场体系，推进政企、政资分开，是政府经济职能转变的重要措施。大力发展资本市场有助于推进国有资本的市场化运营，提高国有资本的证券化比率，实现政府经济职能的转变，特别是政府对国有资本运营监管职能的转变。建立企业家市场，将政府部门行使对企业家的选择、激励、约束的职能转移出来，转变为主要由市场来实现对企业家的选择、激励、约束的职能，这有助于提高企业家队伍的素质，激励其才能的发挥，规范其行为。

第四，进一步推进产权制度改革，建立健全国有银行内部法人治理结构。按照现代企业制度的要求对国有银行实行股份制改造，这是经济转轨国家解决国有银行产权虚置、增强内部预算约束、完善内部管控机制、实现自我发展的必然选择。这样才能真正形成市场对银行的有效约束，进而对管理层的经营行为形成硬性约束。

6.3 中国政府职能定位与政府创新分析

无论是融入经济全球化进程还是加入世界贸易组织，其所带来的最直接挑战是对政府的挑战。"入世"首先是要求政府加入世界贸易组织，而其中最关键的是政府职能的转变。"入世"把建立社会主义市场经济体制的要求和政府职能转换的紧迫性最大限度地体现出来。面对经济全球化和"入世"以来的严峻形势，中国政府职能转换的步子在不断加快，政府努力从仍然宽泛的管理事务中摆脱出来，集中精力做好法律法规、经济调节、市场监管、社会管理和公共服务等政府该管而且必须管好的大事。但要从万能政府转变成为发挥有限作用的政府，从热衷于管制的政府转变成为积极提供服务的政府，并最终成为一个精干、高效、务实和廉洁的政府，并不是一件容易的事情。

6.3.1 应对全球化和加入 WTO 对中国政府职能的挑战

加入 WTO 是中国政府积极参与经济全球化特别是融入贸易自由化进程的一个重要标志。面对经济全球化的挑战和加入 WTO 后的新形势，中国政府作为一个以建立社会主义市场经济为改革目标的转轨国家的政府，其职能必须转换：一方面，应调整和转变自己的原有职能，以适应经济全球化和"入世"的要求；另一方面，政府还必须尽快构建和创新政府职能，以应对经济全球化和"入世"后贸易自由化的挑战。因此，政府职能的转换和创新是经济全球化和“入世”的客观要求，也是中国政府努力寻找国家干预经济的新模式的需要。

1. 加入 WTO 对中国政府的挑战与要求

(1)中国政府面临的挑战

加入 WTO 后，中国面临着各方面的挑战，其中以政府面临的挑战最为严峻。因为 WTO 的规则本来就是针对政府的，或者说 WTO 规则首先对政府造成冲击。政府要首当其冲去迎接它所带来的各种挑战并经受考验，而且，事实上也只有政府才能去履行 WTO 规则。WTO 规则有很多内容并体现了许多原则，但其中最基本的有三条：一是非歧视原则；二是市场开放原则；三是公平竞争原则。非歧视原则是整个世贸组织规则的基础，它具体包含着最惠国待遇和国民待遇两方面的要求。市场开放原则表现为关税减让、取消数量限制与其他非关税壁垒、商贸法规必须公开和透明等要求。而公平竞争原则强调，一个国家在受条件限制必须进行贸易保护时，只能利用关税作为手段，其他一切不公正手段都必须废止，尤其是不能采取倾销和补贴的形式。可见，这些原则显然只有政府才能有效履行和遵循。

从中国的现实情况看，由于长期受计划经济体制的影响，政府过去对国家的社会和经济生活一直实行“大一统”的管制。改革开放以来，中国虽然已走上市场经济的发展道路，但与规范的市场经济的要求相比还有一定差距，政府自身还有许多与市场经济要求不相适应的问题，面临着诸多的挑战：

第一，经济全球化和加入 WTO 对中国加快推进市场化改革提出了新的要求。加入 WTO 实质上是按照统一的市场经济规则参与国际经济竞争。能否通过进一步开放市场和引入竞争机制来促进经济的发展，取决于政府职能作用能否有效发挥。另一方面，政府必须在充分尊重市场规律的前提下发挥自身的职能，特别是发挥独特的宏观资源配置作用。但由于中国的市场经济是由计划经济转轨而来的，市场机制先天不足，加之改革开放以来一直未能摆脱依靠增加要素投入实现经济增长的外延式发展模式，使政府在资源配置上往往不自觉地违背市场规律。而且，政府常常利用各种行政手段，对企业的兼并、重组和改制，对金融证券市场和投资等实行强有力的行政干预。因此，政府必须要适应经济全球化进程中加入 WTO 后的新形势，不断推进市场化改革。

第二，经济全球化和加入 WTO 对中国正确把握市场开放进程，在经济全球化进程中趋利避害，实现以开放促发展提出了更高的要求。加入 WTO 后，中国政府履行降低关税、取消非关税壁垒、放开外贸经营权、开放服务贸易市场、对外资实行国民待遇、加强知识产权保护等开放市场的承诺，这样做一方面要求政府在市场开放的同时提高国内企业和市场对引入竞争和外部冲击的适应能力；另一方面政府还要正确把握市场开放进程，努力化解市场开放中可能引起的各种矛盾，并尽可能降低负面效应。

第三，加入 WTO 对政府在经济全球化和开放条件下保持宏观经济稳定提出了更高的要求。加入 WTO 意味着更深入地融入经济全球化进程，从而可以更多地分享全球分工与合作的成果，但另一方面也容易受到全球经济波动的影响和冲击。例如，肇始于 2008 年的国际金融危机，就对世界上许多国家产生了严重的负面影响，且融入金融全球化和贸易自由化的程度越深，受到的损害就越大。因此，政府只有具备较强的在开放条件下驾驭和稳定本国宏观经济的能力，才能抵御来自全球的各种经济风险，并在国内创造平稳有利的市场环境。而且，不断出现的全球经济和金融危机，也要求政府在危机治理和维护国家经济安全上表现出更强的能力。

第四，政府依法行政及公开透明原则依然缺失。目前中国在经济领域的法律法规及经济政策体系仍不健全，按 WTO 的要求尚有一定的差距，政府经济行为的随意性较大。因此，加入 WTO 要求政府不断完善相关法律法规及经济政策体系，政策要更具透明度，决策要更加科学，政府效率要进一步提高。只有这样，才能达到 WTO 的要求，并增强中国的经济竞争力，使中国在国际经济竞争与合作中处于有利地位。

第五，政府对国有企业有效管理的手段和方法尚未完全建立起来，对企业的直接干预时有发生，对 WTO 规则允许使用的保护和支持本国企业的许多措施和手段也比较陌生。此外，政府的公共管理职能和国有资产所有者职能混淆不清的状况没有得到根本改变，需要在 WTO 规则的框架内构建新型的国有资产管理运营体系。

第六，政府在市场体系构建和市场监管方面的缺失。建立统一、开放、规范的国内大市场是 WTO 对其成员国政府的基本要求，也是进入世界市场、参与全球竞争的前提。在这方面，按 WTO 基本规则和标准来衡量，中国仍然存在着市场体系不完善、不统一、不规范的问题。这些问题反映出政府按 WTO 要求完善市场体系、加强市场监管方面存在的缺陷。

(2)WTO 对政府在体制和职能作用方面的原则性要求

遵守 WTO 规则,需要中国政府在体制和职能作用方面与之衔接,主要有四个方面的原则性要求:

第一,必须坚持市场化的经济体制取向。WTO 是经济全球化的产物,也是建立在市场经济体制基础上的国际性贸易组织,因而它也要求其成员必须实行市场经济体制。为了保证加入 WTO 的成员能与该组织的宗旨、原则相协调,WTO 对新申请“入世”的成员在申请程序中专门设计了一个“体制审查”的必要程序,对申请方的经济体制进行全面审查。WTO 对中国的体制审查时间长达 6 年之久,是截至目前所有加入 WTO 的成员方中接受审查时间最长的。可见,坚持市场化的体制改革取向,是与 WTO 接轨的基本要求。

第二,必须致力于推进贸易自由化。WTO 的一个重要目标是要求各成员国和地区相互开放市场,最大限度地实现全球贸易自由化。这一原则既体现了经济全球化的发展要求,也大大加快了全球经济贸易一体化的进程。WTO 为推进全球贸易自由化制定了一系列的原则、制度和规则。按照贸易自由化的要求,政府应在三个方面作出努力:其一,必须认真遵守 WTO 的各项规则和制度,履行开放市场的承诺,认真实行非歧视贸易等原则,为国际资本和产品进入本国市场打开大门。其二,积极参与国际分工,在世界范围内调整经济结构,调整本国的经济发展战略,由内向型为主的经济转向开放型为主的经济。在发展开放型战略中，最大限度地发挥本国优势，积极参与国际分工，为本国的经济发展准确定位。其三，建立适应全面开放条件下的政府管理体制，完善对经济和社会的管理方式。特别是通过对政府体制的改革，不断适应市场开放的需要。

第三，必须坚持对外经济贸易政策的统一透明。WTO 十分强调透明度原则，该原则对各国政府的立法行为和行政行为具有很强的约束性。它要求各国政府建立起相应的立法及公告程序，并建立相应的咨询体系。其一，必须形成统一的法律法规体系，从中央政府到地方政府所制定的贸易政策必须统一，不能出现法律、法规、政策的多元化和多样性。其二，加入 WTO 后，所有成员方政府及其地方政府不能出台与 WTO 相抵触的政策法规和文件。其三，政府要建立法律、法规及各项规定的及时公告机制。其四，政府必须建立一套法律、法规及政策的咨询体系。

第四，必须坚持国家治理法治化。市场经济是法治经济，WTO 是建立在世界市场经济法治精神指导之下，并具有国际法人地位的国际经济组织。作为一个法治化的国际组织，它要求其成员国的政府必须首先是法治化的政府。一方面，各成员方有关的经贸法规都应具有与 WTO 法规和规则相衔接的、完备的法律体系，不能与之相抵触。另一方面，WTO 各成员国的政府行为方式、运作机制必须是法治，而非人治。法治的本质含义在于规范和限制政府权力，政府必须受法律的约束和控制。而且，政府要在遵守和履行 WTO 的规则和义务时，推进政府自身的法治化进程。

2. “入世”背景下政府职能转换的必要性

从以上所述可见，无论是加入 WTO 后中国政府所面临的挑战还是 WTO 对政府在体制和职能作用方面的原则性要求，都说明中国政府转变职能以应对“入世”后的挑战是必要的选择。

首先，WTO 对中国政府能力提出了更高要求。WTO 的国民待遇原则要求：凡成员方政府都必须保证其他任何成员方的企业、公民在其本国境内享受与其本国企业、公民同等的待遇。WTO 的市场经济原则要求：政府要创造公平的竞争环境，使所有的企业都能平等地参与竞争；同时要求各成员方政府破除行业垄断，并以立法、司法的手段来制止垄断，维护市场的有效竞争。WTO 透明度原则要求：一方面，各成员方国内所有对外经济贸易政策、法规必须提前公布，以便其他成员方和国内企业有充分的时间了解、熟悉这些政策、法规，使企业有一个确定和清晰的商业环境；另一方面，各成员方国内所有地方政府在实施上述政策和法规时，必须坚持统一性原则，即各个地方政府颁布的相关政策、法规不能与中央政府相抵触，同时，各个地方之间不得出现差别待遇。这些要求使得中国政府不能再以其熟悉的行政命令、行政计划、内部性管理的方式进行经济管理，对政府营造市场空间的能力有了更高的要求，需要中央与地方政府之间有更好的协调。

其次，转换政府职能是寻求新的市场干预方式的需要。市场经济需要政府的适度干预，因为在市场经济条件下，市场虽是配置资源的基础，但市场配置资源具有滞后性、短期性和不稳定性等明显的缺陷。市场自身难以克服这些缺陷，它需要政府的干预，而且政府的干预必须适度。WTO 既限制政府的作用，同时也承认政府的作用。“入世”后中国所面对的是一个世界性的市场环境，由于环境和规则的改变，政府面临着宏观经济调控、对外贸易管理、对本国企业的合理保护等一系列的新课题。在这种情况下，政府必须寻求 WTO 背景下新的干预方式，以世界性的眼光来看待市场竞争，建立全球化背景下的企业服务和支持系统，在全球市场竞争中营造本国区位优势。

再次，转换政府职能有助于提高政府的经济管理水平。经过三十多年的市场化改革，中国政府职能和政府行为已经发生了很大的转变，但与 WTO 的要求相比，与现代市场经济的要求相比，尚有一定的差距。因此，面对“入世”后国内市场的更加开放和日趋激烈的市场竞争，面对国内市场既要开放又要保护的客观现实，政府唯有转换职能并不断提高政府的经济管理水平，才能更好地应对所面临的挑战。

3. 加入 WTO 后中国政府职能转换应正确认识的几个关系

如上所述，“入世”在一定意义上是政府“入世”，政府首当其冲地受到“入世”的挑战。总的来看，加入世界贸易组织以后，中国政府在职能转换以适应 WTO 规则和创造一个有效率的市场环境方面应正确认识以下几种关系：

一是正确认识世界贸易组织同成员国政府的关系，树立正确的“入世”观，充分发挥政府对“入世”的引导和推动作用。所谓正确的“入世”观，就是要树立遵守游戏规则、奉行游戏规则至上的观念，认真遵守权利与义务相统一的原则。特别是要对政府的角色作战略性的调整和改变，在有所为和有所不为的基础上明确政府自身职能的边界，并使其行为受到规范和约束，防止政府角色的错位、缺位和越位。此外，要全面清理现行的法律、法规和政策，凡违背 WTO 规则或与加入 WTO 所做承诺不相符的，都应进行修改和完善，以增强法律和法规的统一性。

二是正确认识政府和市场的关系，努力打造统一、开放、公平竞争的国内市场，充分发挥宏观调控与市场机制的有机统一对经济发展的调节作用。市场以及与之相关联的市场制度，是市场经济存在与发展的首要条件。在现代市场经济条件下，政府经济职能的首要任务是培育市场、引导市场和依法管理市场。一方面，完善的市场体系是成熟的市场经济的基本标志，因此，政府应发挥其特殊的组织功能，大力培育和完善市场体系；另一方面，要大力整治市场经济秩序，促进市场健康有序地运行。特别是要限制垄断，反对不正当竞争行为，依法维护市场公平竞争的秩序。

三是正确认识政府和企业的关系，围绕增强企业的国际竞争力转变政府职能。在市场经济条件下，政府和企业的关系除了服务与被服务之外，还有引导、调控与被引导、被调控的关系。这种政府理念是加入 WTO 后政府应当切实遵循的。政府要以国有大企业改制为重点，加快国有经济布局战略性调整的步伐；要抓紧对一批具有自然垄断和公用事业特点的行业进行改革和重组；要帮助企业提高技术改造与科技创新能力，为增强其国际竞争力创造发展空间；要采用合乎国际惯例的法律手段，对国内产业和企业实施保护与支持。

四是正确认识政府和社会的关系，充分发挥政府在保护生态、开发社会公共产品和加强社会保障体系建设等方面的职能。随着国内市场的进一步开放，国有企业改革不断深化和经济结构调整力度逐步加大，市场竞争日趋激烈，下岗失业的压力越来越大，各种社会矛盾也有加强和复杂化的趋势。因此，加入WTO之后，保持社会稳定，促进改革和发展，就成为政府充分发挥职能作用的重要方面。政府要加强生态环境保护，促进社会经济的可持续发展；积极提供并保障社会公共产品的生产，满足广大人民群众日益增长的物质文化需求；加强社会保障体系建设，逐步完善社会福利制度。

五是根据 WTO 的基本原则要求，在转变政府职能的同时还要增强政府的职能，全面提升政府的管理能力。在中国的改革实践中，转变政府职能的中心问题是改变政府对经济管理的方式。而加入 WTO 为中国进一步转变政府职能增添了新的压力和动力。特别是随着经济全球化趋势的加强和国际贸易自由化程度的加深，政府职能中过去较弱的职能现在必须加强；过去缺少的职能现在要增加。例如，全面提升政府对自主创新的管理能力；建立权威性的服务贸易与对外开放协调机构，避免相互间的无序竞争；利用 WTO 争端解决机制，为本国企业和外国企业提供服务，等等。

6.3.2 中国政府职能的重新定位与政府创新

中国是一个极具特殊性的社会主义发展中大国，它既不同于成熟的市场经济发达国家，也不同于一般的发展中国家，与尚在经历市场经济转轨的前苏联东欧国家也有很大不同。中国有其特殊的国情，是一个正处于向市场经济渐进转轨过程中的大国。在这一过程中，政府应当发挥积极的作用。即使在成熟的发达的市场经济国家中，政府在纠正市场失灵和组织有效市场方面的作用也是不可或缺的。更何况，像中国这样作为发展中国家的转轨大国，其市场转轨本身会产生不稳定、不公平和其他诸多问题，若没有政府发挥主导作用，既不可能建立市场机制，也不可能减少转轨成本和社会风险。因此，一个有效的政府是经济与社会持续发展的必要条件。政府与市场既可以发挥不同的作用，也可以起到互为补充的作用。发挥市场的作用，并不否定政府的作用；同样，发挥政府的作用，也不能否定市场的作用。政府的作用是补充市场，而不是替代或排斥市场。

1. 中国政府职能的重新定位

早在 1993 年 11 月党的十四届三中全会的决定中，规定了中国政府管理经济的八项主要职能：一是制定和执行宏观调控政策；二是搞好基础设施建设；三是创造良好的经济发展环境；四是培育市场体系、监督市场运行和维护平等竞争；五是调节社会分配和组织社会保障；六是控制人口增长；七是保护自然资源和生态环境；八是管理国有资产和监督国有资产经营。

著名学者胡鞍钢则认为，中国政府至少具有二十种职能，其中包括一般市场经济国家政府具有的五项基本职能；政府干预市场失灵的六项职能；中国政府应具有的九项特殊职能。①

一般市场经济国家政府具有的五项基本职能是：维护主权和领土完整；制定和实施法律，维持社会基本秩序；界定产权，保护产权；监督合同的执行；维系本国货币的价值。

政府干预市场失灵的六项职能是：提供公共物品；保持宏观经济稳定；使经济外部性内在化；限制垄断；调节收入；财富分配。

在中国国情条件下，政府还具有九项特殊职能：促进市场发育，建立公平竞争的统一市场；注重公共投资，促进基础设施建设；实施产业政策，促进产业结构高度化，充分发挥比较优势；解决地区发展不平衡问题，促进少数民族地区发展；控制人口增长，开发人力资源；保护自然资源，从事生态环境建设，进行大江、大河、大湖、沿海治理；防灾、减灾和救灾；管理国有资产和监督国有资产经营；实行反贫困行动计划，逐步消除中国的收入贫困、人类贫困和知识贫困。

然而，加入WTO后，中国经济进一步融入经济全球化进程，政府管理经济的方式也受到WTO规则的制约。社会经济发展的环境、经济运行的方式以及政府管理经济的手段等都会发生重大的变化和调整，相应地对政府职能的转变也提出了新

---

① 参见胡鞍钢、王绍光编：《政府与市场》，北京：中国计划出版社2000年版，第4页。

的迫切要求，特别是要求政府从原有的旧职能向 WTO 背景下的新职能转变。政府既要在经济全球化条件下充分发挥市场机制的作用，减少对经济社会的干预，也要不断克服市场失灵和国际经济不平衡发展对本国经济的消极影响，更要针对中国的具体国情来履行政府特有的职能。因此，政府职能面临着重新定位的问题。

(1)WTO 背景下中国政府职能重新定位的基本取向

加入 WTO 是中国融入经济全球化特别是贸易自由化进程的重要标志。面对经济全球化挑战和加入 WTO 后对政府职能的新要求，中国政府不仅要调整和转变自己的原有职能，而且还要加快政府改革并创新政府职能，寻找国家干预经济的新模式。因而政府职能重新定位的基本取向应是：

第一，顺应经济全球化和 WTO 规则的要求，努力培育和发展市场经济，使社会主义市场经济不断健全和完善，依法构筑社会主义市场经济的运行规则，提高市场透明度，保障市场公平公正的竞争秩序，在开放经济条件下促进经济发展，更多地分享经济全球化和加入 WTO 所带来的实际利益。

第二，加入 WTO 意味着国内市场更加开放，从而也意味着市场竞争会更加激烈。这种情况要求政府能够充分利用国际和国内两个市场和两种资源发展经济，通过市场优化资源配置，根据比较优势制定主导产业政策，推动产业结构升级，实现国内国际优势互补，促进国民经济健康发展。

第三，提供公共产品和公共服务。在市场经济条件下，市场主体一般不愿意提供或无力提供公共产品和公共服务，而必须由政府提供。政府提供公共产品和公共服务，可以为市场经济的发展创造良好的基础设施环境，提供信息沟通和交流网络，增进社会福利，促进经济发展。

第四，完善宏观调控，保持总量平衡。政府在充分发挥市场机制配置社会资源的作用的同时，须强化宏观经济调控职能，运用宏观经济政策和调控手段纠正市场失灵。特别是要进一步完善财税、金融、外汇管理体制，主要以经济和法律手段而不是行政性直接干预手段实施宏观调控，制定经济社会发展规划，增强对国际经济环境变化的应对能力，维护国家经济安全。

第五，加强微观规制，规范市场秩序。政府要利用微观规制政策纠正市场的微观失灵，规范市场主体行为，建立统一有序的市场，提高市场竞争效率。尤其是要建立和维护统一、开放和公平竞争的市场秩序，为市场进入者创造有基本信用的、可预期的、公平竞争的秩序，保证社会主义市场经济公平、公正和有序地发展。

第六，维护社会公平，保障公民的基本权利，化解市场风险，促进社会经济协调发展，所有这些都要求建立起比较完善的社会保障体系。因此，建立并完善社会保障体系，逐步实行全国统一的社会保障制度，形成国家强制的基本保障和个人自愿保障相结合的多层次保障体系，是政府的一项重要任务。

第七，随着国内市场的进一步开放、国有企业改革的不断深化和经济结构调整力度的逐步加大，市场竞争日趋激烈，下岗失业的压力也会越来越大。因此，培育和发展劳动力市场，改革就业服务体系，通过发展经济和劳动力市场，帮助下岗职工再就业和新增劳动力就业，政府责无旁贷。

总之，WTO背景下中国政府职能转换的基本取向应是建立一个理性的、有效的、自主的和高质量的政府。而且，政府要基本退出生产领域，做好基础性工作；要补充市场，增进市场机能；要有序推进制度创新。政府应是市场失灵的纠正者，是市场机制的创建者。

(2)WTO背景下中国政府的职能定位与职能转换

根据上述政府职能重新定位的基本取向，我们认为，中国政府职能定位与职能转换应遵循以下原则：一是在政府干预经济的范围方面，应从全能政府转向有限政府，从过度干预(越位)转向适度干预，从公共服务的缺少干预(缺位)转向加强干预(到位)；二是在干预经济的手段上，应从以计划和行政手段为主转向以经济和法律手段为主，从直接控制为主转向间接控制为主，政府干预由基于人治转向法治；三是提高干预的有效性，充分利用市场机制，积极应对各类挑战；四是提高干预的透明度，减少干预过程中的寻租现象。基于以上基本取向和基本原则，中国政府职能定位与职能转换应在以下两个层面进行：

第一个层面是包括中国在内的几乎所有经济转轨国家政府都应具有的基本职能，包括：转换政府职能以启动市场化进程；为市场提供必要的规则和制度框架，维护市场竞争性和规则性；着力培育市场，完善市场体系；驾驭市场化进程，纠正市场失灵和弥补市场缺陷；克服政府失灵，提高政府的有效性，适度干预经济；有序推进制度创新，有效引导经济转轨；实施正确的产业政策，促进经济结构和产业结构调整；稳定经济，促进经济社会发展;解决计划经济的大量历史遗留问题;保持宏观经济稳定。可见,转轨国家政府的这些基本职能大部分是与经济转轨和制度变迁紧密相关的。

第二个层面是中国政府应具有的特殊职能,这些职能则是与中国加入 WTO 后按照 WTO 规则的要求政府所作出的相应调整密切相关。这些职能主要包括:①完善与 WTO 规则接轨的法律法规体系。政府需要根据 WTO 的货物贸易协定、服务贸易协定、技术贸易与知识产权保护协定、与贸易有关的投资措施协议等,调整有关对外经济贸易的法律法规。②深入推进市场化改革,加快制度创新和重构。政府转换职能并启动市场化进程后,进一步推进市场化改革就成为政府的一项重要经济职能,而且与市场化改革相关的制度创新重任也落在政府的肩上。③培育市场体系,创造和维护公平竞争环境。政府要致力于培育一个统一、开放、竞争、有序的现代市场体系,发展资本、产权、土地、劳动力和技术等市场,为各类市场主体创造平等使用生产要素的环境,建立公平竞争的市场秩序。④注重公共投资,促进基础设施建设。这应视为是中国政府的一项重要职能。为了促进经济发展,政府必须集中各种社会资源,强化发展和超前发展基础设施。⑤调节社会分配和提供社会保障,坚持社会公平与公正。政府要理顺分配关系,加强对收入分配的调节,建立健全同经济发展水平相适应的社会保障体系,促进社会的公正与稳定。⑥维护国家经济安全,努力规避经济风险。在经济全球化条件下,转轨国家经济面临着更大的不确定性,国家经济安全会在更大程度上受到威胁。因此,规避经济风险,最大限度地保障国家经济安全，是中国政府面临的一项长期任务。⑦解决地区发展不平衡问题，特别是促进少数民族地区的发展。⑧严格控制人口增长，大力开发人力资源。⑨实现可持续发展，保护自然资源和生态环境。政府应在合理开发自然资源、治理环境污染、保持生态平衡、实现可持续发展方面更好地发挥职能作用。⑩实施城乡反贫困计划。

2. 适应 WTO 规则的政府创新

加入 WTO 后，中国已由政府主导的自主型改革开放转变为受 WTO 规则制约的一定程度上被动型的改革开放。但经济开放的程度大为提高，开放的领域也更加广阔。政府需要在开放经济条件下培育和发展市场经济，促进经济社会的全面发展；需要恰当处理政府与市场和政府与企业的关系，实现政府与市场的有机结合；需要建立灵活、有效的政府宏观经济调控体系，等等。而且，加入 WTO 意味着中国经济进一步融入经济全球化进程。在这种情况下，特别是在中国市场经济发育尚不完善的条件下，政府创新必不可少，只有切实推进政府创新，才能真正实现政府职能的转换。

概括地说，政府创新尤其是政府制度创新的积极作用，一是有利于促进经济发展，有利于中国全方位地利用国际市场和国内市场，充分利用加入 WTO 的机遇来发展国民经济。二是有利于提高国家的整体竞争力。在经济全球化和加入 WTO 的条件下，政府和企业实际上处于同一个利益共同体之中。在这个共同体中，政府成为决定和影响国家竞争力的核心要素之一。只有政府实行制度创新，才能帮助企业获得经济全球化所带来的潜在收益，并提高国家的整体竞争力。三是有利于社会公平、公正。政府制度创新有利于社会资源的合理配置和国民收入的公平分配，可以对国民收入的再分配进行调节，以实现国民收入均等化目标和社会公平公正的目标。四是有利于社会成员共享制度创新的收益。政府制度创新的成本由政府承担，而所获得的利益通常属于社会全体成员，不是被个别社会成员所独占。

由此可见，政府创新是中国融入经济全球化进程和加入WTO后所面临的艰巨任务，也是与政府职能转换密切相关的。可以说，政府职能转换本质上要求政府创新，而政府创新特别是政府制度创新又会促进政府的职能转换。我们认为，政府创新至少应着眼于以下三个主要方面：

(1)借鉴国外经验，推进政府“重塑”

所谓“政府重塑”，是指自 20 世纪 80 年代以来，以美国为代表的西方发达国家借鉴或仿效企业的一些做法，对传统的官僚型行政体制进行的结构性变革。早在美国卡特政府之初，就提出要“组建一个更可理解、更有效率、更经济的政府”；里根政府时期提出了“精简机构、权力下放、增加经济自由度”的政府改革目标；克林顿政府则提出要“建造一个把民众放在第一位并为其提供更好服务的、做得更好和花费更少的政府”。美国的“政府重塑”运动取得了明显的成效。政府行政体制的结构性变革，为企业特别是私人企业提供了良好的政策支持和宏观环境，成功地推进了美国经济自 20 世纪 90 年代近 10 年的增长和繁荣，实现了“高增长、低通胀、低失业”的政府目标。

美国政府创新的成功经验对中国的政府创新是有借鉴意义

的。政府"重塑"至少应该从两个方面入手：一是探索灵活高效的政府管理方式。必须彻底打破阻碍行政效率的旧管理制度和管理方式，简化行政手续，探索办事高效、运转协调、行为规范的政府行政管理模式，以提供优质便捷、灵活高效的服务。二是探索集权与分权相结合的政府管理模式。简政放权是西方国家行政改革的共同选择。而我国则既存在着权力过于集中、不利于调动地方积极性的弊端；也存在着权力过于分散、不利于中央政府对地方政府监控或调控的情况。因而，必须根据不同的情况采取科学的集权与分权相结合的模式。下放权力必须与明确责任联系起来，达到权力和责任平衡，使地方政府更加清楚自己的目标和责任，提高行政管理效能和应变能力。

(2)协调政府与社会和市场的关系

加入WTO后，随着市场经济的不断发展，市场和社会这两种力量的壮大对政府的制约和要求越来越多。一方面，市场和社会的自主地位与能力增强，政府不能再像以前的全能型和无限型政府一样，包揽社会经济各方面的事务。政府必须变无限型政府为有限型政府，其权力范围应主要限于自己应有的公共领域。另一方面，市场和社会带有自发性质，需要政府的引导和适度的管制，以规范其运行。在中国，处于转轨时期的政府既要放权于市场、企业、社会，又要承担起培育市场主体和社会中介的任务，因此，政府对社会经济的管理职能需要进行相应的调整。需要收缩的主要是政府对市场和社会的直接管理职能，包括重新界定产权，打破行政垄断和行政壁垒，实现政企分开，等等；需要加强的则是政府的间接宏观管理和调控职能，包括提高公共财政能力、公共政策能力、公共安全能力等。政府与市场和社会的关系一旦理顺,三者既能在各自的领域内发挥积极作用,又能相互配合,在互动中共同发展,从而为解决中国在改革中遇到的难题与矛盾打下良好的基础。

(3)创新政府理念

政府创新首先是政府理念的创新。所谓政府理念创新,就是由加入 WTO 前的审批政府、全能政府、管制政府、封闭型政府等政府传统理念,转向规则政府、有限政府、服务型政府、公开透明政府等政府新理念。

一是从审批政府向规则政府转变。审批政府形成于计划经济时代,是指政府以事无巨细的管理方式,通过名目繁多的行政审批,对大量的经济社会事务进行无所不包的管理。在向市场经济转轨中,由于政府改革相对滞后,这种管理方式依然通过行政审批制度在发挥作用。而规则政府是指政府管理经济社会的行为和政策受到稳定的最优规则的严格约束。换言之,规则政府就是依法制定政策、依法行政、依法办事的政府,即法治政府、责任政府。

二是从全能政府向有限政府转变。如前所述,所谓全能政府,是包揽了所有经济社会事务的政府。这种政府既管理、经营和办理经济社会中的公共事务,也管理、经营和办理非公共的事务,包括市场和市场主体能够管理、经营和办理的事务。而有限政府则致力于拥有有限的管理经济社会的权力,它主要管理、经营和办理经济社会中的公共事务,而将非公共事务交给市场和市场主体进行管理、经营和办理。中国加入 WTO 后,政府对经济社会的管理要从无所不管、无所不包，转向有选择、有重点的管理，即从全能政府转向有限政府。

三是从管制政府向服务型政府转变。前已述及，管制政府是指政府对经济社会管理拥有无限的权力而市场主体几乎没有自主权，政府与市场主体是纯粹的直接管理与被管理的关系。而服务型政府是指拥有有限管理经济社会的权力、对经济社会管理负有有限责任的政府，通过向市场主体提供公共服务等方式，实现政府对市场主体的互动式管理。在服务型政府条件下，法律对政府和市场主体的权力作了明确的界定。在法律规定的范围内，政府不能干预市场主体的经营和决策权。加入 WTO 后，政府要更多地发挥市场机制的作用，市场主体要在开放的市场经济中进行竞争，因而，市场主体不能再以政府为中心，而必须以市场为中心进行运转。政府通过提供公共服务来加强对市场的监督，有利于为市场主体创造公开、公正和平等竞争的环境。

四是从封闭型政府转向公开透明政府。在封闭型政府条件下，政府决策、制定政策、执行政策缺乏透明度，长官意志在政府制定政策和执行政策中发挥至关重要的作用。而公开透明政府是指政府重大决策和制定政策的过程和程序公开，并引入公众参与机制，及时披露与政策相关的必要信息，实行政府政务公开。根据 WTO 有关政策透明度的要求，加入 WTO 后，中国要大幅度地提高对外经贸政策的透明度，同时，与对外经贸相关的国内其他产业的政策也要公开透明。因此，由封闭型政府转向公开透明政府是加入 WTO 后的必然要求。

正如美国哈佛大学肯尼迪政府学院教授托尼·赛奇所指出的:“中国政府的角色在过去二十多年里发生了巨大的变化,减少了对经济的直接作用,削减了对市民日常生活的干预,缓慢而稍微勉强地接受了发展市民社会制度的要求。然而,如果中国政府要完成转变的话,它仍然有很多工作要做,用世界银行的话来说,就是要从过去的‘划船’过渡到对未来发展的‘掌舵’”。①

6.4 转轨国家政府职能转换中政府经济行为与能力

6.4.1 政府经济行为与能力的界定

所谓政府经济行为,是政府以其经济职能为依据,通过相关的经济管理机构,为实现政府确定的经济发展目标而从事的经济管理活动。政府经济行为是一个系统,它既包括政府经济行为的依据即经济职能,又包括政府经济行为的主体即经济管理机构,还包括政府经济行为的方式即经济管理活动。对经济转轨国家而言,政府经济行为主导着经济转轨进程,市场经济体制的确立与发展,必然要求摒弃与市场经济体制不相符的传统的政府经济行为,并准确定位新形势下和新体制下的政府经济行为。

① 孙宽平主编:《转轨、规制与制度选择》,北京:社会科学文献出版社2004年版,第324页。

所谓政府能力，简单说就是政府完成一定活动的本领；也是政府在实现自己职能、从事某种活动过程中所拥有的资源与能量。世界银行的《1997年世界发展报告：变革世界中的政府》认为，所谓政府能力，是指政府以最小的社会代价采取集体行动的能力。这种能力包括国家官员的行政或技术能力，以及更深层次的以灵活性、规则和制约机制来促使政治家和公务员按照集体利益行事的机构性机制。该报告指出，政府能力低的国家必须将注意力首先集中于提供诸如财产权、宏观经济稳定、控制传染病、安全用水等纯粹的公共产品上，即履行政府的最基本职能；政府能力稍强的国家应履行多一些的职能，如提供基础教育和环境保护，解决外部效应问题，制定垄断行业的法规以及提供养老金、失业救济金等社会保障；有较强能力的政府应该发挥更积极的作用，如通过协调私人活动来促进市场发展以及通过再分配促进社会公平等。

怎样使政府以最小的社会代价采取集体行动或较好发挥政府的能力与作用，是世界各国普遍面临的一个难题。毫无疑问，各国经济和社会发展越来越需要政府。而政府只有不断深化自身的改革，解决权力过于集中、效率低下、缺乏监督、贪污腐化等政府官僚机构的普遍问题，进而重振政府机构的能力，提高政府的有效性，才能真正成为有效的政府。而“如果没有有效的政府，经济的、社会的和可持续的发展是不可能的”①。当然，政府

---

① 世界银行：《1997年世界发展报告：变革世界中的政府》，中国财政经济出版社1997年版。

能力与政府的有效性既有联系又有区别。有学者认为，政府的有效性是指政府的"政策预期"(主观)与"政策结果"(客观)相统一的过程。这一过程至少应包括以下几个要点：一是政府有解决公共政策问题或公共行政管理问题的意愿和能力；二是政府为解决既定的问题确认主导价值观念和价值标准；三是政府选择了正确的政策目标；四是政府制定了可行的行动计划并执行了既定的行动计划；五是政府的既定政策产生了预期的社会效果。[①] 而世界银行则认为，政府的有效性是指政府用自己的能力满足社会对公共物品的需求的结果。虽然政府能力与有效性之间存在一种正相关关系，但这两者之间并非是一种必然的正相关关系。世界银行认为，一个有能力的政府可以是有效性更高的政府，但是有效性与有能力并不是一回事。"一个政府也许精明强干，但是如果这种能力不是用在社会利益上，那么它就不是很有效的。"[②]

6.4.2 经济全球化与政府经济行为与能力

马克思和恩格斯曾经指出："每一历史时代主要的经济生产方式和交换方式以及必然由此产生的社会结构，是该时代政治的和精神的历史所赖以确立的基础。"[③]经济全球化实际上就是

① 参见陈文申："政府有效性：理论涵义与实现途径"，《北京行政学院学报》2000年第3期。

② 世界银行：《1997年世界发展报告：变革世界中的政府》，中国财政经济出版社1997年版，前言。

③ 马克思、恩格斯：《共产党宣言》，人民出版社1997年版，第12页。

先进的“经济生产方式和交换方式”在世界范围内的传播和革命性变迁。它必然要对“社会结构”以及以此为基础的包括政府治理在内的政治上层建筑的各个层面产生深刻影响，也必然要对政府经济行为与能力产生重要的影响。政府经济行为与能力的强弱“既依赖于政府本身的特点，也依赖于政府试图驾驭的那个社会的特性”①。如上所述，经济全球化和经济转轨要求转轨国家转换政府职能。一方面，政府原有的一些职能范围和所要解决的经济社会问题由于经济全球化而变得更为复杂，需要政府投入更多的资源与能力；另一方面，经济全球化进程中出现的市场自身无法解决的新现象、新问题和新矛盾必然催生新的政府职能，而新的政府职能又必然对政府经济行为与能力提出新的要求。这就意味着需要在政府原有职能结构和能力要求中增加一些新内容以应对新现象、新问题和新矛盾等带来的新挑战。

第一，市场经济的全球化使世界出现了许多新的全球性问题尤其是“全球公共问题”。这些问题对民族国家政府的行为与能力提出了新的要求，它们需要采取实际行动积极参与全球治理，特别是在治理本国市场失灵的同时参与治理世界市场失灵这一全球集体行动，如协调国际合作并通过国际合作共同承担全球性环境保护责任、维护全球金融稳定、提供全球公共物品、控制全球人口增长、避免和控制国际冲突、打击国际恐怖主义等。

---

① 戴维·米勒、韦农·波格丹诺：《布莱克维尔政治学百科全书》，中国政法大学出版社 1992 年版，第 294 页。

第二,缩小与发达国家之间的差距。经济全球化席卷全球,几乎将世界所有国家都卷入其中。虽如此,发达国家与发展中国家在经济全球化进程中所处的地位是不同的。发达国家是经济全球化的最大受益者,它们在贸易自由化、金融全球化、投资自由化和生产国际化进程中始终处于有利地位。而发展中国家则由于经济基础薄弱、实力不强、技术落后、人才缺乏、管理经验不足等原因在经济全球化进程中处于不利地位,特别是在垂直型国际分工体系中受益较小。因此,发展中国家特别是经济转轨国家要想成为经济全球化的受益者,就必须抢抓机遇,实施赶超战略,积极参与水平型国际分工,挤占高端商品市场,从而努力缩小与发达国家之间的差距。与此相关,这些国家的政府不仅要矫正市场失灵,而且要具备克服诸如市场体系不完备、市场机制不完善、有创新精神的企业家缺乏等市场缺损的能力。通过制度创新和制度供给,迅速弥补市场缺损,发育和扩展市场。此外,当前经济全球化的一个重要特点是经济的知识化。“为了适应全球化和知识经济的发展,要求更强的能力以搜集和运用全球范围内可得知识以更好地适应和利用知识革命所带来的发展战略。”①但由于“服务于知识的市场往往失灵,因此,采取公共行动是有充分理由的。政府在缩小知识差距方面处于独特地

① 卡尔·达尔曼:“运用知识促进发展:一个综合分析框架及对中国的初步评价”,见胡鞍钢主编:《知识与发展:21世纪新追赶战略》,北京大学出版社2001年版,第169页。

位”①。因而全球化时代发展中国家政府需要不断增强自己的行为能力，通过提供良好的制度环境，通过创造、引进和应用知识等途径，逐步缩小与发达国家之间的差距。

第三，参与国际规则的制定。经济全球化进程中各种国际规则的制定基本被发达国家所垄断，发展中国家少有话语权。这是由多种原因促成的：发展中国家经济不发达，因而政治经济地位不高；缺乏了解国际规则的人才；政府能力不足，等等。这种状况对维护发展中国家的利益是极为不利的。因此，在经济全球化背景下，发展中国家必须通过它们之间的合作和各国自身的努力来大大提升参与国际制度供给和规则制定的能力。

第四，保障国家经济安全。这个问题在经济全球化迅猛发展的时代尤为重要，也是每个国家必须面对的现实问题。目前经济安全问题备受发达国家政府的关注，在国家安全中占有突出地位。发达国家尚且如此，发展中国家特别是转轨国家就更自不待言。前已述及，经济全球化进程中转轨国家与世界经济的联系不断加深，因而它们在分享经济全球化带来的利益和发展机遇的同时，也面临着更大的经济风险和挑战。这就要求转轨国家政府不断提升自己维护和保障经济安全的能力，在经济全球化进程中，国家既要保护、调节和控制国内市场，对市场进行适度干预，达到市场经济与国家宏观调控的紧密与有机结合；又要把握好对外开放和经济自由化的尺度，维护本国在世界范

① 世界银行：《知识与发展》，中国财政经济出版社 1999 年版，第 7 页。

围内的经济利益和安全利益，在参与国际经济合作的过程中提高本国的经济竞争力。

6.4.3 转轨国家强化政府经济行为与能力的现实性

转轨国家在经济转轨进程中面临着一个基本难题：国家身兼双重身份，既是改革的主体又是改革的客体。政府既是经济转轨的推动者，又要在这一进程中进行自身的变革，而政府变革无疑是一场深层次的革命，其在转轨国家的经济转轨和制度变迁中不仅十分重要，而且也有相当的难度。转轨国家政府变革的核心，是为适应市场经济发展的需要而转换政府职能，强化政府的经济行为和治理能力。转轨国家的实践表明，一个经济发展水平高、经济增长速度快的国家一般都拥有一个致力于自身变革的治理能力强的政府。这在中国和俄罗斯的转轨过程中表现得尤为明显。中国自经济转轨以来之所以保持了持续、快速的经济增长，主要是因为中国注意转换政府职能，使政府拥有强大的经济治埋能力和正确的行为能力。而俄罗斯的转轨实践则表明，当政府治理能力较强时，经济就得到较快增长；相反，当政府的应有职能受到弱化，政府的经济行为扭曲和治理能力下降时，经济就容易出现衰退。因此，政府的经济行为和治理能力的强弱与经济转轨绩效有着较为紧密的相关性。

转轨国家的经济社会转轨不仅是由传统社会向现代社会的转变，而且是由传统的高度集中的计划经济体制向市场经济体制的转换。在这一进程中，政府肩负着弥补市场缺陷和防止市场失效的双重重任。不仅如此，政府还必须大力培育市场经济体制，建立市场规则，规范市场行为，完善市场运行机制。因此，从这个意义上说，转轨国家政府所肩负的任务较之西方发达国家政府的任务更为艰巨。为此，中国政府根据党的十五大强调的转变政府职能的要求，提出要建立完善的同社会主义市场经济发展要求相适应的政府行政职能体系，以适应从传统的计划经济向社会主义市场经济转变的需要。最近，国务院总理温家宝在全国依法行政工作会议上指出，当前我国经济社会发展进入了一个新阶段。转变经济发展方式和调整经济结构的任务更加紧迫和艰巨；城乡之间、地区之间发展不平衡，收入分配不公平的差距扩大，社会结构和利益格局深刻调整，部分地区和一些领域社会矛盾有所增加。要解决经济社会发展中出现的这些新问题，必须深化改革，同时也要加快推进高效和法治政府的建设，这是发展社会主义市场经济的必然要求。必须运用法律法规调整政府、市场、企业之间的关系。目前政府职能转变仍不到位，对经济主体的干预过多，有的甚至侵犯企业和投资者的合法权益，造成市场扭曲。市场经济条件下政府履行职责，无论是经济调节、市场监管，还是社会管理和公共服务，都必须依法办事。对各类市场主体，要依法管理、依法提供服务，依法维护他们的合法权利，为他们创造公平竞争的良好环境。① 在经济转轨进程中实行经济调节，加强市场监管，强化社会管理，提供公共服

① 参见温家宝："在全国依法行政工作会议上的讲话"，《光明日报》2010 年 9 月 20 日。

务，维护市场主体的合法权利，调节社会利益关系，促进社会公平正义，所有这些既是政府发挥职能作用、提升经济行为与能力的现实要求，也是衡量政府经济行为与能力的重要标准。

日本学者大野健一对政府经济行为与能力的重要性和现实性的阐述，对转轨国家也是适用的。他指出："市场化是一个必须由国家作为实现单位的过程。它要求强制执行与市场交换相一致的法律、规则和标准；稀有资源必须在全国范围内动员到被选项目；必须建立统一的有基础设施支撑的市场；个人和区域间的收入不平等必须通过税收、补贴和公共投资得以纠正；适当处理对外政治经济关系。私人部门、宗教团体和地方政府没有能力处理这些问题。中央政府具有调配人力和物力资源的政治权力，是发展早期的唯一选择。"①

6.4.4 转轨国家政府经济行为与能力提升的路径

世界银行指出："如果政府要进一步促进经济发展和提高社会福利的话，就能够而且必须提高其能力。"②因此，提高政府的经济行为与能力是对转轨国家的现实要求，而且，为解决经济全球化和经济转轨进程中政府能力的供求矛盾，增加政府能力的

---

① 〔日〕大野健一："通向市场经济的路径选择和政府的作用"，见孙宽平主编：《转轨、规制与制度选择》，社会科学文献出版社 2004 年版，第 346—347 页。

② 世界银行：《1997 年世界发展报告：变革世界中的政府》，中国财政经济出版社 1997 年版，第 77 页。

有效供给,还必须持续提升政府经济行为与能力。

1. 充分和合理利用现有的权力资源

转轨国家政府经济行为与能力的提升是一项复杂的系统工程,是各个要素提升的有机结合。在诸要素中,充分和合理利用现有的权力资源,使其发挥最大限度的能量,是转轨国家政府经济行为与能力提升的主攻方向。正如有学者所指出的:"最大限度地加强政府的权力能力,使政府手中现有的权力得到高效、充分地使用,这是提高政府能力的关键。"①第一,政府权力必须相对集中并最大限度地发挥应有作用。权力过于分散会使政府减弱其职能作用的发挥和能力的施展。当然,权力的集中是相对的而不是绝对的,权力高度集中会产生种种弊端,也不符合经济全球化对政府职能转换的要求。第二,必须使政府权力的合法有效运用有强大的法律保障,政府要依法行使权力。在这一过程中,法律既对政府权力形成制约,又对政府行使权力提供保障。第三,必须净化政府权力。在政府系统内部,要消除腐蚀权力效能的各种腐败因素,并约束政府工作人员对权力运用的随意性。第四,合理配置政府权力,建立现代化的、稳定的、有效能的权力结构。

2. 政府经济行为与能力的提升以经济增长和经济发展为导向

转轨国家政府经济行为与能力的提升,最重要的目标之一

---

① 辛向阳:《新政府论——市场经济·政府职能·机构改革》,中国工人出版社 1994 年版,第 23 页。

是促进经济增长和经济发展。在这方面，政府的经济行为与能力主要表现在以下四个方面：

第一，政府必须建立一个多样化的金融体系，并确保其有效运转。长期以来，转轨国家政府一直直接参与国有金融体系的运行。政府对金融体系的干预既降低了金融体系的效率也阻碍了其发展。因此，在经济转轨进程中政府转换角色定位，从拥有所有权和进行直接管理转向间接管理和监督，注重建立一个多样化和有效运行的金融体系。特别是政府通过中央银行推行确保经济持续稳定增长的货币政策和能够满足社会的短期现金支付需求的货币政策。此外，政府还必须确保金融体系能够提供必需的流动性，并有能力影响信贷和货币供给的增长。

第二，政府必须创造能够确保足够的公共基础设施投资的系统，或者直接提供财政资源、补贴或其他形式的制度保障，这是衡量政府经济行为和能力强弱的一个重要标准。一方面，政府需要主动或被动地为基础设施投资提供资金，包括政府的直接资助以及为私人在基础设施的投资创造规范的市场环境；另一方面，政府需要为基础设施规划提供框架，确保资源的合理分配，解决土地利用的冲突，为私人决策者提供必要的指导。

第三，政府必须将不断调整经济结构作为转变经济增长与经济发展方式的主攻方向，全面增强经济发展的内在动力。例如，金融危机以来，中国政府出台了抑制产能过剩、推动机制创新、制定产业规划、推进区域协调等一系列推进经济结构调整的重大改革措施和规划。今后中国在经济发展方式转变上取得新进展的政策措施目标，首先是调整国民经济需求结构，着力扩大内需特别是居民消费需求，加快推进经济增长由主要依靠投资、出口拉动向依靠消费、投资和出口协调拉动转变；其次是继续调整和优化产业结构，由主要依靠第二产业带动向依靠第一、第二、第三产业协同带动转变，不断提高经济增长的质量和效益；再次是继续调整产业内部结构，大力支持重点产业发展，加快产业升级。

第四，政府必须加大知识创新的投资力度，包括保护创新收益、促进技术更新和改善教育的投资。知识创新具有重要的外部性即能够推动经济发展的进程，因而进行知识创新投资也成为政府的一项重要任务。在知识、技术等的创新中，政府完善的管理还可以有效减少甚至杜绝资源的直接消耗和浪费。

3. 政府能力的提升以培育和维护有效率的市场环境为目标

从培育和维护有效率的市场环境的角度出发，转轨国家政府发挥作用和能力的重点应为以下几个方面：一是加强宏观经济调控，不断完善财税、金融、外汇管理体制；二是打破地方和部门的行政性垄断或限制，建立并维护统一、开放和公平竞争的市场秩序；三是促进基础设施建设，注重教育和人力资本投资，推动技术创新，加强信息服务；四是改进收入分配，逐步建立和完善社会保障制度，并通过有效的税收和转移支付制度来调节收入分配，促进社会公正与和谐；五是注重经济与社会的可持续发展，正确处理人口、资源、环境和经济发展的关系。合理开发自然资源，治理环境污染，保持生态平衡，降低经济发展的社会成本。

4. 政府经济行为与能力提升的保障措施

为保证政府经济行为与能力的提升，切实提高政府的有效性，世界银行的《1997 年世界发展报告：变革世界中的政府》在大量实证分析的基础上，提出了以下的政策措施，这些政策措施和建议对经济转轨国家也是适用的：

第一，建立有助于发挥公共部门能力的体制，这对于提高政府的有效性至关重要。这一体制主要是能够指导政府机构和官员做什么和如何去做。该体制须具备三大关键性要素：一是具有制定和协调政策的强大的核心能力；二是具有有效的公共服务提供系统；三是拥有积极主动和精明强干的公务员队伍。

第二，约束政府的随意干预和腐败行为。政府在拥有对经济活动进行有效干预权力的同时，也往往容易产生一种随意干预的权力。这样一种权力与只有政府才能掌握而公众无法获得的信息结合在一起，就为公共部门的官员或他们的亲朋好友通过牺牲公共利益来获取自己的私利提供了机会。由于寻租和腐败层出不穷，因而国家应该建立和完善一种有效的机制，以使国家机构在为公众利益服务以及在与工商界和市民打交道时，能够灵活而自觉地减少随意干预和腐败。这一机制的基本要素包括：司法的独立性和有效性；通过减少政府的随意性而减少其从事腐败活动的机会；强化监督和惩戒机制。

第三，使政府更接近人民。报告认为，如果在制定和实施政策时忽视广大民众的需要，这样的政府就不是一个有能力的政府。因而重振公共机构的活力，就必须从密切政府与人民的关系入手。这方面的主要措施，一是在有些情况下，政府应该确保对关键性政府方针和需要优先解决的问题进行基础广泛的公开讨论和评议；二是在可行的情况下，政府应该鼓励用户和受益的集团直接参与设计、实施和监控地方的公共物品和服务；三是政府应建立强有力的监控机制，并确保建立良好的政府间规则，以约束中央和地方的武断行为。

第7章　转轨国家政府职能转换质量的实证分析

自20世纪90年代开始的世界范围内的经济转轨浪潮，是历史上空前的三十多个社会主义国家由传统的高度集中的计划经济体制向现代市场经济体制转型的大行动。在这一过程中，这些转轨国家的政府职能不仅要发生根本性的转变，因为“向市场经济过渡并不是要弱化而是要重新界定政府的作用”①，而且还要保证政府职能转换的质量，以切实推进经济转轨进程。

由于不完全的信息、不完备的市场和不完全的竞争既是发达国家市场经济的现实，更是处于经济体制转轨国家的现实，而且如上所述，转轨国家及其政府还面临着只有转轨国家才具有的诸多特殊任务，因而提高政府职能转换质量，以正确处理政府干预与市场调节的关系，在市场与政府两者之间建立一种平衡关系，就成为转轨国家政府职能转换的一项重要任务和努力目标。

对经济转轨国家提高政府职能转换质量，充分发挥政府的职能作用，在市场与政府之间建立适当的平衡，斯蒂格利茨提出

---

① 〔美〕斯蒂格利茨著：《社会主义向何处去——经济体制转型的理论与证据》，长春：吉林人民出版社1998年版，第5页。

了如下思路：①第一，“强调竞争的重要性”，政府政策的首要目标是确保竞争。政府必须采取各种措施，最大限度地减少进入市场的障碍。第二，强调“建立和执行游戏规则的重要性”。政府必须履行的重要职能是制定“游戏规则”，这些规则既调节和决定私营部门之间的相互关系，同时也规范私营部门与政府之间的关系。例如，健全和完善法律法规体系，强调契约在市场体系中的重要性。第三，强调价格改革是第一步改革的目标之一。价格要反映资产等生产要素的真实价值，如果没有价格自由化，就不可能形成市场激励机制。第四，宏观稳定与微观转轨有机结合。政府保持宏观经济稳定、控制通货膨胀是合理的、必需的，但这种政策必须同微观转轨结合起来，即注意经济结构调整的时滞。同时，由于转轨经济中市场发育不足，宏观经济政策不应只注意以紧缩政策控制有效需求，更应强调供给的重要性。第五，政府要注重增量改革，即创立新制度和新企业。第六，为实现经济的顺利转型，政府要建立强健的金融体系，以“维护金融稳定与经济增长的协调统一”。他认为：“成功的金融市场监管都在追求多目标，包括促进竞争、保护消费者，并确保没有受到服务的群体也可获得资本。这些目标在一定程度上是相互促进的。”第七，私有化不是改善资源配置效率的唯一途径，确立竞争机制比私有化更重要。在公有企业和私有企业中，同样面临激励问题，政府在公有企业部门改善经营的激励机制完全具有

① 参见康立等：《斯蒂格利茨经济转型理论评介》，http://www.drcnet.com.cn。国研网2006年1月18日。

可行性，实行私有化和政府直接控制企业同样能有效地完成效率目标。这表明私有化可以进行，但应放到次要的位置。第八，政府要控制改革时序和转轨速度，改革要以渐进方式进行，这样不仅可以避免信息损失，并能积存信息。第九，公平和效率要同时兼顾，转轨国家政府不要放弃维持公平财富分配的优势，同时，政府应是非集权化且是民主化的政府。

7.1　政府职能转换中的政府规模与政府质量

研究经济转轨国家政府职能转换的质量，首先涉及的问题就是政府规模与政府质量问题，两者是否具有正相关性，即小政府是否一定与高政府质量和高经济增长率呈正相关关系；大政府是否一定与政府质量低下和低经济增长率有正相关性。对于这个问题，波兰著名经济学家科勒德克有独到的见解，他指出，从世界经济发展的情况来看，并没有明显的这两者必择其一的关系问题，即大政府和低增长率对应，小政府和高增长率相对应。因为如果存在这样一种对应关系，那么小政府就应该被当做是一个较好的选择。当然，也不排除生产增长的步伐和政府的规模正相关的情况。① 关于大政府和小政府的界定，科勒德克指出："在转轨国家，所谓的小政府，即相对小规模的通过公共

① 参见〔波兰〕科勒德克著：《从休克到治疗：后社会主义转轨的政治经济》（中译本），上海：上海远东出版社 2000 年版，第 309 页。

金融机制的国民收入再分配以及相对较少的政府及官僚主义对经济事务的干预，通常意味着薄弱的制度和较大规模的影子经济。相应地，所谓的大政府意味着政府较为积极并且通过预算相对较大规模地对国民收入进行再分配。"①

从转轨国家的实际情况看，在经济转轨初期，受新自由主义思潮的严重影响，大多数转轨国家选择了迅速缩小政府规模和职能的激进改革模式，似乎小政府建立得越快，市场经济体制就会更快建立起来，这正如"休克疗法"的创始人萨克斯所言："中央计划官僚机构一退出原位，市场马上就会繁盛起来"。但事实并非如此。以俄罗斯和中东欧国家为代表的转轨国家的实践得出了相反的结果，转轨初期政府的迅速退出和政府职能的过度削弱造成了严重的社会经济问题。虽然尚难以对政府迅速退出和政府职能减少与这些国家 GDP 减少之间的实际关系作出准确的计算和评价，但毫无疑问，"政府规模的急剧缩小和产出的急剧萎缩之间有着某种联系。……即便在某种特定条件下的一定范围内，小政府确实能比大政府更好地支持长期增长，但问题不是更好与否，而是如何实现增长目标以及到底要历时多久"②。不仅如此，联合国大学世界发展经济研究所（WIDER）对 124 个发展中国家所作的大量跟踪调查也证实，坚持要求缩小政府规模导致这些国家社会经济形势的进一步恶化。而且，

---

① 〔波兰〕科勒德克著：《从休克到治疗：后社会主义转轨的政治经济》（中译本），上海：上海远东出版社 2000 年版，第 309 页。

② 同上书，第 309—310 页。

世界银行、国际货币基金组织等国际经济组织和一些西方捐助国所施加的缩小政府规模以取得实际经济稳定的外部压力，也更加激化了政府资源的竞争，从而也导致了更严重的不稳定。

由此看来，小政府与高经济增长率、大政府与低经济增长率之间并不必然存在完全对应的关系。对此，科勒德克作了有说服力的解释，他指出："关于政府职能争论的根源至少部分是源于小政府和大政府之间，或者是强政府与弱政府之间的存在的困惑。进一步说，很多困惑的存在导致了人们对大政府便意味着无效率、而小政府则意味着有效率的推测。实际上有很多组合方式：土库曼斯坦有着大而强的政府但却不够有效率，而克罗地亚也有大而强的政府，相比之下却有效得多。同样，拉脱维亚政府小而强并且有效率，而阿尔巴尼亚也有小政府，但却弱而无效。"①因此，问题并不在于是选择大政府还是小政府，判断一个政府的主要标准应该是政府质量，而不是政府规模。"有效率国家的经验证明，虽然它们不是小政府，但仍有好的制度和明智的政策，由此它们获得了全面而良好的发展并很快进入了复苏。因此，那些落后国家在增长和发展方面所面临的主要挑战不是缩小政府规模，而是细细地检测政府的不足并使其步入正轨。这也许会导致政府规模缩小，也许不会。总之，政府有可能过大或过小，但永远不会过好。"②科勒德克认为，不论是大政府还是

① 〔波兰〕科勒德克著：《从休克到治疗：后社会主义转轨的政治经济》(中译本)，上海：上海远东出版社 2000 年版，第 315—316 页。

② 同上书，第 316 页。

小政府都有可能更有利于经济增长和发展。但政府相对规模的变化比其绝对规模更重要。无论如何,"最好的组合不是有好的制度的小政府,而是有好的制度和以增长为政策取向的相对较大的政府。好政府一定是一个有能力的政府,只有如此,生产才能以较快的速度增长,强劲的增长所创造的财富才能够得到公平的分配。"①

7.2 俄罗斯经济转轨与政府职能转换质量和绩效

在苏联时期,政府干预经济是全方位的,政府控制了所有生产领域和经济生活的各个方面,企业是政府的附属物,企业经理和厂长只是为政府服务的管理者。美国学者琳达·兰黛尔在谈到苏联时期政府与企业的关系时指出:"政府在企业界发挥的作用具有双重性。一方面,它是企业的保护伞,……它为经理人提供稳定的企业环境;另一方面,政府也毁灭企业和财富。在俄罗斯历史上的绝大多数时候,政府的权力至高无上。政府的首脑……享有特权来分配所有的资源,目的是让政府和领导者从中受益。企业活动和企业发展都是为了政府的利益。"②

苏联解体不久,独立后的俄罗斯旋即开始了以实行稳定

① 〔波兰〕科勒德克著:《从休克到治疗:后社会主义转轨的政治经济》(中译本),上海:上海远东出版社 2000 年版,第 320 页。

② 〔美〕琳达·兰黛尔著:《不情愿的资本家》(中译本),北京:新华出版社 2004 年版,第 207 页。

化、自由化和私有化为主要内容的艰难的经济转轨进程。与此相适应，政府的职能作用也发生了根本性的转变。本节结合俄罗斯经济转轨，分析经济转轨进程中俄政府职能转换的质量与绩效。

7.2.1 从启动市场化进程看政府职能转换质量与绩效

在经济转轨初期，启动市场化进程是转轨国家政府首先要行使的基本职能。而能否正确启动市场化进程，以何种方式、在何种程度上启动市场化进程，则与政府职能转换质量和绩效密切相关。经济转轨方针确定后，俄罗斯政府在转轨模式和路径选择上产生很大意见分歧，分成两大派别：一派的代表是时任政府副总理的盖达尔，他们主张实行激进式经济转轨，按西方模式实行以新自由主义和货币主义理论为基础的“休克疗法”，并聘请“休克疗法”的创始人杰弗里·萨克斯作为顾问。另一派的代表是时任政府副总理的经济学家阿巴尔金，他们反对采用“休克疗法”这种激进方式向市场经济过渡，而主张采取渐进方式向市场经济“温和过渡”。激烈的经济转轨路径和方式之争的结果是激进派的以“休克疗法”为基本内容的激进改革主张被采纳。其标志是叶利钦于 1991 年 10 月 28 日在俄第五次人代会上正式提出由盖达尔亲自设计的激进改革方案，并于 1992 年 1 月 2 日开始正式实施“休克疗法”。作为启动俄罗斯经济转轨的“休克疗法”主要包括三大内容：

1. 稳定化

所谓稳定化，是指采取紧缩的财政和货币政策，实现宏观经济的稳定。主要措施，一是通过削减价格补贴、企业亏损补贴、各项国家投资和各部门的预算拨款，大大压缩国家财政支出，削减政府财政赤字。再则实行税制改革，提高税率，增加税收，努力使财政收支平衡，从而实现财政稳定。二是通过控制货币发行、控制流通中的货币量、控制信贷投放量等措施来抑制通货膨胀；建立和培育资金市场、外汇市场、有价证券市场等金融市场。

2. 自由化

所谓自由化即经济自由化。俄罗斯实行经济自由化并开放市场,最根本的目的是取消限制,放弃国家的经济垄断。所谓经济自由化和市场开放,一是实行经营自由化,保证公民从事任何形式经济活动的权力。二是实行价格自由化,价格根据市场需求确定。三是实行对外经济活动自由化,俄所有的经济主体都有权从事进出口业务活动。由于推行经济自由化和市场开放方针,在经济转轨初期的1991—1993年,俄政府对经济的干预已经大大减少。到1993年年底,长期实行的国家订货基本上被生产者与消费者之间的直接交易取而代之。国家供应委员会也为全国上下几百个批发公司所取代,其中有些公司在一段时间内仍保持着对石油产品、天然气、粮食和木材等商品市场的垄断地位。此外,为了破除国家对零售和批发贸易的垄断,俄罗斯1992年1月29日颁布了关于贸易自由的总统令,试图为贸易的自下而上全面发展提供良好的竞争环境和条件。

3. 私有化

俄罗斯于 1991 年宣布实施私有化政策。1992 年，独立后的俄罗斯又进一步修改补充了于 1991 年 7 月颁布的《俄罗斯联邦关于国营企业和地方企业私有化法》。该法为 1992—1994 年的大规模私有化奠定了法律基础，从而真正揭开了俄罗斯全面私有化的序幕。

俄罗斯把私有化作为改造所有制关系和建立市场经济的重要途径和手段。《俄罗斯联邦关于国营企业和地方企业私有化法》开宗明义："本法律通过国有企业和地方企业私有化来确定俄罗斯联邦生产资料所有制关系改造的组织——法律原则，其目的在于建立有效的、面向社会的市场经济。"①俄试图通过私有化，"将俄罗斯从一个政府拥有全部生产资料的计划经济体转变为一个私人经济占主导的私有经济体"，进而形成广泛的私有者阶层；提高企业的经济活动效率；创造竞争环境和反经济垄断；有利于实体经济部门吸引包括外资在内的各种投资；通过增加私有化收入和减少国家支出而缩减国家预算赤字，促进国家财政状况的好转。私有化的首要目标，是变国有制为私有制，使企业摆脱国家经济部门的管理和行政干预。因为按照新自由主义的理论，国有制的主要缺陷，是缺少能够关心财产合理使用和增值的有效所有者。而且，在国有制条件下，企业亏损不会导致企业的破产，而是用各种方法转嫁给整个社会。私有制则完全不同，在这种制度下，私有者的高效率是无可置疑的。因而，第

① 〔俄〕《经济生活》1992 年 6 月 5 日第 29 期。

一，必须赋予私有企业主以最大的自由；第二，必须尽快和大规模地实行国有企业的私有化，因为私有化是向私有制过渡的重要步骤。基于上述目的和出发点，俄罗斯政府自1992年正式开始实行私有化，以便将私有化“……作为一条途径，去创造以市场为导向并对此作出反应的一系列制度。这是补充休克疗法进程所需要的。私有化也被视为一种手段，以最终创造出一个中产阶级”①。

通过私有化，俄罗斯的所有制结构的确发生了重大变化。原来单一的公有制经济结构已不复存在，代之以国有经济、股份制经济、私营经济、个体经济和外商投资经济共存的混合经济结构。而且，非国有经济成分已占据主导地位。有资料显示，1992—1997年，由于实行了私有化，俄罗斯国有企业数量缩减了2/3。1997年，私营经济成分和私有化企业的产值占GDP的比重达70%，从业人员占60%，投资额占74%。俄著名经济学家布尼奇认为，私有化能够营造一个使人们活跃起来的经济氛围，世界上实行私有化的许多国家的经验证明，由国家所有制转变为私有制，能使生产的经济效益获得明显和稳定的增长。而且，通过私有化，一个广泛的私有者阶层已经形成，实现了俄私有化纲领确定的一个主要目标。

综上所述，可以得出一个基本结论：在经济转轨初期，俄罗斯转变政府职能以适应经济转轨的需要，并果断启动了市场化

① 〔美〕马歇尔·戈德曼著：《失去的机会——俄罗斯的经济改革为什么失败》（中译本），上海：上海译文出版社1997年版，第120页。

进程，政府有意识地引进市场经济体制和市场机制，使经济转轨迈出了较大的步伐。仅从这一点看，也就是从转轨初期启动市场化进程的这个角度看，俄罗斯政府职能转换的绩效和政府的作用是较为明显的。

7.2.2 从驾驭市场化进程看政府职能转换质量与绩效

快速启动市场化进程之后能否正确驾驭市场化进程，这也是衡量转轨国家政府职能转换质量和绩效的重要标志。上文说俄罗斯转换政府职能从而在经济转轨初期快速启动了市场化进程，但这并不意味着俄政府在驾驭整个市场化进程中也能够充分发挥职能作用，取得较好的绩效。从俄罗斯经济转轨的实践看，在市场化改革、推进私有化、建立有效的财政金融体系、实施合理的结构政策（包括推行积极的工业政策和农业政策、推行面向人民大众的社会政策）等方面，政府制定的总体发展目标并不清晰，“一直摸索着乱碰着前进”。这对俄罗斯来说无疑是一个重大失误，俄也确实为此付出了沉痛的代价。这里不妨简单回顾一下：盖达尔极力推崇西方为其设计的“休克疗法”，试图实行激进的经济改革，使经济转轨一步到位，结果把俄罗斯拖入经济危机的深渊。此后，切尔诺梅尔金政府不断调整经济改革政策，主张放弃激进的“休克疗法”，关闭这个“浪漫主义式改革的大门”，推行渐进的经济改革。与此相配套，政府制定了反危机计划和中短期改革计划。这些方针和计划的制订与实施，使俄经济转轨逐渐从乱到稳，以致在 1997 年经济转轨进程首次出现积极迹象，经济在连续六年发生危机后终于止跌回升，出现微弱增长。然而，政治斗争终于使以稳健务实著称的切尔诺梅尔金在执政五年多后被革去政府总理职务。接下来，基里延科、普里马科夫、斯捷帕申自 1998 年 4 月至 1999 年 8 月这一年多的时间里轮番执政。但事实表明，他们在扭转俄罗斯经济转轨被动局面上均无新建树，而是更多地扮演了“消防队”的角色，疲于应付不断出现的经济转轨难题，无暇顾及经济转轨的中长期发展战略和总体发展目标。他们制定的经济政策和计划措施往往明显带有短期行为的痕迹。

综上所述，无论是激进改革还是渐进改革，都未能加速俄罗斯的经济转轨进程。这恐怕不能单纯从改革的方式本身寻找原因，应当从更深层次总结教训。我们认为，制约俄经济转轨发展的因素可能有许多，如政局动荡、决策失误、理论认识上的错误等，而俄罗斯政府在指导思想上不顾客观实际，脱离俄罗斯国情，改革急于求成，从而使经济转轨不得不“一直摸索着乱碰着前进”，缺少切实可行的中长期规划和远期发展战略，则是政府职能转换不到位和效能低下的突出表现，这也是俄罗斯的一个深刻教训。

7.2.3 从国家宏观调控作用和克服政府失灵看政府职能转换质量与绩效

俄罗斯著名经济学家阿巴尔金等人认为，在俄经济转轨中必须发挥“两只手”的作用。市场调节和国家调节的配合与结合，应是经济转轨的基础。俄罗斯社会经济之所以长期陷入深刻危机而不能自拔，就在于国家对经济进程的影响不断减弱，各个环节和管理制度涣散；在于国家对社会经济可控性的危机。因此，确保经济的可控性是俄罗斯进行一切社会经济改造的首要条件。应该把改建国家经济调控制度视为建立市场基础设施的一项最重要的任务。这些学者认为，国家调节社会经济的职能和方法应该不断完善和改进，但俄罗斯的改革不能没有国家调控。在俄罗斯的过渡经济中，国家调控的职能和任务应包括：为市场经济的发展建立共同的法律、法规；直接地占有和管理国民经济的基础设施部门，管理在政治、经济、金融方面具有重要意义的生产部门；限制垄断；制定和实施积极的产业政策、投资政策、结构政策和技术政策；通过国家预算对国民生产总值实行分配和再分配，利用各种经济杠杆对价格、货币流通实行宏观调控；通过调节经济和社会过程，在既确保联邦统一，又确保其他联邦主体享有充分自主权的前提下发展和巩固联邦制原则；实行灵活的对外政策；实行社会政策，确保社会的全面发展和社会公平。但俄罗斯的实践表明，政府非但没有很好地完成这些宏观调控职能和任务，反而政府本身对转轨进程失去有效控制，经济转轨几乎成为一个自由放任的过程。正如美国学者琳达·兰黛尔所指出的，在俄罗斯长达 10 年的经济衰退中，追根究底，将经济转轨引入非效率歧途的正是政府。①

① 参见〔美〕琳达·兰黛尔著：《不情愿的资本家》（中译本），北京：新华出版社 2004 年版。

1. 神化市场作用，削弱国家宏观经济调控职能

国家宏观经济调控职能严重削弱，是造成俄社会经济混乱和经济转轨步履艰难的重要原因。俄罗斯以全盘西化为目标，迅速实行“休克疗法”，力图快速完成经济转轨，结果欲速则不达。不仅如此，在经济转轨进程中，无论是政府大撒手把企业一下子推向市场而不管，还是实行私有化和自由化、全面放开价格后政府未能实行强有力的监控，从而导致严重经济危机并引发恶性通货膨胀，都是俄罗斯神化市场作用，忽视和削弱国家宏观经济调控的结果。

事实上，现代世界并不存在纯粹的市场经济。即使是美国的经济体制也被认为是一种混合经济体制。在这种体制中，国家的经济职能始终在扩大，国家调节和监督因素与市场因素交织在一起，发生相互作用。由于不能放纵自发的市场力量，国家不可避免地要对经济过程进行必要干预。西方发达国家尚且如此，俄罗斯作为向市场经济转轨的国家就更不能例外。然而，俄罗斯却相信市场万能，在经济转轨中严重削弱国家的宏观经济调控作用，不仅造成经济转轨的混乱，而且加深了经济危机。这是俄罗斯应当汲取的深刻教训。

2. 政府职能错位

俄罗斯著名经济学家格拉济耶夫认为，俄罗斯现行经济体制的主要缺陷在于缺少真正意义上的市场竞争和有效的国家调控，国家职能存在着严重的错位。国家实际上正在扮演着“那些在这一经济体系中有了不错位置的人之现状的保护神”的角色，实际上是在使“反效率经济体制”固定下来，是在使国家丧失前途。现政府所实施的一系列社会经济政策非常明显地保护着这些人的利益。首先是在保护那些把全民所有的自然资源据为己有和滥用市场垄断地位而获取超额利润的利益集团；其次是保护那些被收买了的腐败官僚；最后是保护那些对俄罗斯现政府而言其重要程度远远高于本国利益的外国债主们。一个鲜明的例子就是俄政府的国家债务政策，国家实际上只重视偿还外债，而根本不重视欠老百姓的国内债务，比如储蓄银行欠储户的钱好像早就被遗忘了，根本不提甚至不承认。还可以再举一例：俄政府在私有化时期的"债转股计划"，虽然使一大批较为成功的企业家得以扩大他们持有的资产，而且通过"债转股"，政府向大企业家借钱，并以国家持有的公司股份作抵押，但政府一开始就没打算也不可能偿还这些债务。因此，"债转股"相当于政府与个别企业家做的优惠交易。这有助于建立和加强两者之间的关系。一些企业家通过与政府的关系从中牟利，建立起密切的关系网并控制资源的分配。这也是一种明显的政府职能错位或职能缺位现象。

3. 政府强化宏观经济调控职能和克服政府失灵的努力

(1)普京主张建立国家干预的市场经济

针对国家宏观经济调控职能严重削弱和政府失灵的实际，时任俄总统的普京指出，加强国家的宏观经济调控作用是经济转轨顺利发展的关键。他在多种场合强调，俄罗斯今后必须在经济和社会领域建立完整的国家宏观调控体系，使国家对经济和社会进程发挥更大的影响力。而且要做到，"需要国家调控的地方，就要有国家调控；需要自由的地方，就要有自由"。可见，普京所主张的国家干预并不是限制经济自由的国家干预，而是为国家干预找到合理的定位，找回国家行使其基本经济职能的真正角色。他多次强调，国家不应该承担管理个别经济部门的职能，国家在经济领域的主要职能应是保障公民和法人最大限度的经济自由。他提出的俄罗斯经济战略方针是：少一些行政干预，多一些经营自由、生产自由、贸易自由和投资自由。其目的是全力营造国家经济发展的正常环境。普京还支持由经济部部长格列夫提出的"经济活动非官僚化"的主张，2001 年由俄政府经济部向国家杜马提出了 14 项法律修正案，其宗旨是防止官员干涉企业活动，简化手续，减少各种检查和批复。结果，使原来需要政府审批的项目由五百多个减少为 102 个。

普京划定了国家对经济必须实行宏观调控的基本范围：一是保护产权，国家保障股东对企业经营活动的知情权，限制资本转移，保护公民的财产权；二是保障平等的竞争条件，取消对某些企业所有不合理的优惠、直接和间接补贴，在分配国家资金、许可证、配额方面坚持平等原则；三是使企业摆脱行政干预，国家放弃对经济的过多干预，使部门的各种规定减少到最低限度，简化企业注册程序；四是减低税负，彻底简化海关制度，拉平税率；五是改革金融体系，保障银行活动的透明度，使证券市场成为动员投资的有效机制，并投向最具有前途的经济部门；六是实行现实的社会政策，优先发展卫生、教育和文化，压缩多余的社会义务，保障养老制度的实施。

此外，鉴于俄由于缺少中长期和远期发展规划与发展战略、总体发展目标不清晰而使经济转轨多年走弯路的教训，普京下决心制定全国性的长期发展战略，他倡议成立了战略研究中心，专门研究包括经济发展战略在内的全面发展战略问题。俄在继续推进市场化改革、建立有效的财政金融体系、实施积极合理的结构政策、刺激经济快速增长，以及在富国强民、“让公民过上应有的生活”等方面也不断推出更有长远打算的方案和更加务实的举措。

(2)俄罗斯政府强化政府干预的努力

如上所述，切尔诺梅尔金政府试图加强政府对经济的宏观调控，但由于叶利钦总统对政府进行改组并最终革去切尔诺梅尔金的政府总理职务而使政府的这一努力无果而终。基里延科政府也曾为恢复国内经济秩序和加强政府调控宏观经济的能力而努力，但收效甚微。1998年9月普里马科夫政府执政后，俄罗斯国内主张通过加强国家调控来改变经济现状的呼声一浪高过一浪。包括普里马科夫本人在内的政界人士也多次批评前政府的经济政策。他指出，俄政府“几乎没有一件事做得长远，总是朝兴夕废”，“不使国家得到加强的改革不是真正的改革”。普里马科夫政府在强调“俄罗斯的市场经济制度将继续存在并发展下去”的同时，多次重申，政府将采取国家对经济的“果断方针”，改革的措施将作“重大修改”，把确保社会和经济领域的稳定，提高政府对经济的宏观调控力度作为“坚决的选择”。为此，普里马科夫政府依据俄罗斯当时所面临的社会经济形势和任务，采取了一系列加强国家宏观调控的有力措施：一是整顿国内金融秩序，加强金融监控，完善货币体系。主要措施有：稳定汇率、实行银行重组、重新安排国家债务等。二是改革税制，充实预算。强化税收征管体制，加强纳税人的责任，打击影子经济，重新合理确定税率，例如降低增值税税率。三是调整私有化政策。普里马科夫政府一再声明，为了保持政策的连续性和社会的稳定，将继续实行私有化的方针，也不重新实行国有化。但强调必须使私有化有利于给企业带来额外投资，促进企业技术进步，增强企业竞争能力，而不能使私有化仅仅为了满足国库需要，甚至成为个别人和一伙人致富的手段。为此，决定对国有资产进行重新登记，停止成批低价出售国有企业，大大压缩原定的国有大企业的私有化计划，从 60 家减为 7 家。四是扶植和支持本国的生产部门。强调坚决摒弃前政府奉行的重金融、轻生产的经济政策，制定了发展化工、汽车、轻工业、畜牧业和高科技领域的中长期规划。五是坚持独立自主和对外开放并举的方针。致力于完善生产部门吸收外国直接投资的法律，简化吸引外资的手续，规范外资管理规则。此外，普里马科夫政府还加大了严厉打击犯罪活动和惩治腐败的力度。1999 年俄政府对金融寡头采取了一系列严厉措施，收回了别列佐夫斯基控制的俄罗斯公共电视台，突击审查由其控制的西伯利亚石油公司，直至 3 月 5 日由叶利钦总统签署命令解除了其独联体执行秘书的职务。其他寡头的势力也受到了严重削弱。

应该承认，普里马科夫政府强化国家调控的努力，是在对俄罗斯经济转轨以来实行的政策深刻反省的基础上进行的，也是对以往否认国家宏观调控作用政策的否定。虽然普里马科夫政府强化国家调控的努力在当时不可避免地带有明显的局限性，但这种努力对缓解 1998 年金融危机的进一步深化和稳定俄罗斯社会经济形势起到了不小的作用。

1999 年 8 月普京任政府总理继而成为代总统和总统。普京“新政”一开始就主张实现经济自由主义和国家调控相结合的政策。他认为，没有强有力的和有效的国家，即使是最可靠的经济和社会政策也无法正常地贯彻执行。俄罗斯之所以没有建立起有效的经济，其中的一个很重要原因，是缺乏明确合理的改革战略，没有在经济和社会领域建立完整的国家调控体系，没有让俄罗斯国家政权体系成为国家经济和社会力量的有效的协调员。他强调，要特别注意发挥国家对社会经济进程的影响，但今后国家作用的定位也仅仅限于制定“游戏规则”并监督规则执行这种模式之上。应当指出的是，在经济自由主义和国家调控相结合的政策上，普京实际上更多地倾向于自由主义，但必须以市场为基础，加强国家对经济的必要干预。力主在俄罗斯实行“可控制的市场经济”的政策，是普京“新政”的主旋律。

7.2.4 从提供必要规则和制度框架角度看政府职能转换质量与绩效

如前所述，对于转轨国家来说，只有政府才能够“创造市场所必需的制度条件”。俄罗斯著名经济学家阿巴尔金也指出：“为企业建立一种更加良好的制度环境，其中心部分之一还是国家管理机关。”[①]但自实行经济转轨以来，俄虽然不断加大与市

① 〔俄〕阿巴尔金主编：《俄罗斯发展前景预测——2015 年最佳方案》（中译本），北京：社会科学文献出版社 2001 年版，第 167—168 页。

场经济相关的法规与制度建设的力度，出台了一系列的政策法规，但俄适应市场经济的基本立法尚有很大缺陷，且极不完善。不仅市场经济迫切需要的各种法律法规的制定滞后或拖延制定，而且已经制定并通过的法律法规也往往得不到有效贯彻执行。正因如此，时任俄总统的普京指出，今后经济转轨的一项重要任务，是要克服制度改革的滞后状况。将改革的重心转向制度建设和管理活动，即制定法律法规和经济活动规则，“建立必要的市场经济组织结构和保证所有人经济行为规则平等的制度”。

当然，指出俄罗斯在制定法律法规和经济活动规则方面的问题，并不是要说明俄罗斯在提供必要市场规则和制度框架方面无所作为。事实上，俄罗斯为“创造市场所必需的制度条件”和“为企业建立一种更加良好的制度环境”已经和正在作出不懈的努力。自经济转轨至今，俄罗斯颁布并实施的与私有化有关的法律就有三部：1991 年颁布并于 1992 年修订的《俄罗斯联邦国有企业和市政企业私有化法》、1997 年颁布的第二部私有化法——《俄罗斯联邦国有资产私有化和市政资产私有化原则法》、2001 年颁布的第三部私有化法——《俄罗斯联邦国有资产和市政资产私有化法》。仅与农业和土地有关的法规就有多部，如《俄罗斯联邦土地法典》、《俄罗斯联邦国家地籍法》、《俄罗斯联邦国有土地分配法》、《俄罗斯联邦农业用地流转法》等。此外，在体制创新和市场经济发展的其他领域也出台了大量的法律法规，如《俄罗斯联邦海关法典》、《俄罗斯联邦税法典》、《俄罗斯联邦预算法典》、《俄罗斯外国投资法》、《俄罗斯中央银行法》、

《俄罗斯银行和银行活动法》、《俄罗斯有价证券市场法》、《俄罗斯联邦股份公司法》、《俄罗斯投资基金法》、《俄罗斯联邦政府关于扶持小企业的基本法规》、《关于自然垄断领域结构改革的基本原则》、《俄罗斯居民就业法》,等等。

下面以《俄罗斯联邦税法典》为例加以说明。普京认为,俄罗斯的经济形势发生了重大变化。俄罗斯已成为一个建立了良好税收制度的国家。他这里主要指的是 1998 年 7 月 16 日俄罗斯国家杜马通过的《俄罗斯联邦税法典》(以下简称《税法典》)。《税法典》规定了构建俄罗斯税制的基本原则;确定了税种以及设立联邦主体税和地方税的基本原则;规定了履行纳税义务的方式和纳税人与税务机关的权利与义务。税法典将原来实行的一百多种税费减少到 28 种。可见,经过多年的税制改革,俄原有的税收体制已得到根本改造,税制已基本与世界接轨。特别是《税法典》和《俄罗斯联邦预算法典》的颁布实施,是俄财税体制改革进入实质性阶段和建立良好税收制度的重要标志。根据《税法典》和相关税收法规的规定,俄罗斯进行了以简化税制、减少税种、下调税率、降低税负、取消优惠为主要内容的税制改革。这种深刻的改革不仅没有减少国家的税收收入,反而使税收状况大为改观。

当然,作为新一轮税制改革的法律基础和纲领性文件,俄罗斯《税法典》的通过历尽艰辛。几年来,俄政府为了摆脱经济危机,改善税费和其他预算缴款的征缴,也为了与西方税制接轨,曾不止一次地向俄联邦议会国家杜马提交《税法典》草案,并敦促国家杜马尽快通过和批准该《税法典》。但《税法典》的审批一拖再拖，而且，国家杜马多次要求政府修改《税法典》草案。早在1997年7月，俄政府向国家杜马提交1998年国家预算草案时就申明，该年度预算的收入部分应主要来自《税法典》中规定的税费和其他缴款，而当时《税法典》草案尚在国家杜马的审议当中。俄政府试图以此促使国家杜马尽快在1997年年底前通过《税法典》。然而，俄政府的这一努力并未奏效。杜马非但没有通过《税法典》，反而要求政府修改国家预算草案，并从1998年初开始经常建议政府减少国家开支，以保证在经济危机条件下国家预算的正常执行。在这种情况下，俄政府被迫采取非常措施，向国家杜马提交所谓的“反危机一揽子法规”，力保1998年预算的执行，并向国家杜马声明，打算以通过相关决议的方式实施标准法案条例。不仅如此，如果国家杜马驳回政府建议的法律草案，政府则向俄总统提议颁布相关的命令。政府与议会争执的最后结果是，政府提出的方案一部分得到国家杜马的认可和批准，一部分是以总统令和政府决议的形式得到确认的。直至1998年7月16日《税法典》才得以正式通过。

应当看到，《税法典》的通过既是俄罗斯社会政治形势发展的需要，也是深化税制改革并为其提供法律保证的需要。同时，在《税法典》的制定和审议通过过程中，也突出反映了俄立法机构和权力执行机构之间的矛盾与纷争。之所以出现这种情况，一方面是由于俄国家杜马中的议员来自不同的党团和派别，他们代表着不同的利益集团。因而他们审视一项法规往往是从各自所代表的不同利益集团的切身利益出发的，各方达成共识比较困难。这是造成《税法典》迟迟难以通过的直接原因之一。另一方面，俄政府几年来推进税制改革缓慢，问题颇多，因而急于推出《税法典》以保证税制改革的顺利进行。但由于俄政府始终把不断寻找增加国家税收收入的途径作为其税收政策的基本目标，主张在《税法典》草案中设定更多的税种，而且一些主要税种的税率过高，因而得不到国家杜马的认可。这是《税法典》难以通过的另一直接原因。

7.2.5 从促进社会公平和缩小收入分配差距看政府职能转换质量与绩效

市场机制虽然是效率原则的实现机制，对收入分配具有基础性的调节作用，但是市场机制容易造成分配不公和贫富两极分化，会导致收入差距扩大。因此，要求政府从全社会的整体利益出发，把收入分配差距控制在适度的范围之内。政府必须进行收入再分配，缩小收入分配差距，建立和完善与经济发展水平相适应的社会保障制度，促进社会公平的实现。就俄罗斯而言，由于政府对社会利益和收入分配的调节功能减弱，使收入差距拉大，收入不平等明显，社会两极分化严重。收入差距悬殊和两极分化的畸形社会结构不仅损害了多数人的利益，也造成了社会心理的不平衡和社会观念的扭曲。加之居民的社会保障程度降低，并时时受到大规模社会性失业和通货膨胀的威胁，使俄政府承受巨大的社会压力。大量的失业不仅是一种社会现象，而且成为社会犯罪的温床。

俄罗斯政府在缩小收入分配差距，促进社会公平，建立和完善与经济发展水平相适应的社会保障制度方面，主要采取了两项措施：

第一，实行个人所得税改革，建立合理的个人收入调节税制度。个人所得税是对初始收入的调节，其再分配功能是双重的：一是调节市场分配（即初次分配）所形成的收入差距；二是聚积可供财政分配（即收入再分配）的财政资金。俄罗斯的个人所得税实行超额累进税率，因为按累进税率征收个人所得税有利于调节收入的贫富差距。但实际上，由于俄罗斯普遍存在偷税漏税问题，尤其是对官僚、寡头和"权力资本"的各种收入无法统计和控制，因此，利用个人所得税制度调节收入分配差距的目的并不能完全达到。再则，实行累进税率的必要前提，是收入要有足够的透明度，但俄罗斯收入的透明度并不高，从而限制了累进税率在收入再分配上的效果。为了使高收入公民诚实申报实际收入，2000 年俄罗斯决定对所得税进行改革。基本目标是，降低名义税收负担从而减少偷税漏税规模。规定公民需按 13%的统一税率缴纳个人所得税，并将所得税起征点由原来的 53 万卢布改为 10 万卢布。普京在《2002 年预算政策》的总统预算咨文中指出："对自然人收入税实行 13%的统一税率，其初步结果给人以希望。俄罗斯今后几年原则上不改变这个税率。"

但也应当指出，把自然人收入税（即个人所得税）税率统一规定为 13%，放弃以前实行的累进税率，在俄罗斯国内引起很大争议。许多专家学者认为，从维护绝大多数人的切身利益和社会公正的角度看，对自然人所得收入的课税实行统一税率，不仅加重了占俄人口绝大多数（90%）的低收入者的税收负担，因为对他们将原来 12%的税率上调到 13%，而且破坏了课税的公正性和税收公平原则，造成高收入者低纳税，无论他们的所得收入有多高，都和低收入者一样按 13％的税率纳税，即对他们来说税率大大降低了。这样，对占纳税人总数 90％的低收入者提高了税率，而对高收入者却又大大降低了税率（因为俄政府认为，实行 13％的统一税率能有助于高收入公民诚实申报自己的实际收入，并促使他们主动照章纳税，但我们认为这只是一种主观愿望或者是一种理论推测），这有悖于税收公平原则。只有实行累进所得课税才能保证社会公平公正，维护绝大多数人的利益。从世界的课税实践看，目前主要资本主义国家如英国、德国、美国、日本等都对个人所得税实行累进税率制。这是在资本主义进化与发展过程中，所得税由比例税制向累进税制演进的结果，因而可以说是资本主义长期课税实践经验的总结。这种按负担能力课税，合理地负担税收的原则，或者说，税收的征收与纳税人的实际负担能力相符，税率随着纳税人收入的增加或减少而提高或下降的原则，已为世界上大多数国家所认可并采用。

第二，建立和完善社会保障制度。苏联时期的社会保障制度是十分健全和完善的，但总的来说，这种制度倾斜于公平有余而考虑效率不足，它在某种意义上成了滋生惰性的温床，从而也就从根本上堵塞了创造社会福利的来源。俄罗斯现有的社会保障制度同苏联时期相比有了根本性的变化。俄从 1992 年开始对社会保障制度进行改革。所谓社会保障制度改革，是指从苏联原来那种高度集中管理体制下由国家大包大揽、几乎是全民普遍享受的社会福利制度，向与市场经济体制相适应的、实行社会化的、资金来源多样化的、重视效率并兼顾公平的社会保障模式转变。其核心是按照市场经济的要求，变社会保障基金的资金来源主要由国家预算拨款加以保证的单一渠道，为国家、企业和组织及个人三方共同筹资的多种渠道。基本的做法，一是从普遍的福利制度逐步转向为最贫困居民提供最基本的生活保障。为此，俄罗斯从1992年起实行了最低生活保障制度，旨在保证居民最起码的生活条件和维持人们的劳动能力和健康所需要的费用。俄根据不同的时期和阶段划分贫困线标准，以提高劳动报酬、养老金、抚恤金、助学金、社会补助金以及向无保障居民提供社会救助。二是社会保险资金由主要靠国家预算拨款现收现付制改为由企业、个人和国家合理分担，建立了个人储蓄账户。在改革中，俄罗斯建立了失业保险制度，实行了强制性医疗保险制度，改革了养老金制度等。应当肯定，俄罗斯社会保障制度改革的方向是正确的，但也出现了一些问题。特别是由于受人们社会与物质差别日益扩大的影响，老百姓产生了较强的社会依赖心理，对当局履行其所承担的社会义务的能力产生怀疑。因此，俄罗斯有关专家认为，俄应吸收西方国家在福利制度改革中已普遍接受的补救模式观念，这种模式要求政府从社会保护角度制定国家的社会保障政策，以体现再分配功能。

应当指出，虽然俄罗斯政府在建立和完善社会保障制度方面作出了不懈的努力，但历届政府的努力都有一定的局限性和问题。总的来看，国家的社会保障制度仍旧不能满足转轨时期的特殊要求，仍旧不能给予贫困和脆弱社会阶层以应有的帮助。鉴于这些问题，俄政府当时曾提出，政府应把社会领域的根本性改革放在首位。这不仅指养老金改革，还包括医疗保险、社会保险、保健及教育等一系列改革。由此可见，俄罗斯把与社会保障制度相关的一系列改革作为当时政府工作的一项重要任务。

7.2.6 从产业政策和结构政策的调整看政府职能转换质量与绩效

在经济转轨进程中，俄罗斯一方面通过大规模的私有化来改变所有制结构和产权结构；另一方面又通过财税、金融等领域的改革以及产业政策和结构政策的调整来改变宏观和微观经济环境与条件，重振本国经济。而且，从一定意义上说，产业政策和结构政策的调整会对俄经济产生重要的甚至可能是决定性的影响。

1. 调整工业政策

俄罗斯政府对工业政策的调整在不同阶段有不同的内容和侧重点。在经济转轨之初，鉴于经济危机导致工业生产大幅度下降，尤其是对加工工业部门带来的严重影响，俄提出了加快工业调整步伐，在保持能源和原材料生产部门优势的基础上，大力发展加工工业等需要优先发展的行业。但由于经济危机和资金严重短缺等原因，这一工业调整政策并未能真正付诸实施。在 20 世纪 90 年代中期，俄罗斯试图通过发展住宅建设业、汽车和机器制造业、燃料动力综合体，以及发展进口替代生产和加快国内工业一体化等措施，在发挥现有潜力的基础上进一步启动工业生产能力，推动工业生产的增长。但由于缺乏实施工业政策的有效机制，加之没有很好处理行业优先发展问题的关系，又缺少必要的资金支持，这一时期工业政策的调整没有取得实质性进展。90 年代后期，特别是 1998 年的金融危机对俄罗斯经济产生严重影响，工业政策的调整问题也基本被搁置。自 1999 年起，情况发生很大变化。俄罗斯经济多年出现恢复性高速增长，随之而来的是工业结构和工业政策方面的问题凸显。为了解决这些问题并适时调整工业政策，普京在《千年之交的俄罗斯》一文中明确提出，必须实行积极的工业政策，政府的工业政策是在考虑现有经济结构和优势产业部门的基础上，优先发展在科技进步领域处于领先地位的部门。具体的工业政策包括：刺激对先进工艺和科技产品的需求，大力扶持出口型高科技产业的发展；扶持以满足国内需求为主的非原料部门的发展；提高燃料动力和原料部门的出口能力。① 此外，俄在中长期发展纲要中都对工业政策调整有明确的规定。例如，在俄罗斯政府 2003 年 8 月 15 日颁布的《俄罗斯联邦 2003—2005 年社会经济发展中期纲要》中规定，国家中期工业政策的主要目标是保证工业生产的稳定高速增长，完善工业生产结构，提高工业生产效率。在这一领域采取的主要措施，是提高国产产品的竞争力，解决生产设备无形磨损和有形磨损程度相当严重的问题，解决工业中投资积极性不高和创新积极性不足的问题。应当采取的措施是：选准能够建立新生产部门和市场的技术方向并予以扶持；促进创新型小企业的快速发展，包括制定和实施能够刺激创新型小企业建立的专门措施；鼓励并支持能够保证市场竞争优势的创新方

① 参见普京：《千年之交的俄罗斯》，〔俄〕《独立报》1999 年 12 月 30 日。

案;扩大产品和生产的国际认证;鼓励俄罗斯的工业公司参加国际展览会,参加高技术领域的合作;促使俄罗斯工业企业做好“入世”准备,在世贸组织要求的框架内开展工作。① 综上所述,可以比较清楚地看到俄罗斯政府工业政策调整的主要方向,以及政府在其中的重要作用。

2. 大力发展中小企业

经济转轨时期,俄罗斯政府对中小企业的发展问题格外关注。早在普京担任政府总理时就强调,扶持和大力发展中小企业是政府要优先考虑的重点工作之一。他就任总统后,更加强调中小企业对于俄罗斯经济发展、对于创造就业机会和帮助政府解决失业问题等方面所发挥的重要作用,强调必须对中小企业给予足够的重视。反映在法规建设上,自经济转轨以来,仅俄政府就颁布了几个有关中小企业的法规:1995年6月颁布了《俄罗斯联邦政府关于扶持小企业的基本法规》,同年12月又颁布了《简化小企业税收、财务、统计和报表程序的决定》;1996年4月出台了《关于小企业参与向联邦政府供货及提供劳务的基本法规》,同年年底政府批准了《1996—1997年联邦政府扶持小企业计划》。这些法规和决定旨在明确并确立中小企业的法律地位,简化税务机关的业务程序,减轻税负,加大对中小企业的投入,鼓励银行向中小企业贷款,大力发展中小企业。为实现这些目标,俄罗斯政府采取了若干具体措施,其中最为重要的是实

① 参见俄罗斯经济发展与贸易部网站,http://www.economy.gov.ru/merit/267.htm。

现普京总统提出的“对中小企业实行更加优惠的课税体制”的要求，“缩减总的税收负担”，对小企业实行五税合一，将利润税、销售税、财产税、统一社会税和增值税合并为一个税种即“小企业统一税”。同时，对中型企业也制定并实行简化的课税体制。此外，政府还以基金会等形式给予中小企业以技术和信息支持，并保证中小企业对国有和市属不动产项目的信息知情权。

3. 改革自然垄断行业

俄罗斯自然垄断行业的改革经历了大私有化阶段和此后的不断改革与调整阶段。总的来看，由于自然垄断行业的改革在俄经济转轨中占有重要地位，涉及俄产业政策和结构政策的调整，以及行业垄断与自由竞争之间矛盾的处理，因而改革任务十分艰巨和复杂。也正因如此，不仅需要将自然垄断行业的改革纳入国家宏观经济发展战略的总体规划，而且要有步骤、分阶段地逐步将其向前推进，通过自然垄断行业的市场化改革和不断调整，促进产业竞争政策的形成。俄罗斯政府确定的自然垄断改革的主要任务是：完善自然垄断的调节体系，将不属于自然垄断范围的经济活动类型分离，并在竞争的基础上形成新的市场；提高自然垄断行业的透明度和自然垄断主体资金流量的透明度；分阶段取消对不同消费者群体实行的交叉补贴；完善自然垄断市场参加者之间相互关系的法律规则。

俄罗斯对自然垄断行业的改革与调整主要在电力行业、铁路运输业和天然气部门展开。

(1)电力行业改革

电力行业改革是俄罗斯自然垄断行业改革的重要组成部

分。经过十多年的改革和私有化，俄电力行业已由原来的国家所有制改造成为股份制。而且，俄政府已正式确定要在国家的调控下逐步建立有竞争的电力市场。普京总统也签署了有关电力工业改革的法案，要求在高度调控的电力工业部门实行竞争。但电力行业中存在的一些问题仍未得到彻底解决：各级政府对电力行业的行政干预过多，具体的改革方案难以落实，对电力行业的宏观调控措施不力，这些问题严重制约着电力行业改革的深入。为此，俄政府采取下列措施来加快电力行业的改革：改组俄罗斯电力和电气化股份公司“俄罗斯统一电力系统”，以及其他的电力和电气化股份公司，以保证非垄断部门的竞争，提高自然垄断主体活动的透明度；组建发电公司并开始在发电部门反垄断；建立供应商保障制度；形成有竞争力的电力批发市场；建立保证电力竞争市场发挥作用的规范法律基础；为电力系统吸引大规模的投资创造条件；培育电力市场，改组电力和电气化股份公司。①

(2)铁路运输业改革

俄罗斯政府在这方面的计划包括：重新划分铁路运输业国家调节职能和经营管理职能，建立俄罗斯铁路股份公司；调整联邦执行权力机构在铁路运输领域的职能，对财务经济活动进行综合审计和对交通部所属企业的财产清点登记；准备并批准铁路运输业企业私有化计划和俄罗斯铁路股份公司章程，注册公

① 参见俄罗斯经济发展与贸易部网站，http://www.economy.gov.ru/merit/267.htm。

司并组成公司管理机构;在建立俄罗斯铁路股份公司的同时,另外建立独立的结构部门来从事铁路运输业其他类型的企业经营活动,规范独立运输企业平等利用铁路运输设施的权利;制定对铁路运输业旅客运送财政扶持的机制;采用铁路货物运输新价格表,等等。①

(3)天然气部门的发展

俄罗斯政府规定,俄在天然气部门的政策目标,是有效保证国民经济和居民对天然气的需求,并履行天然气出口供货义务。发展天然气部门的政策措施是:提高天然气部门中各类企业的经济效益和经营活动的透明度,提高对天然气消费者的服务质量;确定天然气的最优价格;提高消费者的天然气使用效果;扩大天然气供应;完善天然气部门的国家调节;使天然气部门的企业主体能够适应不断变化的经营活动条件;保证天然气部门的企业活动不受歧视;完善国家的反垄断调节;为发展天然气管道输送系统创造条件;采取有效措施发展天然气市场。②

4. 发展“新经济”的政策措施

为了顺应“新经济”在全球的发展趋势,而且为了发展本国的新经济,俄罗斯政府通过了《电子俄罗斯 2002—2010 年》联邦专项纲要。该纲要的主要目标之一是使社会生活的所有领域信息化。还规定,到 2010 年要使俄罗斯在信息技术方面达到东欧

① 参见俄罗斯经济发展与贸易部网站,http://www.economy.gov.ru/merit/267.htm。

② 同上。

发达国家水平。为促使新经济快速发展，俄政府采取的主要政策措施是，通过吸引外资和利用风险投资以及其他的私人资本来为新经济的发展提供资金保证；激励创新积极性，建立风险投资机制，为国内外私人风险资本投资于新经济部门创造方便和有利的条件；鼓励科技企业技术创新，提高企业竞争力；完善科技产品商业化的机制；形成新经济部门的有效市场；建立科技成果商业性孵化中心、科技园、创新技术中心、技术转让中心等与新经济密切相关的科研单位和组织机构；在经济特区或自由经济区鼓励科技密集型生产企业和研发部门的发展，等等。

5. 结构政策的调整

通过结构调整实现经济多样化，改变不合理的产业结构，是近些年俄罗斯政府调整结构政策的主要目标。通过这种调整，俄产业结构中军事工业比重过高，农、轻、重比例严重失调，三次产业的关系不合理，高新技术产业发展缓慢的状况有了很大的改观。尤其是俄罗斯政府制定《1997—2000 年结构改革和经济增长中期纲要构想》，提出了从 1997 年要进入结构改革的新阶段后，政府的结构政策进一步明确，改变畸形的经济结构，实现产业结构合理化和产业升级，推动产业结构从能源消耗型向知识密集型转变，发展高科技部门和领域，成为政府结构政策和投资政策的重点。

虽然结构改革和结构政策的调整使俄罗斯的经济结构和产业结构发生了一定的变化，但由于历史原因和经济转轨时期追求经济增长速度的需要，俄政府仍将不断扩大石油和天然气等能源和原材料的出口作为其政策的重点。俄能源部部长多次强调，俄罗斯的首要任务是在国际能源市场上继续保持出口领先地位。这意味着，以能源及原材料生产和出口为主的落后的经济结构依然构成俄罗斯经济的主要特征。而俄罗斯政府的这种能源和原材料出口导向，会在很大程度上阻碍俄经济的稳步增长。因为一方面，这样的出口结构使俄罗斯经济很容易受到世界市场行情变化的影响，并对其产生依赖性，从而给俄经济的发展设置了外部限制和障碍；另一方面，在当代科学技术特别是高新技术迅猛发展的条件下，专门出口自然资源也会使俄罗斯陷于长期落后状态，并加剧结构性衰退。因此，实现经济结构的多样化，改变长期以来形成的不合理的生产和出口结构，减少对资源密集型产业的过分依赖，应是俄罗斯政府提高经济增长质量和实现经济发展的重要途径。但俄罗斯要实行结构改造，改变不合理的生产和出口结构，又会导致能源出口的大量减少，从而会大大降低经济增长速度，而放慢经济增长速度又会没有足够的资金用于结构改造。因此，在结构改造和保持经济快速增长这两者难以同时兼顾的情况下，是选择保持经济快速增长，还是为建立有效的经济结构而选择实行结构改造，以增强经济发展的后劲，这是俄罗斯政府面临的两难选择问题。

7.2.7 从私有化看政府职能转换质量与绩效

俄罗斯的私有化大致分为三个阶段：

第一阶段是自 1992 年至 1994 年 6 月 30 日历时两年半的证券私有化阶段。这一阶段的基本特点是通过发放私有化证券无偿转让国有资产，将一部分国有企业改造成开放型股份公司，并在劳动集体与国家之间进行股份的初次分配。同时以投标和拍卖方式出售小企业。在这一私有化阶段，俄罗斯所有国民经济部门中约有12万家企业实现了私有化，其中有2万家大型企业。劳动集体在证券私有化阶段得到了巨大的实惠，掌握了私有化企业中75%的控制权。

第二阶段是现金私有化阶段，其起止时间是从1994年7月1日至1996年12月底，历时两年半。现金私有化阶段的最大特点，是从发放私有化证券无偿转让国有资产，转向按市场价格出售国有资产。既以拍卖和投标形式出售企业本身，也出售股份制企业的股票，还允许投资者获得企业股票的控制额。在1995—1996年，俄罗斯还采取了国有股票抵押拍卖的特殊私有化办法，即一方面把21家企业的股票拿出来拍卖，获得买主即银行提供的一笔贷款；另一方面将某些私有化企业的国有股抵押给银行在一定时期内委托代管。银行出售股票并提供贷款，国家用得到的贷款作为预算收入或弥补国家财政赤字。如果国家不能偿还贷款，银行有权将抵押的股票卖掉或归自己所有。抵押拍卖的结果并不理想，俄议会左翼势力将这种私有化称为"不受监督地出卖人民的财富"。

第三阶段是个案私有化阶段。切尔诺梅尔金政府决定从1997年起停止大规模私有化，转为按"单独个别的方案"实行私有化。也就是说，不是像过去那样按大规模的全国千篇一律的模式，而是要有选择地、单独和个别地进行国有企业的私有化。俄政府对原来计划的在3—5年内完成"大私有化"的目标进行了重新确定，主要是以保证私有化质量为前提。在大规模私有化的后期阶段，俄政府提出了完善私有化的两大措施和目标：一是使私有化从数量型向质量型转变。在“小私有化”和“大私有化”过程中，俄罗斯始终注意的是私有化的数量指标，甚至在有关的私有化文件中，都对私有化速度和企业数量有具体要求。结果造成为追求数量指标而盲目私有化，使私有化无论在理论上还是在物质上甚至在操作上都准备不足。实践证明，追求数量指标的快速私有化，使俄罗斯付出了较为沉重的社会经济代价。一方面，导致贫富差距日益悬殊，两极分化加剧，失业人数猛增，危及社会稳定；另一方面，使经济更加混乱，给国家造成的损失难以估量。例如，俄罗斯在私有化开始阶段来不及准确估算国有财产价值，使国家的私有化收入只及实际国有财产价值的3.6%；把500家大型企业价值约2000亿美元的资产，仅估价为72亿美元，造成国有资产大量流失。二是使国有经济保持必要的比例，慎重对待大型国有企业的私有化。俄罗斯在私有化过程中已经重新认识到国有经济的重要性，强调国有经济必须占有较大的比重，并对大型国有企业的私有化持慎重的态度。

俄罗斯在20世纪90年代实行的大规模私有化，其规模和速度史无前例，可以说是世界经济史上最大规模的财产再分配运动之一。俄在大规模私有化阶段每年实行私有化的企业最多时达一万至几万个，即使是在1998年金融危机的严峻形势下，也约有1.3万家企业实现了私有化。这种史无前例大规模的私有化，使俄罗斯政府驾驭私有化进程的能力和质量受到考验。实践证明，俄罗斯的私有化在一开始就伴随着生产滑坡，人民生活水平下降，甚至出现了社会紧张局面。为摆脱这种状况，最大限度地缓和社会矛盾,使所有制改革和全面经济改革得以顺利进行,俄政府首先在可以尽快实现私有化并能够使大多数人感受到实际利益的领域和部门加快私有化进程,这就是进行"小私有化"或称为小型企业私有化。虽然俄罗斯的"大私有化"进展并不顺利,均未完成预定目标,但大中型国有企业私有化的实践表明,"大私有化"有助于打破国家垄断,形成市场竞争机制,提高企业的生产效率。

如前所述,俄罗斯在转换政府职能以迅速启动市场化进程方面的绩效较为明显。但在驾驭市场化进程、推进市场化进程健康发展方面,政府的职能作用却未能很好发挥。盖达尔政府采取"休克疗法"启动市场化进程后,由于私有化进程与"休克疗法"其他措施不同步,使"休克疗法"的短痛期被拉长,变成长期动荡和痛苦的慢性过程。不仅如此,由于俄罗斯的产权改革是"休克疗法"式的,一开始就对国有企业进行大规模的私有化,大量企业的生产经营条件骤然发生变化,原来的计划经济条件被打破,新的市场经济条件尚未完全建立起来,造成生产急剧下降和大范围的企业震荡。

1992年12月切尔诺梅尔金当选政府新总理。他在1993年3月11日向人代会通报政府工作情况时提出,政府"要对经济政策进行修正,使其更切合实际"。其中,停止"证券私有化"并转为"现金私有化",把私有化过程同投资活动结合起来,是政策修正的重点之一。"证券私有化"是快速私有化与缺乏原始资本的矛盾的产物,其固有的缺陷是没有资本投入,不能带来技术进步,因而没有效率。因此,在盖达尔政府发放的第一批私有化证券基本实现之后，切尔诺梅尔金政府就中止了证券私有化，宣布从 1994 年 7 月 1 日起转入现金私有化阶段。后来，在政府制订的《1997—2000 年结构改革和经济增长中期纲要》中又提出，经济改革进入新阶段，因而要改变私有化政策。首先要停止大规模私有化，从大规模私有化转向有选择地使某些企业非国有化，以便吸引投资和进行结构改革。其次，强调国家要控制大型国有企业，合理管理国有资产。但遗憾的是，切尔诺梅尔金政府经济政策的实施并非一帆风顺，政府职能并未得到有效发挥。其原因，一方面是来自总统叶利钦对切尔诺梅尔金的制约，使其政策措施不能得以有效实施；另一方面是政府内部在私有化和经济改革其他问题上存有严重分歧。这两方面的因素是最终导致切尔诺梅尔金于 1998 年 3 月被解职的重要原因，其直接后果之一，是使政府对私有化政策的调整目标基本落空。

继切尔诺梅尔金政府之后，叶利钦在自 1998 年 3 月至 1999 年 5 月的 14 个月时间里接连更换了三届政府：基里延科政府、普里马科夫政府和斯捷帕申政府。频繁的政府更迭使政府无暇顾及私有化政策的调整问题，因而这一时期俄罗斯的私有化并无实质性进展。普京入主克里姆林宫后，面对国内舆论尤其是左翼党团关于要重新实行国有化的呼声，提出必须巩固私有化成果，不能走回头路，也不能变更已经私有化了的产权。但由于产权改革的任务基本完成，俄今后改革的重心要转向加强管理、转换经营机制和提高经济效益。此外，俄罗斯国家杜马于 2001 年 11 月 30 日通过了新的私有化法。该法从防止国有资产流失的宗旨出发，不仅重新规范了国有资产的出售程序，而且针对不同类型和不同状况的企业规定了不同的出售方式，如大型企业要经过股份制改造后进行拍卖，或到国际证券市场上市；其他类型的企业也要通过拍卖等方式公开出售。新私有化法还规定，有关部门提出的不应实行私有化的重要企业名单，须由俄总统批准后才能生效。如要对关系国计民生的大型自然垄断企业实行私有化，须经俄国家杜马批准方能进行。这些都说明，俄加强了对私有化的国家调控。

但总的来看，由于俄罗斯议会与政府之间甚至总统与总理之间在私有化和非国有化问题上存在矛盾和分歧，致使私有化进程举步维艰，形成困难和阻力。而且，虽然俄罗斯通过私有化使所有制结构发生了根本性的变化，但俄预期的刺激生产和提高经营效率的目标非但没有完全达到，反而出现了国有资产大量流失和社会两极分化等严重弊端。这都是由于政府对国情和形势估计不足，在客观条件尚不成熟的情况下实行大规模快速私有化的结果。具体来说，俄罗斯政府在驾驭市场化进程、保证私有化顺利进行方面未能有效发挥职能作用，并由此导致了如下后果：

其一，通过私有化实际上并没有形成“有效的所有者”。应当说，在俄罗斯私有化条件下，成为一个一般意义上的所有者或形成一个私有者阶层并不困难，但要通过私有化把国家财产转到“有效的所有者”手中，同时形成“有效的所有者”阶层就并非易事。因为按俄罗斯的官方定义，“有效的所有者”是指有能力管好自己的企业、关心企业生产经营效率并能够为企业的发展注入资金的人。而这样的人在俄罗斯微乎其微，而且私有化尚未造就出这样的一批私人企业家或实业家。

其二，私有化尤其是“大私有化”造成国有资产严重流失。据有关资料，私有化之初，有12.5万家国有企业仅以平均每家1300美元的价格被廉价出售，国家蒙受的损失难以估量。另据估计，低价出售国有资产给国家造成的损失至少达1万亿美元。一小撮权贵利用手中的权力，通过各种手段把国有资产据为己有，成为这些财产的所有者。就连私有化的极力推崇者盖达尔也承认，私有化实际上是“权贵阶层对国家财产的私有化”，是“权力转变为资本”的过程。

其三，私有化导致社会两极分化，在俄罗斯形成了新富人阶层和穷人阶层。私有化根本没有像其设计者所预想的那样，造就一个庞大的中产阶级，明显改变俄罗斯人的社会经济地位；相反，使俄社会成员的收入分配和财富占有的差距大大扩大，贫富两极分化日益加剧。有资料显示，私有化导致的资本原始积累过程孵化出新权贵和新俄罗斯人，他们的代表是占极少数的金融寡头，与其相对的另一端是大量的贫困者和失业者。富人阶层占1.5%，中间阶层占25%，穷人阶层占70%。

其四，私有化法规不健全，立法工作滞后，使私有化缺少足够的法律保证，受到严重影响。俄罗斯从1992年起大力推行私有化，但直到1997年8月，新制定的《国有财产私有化法》才开始生效。此后，俄罗斯国家杜马才又于2001年11月30日通过了新的私有化法。因此，俄罗斯在私有化立法和配套方面存在的问题，直接制约了私有化的进程。

其五，国家对私有化企业缺少应有的监督和控制。由于这个原因，实行私有化和股份制的企业领导往往违反规定的原则，不把国家代表机构和监察机关放在眼里，不进行董事会和董事长改选，对出任的职务不签订有关的合同和责任状。更有甚者，一些企业领导人利用私有化法规的不健全、不完善，大肆侵吞国有资产和企业财产。在私有化企业尤其是股份公司，基本上没有形成国家对参股企业的有效监督。这是俄私有化的一大弊端。

其六，正如有些国外学者所指出的，产权制度改革的主要目的之一，就是要抑制政府对企业决策的直接干预，就是要促使政府承担起改善治理的责任。而私有化对治理质量的影响取决于政府被控制的程度。政府被控程度较低的国家，私有化程度与治理质量高低有一个非偶然性的、积极的关系。在政府被高度控制的国家里，私有化程度与治理质量之间的关系是消极的，而且完全具有偶然性。他们得出结论认为，私有化政策作为改善治理的手段仍存在一定的局限性，这些局限与政府被控的程度有关。当政府被集中控制在强大利益集团手中时，改善治理和保护产权改革措施的作用就会受到削减。① 我们认为这一观点是有道理的，在这方面俄罗斯的例子极为突出：叶利钦时期俄罗斯最大的 15 家金融工业集团控制了俄经济的 70%，并插足政治，在很大程度上控制着政府，国家和政府的某一政策稍不如意，就在俄政坛掀起轩然大波。

---

① 参见孙宽平主编：《转轨、规制与制度选择》，北京：社会科学文献出版社 2004 年版，第 300 页。

7.2.8 小结

综上所述，不难看出，俄罗斯的经济转轨并非一帆风顺。其中的一个主要原因，是政府、市场与社会这三大系统都出现了严重的功能紊乱和协调失灵。就政府本身而言，虽然经济转轨是由政府强制推动的，但在激进转轨启动以后，政府推动和调控制度变迁与转轨进程的能力却不强甚至很弱。因此，有许多学者将叶利钦执政时期的政府治理模式称之为是“弱政府治理模式”。这一模式的最大特点是政府过度退出与调控能力和行为能力严重弱化，政府无法提供充足有效的制度供给和秩序治理，因而政府质量低下。造成俄罗斯“弱政府治理模式”的原因是多方面的，但其中最主要的，是以新自由主义理论为指导的转轨战略片面强调缩小国家和政府的职能作用，因为新自由主义主张政府从社会经济生活中迅速退出，除提供必要的国防安全和法律秩序外，反对政府对经济的任何干预。以盖达尔、丘拜斯为代表的激进自由改革派试图建立一种美国式的自由市场经济模式，认为对于资源配置而言，任何国家干预都是有害的。因而他们制定经济改革政策的着眼点放在缩小政府职能、减少政府在社会经济中的作用上，其他的则完全由市场进行配置和调节。俄罗斯著名经济学家博戈莫洛夫指出：“在盖达尔政府的政策中，明显表露出对国家在市场经济中的作用估计不足。它认为，国家应该停止参与经济生活，对它的许多领域不再进行监督，把调节职能交给市场。……最令激进的自由主义者感到气愤的是加强国家调节、干预，以制止生产崩溃，防止社会动乱、不安和经济进一步犯罪化，支持企业主的思想。所以他们很快就开始叫喊，说这是向行政命令体制的复归。"①因此，总的来说，在转轨前期，俄罗斯以自由化、私有化、稳定化为核心的经济转轨，是要尽最大可能减少国家对经济的管理，实行的是市场完全替代政府的交易制度，既忽视了市场机制的缺陷，也忽视了市场赖以生存的制度环境。

还必须指出，俄罗斯推行"休克疗法"的激进改革，不仅仅是一次经济转轨，也是一次宪政转型。随着这一转型的不断深化，传统的政府体制和权力体制被打破，这一点俄罗斯很容易就做到了；而建立新的政府体制和权力体制却遇到了重重困难和阻力，且需要一个较为漫长的过程和艰辛努力。在这一过程中，俄罗斯整个国家在一定程度上处于一种权力真空状态。因此可以说，俄罗斯转轨初期的无序和混乱是与政府秩序的部分丧失和权力真空相关的，政府质量严重下降，治理能力每况愈下。也正因如此，俄罗斯的经济转轨并没有像最初所预期的那样，走上一条高效率的资本主义市场经济之路。

2000 年普京上台执政后，以构建强政府治理模式为核心，大力强化中央政府的治理能力，取得了较好的效果。在 2000—2008 年的 9 年时间里，俄罗斯经济持续增长。这虽然与国际市场原油价格的不断上涨有关，但如果没有普京上台执政后实施的加强中央政府治理能力的各种措施，俄不可能出现稳定的国

① 〔俄〕O. 博戈莫洛夫：《我的过渡年代的编年史》，莫斯科：经济出版社 2000 年版，第 181 页。

内环境和稳定的经济秩序。因此，2000 年以来俄罗斯经济的复苏是普京重建具有强有力治理能力政府的结果。普京强调要最终使国家和市场之间形成一种良好的协调关系，即如果需要国家调控，就要有国家调控；如果需要自由，就要有自由。政府的任务是保障市场的有效运转，保障全国经济活动的统一条件，建立全国统一开放的市场经济。他认为，只有强有力的国家和政府，才能推行新的有效的市场制度。他更加注重把国家调控与市场经济因素有效结合起来。

7.3　中东欧国家经济转轨与政府职能转换质量

同苏联一样，中东欧国家实行了几十年的中央计划经济体制，没有取得经济上的成功，与西方发达国家在经济发展水平上的差距越拉越大，使这些国家不得不选择市场经济体制作为经济转轨的目标模式。按照美国经济学家萨克斯的看法，中东欧国家从中央计划经济向市场经济过渡的三个要素是：宏观经济的稳定化、价格及国际贸易的自由化和国有经济的私有化，简称稳定化、自由化和私有化。同时，经济体制转轨也是一个制度重建的过程。市场经济需要有指导经济交易乃至经济运行的新的机构、新的规范和新的法律，这涉及国家作用的重新界定问题。这一点对中东欧国家显得尤为重要，因为这些国家是在发生政治剧变后开始实行向市场经济体制的转轨，而且原来的中央计划经济体制作为一种无所不包的全能政府而被否定。随着中东欧国家社会主义的根本制度被抛弃，在经济转轨初期也明显地放弃了政府所应发挥的作用。因此，在政治制度急剧崩溃所导致的社会真空中，政府的职能一下子被大幅度地削弱。然而，随着经济转轨实践的不断深入发展，经济转轨的特殊需要呼唤政府职能的强化。当然，这种在特定时期被强化的政府职能不可能也不应该无限制地持续和延伸。在经济转轨进入一定阶段后，中东欧国家为适应经济转轨和经济发展的需要，必然要转向追求政府职能的有效性，而在经济领域会更多地发挥市场机制的调节作用。本节以中东欧国家中三个典型的经济转轨国家即波兰、匈牙利和捷克为分析对象，对这些问题加以具体分析和考察。

7.3.1 中东欧国家经济转轨的核心内容与要素分析

1. 稳定化

宏观经济的稳定化是中东欧国家过渡经济所面临的首要任务，因为没有宏观经济的稳定，其他领域的改革很难取得实质性进展。稳定化的主要内容是：政府不再奉行扩张性的货币和财政政策，而是实行限制性的货币和财政政策。紧缩政策是经济转轨初期宏观经济政策的核心。其内容包括本国货币贬值，调整汇率，以纠正本国货币定值过高的偏差；政府大幅度削减补贴，不再通过预算赤字向经营不佳的国有企业提供补贴；大幅度提高利率，改变长期存在的名义正利率而实际是负利率的状况，以使利率反映资本的稀缺水平；在转轨初期限制工资的过快增长，控制通货膨胀。例如，实行“休克疗法”的波兰，1989 年的通货膨胀率高达 2000％，1990 年下降到 250％，1991 年和 1992 年政府经过努力才将通货膨胀率控制在两位数的水平。而且，波兰政府的财政赤字在转轨的头一两年中增加的速度十分惊人，1991 年为 38 亿美元，1992 年增加了一倍以上。因此，克服恶性通货膨胀和抑制财政赤字的增加，保持宏观经济的稳定，就成为中东欧国家经济转轨初期政府的中心任务。当然，捷克的情况与波兰等转轨国家不同。捷克在经济转轨的前期十分注意保持宏观经济的平衡和稳定。政府通过紧缩银根、限制工资过快增长、保持预算平衡和抑制通货膨胀等政策，保持宏观经济的稳定。特别是捷克政府一直把抑制通货膨胀作为政府工作的重要任务之一，因而在 1990 年至 1995 年期间有效抑制了通货膨胀，从而保持了宏观经济的相对稳定。

2. 自由化

自由化主要包括价格自由化和外贸自由化，旨在解决资源的合理配置问题。价格自由化对消除从计划体制下继承下来的价格扭曲具有重要作用。而且，如果价格不能实现自由化和市场化，就不可能有私有经济的发展和进行真正的私有化。价格自由化的主要内容是放开绝大多数商品和劳务的价格，使价格由市场根据供给与需求进行调节；放开劳动力市场，使劳动力市场的价格即工资根据劳动力市场的供给与需求进行调节；放开金融市场，使资本市场的价格即利率根据资本的供求关系进行调节。当然，中东欧国家实行价格自由化的方式各有不同。波兰是将价格一下子全部放开，而匈牙利则是逐步放开价格，分阶段进行价格改革，以避免引起大的社会震荡。因而匈牙利价格改革进程和价格自由化的渐进性是较为明显的。中东欧国家外贸自由化的主要内容是：取消中央计划经济中长期实行的外贸垄断，使企业和个人可以自由从事进出口贸易；实现本国货币的国内可兑换性；为使本国货币成为国际可兑换货币做准备；减少乃至取消进口配额，取消出口许可证制度；降低关税，确定合理的关税水平等。在实行外贸自由化方面，波兰政府采取的是大刀阔斧、迅速实现自由化的方式；匈牙利政府仍然采取稳步放开的渐进方式。

具体来说，中东欧国家的经济自由化包括将 90％以上的商品和劳务价格在较短的时间里全部放开，国家放弃对外贸的垄断经营；允许商品自由进出口而不受任何限制；使本国货币在不太长的时间里过渡到可以与国际上的硬通货自由兑换，等等。例如，波兰于 1990 年 1 月 1 日全面放开了 90％的商品和劳务价格，取消了对进口的数量限制和对出口的大部分限制，基本上实现了统一的关税，并降低了出口税率。波兰还在 1990 年一次性将本国货币兹罗提大幅度贬值，使官方汇率接近于平行市场的汇率，从而实现了兹罗提在国内的可兑换性。又如，匈牙利从 1988 年就开始放开部分商品和劳务的价格，到剧变后的 1990 年已有 80％的商品价格放开，1992 年价格放开的比重达到 90％。匈牙利的进口在 1990 年放开 78％，1991 年放开 90％，到 1992 年则完全放开。与此同时，匈牙利货币福林也大幅度贬值，并逐步使其具有可兑换性。捷克从 1991 年起放开对商品价格与外贸的控制，90％的商品价格按照市场要求浮动，同年实行了本国货币克朗在国内可自由兑换外汇的制度。

3. 私有化

中东欧转轨国家都把私有化作为改造所有制关系的主要手段，作为推动经济转轨的主要途径。私有化的主要目的在于改变国民经济中所有制结构，发展以私有制占主导地位的市场经济；通过公司化和产权制度的改革，使企业成为独立的商品生产者，以适应市场经济的要求；通过国有企业的私有化提高经济效益；通过私有化的各种政策和措施造就一个中产阶级。中东欧转轨国家私有化的主要内容是：以内部私有化、外部私有化和无偿分配来实行国有企业的私有化；界定和分配国有产权，包括农业用地、工业资产、住房以及商用房地产等；对未出售的国有企业进行改造，强化公司治理，把国有企业置于真正的预算约束之下；实行国有企业的非垄断化；促进私人部门的发展，等等。

波、匈、捷三国在经济转轨初期先后制定纲领和计划，要在3—5年内通过私有化使其所有制结构发生重大变化。在中东欧国家中，波兰政府启动私有化进程最早也最快。早在1989年11月剧变后不久，波兰便开始了被称之为“小私有化”的国营商业企业私有化进程。紧接着又于1990年1月开始推行国营企业的私有化即“大私有化”。为加快推进私有化进程，自1994年起又开始推行“大众私有化”。波兰在私有化之初试图通过各种形式的私有化，使私营成分在国内生产总值中所占份额达到50%以上。到1990年底，已有40%的国营商店实现了私有化，并在1991年将15%的国营企业实行了私有化，1992年和1993年每年又将20%的国营企业私有化。

匈牙利是中东欧国家中唯一坚持实行有偿私有化的国家。匈牙利政府关于经济改造和发展的四年纲要中提出，匈政府最主要的任务之一是改造所有制关系，减少国家所有制成分，增加私人所有制。达到这一目标的主要手段就是实行私有化。匈牙利政府在 1991 年提出，要在 3—5 年内使国家所有制的比重从 90％—95％下降到 25％—30％。从私有化先易后难的顺序以及国家直接参与私有化的角度，可以将匈牙利的私有化方式划分为以下八种：初期私有化、中央私有化、自发私有化、由买主主动提出购买某一企业而实现的私有化、自行私有化、租赁私有化、补偿私有化和群众私有化。[①]

捷克的私有化是分三步进行的：第一步是根据 1990 年 10 月 2 日捷克联邦议会通过的《财产退赔法》，将 1948 年 2 月捷共执政时期国有化了的财产退还给原来的主人，以此建立起所有制的基础。第二步是实行“小私有化”。根据捷克联邦议会 1990 年 10 月 25 日通过的《小私有化法》，对固定资产在 2500 万克朗以下的小型企业实行私有化。到 1991 年 10 月 1 日，“小私有化”已基本完成，共出售 1.5 万家小企业，总价值约 124 亿克朗。第三步是始于 1992 年的“大私有化”，即对固定资产价值在 2500 万克朗以上的大中型企业实行私有化。

4. 制度化

制度化的目的在于为新的经济体制有效运行提供适当的制

① 参见杨烨著：《波、匈、捷经济转轨中的政府职能》，上海：上海人民出版社 2002 年版，第 111 页。

度框架。制度化首先涉及法律改革。法律改革的范围较广，它包括宪法对于私人产权的确认，有关财产、契约等法律的制定，以及公司法、私有化法、反不正当竞争法、银行法、合资法、破产法等法律的制定。制度化也包括适合于市场经济的信息体系的建立，这涉及统计、会计、审计等制度的更新。制度化还包括财税体制和银行体制的改革，也包括国家作用的重新界定，等等。①

7.3.2 中东欧转轨国家政府职能作用的一般性界定

中东欧国家实行从中央计划经济向市场经济的转轨。在经济走向货币化和市场化的条件下，国家作用和政府职能的重新定位是这些转轨国家面临的重大问题。首先，在中东欧国家经济转轨初期，国家普遍缺乏管理市场经济的经验，没有适应市场经济的行政体系及专业化的公务员队伍，同时，国家的税收下降而支出大幅度上升影响到政府实施经济权力和对经济进行宏观调控的能力。其次，在经济转轨中属于国家自然权限范围内的任务远远大于已建立的市场经济。经济转轨中制度重建的任务十分艰巨，国家不得不集中精力制定适应市场经济的法律，界定与保护产权，重建社会保障体系，建立市场经济所需要的社会基础设施如独立的中央银行、股票交易所等。再次，由于中东欧国

① 参见薛君度主编:《转轨中的中东欧》，北京：人民出版社 2002 年版，第 108 页。

家的经济转轨在一定程度上是政治动机诱使的行为，因此转轨时期国家在经济中的作用问题有可能会演化成为一种政治问题。

在中东欧国家的经济转轨中，政府除了发挥宏观经济管理、提供公共品、使经济外部性内在化等职能作用外，还要在以下几个方面发挥独特的作用：

第一，推动经济改革和制度变迁。从中央计划经济向市场经济过渡中，国家负有更大的责任。国家是市场改革的推动者，需要根据国情选择适当的经济转轨战略，推进稳定化、自由化、私有化及制度化等各方面的改革。虽然中东欧国家的政府在中央计划经济体制下进行事无巨细的干预，但在经济转轨进程中政府仍然是推进改革的最有力机构。科勒德克认为，如果国家未能设计适当的制度框架，市场失败就会占上风，非正式的制度就会取而代之，就可能出现“强盗资本主义”。[①]

第二，建立和保障市场秩序。经济转轨中正常市场秩序的形成不是自发的，而是需要国家通过立法、执法等手段来促进市场秩序的建立与完善。没有适应市场经济的法律框架，市场秩序就不可能形成。经济转轨不仅需要一系列全新的法律，而且要使法律得到有效贯彻执行还需要高素质的执法人员和执法机构。但正如科勒德克所指出的，在转轨时期，国家在执法上的能

---

① Grzegorz Kolodko, “Ten Years of Postsocialist Transition: Lessons for Policy Reform,” the World Bank Policy Research Paper, No. 2095, April 1999.

力不仅弱于国家社会主义时期，而且也弱于有成熟的公民社会和良好制度的市场经济国家。①

第三，肩负重大社会责任，建立社会保障体制。经济转轨涉及权力及利益的再分配，是一个损益兼有、得失并存的过程。向那些在转轨过程中利益受损的弱势阶层提供适当的社会保障，对于保证经济转轨获得必要的社会支持至关重要。在转轨时期这一重任特别是社会保障体制的重建任务自然就落在了国家肩上。经济转轨时期国家肩负着更大的社会责任，建立适当的社会保障体制不仅有助于减少改革所带来的社会阵痛，促进改革进程的深化，而且也将有益于国家的长远经济发展。

第四，提供必要基础设施。中东欧国家基础设施的落后不仅影响国内私人经济的发展，而且也直接制约着外资的流入。但在经济转轨时期私人部门羽翼未丰，不可能对基础设施建设进行大量投资，而国家财政也由于收入减少和支出剧增而面临很大的困难。虽然如此，国家也必须设法为基础设施建设进行融资，积极利用国内资本市场筹资以及从国际金融组织获得贷款。

由于中东欧国家在经济转轨中既要充分发挥市场在资源配置中的主导作用，又要确保国家对经济的一定程度的干预，因而这些国家的政府在经济转轨中不得不寻求市场与国家间合理的

① Grzegorz Kolodko, "Ten Years of Postsocialist Transition: Lessons for Policy Reform," the World Bank Policy Research Paper, No. 2095, April 1999.

政策组合。斯蒂格利茨认为,应正确地提出问题,不要考虑市场对政府的问题,而要考虑市场和政府的适当平衡。[①] 中东欧国家中波兰、匈牙利、捷克等国均承认市场在资源配置上的主导作用,但对国家在经济中的职能作用问题,认识和做法上均存在差异。

7.3.3 中东欧转轨国家政府职能转换的特点

波兰、匈牙利、捷克三国在经济转轨的初期都不同程度地存在着否定政府作用的倾向。这种倾向的后果是导致体制转换的"空隙"增大,给经济转轨带来一定的阻碍因素和不必要的经济损失。波、匈、捷三国忽视或否定政府职能的主要原因,源于这些国家在转轨初期所面临的特定社会政治环境,即经济转轨具有明显的政治和意识形态因素,西方经济理论和市场模式对转轨中政府地位与作用产生很大影响,转轨时期政权的频繁更迭和党派的激烈争斗也阻碍了政府职能的有效发挥,从而造成政府失灵。而转轨中的政府失灵现象又促使对政府职能作用的进一步否定。其所导致的直接后果,具体表现为转轨性崩溃的程度严重和政府对此无能为力;政府财政收入急剧减少和灰色经济猖獗;经济信息混乱和中断以及整个经济处于无序状态。中东欧国家在经济转轨时期大都处于严重的社会经济危机之中,在建立过程中的市场体制的不成熟导致了明显的市场失灵现

① 参见〔美〕斯蒂格利茨:"关于转轨问题的几个建议",《经济社会体制比较》1997年第2期。

象，转轨过程中过快抛弃旧体制造成了体制真空。而这些因素又决定了经济转轨必须选择政府干预型模式。下面对波、匈、捷三国政府职能转换的特点作些具体分析。

1. 波兰政府职能转换的特点

波兰是中东欧国家中最先实行“休克疗法”的国家，也是这些国家中最先走出“转轨性衰退”而实现经济增长的国家。在经济转轨时期政府职能转换方面，波兰也有其独特之处。为适应向市场经济过渡的需要，早在经济转轨开始后不久，波兰就对政府行政机构进行了大幅度调整。调整后的政府行政机构在很大程度上改变了其原有的功能，并“力争成为不再领导下属单位的机关，而是必须为独立主体的符合社会需要的活动创造法律条件和经济条件”。此后，波兰又于 1993 年 7 月颁布了《波兰共和国经济原则宪章》及实施细则，对政府在向市场经济过渡过程中所应具有的新职能作了详细规定。该宪章规定的(国家)政府的新职能主要有以下几个方面：(1)承认、保证和维护私有制，并应该确保建立在此基础上的经济生活的稳定法则；(2)维护竞争，并且努力采取措施防止垄断；(3)对纳税效果负责，并且对税收义务的减免加以严格限制；(4)规定并确保最低福利保障线，与失业进行积极斗争应该成为国家的最优先任务之一；(5)确保国内经济实体和外国经济实体的平等，并确定外国资本参与某些经济项目和经济领域的最大限度；(6)与不诚实竞争尤其是与犯罪活动进行十分严厉的斗争；(7)为获取重要的经济活动信息提供方便；(8)致力于大大缩小全国各地区经济发展水平的差距。

在启动经济转轨的同时，及时对政府机构进行大规模调整，这是波兰经济转轨时期政府职能转换的一个明显特征。政府机构的调整和政府新职能的确定，为波兰在经济转轨时期实现政府职能的转变奠定了基础。然而，“休克疗法”在波兰的实施，却对政府职能的顺利转换形成了很大的阻碍。其直接的后果是政府全面、迅速地退出经济生活，导致政府干预经济的范围大大缩小。政府在很短的时间内就迅速放开价格和放弃对经营活动的行政干预，并在经济转轨初期社会危机深重、经济严重衰退、失业大量存在和收入水平急剧下降的情况下，快速和全面地从经济领域抽身，这必然会导致经济和社会混乱，导致政府的宏观调控能力明显下降。在经济转轨初期面对经济的持续衰退和大量失业等日趋严重的社会问题，波兰政府一度显得无能为力和无所作为，就是例证。

当然，也应当指出，波兰政府在推行私有化过程中还是发挥了应有的作用，例如，制定私有化计划和方针，按照已颁布的法律法规去规划私有化进程等。特别是政府在确保国有企业私有化大方向不变的前提下，对私有化过快的速度和过激的方式进行调整，推行较为稳妥和渐进的私有化政策，放慢私有化的速度，取得了一定的效果。此外，从整个经济转轨进程来看，政府作为经济转轨的主导者和市场经济体制的建立者，在市场经济条件下宏观调控体系的形成、发展要素市场和形成新的投资机制、建立适应市场经济需要的法律体系，以及用市场手段来重建社会保障制度等方面，都扮演了一种前所未有的新角色。

总的来看，虽然在经济转轨初期波兰曾一度否定过政府的职能作用，但政府作为经济转轨进程的主导力量，作为新的市场经济体制的塑造者，作为转轨时期经济纲领和经济政策的制定者，其经济职能并不能也不会消失，而是要适应经济转轨的需要发生转变。

2. 匈牙利政府职能转换的特点

如上所述，在中东欧国家中，匈牙利是唯一拒绝实行“休克疗法”而选择渐进式转轨模式的国家，也是唯一坚持实行有偿私有化的国家。虽然匈牙利的渐进式转轨也包括稳定化、自由化和私有化这三项主要内容，与波兰等国实行的“休克疗法”在内容上并无根本的区别，但在具体实施中表现出循序渐进和逐步推进的明显特征。所不同的，一是价格自由化的方式不同。波兰等国的做法是价格一下子全部放开；而匈牙利则是逐步放开价格。二是外贸自由化的速度不同。波兰等国采取的是大刀阔斧的激进方式，规定国有企业和私营企业均可自由从事进出口贸易，同时参与国际竞争；而匈牙利的进出口自由化是逐步实行的。三是产权改革的力度不同。波兰在出售国有企业的财产或改造后的股份公司股票的同时，还采取无偿或象征性有偿出售的办法，把一部分国有资产平均分配给成年公民；而匈牙利政府则明确否定了无偿分配方式，坚持任何人都没有权力无偿占有国家财产的基本原则。虽然为实现国有企业的私有化，匈牙利政府先后提出了多种方案，但始终坚持国有资产售而不分的原则。

匈牙利渐进式转轨模式由于强调经济转轨是一个循序渐进的过程，因而在实践中不主张将现存制度迅速破坏殆尽，从而为转轨时期政府正常行使职能和实现职能的转换提供了可能。一方面，渐进式转轨模式有助于使国内民众在经济转轨时期建立起对政府的信任，这是经济转轨得以顺利进展的首要条件；另一方面，由于渐进式转轨模式主张以循序渐进的方式实现经济转轨，因而在新旧制度交替过程中有可能充分发挥现存经济制度的作用，以使制度变迁得以平稳进行。总之，匈牙利的渐进式转轨模式与波兰等中东欧国家“休克疗法”的最大区别，是在经济转轨中并不是完全排斥和否定政府对经济的干预，而是主张在国家逐步放开对经济控制的同时，政府仍在一些重要的经济领域发挥不可或缺的作用。

第一，建立竞争机制，为市场主体的形成创造条件。早在经济转轨初期，匈牙利政府就把建立竞争机制作为政府的重要工作，“承认并支持经营的权利和竞争的自由”。此外，匈政府还通过了《公司法》，放开对经营者的市场准入条件，从而为市场经济体制中新的经济主体的形成创造了条件。在对竞争机制和竞争秩序进行调节、管理和监督问题上，匈政府作出了积极的努力：在竞争秩序的调节方面，根据匈牙利国会通过的《禁止非正当市场行为法》，匈政府注重保护经济竞争的自由，保护与经济竞争相关的公共利益、竞争伙伴的利益以及消费者的利益；在竞争秩序的管理方面，匈政府成立了经济竞争署，经济转轨中一切涉及经济竞争条件和环境的法律草案，在递交国会前均须听取经济竞争署的意见。此外，经济竞争署还负责竞争秩序的日常管理工作。竞争机制的建立不仅为创建市场体制提供了必要的条件，而且也为经济转轨的顺利进行铺平了道路。应当说，匈牙利经济转轨得以较为顺利的进展，在一定程度上正是得益于政府对建立竞争机制和维护竞争秩序的重视。

第二,匈牙利政府通过有偿私有化方式使政府获得了大量的现金收入,而且,政府在私有化进程中又出台了吸引外资的优惠政策,吸纳了较多的外资,从而明显缓解了转轨时期政府所面临的资金匮乏和财政赤字的沉重压力。但匈政府推行的有偿私有化政策也造成外资对匈牙利经济的垄断。这种垄断地位一方面导致匈牙利经济对西方一定程度的依赖;另一方面也造成匈国内地区间经济发展不平衡的加剧。

第三,推动金融体制和财政体制改革。匈牙利是中东欧国家中第一个建立两级银行体制、第一个形成资本市场和第一个加入国际金融组织的国家。匈牙利政府早在经济转轨初期的1990年就开始进行银行体制的改革,改革的重点是完善两级银行体制和实行银行私有化战略。银行体制改革是匈牙利向市场经济体制过渡的重要一环,与市场经济体制相应的金融体制的建立则是转轨时期政府职能转换的重要内容之一。在财政体制改革方面,匈政府通过减少国家支出和在较大范围内承担的过多义务,减轻国家的财政负担,改善国家的财政平衡,从而增强政府的宏观经济调控能力。

第四,建立适应市场经济的法律体系,规范市场运作。经济转轨的迅速推进,对匈政府的职能转换提出了新的要求。匈于1991年下半年开始加快立法的速度。在经济转轨的最初两年内,匈政府新颁布和重新修改的法律多达225项。因此,匈牙利1988年至1992年已基本制定出具备建立市场经济先决条件的经济法规。虽然这些法律法规并不完善,尚有许多欠缺,但匈政府在经济转轨时期职能转换的一个重要内容，即建立能够规范市场运作的新的法律体系的任务已基本完成。

3. 捷克政府职能转换的特点

捷克也是中东欧国家中先是采用"休克疗法"实行经济转轨的国家之一。但与波兰不同的是，捷克在转轨的头几年比较注意保持宏观经济的平衡，没有出现剧烈的社会动荡。捷克政府特别强调，"首先是宏观经济平衡，然后才是经济自由化"，因此，由于政府的努力，"休克疗法"的种种消极后果在捷克的经济转轨进程中并未充分表现出来。相反，捷克成为中东欧国家中唯一能在较长时间里成功抑制通货膨胀和保持较低失业率的国家。宏观经济的相对稳定为转轨中的捷克政府带来了两种积极效应：一是政府在经济转轨初期可以从容采取各项措施，而不必迫于经济形势恶化的压力过多采取应急措施；二是赢得民众对政府的好感和信任感，特别是肯定政府在抑制通货膨胀、保持价格相对稳定和降低失业率方面的努力。

在转换政府职能的过程中，捷克一方面积极推行私有化，而当私有化政策实施不当造成宏观经济的不稳定因素时，政府又及时采取措施纠正私有化政策的失误，包括加强对私有化的立法工作；停止将大企业出售给多数股的持有者；将大企业的部分股份在国外市场销售等。另一方面，在市场经济体制形成过程中，特别是采取放开物价、推行私有化以及实行经济对外开放等一系列向市场经济转轨的根本性措施后，捷政府又着力改革银行体制，完善政府的宏观经济调控手段，努力培植金融资本市场，并重建社会保障体系。

7.3.4 对中东欧国家政府职能转换质量的简要评价

经过多年的经济转轨，中东欧国家的政府职能已经发生了根本性的转变。一是政府的职能主要转向建立市场经济体制、维护竞争秩序和建立与之相适应的法律体系，以及保护市场竞争力；二是政府不再干预企业的经营活动，而只致力于宏观经济的稳定和市场经济的正常运行，如培育市场、维护货币稳定和市场秩序、引导产业结构调整等；三是加强政府在收入再分配方面的作用，特别是通过税收、财政和福利政策等加强其在维护社会平衡方面的作用；四是政府除对少数涉及国家安全和宏观经济稳定等方面的项目进行投资外，不再从事一般性的投资活动。也就是说，一方面政府原有的权限受到很大的限制，另一方面政府在促进宏观经济稳定和保障经济转轨顺利进行方面又担负起重大的职责。此外，政府干预经济的手段和方法也发生了很大的变化，即由以行政手段为主转变为以经济手段为主。

世界银行在一份题为《从计划到市场》的1996年世界发展报告中，对波、匈、捷等中东欧国家政府职能转换的结果也作了较为客观的评价，认为虽与同等收入水平的市场经济国家相比，这些国家政府的规模依然很大，但在转轨过程中大多数国家的政府已根据需要或按设计而缩小了规模。因为政府规模过大会造成政府的负担过重，影响其职能的正常发挥。

在自1993年开始的波、匈、捷三国转轨目标和战略的重大转折中，最明显的变化就是由转轨初期忽视和否定政府的作用转变为开始重视政府在市场制度和市场秩序建立过程中的作用。这一变化是上述三国在转轨初期尝到了盲目仿效西方市场经济模式的苦果之后对其转轨战略与政策所作的一种战略调整。虽然与高度集中的中央计划经济体制相比,中东欧经济转轨国家政府的职能作用已大为降低,但这些国家的政府在经济转轨中仍发挥十分重要的作用:政府是经济改革的推动者、市场秩序的建立者和保障者、社会保障体制的建立者及基础设施的主要提供者。此外,转轨国家的政府干预必须有利于经济的市场化,而不是相反。虽然在经济转轨中政府干预的规模下降了,但是对政府干预的质量要求提高了。因此,必须注重提高转轨国家政府干预的质量,使政府的干预更为有效。

应当指出的是,政府干预的程度和干预方式在不同的转轨国家有不同的表现。有调查显示,虽然匈牙利、斯洛伐克和斯洛文尼亚等较为发达的转轨国家与白俄罗斯、乌克兰等不发达转轨国家的政府干预强度是一样的,但干预领域却有较大差别。较为发达转轨国家的政府干预主要集中在就业和工资领域;而欠发达转轨国家的政府干预则主要是在价格和销售领域。较为发达转轨国家的政府干预点在扶持劳动力市场;而欠发达转轨国家的政府干预点在企业的决策过程。不仅如此,较为发达转轨国家的政府干预方式也各有不同,政府干预方式与治理质量之间的关系也各具特色。例如,虽然爱沙尼亚和波兰两国的政府干预程度较低,但两国政府的干预范围却有明显差异。匈牙利和斯洛文尼亚的政府干预程度在这一地区是最高的,但它们却是治理最好的国家。而同样是干预程度高的乌克兰等国家,其治理质量几乎最差。这些差异不仅取决于政府干预的范围，而且也取决于干预的性质和质量。政府的干预方式也因企业类型的不同而表现出一定的差异。总之，中东欧经济转轨国家的市场化改革明显降低了政府干预的强度。而且，尽管改革和制度变迁的总体进程基本相同，但政府在经济中如何发挥作用和发挥何种作用，中东欧各国的战略选择是各不相同的。

第8章 结论

经济全球化是世界经济发展的一个大趋势，是现代市场经济进一步发展的主要推动力量，因而也成为世界不同类型国家尤其是经济转轨国家必须严肃面对的客观现实。从外部因素看，经济全球化构成转轨国家经济转轨和经济发展的外部条件和推动力；如果从对经济转轨和制度变迁的影响看，经济全球化在很大程度上决定着转轨国家经济转轨的基本制度选择。经济全球化对转轨国家从高度集中的计划经济体制向市场经济体制的转轨起到了重要的推动作用。因此，经济全球化与转轨国家经济转轨和经济发展之间存在着一种相互关联和相互影响的互动关系。而无论是经济全球化还是经济转轨，其对经济转轨国家构成的最严峻挑战莫过于对政府的挑战。

综合本书以上所述，可以得出如下总的结论：

第一，必须在经济全球化的大背景下研究转轨国家政府职能转换问题。离开这个前提，抛开经济全球化与转轨国家经济的互动关系，难以研究清楚转轨国家政府职能转换的深层次原因。如果以这种互动关系论为基础，就会得出这样一个结论，即转轨国家政府职能顺应经济全球化时代潮流而发生转换是一种必然趋势。而经济转轨也要求转轨国家政府职能发生根本性的转换，以适应新体制和向市场经济过渡的需要。本书将经济全球化与转轨国家的经济转轨和政府职能转换之间存在的内在联系和互动关系描述为如下相互关联的形式：经济全球化←→全球经济的市场化←→经济转轨和制度变迁←→转轨国家政府职能转换。在这个依次递进和相互关联与互动的序列中，经济全球化作为基础性因素和源头，它引发全球经济的市场化；全球经济的市场化浪潮推动转轨国家实行经济转轨和制度变迁；而经济转轨和制度变迁必然要求转轨国家政府职能随之发生转换，以适应经济全球化和经济转轨的需要。这是一个相辅相成、相互推进、一环扣一环的互动过程。

第二，在经济全球化和经济转轨条件下，能够创造良好市场环境和制度环境、促成规范市场机制形成的依然主要是政府，而转轨国家政府只有转换职能才能胜任此重任。从这个意义上说，转轨国家政府职能的转换至关重要，而如何实现职能转换又是最关键的。总的来说，转轨国家政府职能转换大都经历了一个由全能政府向有限政府转变，从经济控制转向经济规制这样一个发展过程。而且在这个过程中，一些转轨国家又经历了从不切实际地过分减少政府干预，忽视或否定政府的作用甚至造成政府失效和体制真空，向适度强化政府职能作用并启用政府干预型模式的转变过程。这种实质性的转变为转轨国家政府创造良好的市场环境和制度环境，形成规范的市场机制，支持和增进市场有效运作，提供了基本保证条件，奠定了稳定基础。因此，与政府的强力干预相比，提供制度环境和创造一个有效率的市场环境更加符合转轨国家经济转轨和融入经济全球化的要求。而且，转轨国家政府职能转换的基本取向应是建立一个理性的、有效的、自主的和高质量的政府。在这一基本框架下，转轨国家政府职能转换的基本原则可以概括为三个大的方面：一是政府要基本退出生产领域，做好基础性工作；二是补充市场，增进市场机能；三是有序推进制度创新。

第三，同时执行多重职能是转轨国家政府必须面对的客观现实。这是经济转轨时期的特殊性所决定的。这种特殊性，要求转轨国家政府必须把市场经济国家在市场经济体制建立和不断发展完善的几百年间政府分阶段完成的各种职能集中在一个较短的时间内（几年或十几年）完成，这就决定了转轨国家政府职能转换的特殊性。它要求政府不仅要执行多重职能，而且多重职能要一并执行和实现，包括：创造有效率的良好市场环境；为市场提供必要的规则和制度框架，维护市场竞争性和规则性；驾驭市场化进程，纠正市场失灵和弥补市场缺陷，着力培育市场，完善市场经济体制；提高政府的有效性，加强宏观调控，适度干预经济；有序推进制度创新，有效引导经济转轨；实施正确的产业政策，促进经济结构和产业结构调整；稳定经济，促进经济社会发展；解决计划经济时期遗留的大量问题，尤其是清除高度集中的计划经济体制留下的弊端；解决转轨国家普遍面临的转轨性衰退问题，并促进宏观经济的增长与稳定，等等。多重职能并存，既说明转轨国家政府职能转换的艰巨性和复杂性，也反映出转轨国家的政府职能与其他类型国家特别是发达国家的政府职能相比存在着较为明显的差异，即转轨国家政府职能的范围要更广，政府发挥作用的领域要更多。而且，经济转轨时期的政府职能具有多阶段复合性的特点。虽然由于经济转轨的特点和转轨时期的特殊需要，要求转轨国家政府在更大的范围和更广泛的领域发挥积极作用，执行多重职能，但并不能以此断定转轨国家政府职能转换的程度不够。实际上，政府发挥职能作用的多寡在许多情况下并不是最重要的，重要的是如何正确定位政府的职能作用并合理划定其范围。总的来说，只要市场机制尚未充分发育，转轨国家政府就要发挥更多的职能作用。

第四，与成熟市场经济条件下的政府相比，处于经济转轨时期的政府依然具有一些特殊的职能，例如，制度建设的深化与完善既是政府责无旁贷的任务，也是政府公共职能的重要内容。因此，转轨国家的市场经济往往具有较强的政府主导型特征。中国加入 WTO 后，一方面要加快对不适应世贸规则的法规和政策的调整；另一方面，要在深化以市场为导向的经济体制改革、完善社会主义市场经济新体制上付出更多的努力。在这个过程中，政府的角色定位至关重要。我们认为，在经济全球化和 WTO 背景下，推进制度创新，创造一个有效率的、公平公正的市场环境，应是政府角色定位和发挥职能作用的重点，它较之政府对经济的强力干预更具基础性意义。而且从一定意义上说，政府的有效性可以通过市场的有效性作出评价。以此为出发点，中国政府所应具有的特殊职能主要包括：完善与 WTO 规则接轨的法律法规体系，政府需要根据 WTO 的相关协定和与贸易有关的投资措施协议，调整有关对外经济贸易的法律法规；在启动市场化进程并深入推进市场化改革的同时，加快制度创新和重构；致力于培育一个统一、开放、竞争、有序的现代市场体系，大力发展资本、产权、土地、劳动力和技术等市场，努力创造和维护公平竞争环境，建立公平竞争的市场秩序；注重公共投资，集中各种社会资源，促进基础设施建设，推动经济发展；理顺分配关系，调节社会分配和提供社会保障，坚持社会公平与公正。建立健全同经济发展水平相适应的社会保障体系，促进社会的公正与稳定；实现可持续发展，保护自然资源和生态环境，在合理开发自然资源、治理环境污染、保持生态平衡、实现可持续发展方面更好地发挥职能作用；减少贫困人口并解决地区发展不平衡问题。总之，加快政府职能转换，积极推进政府从全能政府、管制型政府向有限政府、服务型政府、法治政府转变，是树立和落实科学发展观、完善社会主义市场经济体制、构建社会主义和谐社会的必然要求。

第五，经济全球化发展进程中的经济市场化和经济自由化是一个必然趋势。面对这一趋势，绝大部分转轨国家都设法通过体制转换即制度变迁来与之相适应，特别是努力通过扩大对外开放、完全开放本国市场来融入经济全球化进程并寻找最佳的利益结合点。而在这一过程中，维护自身经济安全的问题凸显，因为经济全球化与转轨国家的经济安全存在着相关性：经济全球化的发展程度越深，经济市场化和经济自由化的特征就越明显，转轨国家的经济安全就会面临更多的挑战和更大的不确定性，国家经济安全会在更大程度上受到威胁，国家经济安全利益也被提到了更为突出的位置。因此，维护国家经济主权和保证国家经济安全，就成为转轨国家政府的一个新职能。因为在经济全球化进程中，发达国家由于拥有比较成熟的市场体系，可以借助于市场力量来维护其国家安全利益，从这一角度看，经济全球化对那些市场体系完善、应变能力强的发达国家是十分有利的。但对那些市场体系不完善、应变能力差、经济基础比较薄弱、过分依赖世界市场、市场过度开放的经济转轨国家来说，其经济利益和经济安全却面临着巨大的隐患和风险。如不注意防范，就会为经济全球化和开放市场而付出沉重代价。因此，经济转轨国家特别需要借助政府的力量来维护其经济安全利益。正如有学者所指出的："在经济全球化的情势下，不存在国家和国家利益的地位与作用退出历史舞台的问题，相反需要更加突出强调护卫国家和国家利益。"①因此，维护国家经济安全，努力规避经济风险，最大限度地保障国家经济安全，是转轨国家政府面临的一项长期任务。

经济转轨国家的实践证明，在应对经济全球化向转轨国家政府提出的新的挑战面前，不同类型的经济转轨国家选择的是不同的政府职能模式。但无论选择何种模式，如若否定政府作用和放弃政府对经济的必要干预，这非但不利于转轨国家市场经济体制的建立和完善，不利于这些国家的政局稳定和经济发展，还会给国家经济安全带来无穷的后患。俄罗斯和中东欧等转轨国家在融入金融全球化进程和实行金融自由化政策的同时，由于对政府的职能作用定位不当，一度片面强调减少政府的干预，对于金融全球化的负面影响疏于防范，放松甚至完全取消

① 伍贻康等："经济全球化和世界多极化"，《世界经济与政治》1998年第12期，第7—8页。

了金融管制，因而在金融全球化与这些国家经济的双向互动和传导机制的作用下，频繁发生金融危机，就是最好的例证。

第六，转轨国家的政府失灵与市场失灵一样，都会造成严重的后果。而且，从一定意义上说，政府失灵的后果可能会更加严重。俄罗斯和中东欧一些经济转轨国家的教训告诫我们，向市场经济转轨和融入经济全球化进程必须要加强而不是削弱国家的宏观经济调控作用，政府要对经济和市场运作实行适度干预并提供制度保证。只有当市场逐渐发育成熟，具备充分竞争和充分开放条件后，政府才应该有序地从对经济的干预中抽身，成为一个有限的和有效的政府。唯有这样，才能防止与市场失灵同样可怕的政府失灵的发生。

综观世界经济的发展，大凡经济发达和经济快速增长的国家，无论是发达国家还是发展中国家抑或是转轨国家，也无论是“大政府”还是“小政府”，都源于一个治理能力强且治理绩效明显的政府的存在，这构成了一国经济增长和社会经济发展的制度基础和前提。这与主流经济学在全球不遗余力推行的新自由主义理念是相悖的。因此，中国在实现中华民族伟大复兴的征程中，必须实现有效率的强政府与市场的有机结合，因为没有一个治理能力强和治理绩效明显的政府，就不可能建立较为完善的市场经济体制，也难以推动市场经济的发展。

主要参考文献

1.〔俄〕阿巴尔金主编:《俄罗斯发展前景预测》(中译本),北京:社会科学文献出版社 2001 年版,第 227 页。

2.〔俄〕阿纳托利·丘拜斯主编:《俄罗斯式的私有化》(中译本),北京:新华出版社 2004 年版。

3. 安福仁:《中国市场经济运行中的政府干预》,大连:东北财经大学出版社 2001 年版。

4. 保建云:《转型经济中的政府行为与发展模式选择》,北京:当代世界出版社 2005 年版。

5. 曹荣庆:《中国政府职能转型的财政学透视》,北京:中国财政经济出版社 2004 年版。

6. 陈东琪:《新政府干预论》,北京:首都经济贸易大学出版社 2000 年版。

7. 陈富良:《我国经济转轨时期的政府规制》,北京:中国财政经济出版社 2000 年版。

8. 陈国权:《社会转型与有限政府》,北京:人民出版社 2008 年版。

9. 陈健:《政府与市场》,北京:经济管理出版社 1995 年版。

10. 陈宪:《市场经济中的政府行为》,上海:立信会计出版社

1995 年版。

11. 程恩富主编:《国家主导型市场经济论》,上海:上海远东出版社 1995 年版。

12. 程伟等:《经济全球化与经济转轨互动研究》,北京:商务印书馆 2005 年版。

13. 〔美〕戴维斯·奥斯本等:《改革政府》(中译本),上海:上海译文出版社 1996 年版。

14. 范恒山主编:《世界贸易组织与政府管理》,北京:中国财政经济出版社 2004 年版。

15. 冯舜华等:《经济转轨的国际比较》,北京:经济科学出版社 2001 年版。

16. 〔美〕盖伊·彼得斯:《政府未来的治理模式》(中译本),北京:中国人民大学出版社 2001 年版。

17. 甘峰:《中国加入 WTO 与政府改革》,杭州:浙江大学出版社 2002 年版。

18. 高尚全:《政府转型》,北京:经济科学出版社 2008 年版。

19. 〔波兰〕格泽戈尔兹·科勒德克:《全球化与后社会主义国家大预测》(中译本),北京:世界知识出版社 2003 年版。

20. 〔波兰〕格泽戈尔兹·科勒德克:《从休克到治疗——后社会主义转轨的政治经济》(中译本),上海:上海远东出版社 2000 年版。

21. 顾杰:《当代中国政府管理创新》,武汉:湖北人民出版社 2000 年版。

22. 关海庭:《中俄体制转型模式的比较》,北京:北京大学出版社 2003 年版。

23. 郭竞成:《转轨国家金融转型论纲》,北京:经济科学出版社 2005 年版。

24. 郭连成主编:《经济全球化与不同类型国家的应对》,北京:中国财政经济出版社 2001 年版。

25. 郭连成:《俄罗斯经济转轨与转轨时期经济论》,北京:商务印书馆 2005 年版。

26. 郭连成主编:《经济全球化与转轨国家经济发展及其互动效应》,北京:经济科学出版社 2007 年版。

27. 郭连成:"经济全球化与转轨国家政府职能转换",《世界经济》2003 年第 10 期。

28. 郭连成:"经济全球化与转轨国家经济联动效应论",《世界经济与政治》2001 年第 12 期。

29. 郭连成等:"经济全球化与转轨国家经济安全相关性",《世界经济》2005 年第 11 期。

30. 郭小聪:《政府经济职能与宏观管理》,广州:中山大学出版社 1997 年版。

31. 胡鞍钢等编:《政府与市场》,北京:中国计划出版社 2000 年版。

32. 胡家勇主编:《转型、发展与政府》,北京:社会科学文献出版社 2003 年版。

33. 胡家勇:《政府干预理论研究》,大连:东北财经大学出版社 1996 年版。

34. 华民:《转型经济中的政府》,太原:山西经济出版社

1998 年版。

35. 黄永东等:《WTO 与政府创新》,北京:中国社会科学出版社 2004 年版。

36. 金太军等:《政府职能树立与重构》,广州:广东人民出版社 2002 年版。

37. 景维民:《过渡经济论——目标、道路与制度》,天津:天津人民出版社 2000 年版。

38. 孔田平:《东欧经济改革之路——经济转轨与制度变迁》,广州:广东人民出版社 2003 年版。

39. 孔祥利:《焦点问题中的政府经济行为》,北京:中国社会科学出版社 2003 年版。

40. 李向阳:《市场缺陷与政府干预》,北京:中国金融出版社 1994 年版。

41. 李文良等:《中国政府职能转变问题报告》,北京:中国发展出版社 2003 年版。

42. 廖进球:《论市场经济中的政府》,北京:中国财政经济出版社 1998 年版。

43. 刘靖华:《政府创新》,北京:中国社会科学出版社 2002 年版。

44. 刘明:《转型期金融运行与经济发展研究》,北京:中国社会科学出版社 2004 年版。

45. 陆丁:《看得见的手——市场经济中的政府职能》,上海:上海人民出版社 1993 年版。

46. 罗德明主编:《经济转型与经济发展》,北京:社会科学文献出版社 2002 年版。

47.〔英〕马丁·沃尔夫:《全球化为什么可行》(中译本),北京:中信出版社 2008 年版。

48.毛寿龙:《有限政府的经济分析》,上海:上海三联出版社 2000 年版。

49.〔日〕青木昌彦:《市场的作用与国家的作用》(中译本),北京:中国发展出版社 2002 年版。

50.阮成发:《WTO 与政府改革》,北京:经济日报出版社 2002 年版。

51.世界银行:《1997 年世界发展报告:变革世界中的政府》,北京:中国财政经济出版社 1997 年版。

52.孙宽平主编:《转轨、规制与制度选择》,北京:社会科学文献出版社 2004 年版。

53.王红玲:《当代西方政府经济理论的演变与借鉴》,北京:中央编译出版社 2003 年版。

54.王健等:《WTO 规则与政府职能转变》,北京:经济科学出版社 2002 年版。

55.王俊豪:《政府管制经济学导论》,北京:商务印书馆 2001 年版。

56.王梦奎主编:《经济全球化与政府的作用》,北京:人民出版社 2001 年版。

57.王浦劬等:《经济体制转型中的政府作用》,北京:新华出版社 2000 年版。

58.魏杰等:《政府应该干什么——西方政府经济职能考

察》,北京:人民出版社 1995 年版。

59. 卫兴华:《市场功能与政府功能组合论》,北京:经济科学出版社 1999 年版。

60. 吴易风等:《市场经济与政府干预》,北京:商务印书馆 1998 年版。

61. 谢自强:《政府干预理论与政府经济职能》,长沙:湖南大学出版社 2004 年版。

62. 徐滇庆等:《政府在经济发展中的作用》,上海:上海人民出版社 1999 年版。

63. 薛君度主编:《转轨中的中东欧》,北京:人民出版社 2002 年版。

64.〔匈〕雅诺什·科尔奈:《后社会主义转轨的思索》(中译本),长春:吉林人民出版社 2003 年版。

65. 晏智杰主编:《西方市场经济下的政府干预》,北京:中国计划出版社 1997 年版。

66. 杨烨:《波、匈、捷经济转轨中的政府职能》,上海:上海人民出版社 2002 年版。

67. 俞可平等:《全球化与国家主权》,北京:社会科学文献出版社 2004 年版。

68. 余永定等主编:《经济全球化与世界经济发展趋势》,北京:社会科学文献出版社 2002 年版。

69.〔美〕约瑟夫·斯蒂格利茨:《社会主义向何处去——经济体制转型的理论与证据》(中译本),长春:吉林人民出版社 1998 年版。

70.〔美〕约瑟夫·斯蒂格利茨等著:《政府为什么干预经济——政府在市场经济中的角色》(中译本),北京:中国物资出版社 1998 年版。

71. 张今声:《政府行为与效能》,北京:中国计划出版社 2001 年版。

72. 张岩鸿:《市场经济条件下政府经济职能规范研究》,北京:人民出版社 2004 年版。

73. 张颖主编:《中东欧走向市场经济》,北京:社会科学文献出版社 1998 年版。

74. 赵乃斌等:《东欧中亚国家私有化问题》,北京:当代世界出版社 1995 年版。

75. 朱光华:《政府经济职能和体制改革》,天津:天津人民出版社 1995 年版。

76. 周绍朋等主编:《中国政府经济学导论》,北京:经济科学出版社 1998 年版。

77. 周喜安:《透视政府经济职能》,北京:经济科学出版社 1999 年版。

78. Alena Zemplinerova and Josef Stibal, "Evolution and Efficiency of Concentration Manufacturing Industries in the Gech Economy 1989 - 1992," *Eastern European Economics*, No. 2, 1995.

79. Anne Krajewska, "Transformation of Polish Economy: Attractiveness and Risk of Investment in Poland," *Eastern European Economics*, No. 1, 1996.

80. Arye L. Hillman and Brandko Milanovic, Transition from Socialism in Eastern Europe: Domestic Restructuring and Foreign Trade, Washington, World Bank 1992.

81. Blanchard, O. , K. Froot, and J. Sachs, *The Transition in Eastern Europe*: Vol. 1. Country Studies; Vol. 2. Restructuring. University of Chicago Press, Chicago and London, 1994.

82. Dorothy J. Solinger, *China's Transition from Socialism: Statist Legacies and Market Reforms, 1980 –1990*, Armonk, NK, M. E. Sharpe 1998.

83. Jan Adam, "The Transition to a Market Economy in Hungary," *Europe-Asia Studies*, No. 6, 1995.

84. Jeffery Sachs, *Poland's Jump to the Market Economy*, The MIT Press Cambridge, Massachusetts London, England, 1993.

85. Joseph E. Stiglitz, "Information and the Change in the Paradigm in Economics," *The American Economic Review*, June 2002.

86. Krusell, P. , V. Quadrini, and J. -V. Ríos-Rull, "Politico-Economic Equilibrium and Economic Growth," *Journal of Economic Dynamics and Control*, 1997.

87. Istvan P. Szekely and Davide M. G. Newberry, eds. , *Hungary: An Economy in Transition*, Center for Economic Policy Research, Cambridge University Press, 1993.

88. Ivan Sujan and Milota Sujanova, "Macroeconomic Evo-

lution in the Czech Republic," *Eastern European Economics*, No. 2, 1997.

89. Manorch Maruyama, ed., *Management Reform in Reform in Eastern and Central Europe: Use of Pre-Communist Culture*, Dartmouth Publishing Co Ltd, 1993.

90. Marek Gora, "The Labor Market in Poland: A Tentative Analysis of the First Year of Transition," *Eastern European Economics*, No. 5, 1995.

91. Olga Vyborna, "The Reform of the Czech Health-Care System," *Eastern European Economics*, No. 3, 1997.

92. Robin A. Johnson & Norman Walzer, *Local Government Innovation : Issues and Trends in Privatization and Managed Competition*, Quorum Books, 2000.

93. Rumy Husan, "Industrial Polish and Economic Transformation: The Case of the Polish Motor Industry," *Europe-Asia Studies*, No. 1, 1997.

94. Salvatore Zecchini, ed., *Lessons from the Economic Transition: Central and Eastern Europe in the 1990s*, Kluwer Academic Publishers, Dordrecht/Boston/London 1997.

95. Vladimir Renacek, "Small Business and Private Entrepreneurship during Transition," *Eastern European Economics*, No. 2, 1995.

96. M. Weitzman, "Economic Transition: Can Theory Help?" *European Economic Review*, 37(1993).

97. А. Аганбегян: Социалъно-экономическое развитие России: стратегия роста и возможности инвестиционного обеспечения, *Общество и экономика*, 2008. №1.

98. Всемирный банк в России, обзор экономики, Доклад об экономике России, 2009.

99. В. Ивантер и др.: Долгосрочный прогноз развития экономики России на 2007—2030 гг, *Общество и экономика*, 2007.

100. Программа антикризисных мер Правителъства Российской Федерации на 2009 год.

101. О. Г. Солнцев, особенности российской баковской системы и среднесрочные сценарии её развития, Проблемы прогнозирования, 2004.

102. Е. Строев: Экономические реформы в России: взгляд в будущее, *Вопросы экономики*, 2001.

103. Э. Чепасова: Структурная перестройка и качества роста, *экономист*, 2005.

104. Экономический рост в Российской федерации: проблемы и перспективы, *Российский экономический журнаπ*, 2003.

105. Ясин, Е.: Перспективы Российской экономики: пробπемы и факторы роста, *Общество и экономика*, 2002.